DECISION MAKING
あいまい環境下の
モデリングと意志決定

瀬尾芙巳子・福地崇生　編著

京都大学学術出版会

本書は全国銀行学術研究振興財団の
助成を得て刊行された

Modeling and Decision Making in Ambiguous Environments
Fumiko SEO and Takao FUKUCHI (Eds.)
Kyoto University Press 2002
ISBN4-87698-601-0

はしがき

　意志決定は，これまであまり日本文化の中で定着をみなかった領域である。自らの意志（行動へのスタンス）を決定するプロセス，いわんやそれを他人に表明し，理解させるプロセスなどというものは，現在に至るまで市井の人々の発想の中ではほとんど意識されてこなかったし，また日本の長い歴史の中で形成されてきたこうした文化的風土を反映して，学問的な分野においてさえも「意志決定」は広範な市民権を未だに得てはいないように思われる。四方を海に囲まれてクローズドな独自の社会を形成してきた日本人は，他者との意志疎通に関してそのようなことをあらためて意識する必要はない幸せな民族であったといえるのかもしれない。

　このような断言に対してはただちに反論が寄せられるかもしれない。いわく，もはや日本は国際化の途を進みつつあり，国際交流も格段に進んでいるではないかと。だが日本人の対外的な自己主張下手，対等な交渉下手は周知のところであり，「国際化」などとはお世辞にも言えないのが実状ではなかろうか。また学界からの反論も予想される。いわく，「意志決定」は，多くの学会ですでに重要なテーマとして取り上げられてをり，研究は格段に進んでいると。しかし現在の知識レベルの潮流は二方向に大別される。一つは実践的な場での意志決定のノウハウの経験的な集積・整理であり，今一つは数学的な論理・解析を自己目的的に精密化していくことである。前者では意志決定の論理性への追求が軽視されており，後者には意志決定本来の機能である人間的な判断ないし感性という要素が欠落している。意志決定はこれらの両面を確かなものとして包含していなければならないはずのものである。

　本書はこのような現状に対する一つの挑戦である。さらに，複雑かつ不確実な環境下での意志決定は適切な補助手段によって支援されなければならないという論点が加えられている。その手懸かりはほかならぬ既存の関連分野のさまざまなツールに求められる。こうして意志決定の研究は，それ自身「学際的」

な性格を持たざるを得ないことになる．その場合，思考や認識のさまざまなレベルに含まれるあいまいさとその表現に関する知覚の発達は，日本人が天性として有する特性の一つでもある．意志決定の研究がこれらの側面を包摂することによって，現代の変化してやまない環境条件のもとでの新たな展開を遂げることが期待される．

　本書はこのような視点から，意志決定をその視座を確立しつつ学問的な立場から総合的に論じていこうとする新たな試みである．そのために多面的な研究者が分担してそれぞれの領域についての掘り下げた研究を行ない，今後の展開の試石として示すことを試みた．われわれの希望は，そのことがより一層の意志決定の研究の進展に資するとともに，またあいまい環境下における真の国際化に向けての日本人の思考の論理性とタフネスの向上に寄与しうることである．

　本研究の過程においては，文部科学省（旧文部省）の科学研究費の助成による援助を受けることができ，これによって当研究の参加者達が裨益されたこと多大であった．それらは平成3-4年度総合研究(A)「不完全情報下のコンフリクト・アナリシスと地域政策」，平成7-8年度基盤研究(B)(2)「ファジイ測度を用いた効用理論とその政策策定のための利用に関する研究」，平成10-11年度基盤研究(B)(1)「あいまい環境下における多目的意志決定支援システムの開発とその応用」（いずれも研究代表者瀬尾芙巳子）などであり，本書はそれらによる研究成果の一部を集大成したものとして完成させることができた．

　本書の刊行にあたっては，財団法人全国銀行学術研究振興財団による2001年度の「研究成果の刊行に対する助成」の助成金交付を受けた．学術研究の成果刊行に関する出版環境の極めて厳しい折から，当財団の助成を得ることによってわれわれの研究成果があらためて陽の目をみる機会を与えられたことに執筆者一同深甚なる謝意を表する次第である．

　とはいえ本書の掲げる課題はあまりにも大きく，それに対するわれわれの非力を改めて思い知らされる結果となったこともまた事実である．ここに改めて執筆者一同の今後の一層の研鑽と問題意識の深化・拡充を誓い，われわれがこれまでに得た多くのかたがたのご好意に対する感謝の言葉としたい．

　なお最後になったが，本書の京都大学学術出版会からの刊行に当たっては，京都大学経済研究所長（当時）藤田昌久教授，京都大学大学院経済学研究科

（当時）渡邉尚教授の御尽力を得た。また編集に関しては，同出版会鈴木哲也・高垣重和の両氏に多くのお世話になった。ここに記して感謝の意を表したい。

2002 年 7 月 7 日

編者　瀬尾芙巳子
福地　崇生

目　次

はしがき　　　　　　　　　　　　　　　　　　　　　　　　　　　　　i

本書のテーマとねらい　　　　　　　　　　　　　　　　　　　　　　　2

序章　あいまい環境下における経営意志決定と政策的支援システム
　　　　　　　　　　　　　　　　　　　　　　　　瀬尾芙巳子　3
　1　問題の設定——「知恵の統合」への途を求めて　　　　　　　　　5
　2　意志決定の二局面と経営意志決定支援　　　　　　　　　　　　　9
　3　方法の科学としての視座　　　　　　　　　　　　　　　　　　12
　4　結びと展望　　　　　　　　　　　　　　　　　　　　　　　　23

第1部　国際化環境における計量分析とシミュレーション

第1章　計量経済学モデルによる不確実性の短期的分析　　福地崇生　29
　1.1　序　論　　　　　　　　　　　　　　　　　　　　　　　　　31
　1.2　国際化の趨勢　　　　　　　　　　　　　　　　　　　　　　31
　1.3　通貨危機における不確実性の役割　　　　　　　　　　　　　38
　1.4　結　語　　　　　　　　　　　　　　　　　　　　　　　　　64

第2章　地域計量経済学モデルによる長期的分析　　　　　山根敬三　71
　2.1　序　論——地域計量経済モデルにおける意志決定主体　　　　73
　2.2　構造方程式とシミュレーションによる意志決定メカニズム　　74
　2.3　上海・長江交易促進プロジェクトとその効果測定方法　　　　77
　2.4　長江・神戸計量経済モデルの構築　　　　　　　　　　　　　80
　2.5　予測シミュレーションによる効果測定　　　　　　　　　　　97
　2.6　結　語　　　　　　　　　　　　　　　　　　　　　　　　105

第2部　競争と協調下の市場戦略

第3章　市場競争下の価格差別と価格調整　　　有賀　健・松井建二・渡辺　誠　113
- 3.1　はじめに　　115
- 3.2　データの範囲，店舗，商品　　117
- 3.3　データの記述　　120
- 3.4　需要関数，価格変更確率の推定　　125
- 3.5　代替的仮説の検討　　132
- 3.6　家庭内在庫仮説　　135
- 3.7　おわりに　　152

第4章　国際市場競争へのゲーム論的接近　　　黒田達朗　157
- 4.1　序　論——国際間の競争とゲーム理論　　159
- 4.2　国際ハブ空港間の競争と整備財源　　162
- 4.3　結　語　　176

第3部　多目的環境における最適化と意志決定

第5章　大規模な多目的計画問題のファジィ意志決定　　　矢野　均　183
- 5.1　はじめに　　185
- 5.2　大規模計画問題に対する分解手法　　187
- 5.3　大規模多目的計画問題に対するファジィ意志決定　　195
- 5.4　大規模2-レベル多目的計画問題に対するファジィ意志決定　　215
- 5.4　おわりに　　235

第6章　非協力ゲームによる多目的計画問題の意思決定
　　　　　　　　　　　　　　　　　　西崎一郎・坂和正敏　239

　6.1　はじめに　241
　6.2　多目的2-レベル線形計画問題による構造化　242
　6.3　先導者の予想を導入したモデリングと解　248
　6.4　今後の展望　267

第4部　不確実性下の意思決定分析と知的意思決定支援システム

第7章　効率的ななリスク配分──最後のフロンティア（日本語版）
　　　　　　　　　　　ジョン・W・プラット（訳：瀬尾芙巳子）　273

　7.1　はじめに　275
　7.2　集団的選択とリスク配分　280
　7.3　エージェントの効用の比較不能なリスクおよび確率化された
　　　　選択との関係　287
　7.4　線形で同調的な効率的リスク配分のケース　290
　7.5　ディスカッション　293
　7.6　結びに代えて　297

第8章　あいまい環境下の意思決定分析　　　　　　瀬尾芙巳子　303

　8.1　はじめに　305
　8.2　不確実性下の意思決定分析の基礎　307
　8.3　ファジィ環境下の決定分析　313
　8.4　ファジィ効用関数の構築　319
　8.5　集団的意思決定におけるファジィ効用評価　324
　8.6　結語に代えて　330

第9章 意志決定分析のための対話型コンピュータ支援プログラム
　　　　　　　　　　　　　　　　　瀬尾芙巳子・西﨑一郎　335
　9.1　はじめに　337
　9.2　不確実性下の意志決定分析のためのコンピュータ支援システム　339
　9.3　知的意志決定支援システム（IDSS）の概念構成　342
　9.4　IDASS のプログラム構成と機能　346
　9.5　不確実性下の多目的意志決定分析支援プログラムの概念構成
　　　　── MIDASS　370
　9.6　今後の展望　376

あとがき　381

索　引　383

あいまい環境下の
モデリングと意志決定

本書のテーマとねらい

　意志決定（Decision Making）とは，さまざまな環境条件の下で，意志決定者が代替案の評価と選択を行なうことであるが，それには合理的な比較の基準を設定するために，決定問題の数量的なモデリングとその分析の方法を開発するとともに，それらが意志決定支援の方法として認識されることが必要である。

　意思決定は一般に，解析的な局面と判断的な局面とから成るが，従来の数量的分析においては，解析的な局面のみを重視し，特に観察的な事実に依拠した客観的な分析を行なうことを主としてきた。しかしながら，国際化と情報化の進展の中で社会における価値観の変動や多様性が進むにつれて，意思決定者の直面する問題構造が含むあいまいさないし不確実性と，多目的性が顕著になり，それによって意志決定における複雑性がますます増大している。このような現状においては意思決定は，客観的な事実の数理的ないし解析的な局面の分析のみならず，また意思決定者の人間的・判断的な局面を真正面から取り上げて，その合理的な分析を行なうことが必要になる。このことは特に政策的支援の観点において不可欠である。

　本書では，このような問題意識の下で，意思決定における解析的ならびに判断的な二つの局面を取り扱う諸方法が，それぞれの特性に応じてどのように決定問題の分析に有効であり，また拡張されうるかについての考察を行なう。それによってこれらの諸方法が意志決定の支援に有用な情報を提供しうることを示すとともに，さらにそれらの新たな開発の方向についても論究する。

　本書の内容としては，これまでに開発されてきた意志決定支援のための諸方法の中で，まず主として解析的局面を取り扱うものとして，(1) 計量経済学モデルによる構造分析とシミュレーション予測，(2) 競争市場の分析，特に市場価格の調整メカニズムのモデル化とその実証，(3) 解析的な最適化を求める数理計画法の対話型の利用とそのファジィ拡張，の三つの接近方法を選択・考察する。またさらに進んで，主として判断的局面を取り扱う不確実性下の意思決定分析の新たな展開として，(4) (i) 集団的選択においてリスクの効率的な配分をもたらすために必要な効用関数の性質の吟味，(ii) 意志決定分析のファジィ拡張による一般的なあいまいさの導入，(iii) 不確実性下の意思決定分析のためのコンピュータ支援システムの開発，について論ずる。

　これらを通じて，意思決定支援のための技法（Arts）が，意思決定者の政策的な総合的判断過程をトータルに支援するものとしてシステム的に論究されるとともに，その新たな展開の方向が示唆される。

序　章

あいまい環境下における経営意志決定と政策的支援システム

瀬尾芙巳子

　われわれが今通過してきたばかりの20世紀型文明は，多くの識者の警告にもかかわらず，ひたすら知識の要素化と知恵の分化の過程を辿り続けた。要素還元主義（Reductionism）として知られるこの傾向は，現代における「文明」の発展の人間的な「文化」への定着を妨げ，ミクロないしマクロの経営管理（マネジメント）の分野をさえも例外とはしなかった。このことは，情報社会の進展とともに登場した1960年代のMIS（経営情報システム）や1980年代のSIS（戦略的情報システム）などの失敗例が，総合的な知恵の活用を必須の基盤とする意志決定論の欠如に帰因することにも現れている。本章では，本書の主題として意志決定を取り扱う視座が「知恵の統合」にあることを明示し，本書の関連領域において，この問題がいかなる変遷を辿ってきたかを省察し，本書の志向するスタンスを明確にすることを試みる。

1 問題の設定 ——「知恵の統合」への途を求めて

　意志決定（Decision Making）の研究対象は，現代社会のさまざまな領域において，（多くは隠された）問題を発見し，問題設定を構造化し，適切な問題解決への途を見出すことである．

　現代の高度情報社会においては，価値観の多様化とともに意志決定の仕方はますます複雑になりつつあるが，その主な要因は，現代社会における情報の知識化と国際化の進展の中で，意志決定を取り巻く環境のあいまいさが益々増大しつつあることである．それらに適切に対処しうるためには，決定過程におけるあいまいさ，ないし不確実性を有効に取り扱いうる理論の発展が必要であるばかりではなく，またそれらを政策的に活用しうるための有用な方法の開発が不可欠である．その場合，あいまいさを処理する過程では，単に客観的な分析を行なうばかりではなく，意志決定者による主体的な判断的要素を導入する必要性が生じる．すなわち，さまざまな決定問題に接近して，これを分析し，問題解決のための代替案を選択・評価するためには，単なる技術的・解析的な発想を越えた，総合的・判断的な視座が確立されなければならない．特に現代の意志決定は多くの場合，多目的決定として行なわれることが一般的である．すなわち現代の決定環境においては，決定問題は多数個の評価対象（決定要素，属性）を含むが，それらの多くは共通の尺度で測ることができず，また互いにコンフリクトする性質を持っている．経済学の分野においては「パレート最適」として知られる決定基準が広く用いられているが，これは多目的問題において一意の解を見出すことはできない．多目的問題の解決には，最終的な決定過程において意志決定者（The Decision Maker）による判断的な側面を導入することによって，「最も選択される代替案」を見出すための総合的な接近を行なうことが不可欠になる．

　このような複雑な意志決定問題への接近においては，従来のように各分野で細分化された固有の学理的領域のみに跼蹐する姿勢の下では十分な成果を上げ

ることは困難である。そうした決定問題への適切な対処のためには，問題意識の明確化の下での学際的 (transborder) な接近と，相互交流の重要性が認識されなければならない。

　このことは新しい問題ではない。近代科学の発展の黎明期に先駆けて，早くも 13 世紀には，スコラ派出身のロジャー・ベーコン (Roger Bacon) によって「知恵の統合」が提唱され，当時のローマ法王クレメンス 4 世の援助によって百科全書の刊行が試みられたことはよく知られている。今日では彼に対して，16 世紀に「諸学の大革新 (The instauratio magna)」，すなわち発想の大転換を唱導した フランシス・ベーコン (Francis Bacon 1623) の「卓越した先行者」としての評価が定着している (世界大百科事典 1988)。その後 18 世紀後半のフランスを中心とする百科全書派の知的活動が，17，18 世紀のイギリスの経験主義や大陸の合理主義の上に形成されてきた近代的啓蒙思想にいくつかの方向での大きな飛躍をもたらしたことはいうを俟たない。

　しかしながらこうした近代科学の発展は，一方において，F．ベーコンによって唱道されたような実験と観察に基づく「自然の解釈」という発想に内包される客観主義の優越的な展開に導いた。そうした中で 18 世紀のライプニッツ (G.W. Leibniz 1840) は，近代の科学的思考の中に，「出入りする窓の無い」「自己充足性」を持った究極的な「実体」としての「モナド（単子）」の理論に基づくパラダイムの形成をもたらした。実際には，ライプニッツの主著『単子論』は 19 世紀半ば近くになって英語で刊行されたものであり，それは要素還元主義 (reductionism) として知られる思考方式の，現代に至るまでの制覇につながっている。

　だが他方において，近代啓蒙思想の形成は，その創成期において，人性論に関する多大な関心をともなっていた。16 世紀のマキアヴェッリ (Nicollo Machiavelli 1532)，17 世紀半ばのホッブス (Thomas Hobbes 1651) を先駆者として，17，18 世紀のイギリスの経験主義と大陸の合理主義の展開は，人間研究，特に悟性の研究をその一つの主軸とした。このことは経済学の分野においても大きな影響を与えている。古典派経済学の始祖アダム・スミス (Adam Smith 1790) は，「人間の自然の好み (natural preference of man)」を主体とする人間

の精神的感情（moral sentiment）の研究に終生の情熱を注いだ。よく知られているとおり，スミスは，自由競争市場における「事物の自然の経路」（「見えざる手」）が競争均衡の形成に導くとする命題を初めて提起したが（1776），そうした体系的な競争市場分析の基盤は，人間の精神活動に関するかれの関心と理論に据えられている。さらに進んでスミスは，「人間は自然の事象（natural event）が作る事物の配分状況を変更するものである」（1790，[1963 p.288]）として，資源配分の変更に関する人間の意志決定（見える手）の独自的な役割をも導入している。こうした経済分析の基盤としての人間研究への高い関心は，その後の経済学において，19世紀から20世紀初頭における効用学派の形成に導いた。カール・メンガー（Carl Menger 1871）らによって代表される主観的効用理論の展開は，ウイーン学派としても知られている。

このような人間性への興味は，不確実性の処理に関連する数学的，統計的な分野においても，同時代に現れた確率論の発展に体現された。すなわち，中世の神学的な信仰に見られるような超越的存在に対する絶対的信頼の支配に代わるものとして，人間による相対的信頼の発想が出現したが，このことが16，17世紀頃からの確率概念の形成に導いた。すなわち確率とは，世界（事象の発生）の不確実性に関する相対的信頼の度合いを測るものとして数値化された。18世紀初頭ベルヌーイ（D. Bernoulli 1713）は，確率とは個人が不確実な事象に対して付与する「信頼の程度」であるとして，自らの立場を客観的観点からのみ確率を定義する立場に対比させた。18世紀半ばに提起されたベイズの定理（1763）は，標本情報を獲得した後の意志決定者の事前確率の修正と，それによる事後確率の導出に関する古典的な定理であり，意志決定者の判断確率に関連する早期の研究である。19世紀半ばにはラプラース（P.S. de Laplace）（1852）やド・モルガン（Augustus De Morgan 1847）が，確率を「人間の無知の表現」ないし人間の「確信の程度を実際に意味する」ものとして定義した（Raiffa 1968）。20世紀前半のラムゼイ（E.P. Ramsey 1926）やド・フィネッティ（Buruno de Finetti 1937）は主観確率学派として知られている。

このような不確実性に関する判断的な確率評価の理論的な研究は，20世紀の半ば過ぎから，主として論理数学の分野でさらにより一般的なあいまいさの

評価へと拡張されてきた。従来の集合論の一般化としてのファジィ集合論 (Zadeh 1965) と，それに基づくファジィ理論の研究は，人間の形成する概念や判断の持つあいまいさのモデル化に対してより一般的に接近する途を開いた。すなわち，ある命題に関する判断は，確率の評価をも含めて，従来の接近法においては，(0, 1) の，すなわちイエスかノーかの2値的なものであったのに対して，ファジィ理論は，帰属度関数の評価という概念を用いて，[0, 1] の，すなわち0と1との間にわたる多値的なレベルを持った判断に拡張される。この中で判断に含まれるあいまいさの程度に関する評価が連続関数的に付与される。こうしたファジィ理論の研究は，可能性分布やファジィ数，ファジィ論理，ファジィ計画，ファジィ制御などのさまざまな領域での理論的な発展と，それらの主として理工学的な諸分野における応用に途を開くこととなった。

しかし，このような実りの多い果実をもたらした近代の諸科学の発展も，その創成の時期に重視された「知恵の統合」への途を進むにはほど遠いものがあった。20世紀を通じて特に顕著に現れた要素還元主義的な思考の呪縛が，こうした外に対して"窓を開く"発想への途を閉ざしてきたのである。その顕著な例は，近年のコンピュータ科学の発展が，社会におけるディジタル型の2値論理的な思考の制覇に途を開き，より人間的なアナログ型の曲線形の思考方式の駆逐に導きつつあるかに見受けられることである。

それにもかかわらず，近代科学の発展が知恵の統合に導かれた試みがこれまでにまったくなかったわけではない。たとえば前述のラムゼイは，判断確率と効用の概念を行動のオペレーショナルな理論の形成の中に結合した先駆者として評価されている (Raiffa 1968)。また近代的な意志決定論の公理的な基礎を提供しているフォン・ノイマン=モルゲンシュテルン (von Neumann and O. Morgenstern) の期待効用原理 (1947, 1953) は，ウイーン学派の末裔である経済学者モルゲンシュテルンがカール・メンガーの系譜の中で親しんだ基数的効用理論と，数学者として多彩な領域で活動してきたフォン・ノイマンの知性とが結合することによって誕生したものである。このように新たな理論への飛躍のステップは，まさに「知恵の統合」の所産として達成された。しかしこのような顕著な例も，むしろ例外的な環境（たとえばナチスによる迫害と亡命のよう

な）の下で偶然可能になったケースが多いことも事実である。

　本書におけるわれわれの立場は，こうした現状の中で，近代科学の発展の系譜における原点に立ち帰り，経済学と経営科学の理論的・方法的諸分野における現代的な発展を踏まえつつ，具体的には，意志決定の領域において「知恵の統合」に至る途を模索し，その一つの方向性を提供しようとすることである。その場合の主な論点は，以下の諸節で論じられる。

2 　意志決定の二局面と経営意志決定支援

　意志決定 (Decision Making) とは，より一般には，定型的な決定のみならず，非定型的な決定をも含む決定行動を対象とするものであり，複雑な決定環境の下で，決定問題の解決のためのさまざまな代替案 (Alternatives) を作成・評価し，ある公準に基づいて，その中から最も選好される (most preferred) 代替案（解決策）を一意的に選択するための行動 (Act) を指すものである。

　その場合に，意志決定は一般に，解析的な局面と判断的な局面とから構成される。解析的な局面は，決定問題の中での定型的な処理を可能にする部分を取り扱うものである。そこでは決定問題のデータ・ベースを用いたモデリングと，パラメータの推定によるシミュレーションないしは数学的な最適化によって，決定変数ないし政策変数としての解の探索・発見を志向する。20世紀の半ば頃から開発されてきた計量経済学や数理計画法は，そのための有用な方法としてそれぞれ独立の発展を遂げてきた。これらは意志決定の客観的な側面に関わるものである。これに対して判断的な局面は，決定問題の中での非定型的な部分の合理的な処理を取り扱う。すなわち決定問題の構成要素（目標群，属性）の達成レベルに対する意志決定者 (The Decision Maker) の選好度の評価を，合理的な手続きによって行なおうとするものである。20世紀の後半に入って発展してきた意志決定分析 (Decision Analysis) はそのために開発されてきた方法である。これは意志決定の主観的な側面に関わる。

すでに見たように，現代の複雑な意志決定環境においては，この両者を完全に分離して取り扱うことは実際上不可能である。特に多目的環境においては，後の諸章で論じられるように，解析的な手法である数理計画法においても，意志決定者の判断的な局面を導入することなしにはユニークな選好解を導出することはできない。反面，判断的な手法である意志決定分析においても，たとえば，決定者の選好関数の評価には数学的な関数型の利用が有用である。またベイズ確率の算出の過程に見られるように，決定者の主観確率とともに，標本理論のような特定の統計理論に基づいて，ベータ累積分布関数や，ガウス分布関数などによる統計的近似を行なうことが合理的である場合が多い。さらにより一般的には，現代の意志決定環境における複雑さとあいまいさそのものが，意志決定者の主観的判断による解決の側面を避けて通れないものにしているばかりではなく，またその判断的過程そのものにおいても，必要とされるさまざまな知識情報の利用において，個別的・具体的な問題に関する解析的な分析結果を考慮せざるを得ない局面が存在する。これはデータマイニングとして知られている。このように意志決定の二つの局面は，もはや完全に分離して考えることはできない。決定問題それ自身の性質が，両局面を統一的に取り扱うためのトランスボーダーな接近の必要性を提起しつつあるのである。それにもかかわらず，従来の数量的分析の多くにおいては，もっぱら解析的過程のみを重視し，また観察的な事象のみに依拠した客観的な分析のみを行なうことを主としてきた。特に我が国においては主として判断的局面に関わる意志決定分析の研究はほとんど未開拓なものに留まっているし，特にあいまいさに関しては，国際的にも意志決定の非定型的・判断的な局面の数量的な研究はほとんど考慮されていない。このことは近年開発の進んでいるファジィ理論の研究分野において典型的に見られることである。

　われわれはこうした現在の知的世界の分裂状況に対して，意志決定の研究領域において，客観的な事象の数理的ないし解析的局面のみならず，意思決定者の判断的な局面を真正面から取り上げて，その全体的な合理性の分析を統一的な見地から行なうことを志向するものである。

　しかしながら，現代の複雑な意志決定環境において有用な，統一的な理論

的・方法的開発を志向するためには，これまでに発展してきた関連諸科学の研究分野を精査した中から，真に有効と見られる種子（seeds）を選択しなければならないばかりではなく，またこのような種子の選択は，現代の政策的な意志決定のための実践的な要請（needs）に応えうるものでなければならない。そのためには，われわれによる「知恵の統合」のための視座は，実際的な意志決定支援のための強烈な問題意識によって嚮導されるものでなければならない。「知恵の統合」は，単なる百科全書的な研究によって自己満足することはできないのである。近代科学の黎明期においてすでにF.ベーコンは，知性にも「道具と補助手段」による援助が必要であることを指摘したが（1623 [1963 p. 249]），これは物理的な観察や実験装置のみを指すものではなく，推論の力もまたこうした知性を援助する手段であることを理解していた。これは意志決定支援（Decision Support）という視座の，かれの経験主義的な立場からの早期の提起であるともいえるであろう。

　要約すると，現代における複雑な意志決定過程への多角的かつ統合的な接近を実践的に可能にするためには，諸科学の成果が提供する知識情報に基づいた適切な意志決定支援システム（DSS）の構築という視座が必要である。すなわち，複雑であいまいな決定問題に当面する意志決定者が「決定の迷路」に迷い込むことによって，資源を浪費した挙げ句の果てに，解決能力さえも喪失するといった事態を避けるためには，決定問題を取り扱うために各分野において選択される方法や公準が，意志決定支援の立場から改めて考察されなければならない。その場合にわれわれは，単に一般に提案されているような純粋に経験的ないしアド・ホックな，あるいは抽象的なDSSの構築を志向するものではない。われわれの研究においては，特定の問題意識によって導かれる多角的なアプローチによって意志決定を支援するための方法が，それぞれの専門分野における知識ベースの指針によって誘導されることが主張されている。われわれはこれを特に知的意志決定支援システム（Intelligent Decision Support Systems, IDSS）と呼ぶ。

　本書の以下の諸章においては，こうした問題意識の下で，意思決定における解析的および判断的な二つの局面を取り扱うための諸理論と諸方法が，それら

の特性に応じて，どのように現代的な意志決定問題の分析に利用され，またそのために拡張されうるかについての考察を行なうとともに，またそれらが意志決定支援のためにどのように有用な情報を提供しうるかを示す．その場合に必要なことは，IDSS の立場から，諸分野において発展してきた諸理論を「方法」という視点に落し込むことである．

3 方法の科学としての視座

3.1 理論と方法

ここでは諸科学の進歩において「方法」という視座の確立が担ってきた役割について省察し，それがこれまでに論じられてきた「窓を開く」という発想にどのように関係するかについての省察を行なっておきたい．

すでに指摘したように，19 世紀以来の諸科学の発展は，その主な潮流において，同時にその細分化への途を辿ってきたが，このことはその帰結として，それぞれが自己自身の学理の世界の内部にのみ自己回帰することによって展開を遂げようとする，閉塞性と独断に導くことになった．これはある意味で，「理論」そのものが本来的に有する特性ないし傾向であるとも言える．このことは意志決定の分野についても例外ではない．

語源的には "decision" という言葉は，紀元前 1 世紀以降から 2 世紀にかけての古典ラテン語の "decisio" ないし "decido" に由来するものであるが，これはある問題の解決 (a settlement, to settle) ないし調整 (to arrange) を行なうことを意味している．そこにはまた "decisive" という言葉に見られるように，「迅速かつ有効に決定することができること」，あるいはまた「考察 (consideration) を行なった後のしっかりした決断」というニュアンスも含まれている．すなわち "decision" という概念には，何らかの決定をすることにともなう特定の行為 (act)，ないし行為に至る過程 (process) に関する省察が含意されていることになる．このことは "decision" という概念が，同様に古

典ラテン語で,「あることについての知識」(knowledge of) ないし「知ること」(knowing, to know) を意味する"scientia"ないし"scire"に由来する「科学 (science)」という概念とは，その発想の系譜を異にしていることを示すものである〔The Concise Oxford Dictionary 1990〕。この意味で，われわれの研究の出発点となる「意志決定」の科学という視点そのものが，すでに単なる知識の集積としての科学という発想からの転換に基づく，解決（行動）志向的なものであると言える。しかしながら問題はなおそこに留まるものではない。

　「決定」に関する理論的な研究は，古くは中世ヨーロッパの歴史の中で神学的決定論に関する研究として形成されてきたものであるが，この痕跡は現代の思考の中にも見出すことができる。語源的に見ると，諸学の基盤である学理（ディシプリン）を構成する"theory（理論）"や"theorem（定理）"という言葉は，3世紀から6世紀頃のラテン語 (Late Latin) の"theoria"からくるものであるが，それはギリシャ語の"theōreō"ないし"theōros"に由来するものであり，それぞれ「視る (look at)」ないし「観察者 (spectator)」という意味を有している。見られるとおり，それらはtheology（神学），theogony（神統系譜学）などの類語と同じく，ギリシャ語で神 (God) を意味するところの"theos"から来る"theo"という語と結合している（同上）。すなわち"theory"とは，語源的・歴史的に「神の観察」として概念化されてきたものである。「観察者」としての超越的な存在という概念は，先述のスミスの精神感情論の中にもその痕跡を留めている。このことの意味は二重である。すなわちまず諸学の発展過程において，理論や定理という概念は，観察者としての神（その実体が理性であれ）という観念と不可分な中で形成されてきた。このような言語的な概念に宿る神学的なパラダイムの残影は，現代においても諸科学が立脚する学理の中に残存し，それらの教条主義的な認識に導く潜在的な可能性を常に内包することになる。他方その対極としては，人間の行為の究極的な規制者は神のみであるから，人間行動の決定原理に関する省察という決定科学の重要な要素は神学的 (theological) な領域でのみ護持されるものとして，それらを人間的省察の対象から排除しようとする発想に導く。このことは後述するように，意志決定論の分野において，意志決定の合理性に関する公準（期待効用

原理など）の提示に反対する人々の議論の中でしばしば見られる事実となっている。

　しかしながらわれわれの視座は，関連分野の諸理論を意志決定支援の立場から検証し，その新たな展開の方向を探索しようとすることにあるから，こうした伝統的な理論の教条主義的，ないし宗門問答的なパラダイムからは脱却しなければならない。その場合のわれわれの立場は，「方法の科学（methodology）」としての視点からの諸理論への接近である。これはいま一つの発想の転換を要請する。すなわち語源的にも "methodology" という概念は，16世紀頃以降の近代ラテン語の "methodologia" からくる比較的新しい言葉であるが，そこで "method" とはギリシャ語の "methodos" からくるもので，それは "meta+hodos"，すなわち "after way" ないし "with way" として「知識の探求」を意味している（同上）。すなわち "methodology" という概念が示す発想のパラダイムは，本来語源的にも神学的な決定論からは断絶している。こうして「方法の科学」としての統一的な視座の確立は，古典的な理論（"theory"）としての視座に対するいま一つの大きな発想の転換を提起するものである。もとよりわれわれの研究は理論や定理を排除するものではない。逆に他の多くのDSS関連の諸研究とは異なり，IDSSの立場に基づいて，それぞれの研究分野の学理的な基盤の上に築かれている。しかしそうした学理上の基礎を利用し，かつ発展させるにあたってのわれわれの視座は，「方法」の科学としての統一的なパラダイムの形成にある。意志決定支援というわれわれの立場は，このような「方法」の科学としてのパラダイムの下で提起されるものである。

　以下においては，経済学と経営科学に関連する諸分野の中から，理論的基礎を持った方法の科学としての視座の下で，いくつかの研究対象を取り上げていくことにする。

3.2　経営意志決定支援の諸方法に関する省察

　ここでは，情報化と国際化の現代的な決定環境の下で，経営意志決定支援の

ためにその有用性が確立されてきたと思われる諸方法のうちで，主として意志決定の解析的局面を取り扱うものとして，（1）計量経済学モデルによる分析とシミュレーション予測，（2）競争市場の分析，特に流通市場における市場価格の調整メカニズムのモデル化とその実証，（3）解析的な最適化を求める数理計画法とその多目的拡張，および 主として意志決定の判断的局面を取り扱うものとして（4）意志決定分析の新たな展開と，コンピュータ支援システムの開発に関して，展望と省察を行なっておくことにする。

3.2.1 計量経済学とシミュレーション分析

経済学の中で政策支援のための方法として確立され，また広く利用されてきた方法は計量経済学である。計量経済学（Econometrics）は，1930年代のマクロ経済学の理論的な発展と，国民所得分析を基礎とする国民経済統計の進歩とが結合する中で形成され，1950年代にはほぼその基礎が確立された。初期においては，管理された模擬実験（シミュレーション）の一例として，「経済理論を検証」することによって経済モデルの有効性を確認するという問題意識が先行したが（Tintner 1952），同時にまた，計量経済学は統計的データを用いたマクロ経済構造モデルのパラメータ推定とシミュレーションによって，「最も望ましい結果を生じるであろう構造の変化を選択することを助け」，「政策にアドバイスし得る」（Marschak 1950）という政策的支援の立場が明確に意識されるようになった。すなわち計量経済学による分析は，マクロ経済モデルと国民所得勘定のデータ・ベースの集積に基づいて，マクロ的な政策決定の定量的な評価を可能にし，それによって，代替案の比較とそこからの最良の政策の選択への途を開いたが，1950年代の初めにはクライン（L.R. Klein）ら（1950, 1955）によって，始めて実際のアメリカ経済の発展過程の分析に利用された。さらにまた計量経済学モデルは，ミクロ的な構造モデルとそれを用いたシミュレーション予測にも応用された。ここで注目すべきことは，その初期にクープマンスによって，「多分確率論のタームにおいて」「母集団内の各個人の選択と行動の決定の定式化」によって「論理的にグループの行動の特徴」を記述できるであろうとも指摘されていたことである（Koopmans 1949）。すなわち確率的な行動

モデルとしてのその展開が予想されていた。しかし実際には，計量経済学における選択行動や不確実性の取り扱いは，確率モデルに関する純粋に数理統計学的な研究を除いては，なお未開拓にとどまっている。すなわち計量経済学モデルでは，不確実性は一般に構造係数の誤差ないし各方程式の誤差として取り扱われ，その処理はダミー変数の利用や統計的な処理の範囲にとどまっている。またその行動モデルとしての展開も十分であったとはいえない。

　本書（第1部）では，計量経済学モデルによる構造分析とシミュレーション予測による実証分析が論じられるが，そこではまずマクロ経済モデルに基づく短期分析が取り扱われる。その中で特に，マクロモデルの中で発生する不確実性を計量経済学モデルにおいていかに処理するかという課題に挑戦する（第1章）。さらに国際化環境の下では，現実の意志決定のレベルの多層性がいっそうの重要性を示すから，計量経済学モデルにおいても，行政的な決定レベルの特性を導入せざるを得ない。本書では，地域計量経済学モデルを用いた長期分析において，地域レベルでの国際交流の効果を分析するとともに，そこにおける意志決定の特性を論じている（第2章）。

3.2.2　競争市場の分析と価格調整

　古典派以来の理論経済学における主要な研究対象の一つは，競争市場の分析である。現代の市場理論は，ミクロ経済モデルに基づいて経済主体の市場取引行動を総体的に分析する。その中でも現代の理論経済学は，競争市場における競争均衡の概念を定義し，その存在と最適性を証明する。まず，市場においては各経済主体，すなわち生産者と消費者が，それぞれの自己の制約条件にしたがって，すなわち自己の技術制約ないし予算制約にしたがって，それぞれの目的関数，すなわち自己の利潤関数ないし効用関数を最大化するように自己の生産量ないし消費量を決定する。こうした各人の経済行動の総体としての市場においては，超過需要が存在せず，またこのような需要・供給関係を反映する均衡価格が存在する。これが市場均衡の定義である。さらに競争市場においては，長期的には一般的と考えられるいくつかの条件（限界生産力ないし限界効用の非逓増など）の下で，競争均衡の成立と，パレート最適によって定義される資源

の最適配分の達成とが同値的に実現される。これは，市場の双対性 (Duality) として知られており，市場理論の基礎的な定理となっている (Arroow 1950 ; Arrow and Debrau 1954)。その場合に，市場法則 が機能するかなめとなるのは市場価格の変動と均衡価格の形成である。すなわち市場の双対性とは，競争市場における資源すなわち物量の配分が，それらに帰属される評価すなわち価格（帰属価値）と結合的に相互決定されることである。しかしながら，実際に市場が各人に対してある特定の資源配分量を安定的に実現していることを示すには，多数の最適配分の組合わせを含み，かつそれらの間に互いにコンフリクトを内包するパレート最適の概念のみでは不十分である。市場行動における現実的な妥協点の存在を説明するためには，市場における特定の社会的効用関数の形成（暗黙に合意された人々への効用配分の決定）が仮定されなければならない。このような市場の機能を擬人化した分析の中では，競争均衡をもたらす市場行動は，市場の模索過程 (tâtonnement processes) を通じての最適化過程として捉えられている (Koopmans 1957 ; Arrow and Hurwicz 1960)。その中で特に 市場価格の調整機能が，市場を均衡に導く上で重要な役割を演じるのであるが，その擬人化された機能は「商品の管理人」によって担われているとされる。これは価格の調整者としての流通過程の独自の機能を市場分析に導入するものである。すなわち，市場における競争均衡の達成のかなめとなる価格メカニズムの機能は，商品取引の場である流通市場の機能にほかならない。その場合に，このような流通市場の分析は，不確実性の存在および寡占的競争市場の下での競争という現代的な視点の下で考察されることが必要になる。

　本書では，現実的な競争市場における市場戦略の視点から，市場価格メカニズムの作用についての分析を行なう。特に流通市場における価格メカニズムの作用を通じた競争戦略のあり方について，国内市場および国際市場に関する理論モデルの提示と，そのシミュレーションによる分析が行なわれる（第 2 部）。まず国内市場の分析に関しては，特に新しい情報処理システムの導入の下での，不確実性を考慮した小売店のミクロ的な価格戦略について分析する（第 3 章）。現代の消費市場における情報システムの発達は，顧客対応による市場分析のためのデータ・ベースの蓄積に新しい性格を与えている。近年（1970 年代頃か

ら）のマクロ的な経済活動の発展が，主として個人消費によって支えられてきたことはすでに明らかにされているから，経済分析の立場から見て，消費市場の機能の分析は特に重要である。その中で小売店の価格調整と消費者行動との相互作用による動学的な価格差別の発生の理論モデルが提示され，実証分析の結果が提示される。さらに国際的な競争市場に関しては，国際的な寡占的競争の状況下での価格競争の問題を，ゲーム理論を用いた分析とシミュレーションによって，マクロ的な戦略的相互作用の観点から考察し，さらにその具体的な政策的事例についての分析を提供する（第4章）。

3.2.3 数理計画法による対話型意志決定

経済学の分野においては，1940年代頃から線形経済学（Linear economics）が発展する中で，市場均衡論と線形計画法，レオンチエフ・システム（投入・産出分析），ゲーム理論などの対応性が注目を集めることになった（Dorfman, Samuelson, Solow 1958）。これらは活動分析（Activity analysis）としても知られている（Koopmans 1951）。

これらの接近方法は，さらにさまざまな領域における決定問題に関して展開された。所与の制約条件にしたがって所与の目的関数を最大化する数量的な解，すなわち最適解（optimal solution）を求める技法としての数理計画法（Mathematical Programming）は，広く資源の最適配分を企図する経営科学ないしオペレーションズ・リサーチの一分野として，独立の発展を遂げてきた。特にその双対問題は，主問題における最適解として獲得された資源の最適配分量（決定変数ないし政策変数の数量）に帰属されるべき価格（帰属価値）の評価問題を構成し，その解（双対解）は帰属価格の数値的な評価として解釈される。この意味で数理計画法は，広汎な領域において疑似市場のモデル化と分析を可能にし，かつまたその評価を可能にするものである。さらにまた数理計画法は，複数の意志決定者（Player）が存在する環境の下で各人にとっての最適な行動戦略を求めるゲームの理論において，そのさまざまな解概念（コアや仁など）を実際に算出するための技法を提供する。それによってゲームの理論もまたオペレーショナルに有意味なものとして，政策的支援のために利用されうる途を開くこ

とになった（例えば Seo and Sakawa 1990；瀬尾・坂和・西崎 1993；Seo and Nishizaki 1994）。

　しかし数理計画法は，制約条件と目的関数に関する数学的な関数型の同定の下でのみ解を数量的に求めることが可能なのであるから，必ずしも関数型の同定に依存せず，また実際上それが困難なことの多い経済分析などにおける応用は，限られた範囲にとどまらざるを得ないのも事実である。さらに複雑な経済モデルなどにおいては，決定問題の数学的な定式化が可能な場合においても，現実的なデータ・ベースに基づいて最適解が存在しうる実行可能領域を構成することは困難なことが多い。特に非線形計画問題においては，こうした制約は広汎に発生し，むしろより一般的であるとさえいうことができる。このように数理計画法の利用は実践の場では必ずしも容易ではない。しかしながら意志決定問題はその構成要素が多岐にわたるものであるから，意思決定の解析的な局面において，技術的な最適化を取り扱う問題を有効に処理し，数値的な最適解を獲得して政策的に利用することは重要である。特に比較的単純なモデルにおいては，政策評価の問題として双対解を利用する方法が提案され，実際的なデータベースを用いて地域開発評価に応用した例も発表されている（Seo 1978, 1980, 1991；瀬尾 1984；Seo and Sakawa 1988）。すでに見てきたとおり，現代の複雑な決定環境の下では，数理計画法の解析的過程の中にも意志決定者の判断的局面を導入することが不可欠であるが，これらの研究においては特にこの側面が考察されてをり，解析的に求められた双対解の上での決定者の選好の付与という方法が提案されている。そこでは意志決定のレベルの多層性が考慮され，2-レベルの決定問題として構造化されている。

　本書では，意志決定問題に対する数学的最適化手法としての数理計画法の利用と，そのファジィ型・対話型の拡張について考察する。特に多目的の存在する環境において，複数の意志決定者が存在し，それぞれが異なった目的ないし選好を持つ場合に，これを 2-レベルの意志決定問題として構造化することを考える（第 3 部）。まず，最適化の方法を用いた大規模な多目的計画問題に対する対話型ファジィ意志決定手法について考察する。ここでは，ファジィ数理計画法を特に，大規模で多目的を持つ問題に適用し，その解の対話的な探索過

程について考察する。その場合に従来型の大規模な数理計画問題の分解手法が最終的には上位レベルの目的関数の最適化をめざしているのに対して，2人の意思決定者の独立性がより高い場合について，2-レベルの計画問題を考え，さらにそのファジィ化による定式化と，多目的2-レベル計画問題に関する解の対話型の探索手法について考察する（第5章）。また多目的意志決定環境の下での2-レベルの線形計画問題をゲーム理論的な問題としてモデル化し，数理計画法を利用することによって政策的な解が得られることを示す。特に多目的環境において，上位レベルの意思決定者の決定に対して，下位レベルの意思決定者による複数の，あるいは無限の合理的な反応が存在する場合，上位レベルの意思決定者が下位レベルの意思決定者の選好に対して部分的な情報を持つ場合と持たない場合をを想定すし，これらのそれぞれについて，多目的環境の下に拡張された解の計算方法が提案される（第6章）。

3.2.4　意志決定分析とその拡張

1950年代頃から意志決定の判断的な局面を取り扱うための方法として，意志決定分析（Decision Analysis），特に不確実性下の決定分析が急速に開発されてきた。決定分析は，フォン・ノイマンとモルゲンシュテルンによる基数的効用理論を基礎とする期待効用理論（Neumann and Morgenstern 1947）と，サベイジ（L.J. Savage 1954）による主観的確率論の公理的展開との結合の上に形成されたものである。それはまたベイズ統計理論の利用をもともなうもので，この側面では，意思決定者の判断確率のみならず，またその修正のために用いられる標本事象に対して適用される尤度関数としての統計的確率関数の利用をも可能にするものであった（Schlaifer 1956 ; Raiffa and Schlaifer 1961 ; Schlaifer 1969 ; Pratt, Raiffa and Schlaifer 1965 [1995]）。したがってそれは，統計的決定理論と呼ばれることもある。

意志決定分析は，不確実な世界の状態（State of the world），すなわち不確実事象の発生に関する意志決定者（the Decision Maker）の判断と，かれの選択的な行為から得られる可能な結果に関するかれの選好（Preferences）とを，確率測度によって統一的にスケールすることによって，総合的な数値的評価を可

能にするものである。具体的な評価方法は，基準くじ法（Reference Lottery Technique）と呼ばれるもので，意志決定者が不確実事象の発生を特定の「くじ」として認識し，期待効用原理に基づいて評価された「くじ」の価値を，それと同等の価値を持つ確実な数量，すなわち確実同値額に対応させることによって，自己の数値的効用関数を構成することを可能にするものである。このような効用関数を評価することの必要性は，意志決定者のリスクに対する態度（評価度）が，各自の性向や決定環境によって異なるので，意志決定者の選好度を考慮しない数学的期待値のみでは，不確実性下の意志決定者の行為（政策選択）の結果に対して付与される評価のための公準としては不十分であるからである。

　意志決定分析は，期待効用原理と主観確率に関する公理において前提とされる，人間の行動に関する合理性の公準に基礎をおいている。このことによってしばしば，それは神の世界の知恵であり，人間世界のそれではないとする批判が加えられてきた（たとえば Simon 1983）。こうした反論は主として，実験心理学的な立場からの現実の人間行動の観察に由来している。しかしながらすでに指摘されているとおり，人間行動の合理性に関する公準への接近は三通りである。まず第一の規範的接近（Normative approach）は，合理性の公準をいわば定言命令として，人々がそれに無条件にしたがうべき規範と見なすものである。それとは対照的に第二の記述的接近（Descriptive approach）は，現実の人間行動を観察してその行動の型を発見しようとし，これはしばしば現実の人間行動における合理性の実現の否定に導く。これらに対して意志決定分析は，そのいずれとも異なり，人間行動の合理性の公準に対する処方的接近（Prescriptive approach）を提供しようとする。すなわち，もしも現実的な人間行動が，案内人の無い荒野を彷徨うごとく，不毛の努力を重ねた末に非決定という「決定のわな」に陥ることを避けるためには，適切な行動の指針と援助によってガイドされなければならない。決定分析は，意志決定者による矛盾の無い，より良い決定を可能にするための処方箋を提供しようとするものであり，決定行動を選択するための一つの援助技法（art）を提示するものにほかならないのである（Raiffa 1968; Bell, Raiffa and Tversky 1988）。

本書では，このような不確実性下の意志決定分析の基礎上で，その新たな拡張の方向について論じる（第4部）。意志決定分析の領域においてなお未解決に残されている最重要問題の一つは，集団的選択において有効な配分を達成するために必要とされる各人の効用関数の性質に関するものである。集団的意志決定については，1950年代初めのアローの可能性定理 (K. J. Arrow 1950, 1951) によって，市場において各人が自己の選好順序のみに基づいて合理的な行動を取るかぎり，パレート最適基準の下では，社会的効用関数の構築は不可能であるか，もしくは賦課されなければならないことが示されてきた。このことは，集団的決定における自主的な合意形成の可能性に至る途を閉ざすものであるといえる。本書ではこの問題に挑戦するものとして，集団における効率的なリスク配分を達成するためには，各人の効用関数はどのような型のものであることが必要かについて，さまざまなケースについての詳細な考察が行なわれている（第7章）。またすでに述べたように，古典的な意志決定分析は，確率測度を用いた効用と確率との統一的な数量化の上に構成される期待効用原理を用いて，確率的なくじ法による意志決定者の効用関数の導出を行なうものであるが，現代におけるより一般的なあいまいさの存在の下では，この方法の基礎にある確率測度の一般化が必要となるであろう。こうした方向の一つは，ファジィ測度，特に可能性測度を用いた意志決定分析の拡張である。本書では特に，可能性分布の概念を，期待効用の概念を用いた確率分布モデルと対比させることによって，ファジィくじの概念を構築し，ファジィ効用関数の発見的構築に導く方法が考察される。集団的効用関数の構築もまた可能性分布の概念の拡張の上に論じられる（第8章）。さらに意志決定分析は，公理的な基礎の上で特定の論理構造を持った方法であるから，大規模なデータベース上での実践的な利用は必ずしも容易ではない。このために早くから決定分析を支援するためのコンピュータ・プログラムの開発が行なわれてきた。本書では，公理的な基礎に基づく知的意志決定支援のための情報システムの構築 (IDSS) について一般的に論じるとともに，コンピュータ・システムの最近の目覚ましい発達の下で，不確実性下の決定分析を対話的に支援するためのオブジェクト指向型のコンピュータ・プログラムとして IDASS (Interactive Decision Analysis Support

Systems) を開発した成果と，その多目的拡張への展望 (MIDASS) が紹介される。IDASS プログラムにおいては，意志決定者の持つさまざまなリスク態度の型に応じた数学的な効用関数の発見的構成の過程を対話的に支援するのみならず，また判断確率に対する近似的接近として，適切な統計的分布関数を選択し利用するための過程が対話的に支援されている（第9章）。

4 　結びと展望

　以上のように本書においては，経済学および経営科学の諸分野の中から，理論的基盤に立脚する方法の科学としての視座に基づいて，現代における不確実性下の，ないしあいまい環境下における政策的な意志決定支援のために有用と考えられるる四つの領域を取り上げ，それぞれが意志決定の二つの局面，すなわち解析的局面と判断的局面とをいかにそれらに固有の特性をもって分析しうるかについて検証するとともに，さらにそれらがその現代的な発展の中で，これら二つの局面の分析と評価をいかに有効に結合し得るかについて考察するものである。

　しかしながら，本書におけるこのような問題の設定は，現在において考えうるいくつかの方向を先駆けて示唆するものであるとはいえ，なお有用と考えられるすべての領域を取り上げたものではないし，またそのすべての拡張方向についての考察を行なったものでもない。さらにまた現在のわれわれの研究が，われわれ自身が提起した課題に完全に応え得たものとは到底いえないであろう。残された問題はあまりに多く，われわれ自身による研究もなおきわめて未成熟なものである。この意味では本書の究極のねらいは，現代における政策的な意志決定支援に関して，重要と思われる問題点を提起し，その解決のための端緒となり得る事例を提供することによって，現代における決定問題の研究に関する新たな問題意識を喚起し，この分野での人々の理論的・方法論的な一層の研究を促進するための一つの起爆剤となりうることであると言えよう。

参考文献

Arrow, K.J. (1950). A difficulty in the concept of social welfare. *Journal of Political Economy*, **58**: 328-346.

Arrow, K.J. (1951). An extension of the basic theorems of classical welfare economics. In J. Neyman (ed.), *Proceedings of the Second Berkeley Symposium on Mathematical Statistics and Probability*. pp. 507-532.

Arrow, K.J. (1951). *Social Choice and Individual Values*, Wiley. (2nd ed. 1963.)

Arrow, K.J. and G. Debreu (1954). Existence of an equilibrium for a competitive economy. *Economertrica*, **22**: 265-290.

K. J. Arrow and L. Hurwicz (1960). Decentralization and computation in resource allocation. In R.W. Pfout. (ed.), *Essays in Economics and Econometrics*, pp. 34-104.

Bacon, Francis (1623). Novum Organum, (服部英次郎訳「ノヴム・オルガヌム」『世界大思想全集 哲学・文芸思想篇 5』河出書房新社 1963 年ほか).

Bayes, T. (1763). Essay towards solving a problem in the doctrine of chances. *Philosophical Transactions of the Royal Society*. pp. 370-418.

Bell, D.E., H. Raiffa and A. Tversky (1988). Descriptive, normative and prescriptive interactions in decision making. In D.E. Bell, H. Raiffa and A. Tversky (eds.), *Decision Making : descriptive, Normative, and Prescriptive Interactions*. Canbridge University Press. pp. 9-30.

Bernoulli, D. (1713). *Ars Conjectandi*.

The Concise Oxford Dictionary (1990). (8th ed.) Oxford University Press.

Dorfman, R., P.A. Samuelson and R.M. Solow (1958). *Linear Programming and Economic Analysi*. McGraw-Hill.

『世界百科大辞典』(1988). 平凡社.

de Finetti, B. (1937). Foresight: Its subjective sources. (in Kyberg and Smokler [ed.], *Studies in Subjective Probability*. Wiley, 1952)

Hobbes, T. (1651). *Leviathan, or The Matter, Form, and Power of a Common-Wealth Ecclesiasticall and Civill*. (水田洋訳『リヴァイアサン』岩波文庫 1964 年)

Klein, L.R. (1950). *Economic Fluctuation in the United States, 1921-1940*. John Wiley.

Klein, L.R. and A.S. Goldberger (1955). *An Econometric Model of the United States, 1929-1952*. North-Hoolland.

Koopmans, T.C. (1949). Methodological issues in quantitative economics: a reply, *The review of Economics and Statistics*, May. 86-87.

Koopmans, T.C. (ed.) (1951). *Actovity Analysis of Production and Allocation*. Wiley.

Koopmans, T.C. (1957). Allocation of resources and the price syatem. In Three Essays on the State of Economic Science. McGraw-Hill.

de Laplace, P.S. (1814). *Essai Philosophique sur les Probabilites*. (fifth ed. 1852.)
Leibniz, G.W. (1840). *la Monadologie*. (竹内良知訳「ライプニッツ「単子論」」『世界大思想全集 哲学・文芸思想篇9』河出書房1954年ほか)
Machiavelli, Nicollo (1532). *IL Principe*. (河島英昭訳『君主論』岩波文庫, 1998年)
Marschak, J. (1950). Statistical Influence in Economics. In T.C. Koopmans (ed.), *Statistical Influence in Dynamic Economic Model*.
Menger, Carl (1871). *Grundsatze der Volkswirtschaftlehre*, (2nd ed. 1923.)
de Morgan, A. (1847). *Formal Logic*.
von Neumann, J. and O. Morgenstern (1944). *Theory of Games and Economic Behavior*. (2nd ed. 1947, 3rd ed. Wiley. 1953.)
Pratt, J.W., H. Raiffa and R. Schlaifer (1965). *Introduction to Statistical Decision Theory*, preliminary edition, McGraw-Hill. (MIT Press, 1995.)
Raiffa, H. and R. Schlaifer (1961), *Applied Statistical Decision Theory*, Harvard Business School, Boston.
Raiffa, H. (1968). *Decision Analysis : Introductory Lectures on Choices under Uncertainty*. Addison-Wesley. (宮沢光一・平舘道子訳『決定分析入門——不確実性下の選択問題』東洋経済新報社1972年)
Ramsey, E.P. (1926). Truth and probability. (In Kyberg and Smokler [ed.], *Studies in Subjective Probability*. Wiley, 1964.)
Savage, L.J. (1954). *The Foundations of Statistics*. Wiley. (2nd ed. Dover, 1972.)
Schlaifer, R. (1956). *Probability and Statistics for Business Decisions*. McGraw-Hill.
Schlaifer, R. (1969). *Analysis of Decisions under Uncertainty*. McGraw-Hill. (Reprinted by Robert E. Krieger Publishing Co. 1978.)
Seo, F. (1978). Evaluation and control of regional environmental systems in the Yodo Rive Basin : socio-economic aspects, *Proceedings of IFAC Symposium on Environmental Systems ; Planning, Design and Control*. Pergamon Press, Oxford, pp. 601-666.
Seo, F. (1980). An integrated approach for improving decision making processes. *Behavioral Sciences*, **25** : 387-396.
瀬尾芙巳子 (1984). 『多目的評価と意志決定』日本評論社.
Seo, F. and M. Sakawa (1988). *Multiplr Criteria Decision Analysis in Regional Planning*. D. Reidel Publishing.
Seo, F. and M. Sakawa (1990). A game theoretic approach with risk assessment for international conflict solving. *IEEE Transactions on Systems, Man, and Cyberneties*, **20** : 141-148.
Seo, F. (1991). Utilization of mathematical programming for public systems. *Mathematical Programming*, **B52** : 71-98.
瀬尾芙巳子・坂和正敏・西崎一郎 (1993). 国際協力ゲームのためのファジィモデル『日本ファジィ学会誌』**5**, 577-586.
Seo, F. and I. Nishizaki (1994). Conflict solution with robustness in international

negotiations, *Group Decision and Negotiation,* **3**: 47-68.
Simon, H.A. (1983). *Reason in Human Affairs.* Stanford University Press.
Smith, A. (1759). *The Theory of Moral Sentiments.* (6th ed. 1790. The Works of Adam Smith, vol. 1. AALEN OTTO ZELLER 1963.) (米沢富男訳『道徳情操論』日光書院 1948 年ほか)
Smith, A. (1776). *An Inquiry into the Nature and Causes of the Wealth of Nations.* (5th ed. 1789.) (『諸国民の富』岩波文庫ほか)
Tintner, Gerhard (1952). *Econometrics.* Wiley.
Zadeh, L.A. (1965). Fuzzy Sets. *Information and Control,* **8**: 338-353.
Zadeh, L. A. (1978). Fuzzy sets as a base for a theory of possibility. *Internatuinal Journal of Fuzzy Sets and Systems,* **1**: 3-28.

第 1 部

国際化環境における計量分析とシミュレーション

第1部では，経済データの代表的な計量分析の手法である計量経済学モデルに基づく構造分析とシミュレーション予測について論じる。まず第1章では，マクロ・モデルを用いて，国際市場において発生する不確実性に直面した場合の短期的な構造モデルをどのように構築するかを吟味するとともに，そのシミュレーション分析の結果がケースとして具体的に示される。第2章では，地域経済計量経済学モデルを用いて，長期的な構造モデルをいかに構築するかを論じ，そのシミュレーション分析による国際比較の結果がケースとして提示される。

第 1 章

計量経済学モデルによる不確実性の短期的分析

福地崇生

本章では，国際市場における不確実性の問題が，短期的な計量経済学モデルにおいていかに取り扱われるかについて考察し，その分析例を示す。計量経済学モデルでは，不確実性は一般に構造係数の誤差ないし各方程式の誤差として取り扱われるが，これらが経済学的な説明でカバーできないときには，さらにダミー変数等での処理が必要になる。しかし政治的な混乱や動乱があまりに大きいときには，果たして通常のモデル分析が有効であろうかという問題が生じる。本章では，これらの問題を，インドネシアの経済危機を事例として，その具体的な分析例を示す。

1.1 序　論

　本章ではまず不確実性をマクロレベルで論じ，経済成長への非経済的不確実性の影響を展望する。次にインドネシアの最近の経済危機を描写し非経済的攪乱変数を含む月別計量モデルによる実証研究を試み，非経済的不確実性の影響を計測する。次節以下で国際化の趨勢と不確実性を論じ，政治的要因・不確実性の経済成長への影響をサーベイする。続いてインドネシアでの非経済的不確実性の計量化・指数化，月別モデルによる経済成長への影響の実証研究を行なう。

1.2　国際化の趨勢

1.2.1　国際化と不確実性

　20世紀経済の一つの特徴はグローバリゼーションであった。冷戦後は社会主義的・中央計画経済的運営は大勢として過去のものとなり，現在は各国の運営は自由市場経済・民主主義的な路線に接近している。昔は各宗主国を中心とする勢力圏に別れていたのが，現在では緩い地域連合の併存のような形となっている。支配者・被支配者の区分が無くなり一国一票で国連総会での発言権は平等になっている。同じような路線の国が併存する状態に接近し，似たものの集まりに接近する，国独自の特徴が消えてゆくということは一つの言い方では，エントロピー増大法則が経済世界でも貫徹するということである。(1) グローバリゼーションが世界のトレンドだという時は，こうして世界の支配・被支配，資本主義・社会主義のような特徴・アノマリー（不規則性・異常現象）が減って，ばらばらになり均質化することを意味する。現在猛烈な勢いでIT革命・情報化が進んでおり，インターネットを通じて情報は瞬時に行き交う。グロー

バリゼーションが進み各国経済の特徴が無くなり共通になれば，要素報酬率も共通になり，段々と要素価格均等（factor price equalization：FPE）に接近し就業地選択は単に個人的にアメニティーの高いところを選ぶことになろう。最近インド人のIT技術者が欧米で急増しているのはその一例である。この均質的なイメージは各経済が同じ1次同次のCobb-Douglas型生産関数を共有し要素報酬率が均一化した世界と似ている。そこでは世界の生産総計は各国への資源配分から独立になってしまい，国の大きさは本質的な意味を持たない。グローバリゼーションの時代には各国の主権の重さが減ってしまう。ヨーロッパ統合は一つの論理的な帰結である。ヨーロッパ・北米と続いて地域市場が増す。統合が進むのでる。

　こうしたグローバリゼーションの論理的な帰結は世界経済の連動である。国際化の潮流は，まず各国内・間の経済取り引きが同一規格で統一され，ひいては各国経済が均質化することを意味する。今日電子商取り引きが猛烈な勢いで増し先進国ではすでに30－40％に達している趨勢はその一つの証であろう。これは商慣習の均質化・ハードとソフトのインフラの整備の進行を意味する。産業構造がますます高度化し，商慣習・法制度も共通になり，第3次・第4次産業の比重が高まり，IT技術の進歩で情報流通が加速化すれば，各国固有の金融財政政策の比重が落ち，各国の変動も類似の形となろう。[2]昔，景気循環を説明するのに，太陽黒点説があった。太陽の黒点は12年ごとに消長を繰り返すから経済の景気・生産消費の規模は黒点の消長と平仄を合わせて変化するという説明である。この説の最大の特徴は，経済変動の主因が，地球（経済）の外にあるという主張である。太陽黒点の数は，人知の発達につれて，その発生メカニズムについての理解・分析が進むであろう。しかしいくら太陽活動についての研究が進んでも，将来とも人力で黒点数をコントロールすることはできそうもない。だからこの説が正しければ，景気変動の主因はまったく人力の外にあり，人類は運命にしたがわざるを得ないことになる。この特徴から，次に言えることは，国の数が多くても，各国平等に影響を受けることである。したがって各国の景気循環は連動する筈である。この説は，農業が各国経済の大部を占めていた時代にはかなり有力であった。IT産業が主力となる時代には，

再び各国経済が連動するとすれば歴史はもう一度出発点に戻ることになる。

ただし FPE が長期的には成立すると仮定しても，その過程では IT 化の波に乗る先進国と乗れない途上国の IT 格差・所得格差は急増するであろう。所得が1人1日1ドル以下の貧困層が 10 億人おり，世界の大半は未だ工業化・近代化以前の状態にある。IT で突き進む先進国は1種のアノマリーで，エントロピー減少に働いているとも言える。先進国で膨大な投資ファンドが蓄積され IT 技術を生かして利潤最大化を目指すオペレーションも増す。情報化・グローバル化に合わせた法制度・ソフトおよびハードのインフラ作りに乗り遅れた途上国の脆弱性も増すであろう。国際化は長期的には世界経済の同質化を目指して進むとしても，短期的には各国間の格差を増し不確実性も増加させる。1国内の格差は Kuznets の逆U字型法則で最初増加した後に減少するが，世界経済についても大きな構造変化は逆U字型発展パターンを生み出す可能性が大きい。IT 普及の過渡期には先進国内でも国際間でも逆流現象（backwash effect）が起こり混乱も不確実性も増加するであろう。途上国の新興金融市場が攻撃されたアジア通貨危機はこの過程で不可避的に起きる現象の一例とも考えられる。

1.2.2　不確実性のマクロ計量分析

不確実性が経済行為に及ぼす影響は昔から経済学の大きなテーマであった。非対称的調整費用がかかる時に，不確実性が増すと投資が減るかどうか，競争度との関連で符号が変わるか論争がある。[3] 危険回避度・市場不完全性・調整費用非対称度・資本限界収益逓減度等に依存してミクロ投資行動は不確実性増加に応じて増加または減少する。色々のミクロの企業・産業・市場を集計したマクロレベルでの理論的符号についての結論は大変不確実と言わざるを得ない。他方でマクロレベルで不確実性にまつわるイシューが数多く問題になっている。

国際間の成長率の大きな格差が顕在化するにつれ最貧国等での政治的不安定性の経済成長への悪影響が問題になっている。アジアや中南米での通貨危機の発生・伝播の経験を経て国際的なセーフガードの必要性が論じられているが，

危機管理には不確実性の把握・計量化・予測が大きな問題点である。アジア通貨危機に襲われた国国の中でインドネシア経済だけは未だに後遺症に苦しんでいるが，その一因として政治的不安定性に由来する通貨価値の下落が大きい。こうして不確実性が経済成長に及ぼす影響に関心が非常に高まり不確実性の計量分析が増して来た。本稿で考察するのは主にマクロレベルでの不確実性であるが，その計量分析には初めから数量化という大きな困難・問題点がつきまとう。本節では，インドネシアでの政治的ショック分析に先立って，マクロレベルでの政治的要因・不確実性の計量分析の二点につき実証研究をサーベイする。

問題点は2群ある。第一に，不確実性の範囲を経済的なものに限定するか政治的な要因の学際的領域にまで広げるのか。政治的変数を扱う場合には通常の経済関係とは変数間の因果関係の性質が変わってこないか等の問題である。第二は不確実性を数量化する場合の問題点であり，（1）多くの国を集めたプーリングデータ (pooling data) か，個々の国の事例によるか，（2）アンケート等で収集した事前的 (ex ante) データか統計資料に基づく事後的 (ex post) データか，（3）事後的データの場合にいかなる手法で数量化するのか，（4）観察回数の多いハイフリークエンシー (high frequency) データかどうか等の点である[4]。

政治的要因が経済成長に及ぼす効果については多数の実証研究があり，（A）簡単な比較分析，（B）成長方程式への政治変数の導入，（C）政治的不安定性指標の分析（後述 Brunetti and Weder, Fosu）等に分かれる。

(A) Alesina and Perotti (1994, p. 358) は各国の1,860ケースをサーベイし主要な政府交代を含む（含まない）ケースでは成長率が0.1％（2.8％）であること，クーデターの年299ケースでは(−)1.3％であったことを指摘した。Balkan (1992) も二つの政治変数 (Arat の modified index of democracy and political instability index) を default の確率の説明に使用している。Özler-Rodrik (1992) は32カ国のデータ（1975-85）で民間投資性向の説明にいくつかの政治変数を導入している。

(B) Barro (1991) は98カ国（1960-85年）のサンプルで成長率を説明する成長方程式（一人当たり GDP の回帰分析）において革命・暗殺数が有意に経済

成長にマイナスに効くことを示した。Sachs and Warner (1997) は制度的質指数 (institutional quality index) がプラスに効くことを示している。しかし，Sala-I-Martin (1997) が200万本の回帰式を計算した結果では，法律支配 (rule of law) はプラスに効き，政治的権利・革命数・市民的自由 (civil liberties) はマイナスに効いている。これらの研究からは，政治的習熟の絶対水準がプラスに効くのか，確実性の高さがプラスなのか，両者なのかはっきりしない。また Sala-I-Martin の計算でラテンアメリカとサブサハラアフリカのダミーがマイナスで有意に効いているのも問題である。これらの従来から政治情勢が不安定な地域では特に不安定・不確実性の負の効果が顕著であり，プールした時全体の効果を偏らせる恐れも否定できない。[5]

不確実性・変動性の経済成長に与える悪影響としては，輸出による外貨稼得額の不安定性が長年指摘されてきた (Love 1990 参照)。不安定性の最近の計量分析の展望には Lensink, Bo and Sterken (1999 : LBS) が示唆的である。彼等の研究は，138ヵ国 (1970-95) の事後的な low frequency プーリングデータによる回帰分析である。彼等は各変数の予測式残差の標準偏差を不確実性指標と定義する。予測式としては，2次の Dicky-Fuller 自己回帰式 (トレンドを含む) を採用している。[6] 最初に，Levine and Renelt (1992) の示唆にしたがい，1人当たり GDP 成長率を説明する場合に常に確定した符号で貢献している robust な説明変数 (I) として，一人当たり GDP 成長率を初期レベル・人的資本ストック・広義貨幣対 GDP 比率・投資性向の四変数を確定した。[7] 次に，四変数以外の関連変数 (Z) として政治変数 (4個)・市場の歪み (3個)・経済開放度 (3個)・金融市場発展度 (4個)・資本移動 (3個)・対外債務 (2個)・他政策変数 (3個) 合計22変数を選んだ。さらに不確実性変数 (M) として6個，政府財政政策について3種類 (政府予算・税収・政府消費)，輸出について1種類 (輸出額)，価格について2種類 (実質利子率・インフレーション) を選び，Dicky-Fuller 2次式残差で定式化しデータを作成した。以上の準備の後に，robust な4変数 (I)・22個の関連変数から3個・不確実性変数から1個を組み合わせる成長方程式をすべて計算した。さらに不確実性変数の係数が標準偏差の2倍をプラスマイナスして符号が変化する場合は，信頼域

限度分析 (Extreme Bound Analysis) から変数の効きか方は robust でないと判定した。この結果不確実性指標のうち財政・輸出の不確実性指標が有意に経済成長にマイナスに効くことが確認された。彼等が関連変数の政治的指標として選んだのは，市民自由 (civil liberty)・政治的権利 (political rights)・戦争ダミー・政治的不安定性の四者であった。彼等の研究では政治的要因は背後に supress されていて，市場・経済的不安定性の負の効果が検出された。

（C）次に政治的不確実性の陽表的な分析例を見よう。企業行動において不確実性 (uncertainty) が特に重要な役割りを演じるのは設備投資の決定においてである。Lensink 等が指摘したマクロ経済的変動性（たとえば成長率・インフレ率・実質為替レートの変動幅）に加えて，政治的不安定性や不透明性（たとえば汚職等）は投資に（したがって成長率に）どの程度の影響を与えるのか。最近は不確実性に関する研究の範囲が天候不順・狭い経済市場の変動から拡大して政治的領域に広がっている。一例が Brunetti-Weder (1998 : BW) であり，彼等は政治的環境に由来する不確実性を制度的不確実性 (institutional uncertainty : 以下 IU と略記する) と呼び，下記の四レベルを区分し，種々の代理指標を選び実証研究を行なった。(1)政府不安定 (government instability) 指標としては革命数（＊）・クーデター数・政治的デモ回数・反対党政権奪取数，(2)政治的暴力 (political violence) 指標としては殺人数・ストライク数・暴動数・軍攻撃数・政治的暴力による死者数・政治的処刑数（＊）・戦争被害者数（＊）・テロ回数（＊），(3)政策不確実 (policy uncertainty) 指標としては外国為替闇市場プレミアム（＊）・インフレ率標準偏差・実質為替レート変動係数（＊）・憲法改正回数（＊）・制度変化確立，(4)強制 (enforcement) 不確実性指標としては司法信頼性欠如・官僚制硬直度・外国企業への汚職度・法支配の欠如（＊）・アンケートによる汚職度（＊）・官僚の低質性等を取り上げて回帰分析をした。データは 60 カ国で投資率その他につき 1974 年-1989 年である。その結果，星印（＊）をつけた変数について単回帰で 10％以下で有為にマイナスの係数を検出した。この結果，政府自体の不安定性・非信頼性から政策実施の不確実性に至るまでに種々のレベルでの確実性欠如が投資をさらには経済成長を大きく阻害することが示された。Fosu (1992) はアフリカ 31 カ国

(1960-86) サンプルで成長率を資本・労働・輸出の成長率で説明する成長方程式に McGowan による政治的不安定（political instability: PI）指数を導入して負に効くことを確認している。

経済成長と政治的不安定性の交絡関係を描写した例はあまり無いが，Gyimah and Munoz de Camacho (1998) はラテンアメリカ 18 カ国のデータを用いて，経済成長率（g）・投資性向（k）・政治的不安定性（PI）・人的資本（HC）間に次の交絡効果を想定して連立モデルを構築した（便宜上他の関連変数を無視してある）。

$$(g) = F((-)PI, k, HC), (PI) = F((-)g, (-)HC)$$
$$(k) = F(g, (-)PI, HC), (HC) = F(g, (-)PI)$$

即ち，政治的不安定性は他 3 者にマイナスに効き，経済成長率を直接にさらに（投資性向と人的資本の低下を通じて）間接的に押し下げる。経済成長は人的資本を増し，人的資本は投資性向と経済成長にプラスに，政治的不安定性にマイナスに効く。モデル全体でのシミュレーションは行なっていないので，交絡効果による動学的な結果は不明である。プーリングデータによる分析は長期的傾向の析出には向いているが，変数間にたった一年のラグで因果関係があるかどうかも問題である。

以上の研究でしばしば地域ダミーが効くことがあるが，地域的な構造差があることを延長すれば，矢張り政治的ショックの影響は国別にも固有のパターンがあることも予想させる。この点は上記のようにプーリングデータによる分析通有の弱点である。単一の国の分析では十分なサンプル数を確保することが難しいが，Looney (1987) の分析はその好例である。彼はアルゼンチンを例にとり，1961－65 年（民主化時代）・1966－72 年（第 1 次軍事政権期）・1973－76 年（ペロニスト市民政権期）・1977－82 年（第 2 次軍事政権期）を含む 1961－82 年の時系列データで，政府支出対 GDP 比率を総額および項目別に分けて回帰式で説明し，政権変化による支出比率変化を有意に検出している。このように政権変化が 5 年おきに起こるような事例はごく稀である。政権変化が稀な場合で，且つはっきりと非経済的不安定要因の動きであると判断できるようなショックが全経済にどう影響するか。これを単一国でハイフリークェンシーデータ

を使用して実証する。これが次節でのテーマである。

1.3 通貨危機における不確実性の役割

1.3.1 インドネシア経済危機の発生

　国際化の進展，たとえば金融自由化により各国間の金融市場の連動が強まり国際間資金移動が増す一方で，途上国の脆弱性が目立ち不確実性が増した1例が1997年に始まりアジア諸国を襲った通貨危機であった。ブラジルも1999年1月には固定為替レートを防備できず変動レート制度への移行を余儀なくされ，固定レート制のアルゼンチンとの貿易摩擦が現下大きな政策課題となっている。これらの途上国が国際資本のアッタクの標的となった背景には，過去の急速な資本流入・大きな対外債務や財政赤字の累積・金融部門の脆弱性等の要因があったが，これら要因にともなうリスクが金融・資本取り引きで正確に評価されておらず，為替レートにも反映していなかったのが，通貨危機の主因の一つであった。

　インドネシア経済は1997年夏までのは高度成長を記録していた。この間成長率は平均10％近く，インフレ率は公式には10％以下に抑制されていた。1965年以降34年のスハルト政権時に支出1人1日1ドル以下の貧困層は40％から15％にと急落した。軍隊は治安機能を持つ政治的勢力であり，また自身で多くの企業を経営し経済・産業面でも大勢力で，二重機能を享受していた。民族資本の育成を旗印として大頭領家族・側近を始めとする民族資本が育成され，伝統的工業部門に加えて重化学工業でも近代的大工場が建設され，ワンセット工業化が推進された。

　世銀も危機の僅か数年前の"東アジアの奇跡"と題する報告書（1993年）の中で，インドネシアもアジアの高度成長国（High Performing Asian Economies：HPAE）に含めて賞賛しているが，顕著な成長実績の蔭で大きな社会的不満も蓄積していた。大きな外国資本流入・不動産部門への巨額の投資で不動

産価格の騰貴・ブームが起こったが，その後崩壊を招き，不良貸しつけ・債権が累積して，銀行部門の収益は1996年暮れからすでに収縮し始めていた。農業部門も天候不順による作柄不安定に悩んでいた。またインドネシアで34年間続き成長・安定を目指す開発独裁体制のスハルト政権下で，平均値としての所得水準の上昇・貧困層の減少がある一方で，公平目標は後退した。KKN（腐敗・汚職・縁故主義）の醸成があり，地域間格差の増加が進行し貧困層・地域の不満が高まり政府への信頼（confidence）が弱まり，政治的脆弱性が増し，BrunettiとWeder等の言うinstitueional uncertaintyが増加していた。[8]

　1997年7月にタイ通貨のバーツ（Baht）暴落が引き金となり起こったアジア通貨危機（Asian Currency Crisis：以下ACCと略記）はインドネシアにも波及して，1ドル2,400ルピアの為替レートは暴落を始めた。その直前までは30年以上続いた開発独裁政権の安定性は当分揺るぎ無いとすべてのプレイヤー・国際社会も予想していた。持続する高度成長への期待で継続的な外国資本流入があり国際収支は常に黒字基調で為替レートには常に切り上げ圧力が働いていた。インドネシア中央銀行はバンド制を採り，バンドの幅も2，4，8，12％と拡大したが，1996年からレートは常にバンドの下限に張り付いていた。以上の背景で，多くの企業は外資を導入してもヘッジをせずに借入れ・返済を繰り返し，将来の切り下げの可能性・危険を過小評価していたことは否めない。

　こういう構造的脆弱性があったものの，なぜ急激な危機が発生したのか。この点で興味深いのが伝染現象（contagion）の分析である。Kaminsky and Reinhart（2000）は通貨危機が起こる確率が同一域内国の半分以上に起こった場合，アジアでは単純な確率が27％から67％に，ラテンアメリカでは29％から68％（ヨーロッパでは28％から35％）に増加することを示した。伝染現象は基礎的条件が類似しているから起こる基礎条件類似的伝染（fundamentals-based contagion）と，基礎的条件が類似していないのに起こる真の伝染（true contagion）が考えられる。そこで金融・マクロ指標18個（各指数の24カ月前の値で通貨危機が起こるかどうかのシグナルとし）を加重して作った基礎条件合成指数（composite index）を使用した予測をし，（同一地域内の危機国数の）伝染情報が危機を予測する確率を調べた。単純な基礎条件指数による予測に比べ，

伝染情報によりアジアでは0.213，ラテンアメリカでは0.2890，ヨーロッパで0.297の確率増加が見られた。伝染は基礎的条件が違っていても起こるし，地球規模というより地域的現象であり，多くは同一地域内の国々に伝播することがわかる。通貨危機が伝播するメカニズムは金融チャンネル（共通の銀行取り引き・ミューチュアルファンド保有国間）・資産利益率チャンネル（株価収益率類似国間）・貿易チャンネル（類似輸出相手国グループ）等が考えられ，アジアでもこの順でチャンネルに属する情報が発生確率を高めた。この金融・貿易チャンネルを通じてタイ・韓国で発生した通貨危機はインドネシアに伝播したのである。

1997年夏から為替レートは切り下がり続け年末には4,700ルピアに倍増した。この間資本逃避が起こりルピア建て債務は増加し続け借入れ企業のバランスシートを大きく悪化させたが，通貨危機の影響は主に金融面に留まり，実物経済は依然として成長を続けた。しかし1998年に入り大統領の健康不安・IMFとの不協和等の政治的不安定が表面化し経済の停滞・インフレと相互に悪循環を起こし最後にジャカルタ暴動・スハルト政権の崩壊に至った。1998年前半にはGDPも19％下落し，為替レートは1月には10,000ルピア，6月には15,000ルピアを突破している。1998年夏以降は経済は略横這いの停滞状態となり，1999年まで不況は続いている。この経済危機（Krismon）における政治的不安定性・非経済的撹乱の役割の分析が本稿の課題である。[9]

政治的社会的不安定が経済の及ぼす悪影響は以下のようなチャンネルで波及した。為替レートの崩落により経済への信頼感が低下し，債券の格つけが下がり株価が下落し為替レートは下落し資本流出防止のため利子率は上昇する，輸入が困難になり，インフレが激化し，直接投資は減少し，資本の海外逃避がおこる。不安定度が高まれば企業が安心して操業ができなくなる。生産・投資・輸出活動が阻害され，失業が増大し，実質所得は低下し，貧困所帯が増す。この経済的困難は逆に社会的不安を加速させる。こうして最後には政権崩壊という政治体制変化と経済のFree-Fallが起こったのである。危機前から開発独裁長期政権の歪みが累積していたし，インドネシア固有の民族的地理的特性も社会的緊張と関連していた。インドネシアでは少数の華僑の経済・富の占有率が

高い。このため1965年9月暴動では共産主義者が政府転覆を企んだとして全国で数十万人以上が犠牲になった際，この暴動に便乗して多くの華僑が襲撃された。1998年5月のジャカルタ暴動でも華僑街が襲撃されて多くの被害を出している。多くの華僑は社会的不安に際して直ぐ海外に逃避できるよう準備しているし，巨額の資本逃避とも絡んでいる。天然資源の存在はスマトラ・カリマンタン・イリヤンジャヤといった外島に偏っており，従来はこれらの外島からの資源開発益への課税をジャワ島に移転する形で中央政府・ジャワ経済が成立していた。この経済構造は地方が中央のジャワに搾取されているという不満を形成していた。またスマトラ島のアチェ，アンボン，イリヤンジャヤのような固有独特の歴史・文化を持つ地域は以前から政治的独立の気運がくすぶっていた。ポルトガル領であってインドネシアに強制的に併合された東チモールが1998年に政治的独立を達成したのを契機として，この二つの不満が一斉に噴出している。さらに宗教的・政治的抗争がからまり，現在は常時各地で暴動事件が絶えない。

　今回の経済危機（Krismon）には三つの基本的特徴がある。第1に，きわめて短期間で急激に起こったことである。1997年夏に起こり1年以内に34年続いたスハルト体制が崩壊し，極端な政治的経済的不安定は1998年末には収束し停滞状態に移った。第2に，経済的困難と政治的不安定が相互に増幅して悪循環構造を作ったことである。第3に，実物経済の崩落と激しいインフレが同時平行して起こったことである。

1.3.2　経済危機の発展過程――3小期間の定義

　モデル推定期間（1996年1月—1998年12月）中の主な経済変数値の推移を表1.1にまとめた。

表1.1 各時期における主要変数値

変数・時期	1996年1月	1997年7月	1997年12月	1998年7月	1998年12月
GDP	32619	36377	36289	30784	29958
農業GDP	8111	8920	7975	8656	8159
工業GDP	7696	9201	9503	7467	7867
商業GDP	5513	6049	6103	4689	4823
金融業GDP	2875	2966	3737	2624	1618
他産業GDP	8422	9239	8969	7346	7489
民間消費	20672	22550	23821	22460	22406
政府消費	2861	2454	2757	2196	2318
投資	9509	12080	10482	6152	6647
輸出	8670	10271	12349	12138	6838
輸入	8350	10919	13669	12869	6366
利子率	13.08	15.87	40.67	64.09	33.44
為替レート	2311	2599	4650	14900	8025
消費者物価	181.7	195.8	211.6	310.1	376.1
M1	52183	69268	78343	109480	101197
M2	222900	312839	355643	565785	577381
民間資収支	1013(M$)	721	−3777	−847	−1903
公的資本収支	−51(M$)	−131	946	898	1306
外貨保有額	13888(M$)	20233	16587	17950	22713
対外債務	147934(M$)	164855	157216	151217	146870
ルピア建1人1日GDP	4560(Rp)	4945	4936	4155	4012
ドル建1人1日GDP	1.97($)	2.01	1.06	0.27	0.50

(注) 原則として単位は1993年価格10億ルピア。国際収支関係は100万ドル。
　　　為替レートは対米国ドルのルピア。利子率はパーセント。消費者物価は指数（1990年＝100）。

1996年1月—1997年7月　Krismon前の高度成長期に属する。1年半でGDPは11.5％増加し，主要部門GDPも次のように安定して増加している。農業部門 (10.0％)，製造業部門 (19.5％)，商業部門 (9.7％)，金融部門 (3.1％)，その他部門 (9.7％)。この間明らかに製造業が成長の核 (engine-of-growth) の役割を果たしてリードしている。支出面項目も順調に増加し，民間消費 (9.1％)，投資 (27.0％)，輸出 (18.4％)，輸入 (30.7％) ともに伸びている。政府消費のみは一部は季節変動のため急激な変化を繰り返し14.3％減少している。金融面では．利子率は13から15％の間に低く抑えられ為替レートはドル当たり2,311ルピア から2,599ルピアへと緩やかに切下げられている。民間資本流入は大体10億ドルで推移し，公的援助バランスはややマイナスであった。このため全対外債務は1,479億ドルから1,648億ドルに増え，外貨保有は138億ドルから202億ドルに漸増した。1人1日当たりGDP (1993年価格) は4,560ルピアから4,945ルピア (または1.97ドルから2.01ドルに) 8.4％増加した (人口増加率は年率1.6％である)。対外債務が増加し，分配面で問題があるもののこれら指標が示すように安定成長が続いていた。

1997年8–12月　Krismonの開始期である。為替レートは12月には4,650ルピアへと倍増し，民間資本収支は急減してマイナスに転じ12月には37億ドルの出超となった。外貨保有は157億ドルに急減し対外債務も76億ドル減少している。利子率は更なる資本流出防止のため40.6％にまで引き上げられた。実物部門への影響はまだら模様であった。GDPは11月まで成長を続けてから下落に転じ危機前よりやや低い水準に達したが，この下落は主に農業部門が雨量不足で受けたダメージによるもので製造業は増加し続けていた。支出面では輸出入は成長を続けたものの，将来の経済の停滞を予想して投資は13.3％下落した。

1998年1–7月　経済の急落期 (free-fall)。ACCのインパクトが全経済に浸透しスハルト大統領の健康不安・IMFとの不和・currency boardの風説等が信頼を低下させ，終には政治的経済的な全面的危機を招き，35年間続いたスハルト政権の崩壊につながった。GDPは16％下落し，消費者物価 (46

％)・狭義マネーサプライ（M１：39％），広義マネーサプライ（M２：59％），為替レート（220％）と金融指標は激しい上昇を記録した。為替レートは6月には 14,900 Rp/$に暴騰し，利子率は 40.6％から 64.0％に引き上げられた。民間資本収支は流出を続け対外債務はやや減少した。他方で公的援助は 10 億ドルに達し外貨保有は 13 億ドル増加している。農業部門のみ天候回復のため 8.5％成長を記録したが，消費・輸出入は下落し，投資活動は事実上ストップし 41.4％減少した。

1998 年 8－12 月　急落後の停滞期。政治情勢が秋の人民協議会の選挙に向けてやや小康状態となり，為替レートは暫時低落して暮れには 8,000　Rp/$ level となり，利子率も 33.4％に下がった。民間資本は流出を続け全債務は 43 億ドル減少している。他方で公的援助は強化され，外貨保有は 227 億ドルに増加した。実物部門は概ね停滞したがまだら模様で，農業およびその他産業部門で減少しそれ以外の産業では多少増加している。政府消費と投資がやや回復し民間消費はさらに下落した。実質輸出入は大幅な低落を続けた。

これらの観察から Krismon 期間を以下の 3 小期間に分けることとする。

(1) 第 1 小期間（1997 年 8－12 月）：Krismon 開始期　為替半減価・資本逃避に代表され金融面・企業バランスシートが打撃を受けた時期。反面で実物経済は成長を続けた。

(2) 第 2 小期間（1998 年 1－7 月）：Krismon 中央期　経済的不況・政治的不安定が相互悪循環を形成し，経済の崩壊（free-fall）・激しいインフレが起き Suharto 体制が崩壊した。

(3) 第 3 小期間（1998 年 8－12 月）：Krismon 停滞期　新政権への移行期で為替レートは高どまり，経済は停滞し一人当たり GDP はさらに 4.5％下落した。

こうしてインドネシアの経済危機は約 1 年半の短期間で起こり，またその間の 3 小期間で激しい変化を記録した。この激変を計量的に分析するには年ベースまたは四半期ベースの分析では不適当である。他方で為替レート・利子率・

消費者物価・ドル建て輸出入額等主要な変数については月別データが利用可能である。そこでこの短期的な危機の描写のために，月別データを4年分（1995年1月―1998年12月）整備し，3年間のデータ（1996年1月―1998年12月）で月別計量モデルを作成した。(10)

一つ注意を要するのは，Krismonの描写で，ACCの悪影響と危機前からの趨勢を区別することである。農業GDPは1996年5月に過去最高水準を記録しその後不安定なトレンドを示している。金融部門GDPは1996年11月にピークを記録し不動産バブルの崩壊とともに1997年8月までに約20％下落している。したがってモデル作業では，Krismon自体のメカニズムの解明を容易にするため，危機前から低下し続けている2部門のGDPは外生化して扱った。

1.3.3　非経済的ショックの定式化

ACCの後為替レートは1997年12月までに7月の2,400 Rp/$から4,650 Rp/$に倍増し，経済危機・政治的不安定が相乗的に累積しSuharto政権崩壊時には歴史的最高値の15,000 Rp/$を記録し，その後1998年12月の8,000 Rp/$まで低下した。この間の1998年1月・6月の山は明らかに非経済的攪乱要因・信頼の低下によるものであった。当初は以下の経済変数を含めて種々の変数で全期間（1996年―1998年）で推定を試みたがKrismon期（特に第2期以降）に大きな誤差が残って説明不可能であった。(11)

そこで次の方針を採用した。(A)1997年12月までのデータで可能な限り多くの経済変数で為替レートを説明する，(B)この式で説明変数値に実現値を入れ1998年12月まで外挿予測をする。実績値とこの外挿値の差を（政治的社会的な）非経済的要因による為替レート変動と解釈して非経済的攪乱（non-economic disturbance：NEDIS）と定義する。為替レートは種々のシグナル・情報に対する投資家の反応を示すバロメーターであるから，そのうち経済的情報（への）反応を除いた部分を（為替レート変化に反映された）非経済的攪乱の効果とするのである（単位は為替レートと同様である）。

(A)まず分析に際しては次の説明変数を採用した。プラス・マイナスの符号

（＋，−）は各説明変数の限界効果の符号に対する想定・符号条件を示す。

1. 購買力平価（purchasing power parity）：（＋）（X1＝(CPIUS)＋(WEIGHJ)＊CPIJ))。主たる輸入国でのインフレーションは為替レート切り下げの一因である。経済危機前もインドネシア銀行は為替レートの小刻み調整に際してこれを重視していた。この代理指標として，主な輸入国として米国と日本を取り上げ，両国の消費者物価（CPIUS, CPIJ）を両国への非石油輸出比率（WEIGHJ）で加重平均した値を採用した。符号条件はプラスである。

2. バンドワゴン変数（Bandwagon variable）：（＋）（X2＝((RATET)/(CPIT)＋(RATEK)/(CPIK))。通貨危機の伝染を表す。タイと韓国の実質為替レートの1990年を100とする指数の単純平均値である。金融部門の脆弱性を見越した為替アッタクによる両国レートの実質値の異常騰貴は，同様の弱さを共有するインドネシアへのアッタクを予想させ切り下げ要因となる。さらに類似の輸出商品構造を持つタイの切り下げは，インドネシアの輸出競争力の低下を意味して切り下げ要因となる。この変数は以上の金融・貿易チャンネルによる伝染・波及効果の代理変数である。

3. 利子率格差（＋）（INT-INTUS）：カバー無しの裁定（uncovered parity）式によると為替レートの将来の予想される変化は国内利子率（INT）マイナス外国利子率（米国の利子率で代表させる：INTUS）の差に等しい。高い利子率は資本流入を加速して切り上げ圧力を生むが，このような間接的効果は他の民間資本バランス変数で表されているので，この変数は上記の期待行動のみを表している。公式 (INT-INTUS)＝(f-e)/e（fとeはforwardとspot exchange rates）は uncovered interest rate parity として頻繁に引用されている。たとえば Goldberg（1994, p.417），Macdonald（1995, p.450），Mahyudin（1996, p.53）。

4. 外貨保有額（−）（FR$/KR）：外貨保有額（FR$）が増加すると default 確率が下がり切下げ圧力が減る。

5. 全対外債務額（＋）（STCAP$/KR）：全対外債務（STCAP$）（資本ストック当たり）の増加は default の確率を増し切下げ圧力を増す。

6. 民間資本勘定 (private capital balance)：(−) (CAPB$/KR)。外貨の需給関係で民間資本バランス (CAPB$) は経常勘定 (current account) と比較して非常に激しい変化を示すので，これで需給バランスを代表させた。激しい流出は大きなマイナス値を意味し切り下げ要因となるから符号条件はマイナスである。

推定に際してはトレンドの存在による見かけ上の相関に由来する係数の歪みを防ぐよう努力した。左辺の為替レートは X1 で割り，右辺の説明変数（4）（5）（6）は実質資本ストック (KR) で割って正規化した。左辺のレートを X1 で割った被説明変数はテストの結果単位根が無いことを確認した。[12]

この定式化では実際の為替レートは市場の力または経済主体行動で決まり金融当局は直接にはコントロールできない。過去には為替レート保護の時代もあった (Warr, 1984), しかし最近にはインドネシア銀行はバンド付きの crawling peg システムを取り，ACC 前にはバンド幅を 2, 4, 8, 12％ と拡大してきた。ACC 後はインドネシア銀行は 10 億ドル以上の資金を注ぎ込んだが防衛に失敗し flexible system に移行した。サンプル期間はこうして dirty および clean な floating system の二期間を含んでいる。前期の peg の決定は主に PPP と他変数で描写されており，clean floating 期には主に市場変数で決まると考えている。上記の式は短期の為替レート決定を主眼としており，他の長期的な想定でのモデル，たとえば Farquee (1995), NATREX モデル (Stein, 1992), Jung (1995) のような normal mixture モデルとは異なる。部分的には Hojman (1989) の基礎的均衡モデル (fundamental equilibrium exchange rate model) と似ており貿易・資本収支がともに為替レート決定に影響している。

式の推定結果は以下のとおりでサンプル数は 24 個 (1996 年 1 月—1997 年 12 月) である。

(E−1) Exchange Rate (RATE)

$(RATE)/(X1) = -5.4834 + 3.334 * (X2)(-1) + 0.04788 *$
$\qquad\qquad (-0.93)\quad (4.20)\qquad\qquad (2.48)$

$$(\text{INT-INTUS})(-1) - 154.0 * (\text{FR\$/KR})(-1)$$
$$(-2.61)$$
$$+ 11.02 * (\text{STCAP\$/KR})(-2) - 14.35 *$$
$$(2.64) \qquad\qquad (-1.60)$$
$$(\text{CAPB\$/KR})(-1) + u$$
$$R=0.9590, \ RA=0.8974, \ S=0.9726, \ d=2.38$$

 (B)図1.1に示すとおり為替レート方程式による推定値 (RATE-EST) は1997年まで実績値 (RATE-ACT) と良い適合度を示し係数符号も期待どおりである。1997年12月に危機前の倍にはね上がったジャンプもある程度説明している。そこで説明変数に実績値を代入して1999年末まで外挿予測し (これがRATE-ESTの1998年12月までの値), 為替レート実績値との差を政治的不安定等による非経済的攪乱 (non-economic disturbance：図中でNEDIS) と定義した。これは既述の手法分類では, (1)プーリングでない1国を扱い, (2)事後的データを用い, (3)時系列的外挿手法によらず経済的推定式の誤差で定義しており, (4)月別データという比較的ハイフリークエンシーデータに

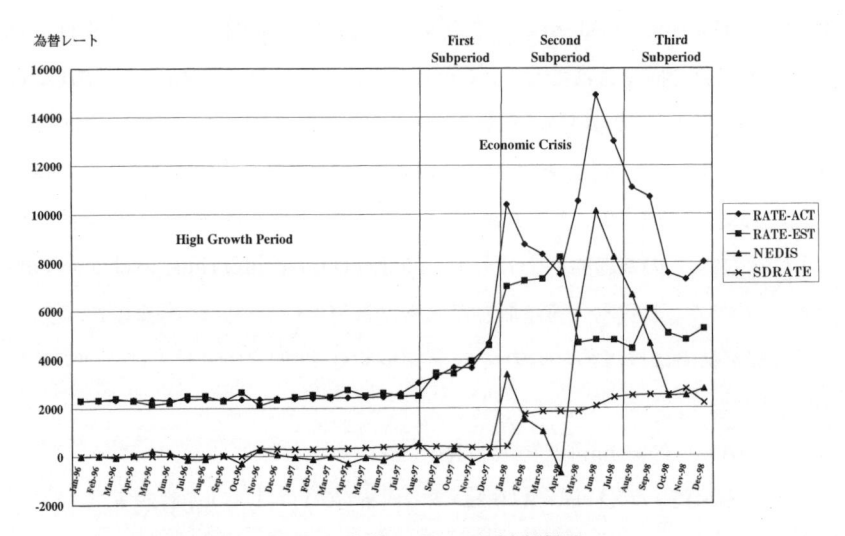

図1.1 為替レートと経済的攪乱

(注) RATE-ACT, -EST は為替レートの実現値と推定値 (外挿値), NEDIS は経済攪乱, SDRATE は為替レートの10期間移動分散の平方根 (標準偏差)。

よる，という特徴を持っている。図1.1によれば，NEDISの絶対値は1997年12月までは良好な適合度を反映して非常に小さく，最大値は1996年11月の310ルピアである。他方で1998年に入ってからは急に大きくなり，1998年1月に小さい山があり，4月に大きな山があり，6月にはピークになって10,000ルピアを記録している。これらの山に対応するエピソードは次のとおりである。[13]

(イ) スハルトのIMFとの協定違反による政治的不安定（1月の小さい山）。

1月6日スハルト大統領が国会に提出した98年度予算に対する市場の評価は厳しく，"昨日の予算案はIMFとの合意違反で非現実的な為替レート・成長率を前提している"（Financial Times，1月7日）との批判を招き，6日から1週間でルピアは5日の6,900－5,602ルピアから9日の10,050－7,803ルピアに高騰し以後ルピアの単独安が進行した。予算案では非現実的な4％成長率・インフレ率9％を前提とし，IMFとの合意に反して，財政収支は合意事項の財政黒字（GDPの1％）を無視してバランスさせて燃料や電気料金の値上げ幅・時期を明示していなかった。1月15日のIMFとの合意で民間対外債務・銀行改革のプログラムが1月27日に発表されたが，実際に動き始めたのは3月末で，15日に国会審議を経ずに予算案を撤回し種々の大統領令を出し，市場は混乱を深め，スハルトが議長を努めた最初の経済金融安定会議が開かれた22日には1日で16,000－11,300ルピアと激変した。2月17日にはスハルトのカレンシーボード案に反対したスドラジャッド中銀総裁を罷免した。

(ロ) スハルト退陣時の無政府状態にともなう大きな政治的不安定（6月の大きな山）。5月4日政府は灯油・ガソリン・電気料金を翌日から25・71・20％値上げすることを公表し，5日から値上げ反対・内閣再編・スハルト退陣を求めるデモが激化し無政府状態となり，外国人就業者やデモの標的となった華僑の国外退去が増え正常な経済活動は不可能となり，混乱の中で5月21日スハルト大統領は辞任に追い込まれ，ハビビ副大統領が昇格した。6月8日IMFとの交渉が再開され6月24日第4次プログラム

が合意された。7月15日IMFは10億ドルの支払いを実施し世銀・ADB・日本とともに60億ドルの追加支援策を発表した。8月21日には銀行改革パッケージが発表された（渡辺1998, pp. 91-92）。

　為替レートの激変・不安定性が実物経済に与える影響を見るためには、この非経済的攪乱を導入するか、他の不安定指標を使用するか二つが考えられる。Seabra (1995) は短期的不確実性の指標として減価式の分散を採用している。後者の可能性を見るため、Seabra に倣い、為替レート不安定指標 (Exchange Rate Instability Index) を為替レートの分散を10期間ずつ移動させて計算し、その平方根（標準偏差：SDRATE）を不安定指標とした。図1.1のように (SDRATE) は Krismon の第3小期になって急増している。投資関数のにこの指標を加えて推定を繰り返したが、一例は次のとおりである。

[参考]　実質投資（IR）関数

$$(IR)/(KR)(-1) = -0.01207 + 0.3386 * (RSFDI/KR)(-1) + 1.627 *$$
$$(-0.91) \quad (2.07) \quad\quad\quad (4.48)$$
$$(IM\$/KR)(-2) + 0.08241 * (GDP/KR)(-1)$$
$$(1.85)$$
$$-71.24\,E-06 * (INT)(-1) - 0.7441\,E-06 *$$
$$(-1.83) \quad\quad\quad (-0.47)$$
$$(SDRATE) + u$$

$R = 0.9953,\ RA = 0.9891,\ S = 0.002500,\ d = 0.89$

　このように不安定指標が投資に緩くマイナスには効くものの激変期のサンプル数が小さいためか有意性に疑問が残るので、以下では（NEDIS）を直接種々の関数に導入する方針で進むこととした。

　過去には為替レート制崩壊は金融現象で、国内信用創出・国内超過需要等が主要な原因で外貨保有の減少が起こり最後には為替レート制が崩壊すると説明されることが多かった (Goldberg, 1994, p. 417, Flood-Garber, 1984)。上記の式では為替レートの dirty-float 制は ACC に始まる為替への speculation attack

で崩壊し，その後経済・非経済変数の交絡により暴騰を繰り返したのである。

1.3.4　月別計量経済学的モデルによる分析

　経済危機の特徴の一つは，実物部門の停滞と金融・価格部門における急速なインフレーションが悪循環構造を通じて相互に補強し合って一般的な危機を招いたことである。モデル作成に当たっては国際的な波及とこの二部門間の関連の描写に留意した。したがってモデル全体は，国際的取り引きサブモデル（輸出入・資本流出入・外資ストック・為替レート）と国内経済サブモデル（GDP・GDEのコンポーネント・資本ストック・利子率・マネーサプライ等）の結合でもあり，実物サブモデル（各部門GDP，消費・投資・輸出入・国内資本およびFDIストック等）と金融面サブモデル（消費者物価・利子率・為替レート・マネーサプライ等）の結合でもある。モデルは推定式17本と定義式14本の合計31本からなる。推定式は最小二乗法（OLS）で推定してあるが，右辺の説明変数はすべて先決変数であるので一致推定値が期待される。

変数リスト：
　内生変数（31）：
　（記号）　　　　（名称）　　　　　　　　　（単位）
　RATE　　　　：為替レート　　　　　　　（U.S ドル当たりルピア）
　FIN$　　　　：民間非FDI資本流入　　　（百万ドル）
　FOUT$　　　：民間非FDI資本流出　　　（百万ドル）
　PCOTHB$　　：民間非FDI資本収支　　　（百万ドル）
　PCAPB$　　　：民間資本収支　　　　　　（百万ドル）
　TCAPB$　　　：全資本収支　　　　　　　（百万ドル）
　SPOTH$　　　：民間非FDI海外資本残額　（百万ドル）
　SPCAP$　　　：民間海外資本残額　　　　（百万ドル）
　STCAP$　　　：全海外資本残額　　　　　（百万ドル）
　X$　　　　　：ドル建て輸出額　　　　　（百万ドル）
　IM$　　　　　：ドル建て輸入額　　　　　（百万ドル）

TB$	：ドル建て貿易収支	（百万ドル）
CA$	：経常収支	（百万ドル）
TOT$	：総合国際収支	（百万ドル）
FR$	：外貨保有額	（百万ドル）
GDPMA	：製造業部門GDP	（10億ルピア）
GDPCO	：商業部門GDP	（10億ルピア）
GDPOT	：その他部門GDP	（10億ルピア）
GDP（GDE）	：実質GDP（またはGDE）	（10億ルピア）
CPR	：実質民間消費	（10億ルピア）
CGR	：実質政府消費	（10億ルピア）
IR	：実質投資	（10億ルピア）
KR	：実質資本ストック	（10億ルピア）
XR	：実質ルピア建て輸出額	（10億ルピア）
IMR	：実質ルピア建て輸入額	（10億ルピア）
YNDR	：ルピア建て1日1人当たりGDP	（ルピア）
YND$	：ドル建て1日1人当たりGDP	（U.S.ドル）
CPI	：消費者物価指数	（1990＝100）
INT	：マネー市場利子率	（パーセント）
M1	：狭義マネーサプライ（M1）	（1 B Rupiah）
M2	：広義マネーサプライ（M2）	（1 B Rupiah）

外生変数（22）：（年次ダミー変数を除く）

CPIJ	：日本消費者物価指数	（1990＝100）
CPIK	：韓国消費者物価指数	（1990＝100）
CPIT	：タイ消費者物価指数	（1990＝100）
CPIUS	：米国消費者物価指数	（1990＝100）
DKRIS	：Krismonダミー	（1997年8月―1998年12月＝1）
ERO$	：国際収支調整項目	（百万ドル）
FDI$	：ドル建てFDI流入額	（百万ドル）
GDPAG	：農業部門GDP	（10億ルピア）
GDPMO	：金融部門GDP	（10億ルピア）
INTUS	：米国利子率	（パーセント）

NEDIS	：非経済的攪乱	（ドル当たりルピア）
OCAPB$	：公的資本収支	（百万ドル）
POP	：人口数	（百万人）
RATEJ	：日本為替レート	（ドル当たり円）
RATEK	：韓国為替レート	（ドル当たり Won）
RATET	：タイ為替レート	（ドル当たり Baht）
SDTB$	：貿易収支調整項目	（百万ドル）
SERB$	：サービス貿易収支	（百万ドル）
SFDIR	：実質 FDI ストック	（10 億ルピア）
TIME	：月	（1995 年 1 月＝1）
WEIGHJ	：対日本・米国非石油輸出額比率	（比率）
WPI	：卸売り物価指数	（1990＝100）

インドネシア経済短期月別モデル（1996 年 1 月-1998 年 12 月：36 サンプル）

(E-1) 為替レート（RATE）関数（24 サンプル：1997 年 1 月-1998 年 12 月）

$$(RATE)/(X1) = -5.4834 + 3.334*(X2)(-1) + 0.04788*(INT-INTUS)(-1)$$
$$\quad (-0.93) \quad (4.20) \quad\quad\quad (2.48)$$

$$\quad -154.0*(FR\$/KR)(-1) + 11.02*(STCAP\$/KR)(-2)$$
$$\quad\quad (-2.61) \quad\quad\quad (2.64)$$

$$\quad -14.35*(CAPB\$/KR)(-1) + (NEDIS)$$
$$\quad\quad (-1.60)$$

$(X1) = ((CPIUS) + (WEIGHJ)*(CPIJ))$

$(X2) = ((RATET)/(CPIT) + (RATEK)/(CPIK))$

$\quad R=0.9590,\ RA=0.8974,\ S=0.9726,\ d=2.38$

(注) NEDIS は方程式誤差であるが，既述のように非経済的攪乱を示す外生変数と解釈している。

(E-2) 民間非 FDI 資本流入（FIN$）関数。

$(FIN\$) = MAX(Z,\ 0) + u$

$$Z = 3922.47 - 1366*(INTUS)(-3) + 0.1941*(IR)(-1) - 1198*(DKRIS)$$
$$\quad (1.37)(-2.75) \quad\quad\quad (2.51) \quad\quad\quad (-5.38)$$

$$\quad + 54260*(SFDIR/KR)(-1) + 1.341*(CA\$)(-3) + u$$
$$\quad\quad (2.10) \quad\quad\quad\quad (3.38)$$

$\quad R=0.9129,\ RA=0.8057,\ S=404.54,\ d=1.04$

(注) この式は条件付き最小二乗法によって計算値が負の時はゼロとして推計した。

(E-3) 民間非 FDI 資本流出（FOUT$）関数。

$$(FOUT\$) = -15736.9 - 20.20*((INT)(-1) - (INT(-2)) + 1636*(DKRIS)$$
$$(-5.00)\,(-4.82) \qquad\qquad\qquad (10.84)$$
$$+ 0.06856*(SPOTH\$)(-3) + 0.6010*(CA\$)(-1) + 44730*$$
$$(4.04) \qquad\qquad (2.81) \qquad\qquad (1.78)$$
$$(SFDIR/KR)(-1) + 9228*(GDP(-1)/GDP(-2)) - 1805*$$
$$(2.83) \qquad\qquad (-7.03)$$
$$(D(32)) - 926.0*(D(40) + D(41) - D(48)) + u$$
$$(-6.40)$$

R=0.9697, RA=0.9226, S=226.17, d=1.85

(E-4) 民間非 FDI 資本収支（PCOTHB$）定義式。

(PCOTHB$) = (FIN$) − (FOUT$)

(E-5) 民間資本収支（PCAPB$）定義式。

(PCAPB$) = (PCOTHB$) + (FDI$)

(E-6) 全資本収支（CAPB$）定義式。

(CAPB$) = (PCAPB$) + (OCAPB$)

(E-7) 民間非 FDI 借入資本ストック（SPOTH$）定義式。

(SPOTH$) = (SPOTH$)(−1) + (PCOTHB$)

(E-8) 民間資本借入ストック（SPCAP$）定義式。

(SPCAP$) = (SPCAP$)(−1) + (PCAPB$)

(E-9) 全借入資本ストック（STCAP$）定義式。

(STCAP$) = (STCAP$)(−1) + (CAPB$)

(E-10) ルピア建て実質輸出（XR）関数。

$$(XR)/(KR)(-1) = 0.003503 + 1.043*(YW/KR)(-1) + 0.1301E-03*$$
$$(1.23) \quad (4.50) \qquad\qquad (2.38)$$
$$(RATE/CPI)(-2) + 0.4091*(IMR/KR)(-2) - 0.008350*$$
$$(3.38) \qquad\qquad (-4.04)$$
$$(D46 + D47 + D48) + u$$

R=0.9876, RA=0.9721, S=0.0028, d=0.76

(E-11) ルピア建て実質輸入（IMR）関数。

$$(IMR)/(KR)(-1) = 32.33 + 315.5*(FR\$/KR)(-2) - 0.3454*(RATE/WPI)$$
    (2.61) (2.41)   (−2.29)
$$(-9) + 59.82*((CPR+CGR+IR)/KR))(-6) - 66.46*$$
            (1.86)   (−1.33)
$$(GDPAG/GDP)(-8) - 9.347E-04*(NEDIS)(INT)$$
                        (−1.82)
$$(-6) + u$$

R=0.9668, RA=0.9238, S=5.047, d=0.41

(E-12) ドル建て実質輸出（X$）関数。

$$(X\$/XR) = 3.3751 + 0.8095*(DKRIS) + 8.396*(POIL\$)(-1) - 31.99*(CPIUS)$$
      (1.60)   (6.24)   (4.06)   (−1.71)
$$(-4) + 3.065*(CPI)(-4) + 8.135*(TIME) - 25.82*(TIME)*$$
           (12.11)   (1.46)   (−6.42)
$$(DKRIS) + 59.59*(D39 - D44 - D45 + D47) + u$$
                (6.24)

R=0.9661, RA=0.9167, S=0.01900, d=1.45

(E-13) ドル建て実質輸入（IM$）関数。

$$(IM\$/IMR) = -4.2531 + 466.3*(DKRIS) + 2.478E-04*(YW)(-1)$$
        (−2.04)   (3.56)   (3.60)
$$+ 0.02896*(CPIUS)(-5)*(DKRIS) + 2.545E-03*(CPI)(-4)$$
   (1.53)   (8.92)
$$-1.229*(TIME) - 1.529*(TI M)*(DKRIS) + u$$
   (−2.14)   (−3.90)

R=0.9717, RA=0.9326, S=0.01974, d=1.74

(E-14) ドル建て貿易収支（TB$）定義式。

$$(TB\$) = (X\$) - (IM\$) + (SDTB\$)$$

(E-15) ドル建て経常収支（CA$）定義式。

$$(CA\$) = (TB\$) + (SERB\$)$$

(E-16) ドル建て総合収支（TOT$）定義式。

$(TOT\$) = (CA\$) + (TCAPB\$) + (ERO\$)$

(E-17) 外貨保有額（FR$）定義式。

$(FR\$) = (FR\$)(-1) + (TOT\$)$

(E-18) 製造業 GDP（GDPMA）関数。

$(GDPMA)/(KR)(-1) = -0.0002221 + 0.7210*(X\$/KR)(-1) + 0.3128*$
　　　　　　　　　　　　　(-0.13)　　(3.01)　　　　　　　(4.16)

　　　　　　　　　$(IR/KR)(-1) + 0.2203*(IMR/KR)(-2) + u$
　　　　　　　　　　　　　　　　　(2.29)

R=0.9884, RA=0.9747, S=0.002700, d=0.60

(E-19) 商業 GDP（GDPCO）関数。

$(GDPCO)/(KR(-1) = 0.002922 - 1.0870E-5*(INT)(-1) + 0.1619*(GDP/KR)$
　　　　　　　　　(1.51)　　(-1.17)　　　　　　　　　(31.34)

　　　　　　　　　$(-1) - 0.05991*(TIME) + u$
　　　　　　　　　　　(-1.29)

R=0.9991, RA=0.9980, S=5.2790 E−04, d=0.52

(E-20) 他産業 GDP（GDPOT）関数。

$(GDPOT)/(POP) = 5.4341 - 0.05961*(INT)(-4) + 0.08252*(IR/POP)(-4)$
　　　　　　　　(0.42)　(-1.19)　　　　　　　　(1.15)

　　　　　　　　$-0.1998*(TIME) - 6.457E-04*(NEDIS) + 0.3783*$
　　　　　　　　(-1.25)　　　　　　(-2.39)　　　　　　　　(2.35)

　　　　　　　　$(COPR/GDP)(-2) + u$

R=0.8384, RA=0.6535, S=2.5770, d=0.76

(E-21) 実質 GDP（GDPR）定義式。

$(GDPR) = (GDPAG) + (GDPMA) + (GDPCO) + (GDPMO) + (GDPOT)$

(E-22) 実質民間消費（CPR）関数。

$(CPR)/(GDP)(-1) = 0.1049 - 5.508 E-06*(NEDIS) + 0.8368*(CPR/GDP)$
　　　　　　　　　(1.20)　(-2.87)　　　　　　　　(5.98)

　　　　　　　　　$(-1) + 0.1256*((CPR/GDP)(-2) - (CPR/GDP)$
　　　　　　　　　　　　　(1.01)

　　　　　　　　　$(-3)) + 1.9970 E-03*(CPI)(-2) - (CPI)(-3)) + u$
　　　　　　　　　　　　　　　　　(3.06)

R=0.9133, RA=0.8127, S=0.01830, d=1.41

(E-23) 実質政府消費（CGR）関数。

(CGR)*(CPI)/(POP) = 108.24 + 0.01596*(GDP*CPI/POP)(−1) + 4924*
                    (0.62)   (2.04)   (1.99)

                    ((SOCAPB$)*(INT))(−2) + 0.7238*((CGR)*
                                              (8.58)

                    (CPI)/(POP))(−1) + u

R=0.9871, RA=0.9720, S=96.74, d=1.27

(E-24) 実質投資（IR）関数。

(IR)/(KR)(−1) = −0.01704 + 0.4001*(SFDIR/KR)(−1) + 1.655*(IM$/KR)
                (−2.16)   (4.16)   (4.67)

                (−2) + 0.08238*(GDP/KR)(−1) − 74.92E−06*(INT)
                       (1.87)   (−1.99)

                (−1) + u

R=0.9953, RA=0.9893, S=0.002400, d=0.90

(E-25) 実質資本ストック（KR）定義式。

(KR) = (1−0.005)*(KR)(−1) + (IR)

(注) 減価償却率は年率6％、月0.5％と想定している。

(E-26) ルピア建て一人一日所得（YNDR）定義式。

(YNDR) = (GDP)/(POP)/365/10000

(E-27) ドル建て一人一日所得（YND$）定義式。

(YND$) = (GDP)/(POP)/365/1000

(E-28) 消費者物価指数（CPI）関数。

(CPI) = −60.9862 + 101.8*(M1(−2)/M1(−4)) − 67.74*(GDPMO(−1)/
        (−1.06)   (2.86)   (−1.61)

        GDPMO(−2)) + 36.60*(RATE(−1)/RATE(−3)) − 6.723*(INT(−1)/
                     (6.37)   (−1.76)

        INT(−2)) + 0.002473*(NEDIS) + 0.4878*((CP(−1)+CG(−1))/
                   (2.53)   (1.18)

        POP(−1)) − 1.356*(GDPAG(−2)/POP(−2)) + 12.59*(DKRIS)
                  (−1.68)   (2.69)

$$-27.89*(D48)+u$$
$$(-3.82)$$

$$R=0.9534, \ RA=0.8775, \ S=10.26, \ d=1.96$$

(E-29) 貨幣市場利子率（INT）関数。

$$(INT)=174.103-153.2*(CPI(-1)/CPI(-2))-0.009915*(GDPMO(-1)$$
$$(2.75)(-2.61) \qquad\qquad (-4.10)$$

$$-GDPMO(-3))+0.002388*(RATE)(-2)-1.517*(M2(-2)/GDP$$
$$(1.85) \qquad\qquad (-1.25)$$

$$(-1))+0.002280*(NEDIS)-1.517*(M2(-2)/GDP(-1))-0.001344*$$
$$(5.39) \qquad\qquad (-1.25) \qquad\qquad (-1.43)$$

$$(TOTB\$(-2))+38.46*(DKRIS)-22.26*(D48)+u$$
$$(13.46) \qquad (-3.71)$$

$$R=0.9885, \ RA=0.9704, \ S=4.122, \ d=1.95$$

(E-30) 狭義マネーサプライ（M1）関数。

$$LOG(M1/GDP(-1)/CPI(-1))/(M1(-1)/GDP(-2)/CPI(-2))=9.210$$
$$(1417.08)$$

$$+0.1187*LOG(CPI(-2)/CPI(-5))-0.05229*LOG(RATE(-1)/RATE$$
$$(1.50) \qquad\qquad (-1.90)$$

$$(-2))+0.1715*LOG(GDPMO(-1)/GDPMO(-4))-0.02439*LOG(INT$$
$$(5.47) \qquad\qquad (-1.82)$$

$$(-2)/INT(-4))+0.1666*(D37)+u$$
$$(5.62)$$

$$R=0.8569, \ RA=0.6900, \ S=0.002804, \ d=2.24$$

(E-31) 広義マネーサプライ（M2）関数。

$$LOG(M2/GDP(-1)/CPI(-1))/(M2(-1)/GDP(-2)/CPI(-2))=9.212$$
$$(1323.89)$$

$$+0.2000*LOG(CPI(-2)/CPI(-5))-0.05895*LOG(RATE(-1)/RATE$$
$$(2.37) \qquad\qquad (-2.00)$$

$$(-2))+0.1525*LOG(GDPMO(-1)/GDPMO(-4))-0.03703*LOG(INT$$
$$(4.55) \qquad\qquad (-2.58)$$

$$(-2)/INT(-4))+0.2294*(D37)+u$$
$$(7.23)$$

$$R=0.8748, \ RA=0.7261, \ S=0.003002, \ d=1.95$$

(注) R, RA は自由度修正前・後の重相関係数, S は方程式誤差の標準偏差, d はダービン・ワトソン統計量 (Durbin-Watson statistic), 係数下括弧内の数値は T 値, D(j) は j 番目の月のダミー, 変数の後の括弧内の数値はラッグ数を示す。

経済危機期間中には勿論多くの式が構造変化を経験した。たとえば非 FDI 民間資本流出式に 1997 年末に大きな構造変化が起こったので, 説明のためクリスモン・ダミー (Krismon dummy) を用いた。式推定後, 1996 年 1 月から 1998 年 12 月までの 36 カ月について最終テストを行ない, 絶対誤差率平均値 (MAPE, %) を 31—36 カ月, 38—42 カ月, 44—48 カ月についての平均を算出した。その結果は表 1.2 のとおりである。

表1.2 最終テストでの24・32・36カ月後の絶対誤差率平均値

期間	24カ月後(34-36)	32カ月後(40-42)	36カ月後(44-48)
GDE	0.90	3.40	2.23
民間消費	2.43	5.99	6.29
政府消費	8.77	3.94	2.35
投資	7.29	5.92	9.08
輸出	5.26	6.11	7.69
輸入	18.25	4.59	6.70
製造業 GDP	6.95	3.15	8.50
商業 GDP	2.57	9.32	4.78
他産業 GDP	4.73	9.94	5.56
資本ストック	1.02	0.43	0.34
ドル建て輸出	4.65	7.08	7.69
ドル建て輸入	21.67	2.97	6.41
外貨保有額	4.53	3.85	3.01
為替レート	6.96	0.95	1.15
全対外債務	0.33	0.43	0.74
民間対外債務	0.54	0.79	1.53
非 FDI 民間債務	0.71	1.10	2.25
民間資本流入	(0.30)	(0.55)	(0.66)
民間資本流出	14.41	18.84	12.36
ルピア建て1人1日 GDP	0.90	3.40	2.23
ドル建て1人1日 GDP	7.54	4.01	2.26
消費者物価	1.81	1.55	1.36
利子率	14.98	6.81	8.61

M1	2.19	3.18	1.75
M2	10.17	3.19	1.17

(注) 筆者算出。絶対値誤差率平均値（MAPE）は変数がゼロを取る場合には意味が無いので，国際収支バランス変数（PCAPB$, TCAPB$, TB$, CA$, TOT$）については省略した。民間資本流入（FIN$）は31—36，44—48期にはほとんどゼロとなるがモデルの予測値は小さなプラスであり，38—42期の予測値はゼロだが実績は小さいプラスであった。FIN$の括弧内の数字は方程式誤差標準偏差（404.54 M dollar）に対する絶対誤差平均の比率で，これが0.7より小さいから連立による誤差の累積は小さいと判断できる。同様に資本流出（FOUT$）も Krismon 期には非常に小さいので，MAPE（12％）は大きいが適合度は良好であると判断される。

図1.2においてGDE-ACTとGDE-FINはGDEの実績値と最終テスト値のトレンドを示している。1997年11月を境にして実質GDP成長が高度成長からfree-fallに転じ第2小期間に約21％下落してから1998年12月まで停滞を記録したことを最終テストがうまくトレースしたことがわかる。外生変数扱いしている農業部門と金融部門の合計のシェアーは32.67％（1997年7月），31.12％（1997年11月），32.63％（1998年12月）であり，モデルはGDPの68-69％を内生的に説明していることになる。

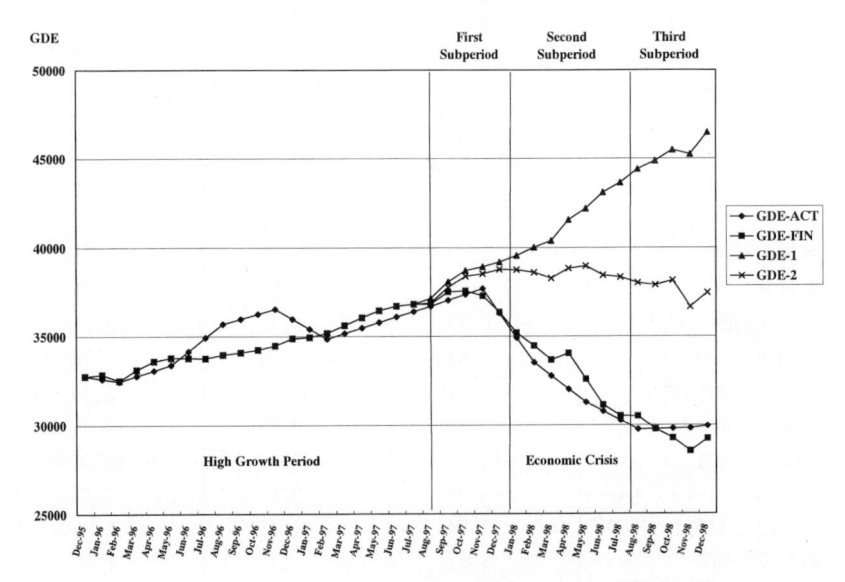

図1.2　GDEのトレンド（高度成長継続と経済危機の比較）

1.3.5 シミュレーション実験

上記のモデルを使用し非経済的ショックの影響を明らかにするために以下のシミュレーションを行なった。まず高度成長が継続したと想定して非経済的ショックを含めた外生変数値を設定し，継続時の趨勢を見る。これと最終テスト結果を比較すれば経済危機による成長経路との差がわかり，経済危機の社会費用も計算できる。次に他の外生変数は実績のままとし，非経済的ショックだけ発生したと仮定した時の趨勢を見る。これと他ケースとの差でショックのみによる負のインパクトを算定できる。

（実験-1）　高度成長継続シミュレーション。経済危機（1997年8月―1998年12月）中も高度成長が継続したと仮定し以下の想定をした。(i)非経済的ショック（NEDIS）をゼロとする。(ii)危機の発生のよる構造変化を表わすKrismonダミー（危機期間中は1，他期間でゼロ）の値をゼロとする。(iii)以下の外生変数値を危機前の成長期（1996年1月―1997年7月）のトレンドで危機期間（1998年8月―12月）中直線外挿する。農業部門GDP（GDPAG）・金融部門GDP（GDPMON）・卸売り物価指数（WPI）・公的資本流出入バランス（OCAPB\$）・FDIバランス（FDIB\$）・実質FDIストック（RSFDI）・米国日本消費者物価CPI（CPIUJ）・タイ韓国為替レート（RATETK）・世界所得（YW）。(iv)以下の外生変数値を1997年7月以後据え置いて一定とする。利子率（INT）・米国利子率（INTUS）・オイル価格（POIL\$）・サービス貿易収支（SERB\$）。

（実験-2）　非経済的ショックと構造変化が無い場合のシミュレーション。非経済的ショック（NEDIS：政治的社会的混乱）と，経済危機による構造変化（Krismonダミー（DKRIS））をともにゼロとした。構造変化ダミーの原因は様様であるが，ここでは非経済的ショックの範囲を広く解釈してダミーも含めた。モデルでは，前者（NEDIS）は為替レート・民間消費・利子率を引き上げる方向に，ドル建て輸入・その他部門GDP・民間消費・政府消費を押し下げる方向に影響している。後者（DKRIS）は民間資本流入・ドル建て輸出と輸入を引

き下げ，資本流出・民間消費・利子率を押し上げる方向に作用している。この実験は実験-1の(i)(ii)のみを想定したケースに当たる。

この2種類の管理実験値での最終期（1998年12月）での値を最終テストと比較すると表1.3のようになる。

表1.3　諸実験における1998年12月の変数値

記号・テスト	(1) 最終テスト	(2) 実験-1	(3) 実験-2
GDP	29232	46491	37431
民間および政府消費	23476	30282	26919
投資	5617	18781	10359
輸出	6634	12029	11094
輸入	6739	25801	22206
製造業GDP	6893	16263	13161
商業GDP	4384	7263	5634
他産業GDP	8176	10226	8857
実質資本ストック	401026	522439	459010
ドル建て輸出額	3500	6850	6290
ドル建て輸入額	2421	6860	6721
外貨保有額	23288	50714	53053
利子率	28.77	15.87	15.87
為替レート	7765	1179	2795
総合国際収支	244	806	1815
経常収支	(−) 373	(−)1399	(−)1812
資本収支	(−)843	743	2236
貿易収支	1078	(−)9	(−)430
民間資本収支	(−)2150	949	929
全対外債務	148429	192847	184150
民間対外債務	70729	115147	106450
非FDI民間債務	47903	92321	83624
民間資本流入	122	3504	2155
民間資本流出	2268	2921	1220
ルピア建て1人1日GDP	3915	6227	5013
ドル建て1人1日GDP	0.50	5.28	1.79
M1	98228	123602	70375
M2	556902	628543	360839
消費者物価	382.0	227.0	233.2

（注）　筆者算出。

図1.2はGDEについて，実績値（GDE-ACT）・最終テスト値（GDE-FIN）・高度成長継続ケース（GDE-1）・非経済的ショックと構造変化無し（GDE-2）の場合の趨勢を示している。高度成長が継続した場合はGDE値は順調に成長を続けるが，（NEDISとKrismonダミー以外の）その他外生変数の（高度成長ケースで想定した値から実績値への）トレンドの変化によって高度成長が止まるとともに1998年に入ってからは下降が始まり1998年末には危機前と略同じ水準になっていることがわかる。一語で言えば高度成長が消えてゼロ成長となったのでる。さらに（NEDISとKrismonダミーで示される）非経済的攪乱により経済のfree-fallが発生したことがわかる。

最終テストによれば月間GDPは1997年10月から1998年12月までに22.11％下落している。GDP減少の累積額をマクロ経済的な損失と考えて損失額を推計しよう。Krismonが起こってからの1年半（1997年7月から1998年12月）のGDP累積値は最終テスト（601,128 B Rp），実験-1（745,711 B Rp），実験-2（685,320 B Rp）である。これから，1年半の累積GDPの差は，

（A）（高度成長継続ケース）　　　－（最終テスト）＝144,583 B Rp
（B）（非経済的ショック無しケース）－（最終テスト）＝ 84,921 B Rp

となる。1998年GDPは最終テストケースで378,927（B Rp）であるから，上の差は各々1998年GDPの38.15％，22.22％に当たる。GDP累積値で見て，Krismonはこれだけのロスを招いたことになる。（B）は（A）の58.23％に当たる。経済危機によるGDP累積損失額（144兆ルピア）のうち60兆ルピアは外生変数変化による悪影響で生じ，経済の趨勢は過去の高度成長から略ゼロ成長まで低下したと考えられる。さらに84兆ルピアの損失が非経済的ショック・構造変化によって発生し，GDPは約20％近い落下を記録したのである。

1.4 結　語

　本章では制度的不確実性の一つである政治的不安定・ショックが1997—99年のインドネシアの経済危機で大きな役割を果たしたことを分析・実証した。

　この研究では1年半という短期に起こったKrismon（1997年7月—1998年12月）の特性を考慮し，ハイフリークエンシー（とは言えないまでも）月別データ（1995年1月—1998年12月）を用いて計量分析を行なった。まず時系列的定義によらず，6個の経済変数による為替レート関数推定結果のKrismon期における残差として，非経済的攪乱（NEDIS）変数を定義した。次に金融部門と実物部門，国際部門と国内部門の交絡の特性を考慮しつつ31個の内生変数・22個の外生変数を含む連立モデル（1996年1月—1998年12月）を作成した。最終テストの結果は良好でMAPEは10％以下にコントロールされた。このモデルでは非経済的（政治的社会的）ショックの影響は，非経済的攪乱とKrismon期ダミー変数で表される構造変化の影響と両者の経済的変数との交絡効果として表される。モデルを用いて2種類のシミュレーションを行ない，まず高度成長が継続したと仮定し，外生変数は過去の高度成長期の成長率で外挿し非経済的攪乱とKrismonダミーをゼロとした実験-1で高度成長を再現した。次に外生変数は実績どおりとし非経済的ショックのみあった場合の実験-2を行なった。実験-1と最終テストの差から，累積GDPはKrismonにより144兆ルピア（1998年GDPの38％）減少したことがわかった。実験-2と最終テストの差から，非経済的ショックによりGDP累積値は84兆ルピア（1998年GDPの22％）減少したと計算された。つまりKrismonによる被害合計のうち58％は非経済的ショック（および経済変数との交絡効果）によると計算された。

　未来事象の予測困難性・不確実性は，通常は市場が成立する危険（risk）と成立しない不確実性（uncertainty）に区分される（Knight 1921）。今回の経済危機では，ルピア為替レートの崩壊の速さ・度合いは過去のクローリングペッ

グ制下での危険（risk）予想を遥かに越えるものであり，引き続いて起こった34年続いたスハルト体制の崩壊という政治的不確実性（uncertainty）もまったく予想できなかった。したがって借入れ返済難に陥ったのは民間企業だが，公的債務も膨大な額（2000年夏で各々700億ドル前後）にのぼり，2000年のCGIミーティングではインドネシア政府の要請で公的債務返済の58億ドルの返済繰り延べが認められた。こうして危機後は国債の格づけも下がった。国債の格づけが低下して利子率が上昇して負担が増しているためワヒッド大統領は2000年6月訪米に際してStandard&Poors格づけ会社を訪問してインドネシアの基礎的条件（fundamental）が悪くないことを説明して格づけを上げるよう説得する予定である。格づけを1社が上げて他社が下げる現象も起こった。前述のKnightの定義では市場の客観的評価があるのがリスクだが現状ではソブレインリスクの評価さえ統一されていない。こうして大きな体制変換期の現状では危険と不確実性の区分は曖昧になっている。

　国際化は世界経済の成長を促進するが他方では1国経済を脆弱化する。アジアや・ラテンアメリカの通貨危機の教訓として，（イ）香港のような小国を別にすれば固定制度・それに類似するカレンシーボード制は一定期間の維持は困難である，（ロ）変動レート制度でもバンドを事前に決め維持を図ることは困難である。他方で（ハ）ヨーロッパ統合・共通ユーロカレンシーの採用という新しいトレンドが出現した。単一国としては，今後は変動為替レート制度で通貨の評価を国際市場に委ねるか，地域統合に加わるかの選択があるが，地域統合は歴史的文化的背景が決定的ですべての国の選択肢ではない。変動レート制を取りつつ何等かの国際的なセーフティーネットを強化する方向が考えられ，アジア地域でも今回は日本のイニシアチブで通貨安定基金の準備が進んでいる。しかし，このセーフティーネットで過去のような大規模で攪乱的な通貨攻撃は無くなるとしても，変動レート制下では為替の変化は避けられず，各国の運営は常に厳しい審査にさらされることになる。

　この研究で明らかになったように，体制変化のような大きな構造変化を含む時期には政治的不確実性の適切な取り扱い無しでは計量モデルの十分なworkabilityを確保することは困難である。国際化の時代であるが，マクロ的不確

実性は今後とも急激に減るとは考えられず，今後も非経済的ショックの分析・マクロモデルへの導入の努力は続けられるであろう．本稿はその方向での一試論である．

注
(1) 福地は多地域経済モデルを用いて，エントロピーと類似の不平等指標を定義し，この値が時間的に増加することを証明した．いわば経済世界でもエントトピー増大法則が成立することを示した (Fukuchi 2000a)．
(2) 先進国では第3次産業が7割以上を占めるようになったが，第3次産業はサービス（映画館・パチンコ等娯楽産業，飲食店・ホテル・旅行代理店・理髪店等のサービス業）・公益（電気・ガス・水道）・リース・不動産業・金融業のように種々の実態の異なる広範な業種の集まりである．IT技術が発達して計算サービス・ソフト開発・リサーチ関係のように"情報"の生産活動の付加価値額が巨大になってゆく．パソコンは，価格の大部分はハードの箱でなく目に見えないソフトである．今後は第3次産業を二分し，ハード主体の第3次産業と，ソフト主体の第4次産業に区分する必要が増すであろう．
(3) Caballero (1991) 参照．
(4) Goodhart, McMahon and Ngama (1993) のように日・時・分・連続時間の為替レート相場のようなデータを用いた研究論文では，"low frequency data (monthly and weekly) (p. 424)"のような表現になる．
(5) 勿論ダミーを導入したから，平均的な補正はできたかもしれないが，他の変数との交絡効果の存在はよくわからない．
(6) 1次式（トレンド有り）・2次式（トレンド無し）・3次式（トレンド有り）も計算しているが，結果は類似していた．
(7) 投資性向のrobustnessにはやや問題があるので，投資性向を含む場合と含まない場合とを両方計算している．
(8) スハルト政権の崩壊に，危機前から累積していた経済的政治的要因を重視する論者も多い．たとえば Pincus and Ramli (1998)．
(9) クリスモン（Krismon）とはインドネシア語の Krisis Monetar（金融危機）からの合成造語（portmanteau）であり，広く今回の経済危機全般も指す表現である．
(10) 民間資本流出や輸入のように説明変数のラグがかなり大きい場合があるので1年分のデーターの余裕が必要である．このモデル作成は継続的作業であるが，本稿での叙述は主に Fkuchi (2000b) のモデルに依拠している．為替レート・消費者物価・卸売り物価・利子率・M1・M2・ドル建て輸出入額のデータは Indonesian Financial Statistics と International Financial Statistics から直接利用できる．GDPと国際収支関係のデータのみ四半期データから加工した．
(11) Blomberg and Hess (1997) は三つの政治的変数 (partisan, election,

approve)をドル・マルク・ポンドの自己回帰型の為替レート方程式に導入し，in-sample 推定で有意性を確認した。手法が異なるし，最近までインドネシアの政治情勢はまったく安定しており，この手法は適用できなかった。
(12) レートを X1 で割った変数を Y とし，Dicky-Fuller 式（drift 付き）の 1 次式は，(Y)＝−11.26−0.4072＊(Y)(−1)＋0.5362＊(TIME)＋u (R＝0.4285) となり，(Y)(−1) の T 値は (−)2.19 であった。
(13) 渡辺慎一 (1998) 参照。

参考文献

Alesina, A. and R. Perotti (1994). The Political Economy of Growth: A Critical Survey of the Recent Literature. *The World Bank EconomicReview*, 8(3): 351-371.

Balkan, E.M. (1992). Political Instability, Country Risk and Probability of Default. *Applied Economics*, 24(9): 999-1008.

Barro, R.J. (1991). Economic Growth in a Cross-section of Countries. *The Quarterly Journal of Economics*, 106(2): 407-443.

Blomberg, S.B. and G.D. Hess (1997). Politics and Exchange Rate Forecast. *Journal of International Economics*, 43(1/2): 189-205.

Brunetti, A. and B. Weder (1998). Investment and Institutional Uncertainty: A Comparative Study of Different Uncertainty Measure. *Weltwirtshaftliches Archiv*, 134(3): 513-533.

Farquee, H. (1995). Long-Run Determinants of the Real Exchange Rate: A Stock-Flow Perspective. *The IMF Staff Papers*, 42(1): 80-107.

Flood, R.P. and P.M. Garber (1984). Collapse Exchange-Rate Regimes. *Journal of International Economics*, 17(1/2): 1-13.

Fosu, A.K. (1992). Political Instability and Economic Growth: Evidence from Sub-Saharan Africa. *Economic Development and Cultural Change*, 90(4): 829-841.

Fukuchi, T. (2000a). Long-run Development of a Multi-regional Economy. *Papers in Regional Science*, 79(1): 1-31.

Fukuchi, T. (2000b). Inflationary Burst and Free-Fall In Krismon Period —— A Vicious Circle Between Real and Monetary Aspects of Indonesian Economy ——. *The Developing Economies*, 38(3): 257-307.

Goldberg, L.S. (1994). Predicting Exchange Rate Crises-Mexico Revisited. *Journal of International Economics*, 16(3/4): 413-430.

Goodhart, C.A.E., P.C. McMahon and Y.L. Ngama (1993). Testing for Unit Roots with Very High Frequency Spot Exchange Rate Data. *Journal of Macroeconomics*, 15(3): 423-438.

Gyimah-Brempong, K. and S. Mũoz de Camacho (1998). Political Instability,

Human Capital, and Economic Growth in Latin America. *The Journal of Developing Areas*, **32**: 449-466.

Hojman, D.E. (1989). Fundamental Equilibrium Exchange Rates under Contractionary Devaluation: A Peruvian Model. *Journal of Economic Studies*, **16**(3): 5-26.

Jung, C (1995). Forecasting of Foreign Exchange Rate by Normal Mixture Models. *Journal of Economic Studies*, **22**(1): 45-57.

Kaminsky, G.L., and C.M. Reinhart (2000). On Crisis, Contagion, and Confusion. *Journal of International Economics*, **51**: 145-168.

Knight, F.H. (1921). *Risk, Uncertainty and Profit*. Houghton Mifflin, Boston.

Lahiri, A. (2000). Disinflation Programs Under Policy Uncertain-ty. *Journal of International Economics*, **50**: 351-373.

Lensink, R., H. Bo and E. Sterken (1999) Does Unecrtainty Affect Economic Growth? An Enpirical Analysis. *Weltwirtschaftliches Archiv*, **135**(3): 379-396.

Levine, R., and D. Renelt (1992). A Sensitivity Analysis of Cross-Country Growth Regressions. *American Economic Review*, **82**: 942-963.

Looney, R.E. (1987). The Impact of Politicakl Change, Debt Servicing and Fisacl Deficits on Argentinian Budgetary Priorities, *Journal of Economic Studies*, **14**(3): 23-40.

Love, J. (1990). Export Earnings Instability: The Decline Discovered? *Journal of Development Studies*, **26**(2): 324-329.

Macdonald, R. (1995). Long-Run Exchange Rate Modeling-A Survey of Recent Literature. *IMF Staff Papers*, **42**(3): 437-489.

Mahyudin, M.I. (1996). Indonesias Capital Flight: Its Estimates and Problems. *Institute for Economic and Social Research*, mimeographed, pp. 1-26.

Özler, S., and D. Rodrik (1992). External Shocks, Politics and Private Investment. *Journal of Development Economics*, **39**: 141-162.

Pincus, J. and R. Ramli (1998). Indonesia: From Showcase to Basket Case, *Cambridge Journal of Economics*, **22**: 723-734.

Sachs, J., and A.M.Warner (1997). Fundamental Sources of Long-run Growth, *American Economic Review*, **87**(2): 184-188.

Sala-I-Martin X. (1997). I Just Ran Two Million Regressions. *American Economic Review*, **87**(2): 178-183.

Seabra, F (1995). Short-run Exchange rate Uncertainty in Latin America. *Applied Economics*, **27**: 441-450.

Serven L., and A. Solimano (1993). Debt Crisis, Adjustment Policies and Capital Formation in Developing Countries: Where Do We Stand? *World Development*, **21**(1): 127-140.

Stein, J.L. (1992). Fundamental Determinants of Exchange Rates. *Journal of International and Comparative Economics*, **1**: 125-162.

Warr, P.G (1984). Exchange Rate Protection in Indonesia. *Bulletin of Indonesian Economic Studies*, **20**(2) : 53-89.
World Bank (1993). *The East Asian Miracle-Economic Growth and Public policy*, pp. 1-389.
渡辺慎一 (1998).「インドネシアにおける IMF プログラム」, 国宗浩三 (編)『97/98 アジア経済危機―マクロ不均衡・資本流出・金融危機と対応の問題点』, 第5章, pp. 79-99.

第 2 章

地域計量経済学モデルによる長期的分析

山根敬三

本章では，計量経済学分析の方法の中でも，多地域を分析対象とする計量経済学モデルの分析手法を用いた，国際市場における地域間特性に基づくモデリングと長期的なシミュレーション分析の手法について考察し，意志決定の視点からその分析手法の特質を吟味する。応用例として，国際的な近隣市場としての日本と中国との交易関係を取り上げ，両国における国内的な地域振興を図るための地域間交易促進の政策プロジェクトを検討し，その長期的な経済効果の測定を試みる。

2.1 序　論──地域計量経済モデルにおける意志決定主体

　本章では，計量経済学モデル (econometric model)[1]を用いた，地域経済を分析対象とする計量経済学的分析手法について意志決定の観点からその特質を検討し，その基本要件である意志決定の経済主体と計量経済学モデルの体系が意味するところを考察する．次いでその応用事例として，プロジェクトの効果測定方法を考察し，シミュレーション分析を試みて，プロジェクトの政策的評価を行なう．

　地域経済分析は，基本的に種々の経済要素の立地 (location) と配置 (allocation)，そしてそれらの相互依存関係 (interregional relationship) を明示的に扱いながら，成長と分配等の諸問題を明らかにすることにある．そのため，分析目的に対応した対象地域の設定（あるいは，その域内での地域区分・分割）が，経済主体の行動や構造を明らかにするために不可欠となる．この種の，地域構造解析を含む問題解決志向の政策科学的アプローチでは，意志決定者たる経済主体が特定されなければ，問題解決のための対応策も策定し実施できないから，地域設定とその域内分割は，問題のより精緻な把握と具体的な解決のための基本的要件である．この場合，地域の経済主体は，地方自治体や国のような現実の組織と空間的に一致する代表的主体もあるが，複数組織による集合的な主体（たとえば，首都圏，近畿圏，あるいは特定の部門等）を意志決定主体として想定する場合もある．そして，複数に分割された多地域の分析では，原則的に，分割された地域の数ほどの意志決定主体が存在することになる．

　一方，その対象地域内には，個々の生産者・企業や消費者等が経済活動を営んでいるから，個々の主体の経済行動にともなう個別の意志決定がある．しかし，計量モデルによるマクロ分析では，個別の意志決定ではなく，時として業界の平均的判断であったり，特定の部門を支配するような「代表的な意志」をその対象としている．これら部門別経済活動についての意志決定は，次項で述べる．

このように，モデル分析における意志決定の構造は，経済主体に対応して，分析目的に係わる包括的な意志決定と，産業・部門別の意志決定との2種類に大別される。前者は，対象地域の経済環境を把握した上で分析目的を総合的に評価するため，構築された計量モデルを用いて条件付きシミュレーションを試行し，その予測結果を比較分析することによって政策的意志決定を行なう。これらは，現実の政策決定者ないしモデル製作者が，多地域連動の複雑系の中で不確実な未来や仮想的条件下での政策評価を試みる判定手段として多く用いられている。

2.2 構造方程式とシミュレーションによる意志決定メカニズム

2.2.1 構造方程式による部門別経済主体の意志決定

計量経済モデルの作成にあたっては，対象とする過去の観測期間の統計データを基に，分析目的に対応する経済主体の経験的ないし制度的な主たる行動規範や構造を確率的に描写するため，一つ一つの関数を推定し，部分テスト (partial test) による仮説検定を繰り返して各関数の候補式を得る。その後，モデル全体が一つのシステムとして相互に矛盾のない行動や構造を表す関数群として機能するか，その workability について全体テスト (total test) と最終テスト (final test) を繰り返し，最適な連立方程式体系を選定して経済構造は描写されることになる。

このモデル作成過程では現実の模型としていかに的確に描写するかが基本課題で，個々の関数の主体が誰であるかは，その説明変数選択において決定的な意味を持っている。経済主体が，生産者・企業か，消費者・家計か，あるいは政府（中央政府・地方自治体）であるのかは，それぞれの構成と行動目標が異なるため当然，意志決定メカニズムも異なる。説明変数を的確に選定することは主たる意志決定要因を検証することであり，そこでは，現実の経済活動にお

いてしばしば生じる変数相互間の競合や対抗関係も明示されて，各関数の変数選択と関数型によって一種の意志決定メカニズムが表現される。これらの方程式体系には制度的な統計式や各種の定義式をも含むので，すべてが部門別意志決定を直接下すものではないが，それらは間接的に情報を提供しており，一つのシステムとして整合性を維持するため必要とされる。これらの内，経済主体毎に推定された各関数は，先に記した部門別意志決定機構にあたるが，その説明変数の内訳（specification）は，当該経済主体の代表的意志決定要因であり，その係数（弾力性）の大きさが決定要因の強さを表している。

　生産者・企業は，生産拠点の新規立地や最新設備への資本更新等の投資額決定に当たって，過去の経験則から，投資決定要因である投資関数の説明変数の係数と数量とに基づいて意志決定することを示し[2]，生産関数については，生産要素や需要シフト要因の組み合わせを定め，観測期間の投入技術係数と今期の要素投入量とを基に生産量を決定していることになる。さらに，労働市場での企業行動を表す雇用関数（就業人口関数）についても同様に，その説明変数が企業家の雇用決定要因であり，需要・供給要因を考慮して雇用量（就業人口）が決定されることを示している。

　このように，地域経済環境を構成する種々の部門別意志決定の機構が精緻に描写されれば，それだけモデル全体の精度が上がり，政策的意志決定の精度が向上することになる。

2.2.2　シミュレーション試行による政策的意志決定

　計量経済モデルによる包括的な意志決定は，このモデル分析固有の手法に符合するもので，シミュレーション実験によって分析目的の政策あるいは，プロジェクトを評価することにある。ここでの意志決定主体は，当該の政策決定者で，具体的には地域主体としての地方自治体や中央政府，あるいは地域経済にインパクトを与え得るような比較的規模の大きいプロジェクトを実施する団体・企業等がこれに該当する。

　モデル作成は，当初にあらかじめ政策の評価指標となる特定の目的変数（内

生変数の一部分）を定め，それらにインパクトを与える政策手段（外生変数の一部の政策変数）を確定して構築される。したがって，シミュレーション試行では，作成されたモデルの外生変数の内，政策手段である政策変数を制御変数として，他の可変的な外生変数値とともにモデルに外挿（ないし内挿）し，プロジェクトが実施された場合と実施されなかった場合との条件付きシミュレーションを試みる。プロジェクトが実施されなかった場合の予測値を基準とし，各シミュレーション・ケースの予測値との乖離を比較考察して，政策評価の包括的な意志決定を下すことになる。

　政策変数以外の可変的な外生変数の大部分は，本来政策決定者が直接制御できない外的要因 (uncontrollable factors) で，これらの外挿値選択肢を用意することで予測の前提となる経済環境のトレンドやその予期せぬ変化等に対応する。このことは計量モデルによる不確定性を考慮した予測作業の一部として重要で，本論事例の場合，日中関係の今後の展開に起因する不確定要因とその影響を観るために，主たる外生変数のトレンドの変化による影響を調べている。他方，政策変数については政策手段として政策決定者が当然制御可能なものではあるが，多地域を対象とする場合この政策的選択肢の設定に，しばしば競合的な隣接（関連）地域の主体による"戦略的"意志決定情報が含まれるので，多地域分析では地域経済環境と意志決定情報の整合性と一貫性が問われる。その予測結果は当該の政策決定者ないしモデル製作者に対して，不確実であいまいな未来や仮想的条件下の過去について有益な意志決定支援情報を提供することになり，特定の政策評価を試みる包括的な意志決定に，より高い合理性を与えるとともに，その操作性の高いシミュレーション試行が危機管理情報としての有用性を高めることにもなる。

　政策評価にあたって，条件付きシミュレーションの予測結果を基に，特定の便益や社会的利益など正の効果に着目する便益分析や効果分析，逆に建設費用や環境維持コストあるいは汚染等の負の副産物の極小化を図る費用分析，さらに両者を考慮した費用便益分析，費用効果分析などの評価手法があるが，本論では地域別の生産・所得，雇用，資本，一人当たり総生産を目標変数とし，それらのプラス効果に注目した交易促進による地域振興の効果分析を試みている。

2.3　上海・長江交易促進プロジェクトとその効果測定方法

　本事例研究の目的は，日本と中国との特定地域間で交わされる交易促進プロジェクトについて，中国側の長江流域と日本側の関西地域とを対象として，その長期的な経済効果を測定することにある。

　ここ十数年来，経済社会の国際化と情報化が急速に進み，生産地・消費地・中継地等の地域的な役割分担を通して国際的分業が進む中，地域間交易や連携が新たな進展を見せているが，この研究は，1995年1月17日未明に発生した阪神・淡路大震災の復興事業に端を発している。「上海・長江交易促進プロジェクト」は，震災によって甚大な被害を受けた神戸・阪神地区の復興のため，1995年10月に国の阪神・淡路復興委員会から復興特定事業の一つとして提言され，これを受けた「日中 上海・長江―神戸・阪神交易促進日本委員会」が設立されて，民間ベースの交易促進を中心に相互の地域振興・復興策を策定し，このプロジェクトが進められた。

　この上海・長江交易促進プロジェクトの主たる目的は，長期的視点から長江の水運機能とその流域の持つ潜在力を再評価し，外洋・内航両用の貨物船就航による日中両地域間の実質的な時間距離短縮や関連の交通関連インフラ等を整備することによって，人流・物流・商流の促進を図り，両地域の振興・復興に寄与しようとするものである。

　本論では，中国側の対象地域（上海市を含む長江流域7省）を「長江流域」とし，日本側の対象地域（神戸市とこれを除く近畿6府県）を「関西」地域として，これら両地域間の交易促進と相互の地域振興・復興のメカニズムを計量的に明らかにし，条件付き予測シミュレーションによって，プロジェクトの長期的な経済効果の測定を試みる。その効果測定にあたって考慮されるべき個別インパクトの，短期・長期的，狭義・広義の効果としては以下の項目が考えられる。

(1) 交通関連投資の直接効果。長江流域で港湾整備（記号では KRi 増）が進むと，内航の物流増をもたらし，外洋からも直接長江を遡航できる船舶によって流域との物流が容易になり中国側の直接輸出入も可能となる。一方，神戸・関西での交通関連基盤整備（GRi 増）は日本側の流通を円滑にする効果がある。双方の効果が相まって相互の交易が促進されることになる。また，外洋・内航両用船の就航は，上海港で外航船と内航船との荷物の相互積み替えが不要になり，日中地域間の実質的な時間距離短縮（dij 減）をもたらして双方の近接性を高め物流を増加させる。

(2) 物流（Xij, Xji）・人流（Nij, Nji）の増加。物流・人流の増加は受け入れ地域を需要・供給両面から刺激し，雇用・資本ストック，次いで所得を増加させる。この物流交易の増加は，さらにビジネスチャンスの増加を通じて人流を増加させる。

(3) 情報流の増加。物流・人流の増加は，face-to-face の情報流増加や知識資本の増加をもたらすと考えられる。Sjöholm (1985) は北欧において国際貿易量の大きい国は特許量のシェアが大きいことを実証したが，これは物流の増加が知識流を増す一つの証である。

(4) 直接投資（Fij）の増加・生産の増加。直接投資の誘因を単に労働コスト・資本コストのみでなく情報流（ストック）もプラスに効くと考えると，物流・人流の増加とともに直接投資が増大するが，新たな直接投資は同時に先進的な技術情報を具体化したものである。そこで所得（ポテンシャル）を資本・労働・情報の三つの投入要素のプラスの関数と考えると，(1)(2)(3) の影響と三投入要素の増加によって所得（ポテンシャル）が増加し内生的成長に貢献する。知識資本の生産への貢献は，Romer (1990) 等の内生的成長理論で強調されている点でもある。

(5) 両側地域経済の相互拡大的な長期的浮揚・拡大。両側地域の所得ポテンシャルの増加は，さらに物流・人流の増加を加速させ直接投資も増して，両サイドの各地域は物流・人流・資本流の累積的増加をもたらしながら相互拡大的に成長する。

これらの効果は，実際には互いに交絡しているので時間的な区別を付け難いけれども，概念上は，(1)(2)が短期効果，(3)(4)が中期効果，(5)が長期効果と考えられる。港湾や船の建設等の直接効果は通常のプロジェクト評価の手法等でもある程度は計算でき，従来は(1)(2)等の直接的効果とそのフロー増大の波及効果がプロジェクト（内・外）の効果と考えられてきた。しかし，知識情報の深化によって製造業でも情報化が進み第3次産業の比重が増してくると，一層，情報流・知識資本ストックの影響や重要性が増す。また，直接投資も単にコスト計算だけでなく，このような人流・物流・情報流等で大きく左右されるようになる。これらの交通基盤関係投資による物流・人流・資本流の三種類のフロー増大効果を見るには，日中二方向・三種類のフロー関数に所得ポテンシャルを導入して推定し，そのフロー関数が日中両サイドの地域経済活動にそれぞれ内生的に扱われフィードバックされる必要がある。さらに長期的な交絡効果を見るには，これらの式を含む連立方程式モデルを作成し，交通基盤投資増加の予測シミュレーション実験を行なって，基準とする予測結果と比較考察する必要がある。

　先行業績には日本・EC間を対象にした今川・加文（1993）の逐次モデルがあるが，これを踏まえ本論の基になっている福地・山根・唐・任（1997）では，物流・人流・資本流の三者を日中両地域経済と相互に関連させた完全連立型の「長江・神戸計量経済パイロットモデル」（方程式数17本）を作成し，交通基盤投資の長期的効果を観測期間（1981-1992）内の事後的シミュレーションによって計測している。本論の主眼は，先の長江・神戸計量経済モデルを基礎とし，その観測期間延長および日中両地域の更なる地域分割（5地域）と第2次・第3次別産業分割（日本側2地域）のモデル拡張によって将来予測を試み，多地域経済構造のより精緻な分析を可能にしたプロジェクト評価と政策的含意を導出する点にある。

　この外の先行業績として，所得ポテンシャルの定式化については福地・信國（1973），福地・山根（1978）等があり，福地（1993）にサーベイがある。種々のフロー測定例としては今川・加文（1993），グラビティ定式化についてはBergstrand（1985），距離短縮の物流促進効果についてはLanghammer

(1983), McFarland (1985), 知識ストックの成長・経済関連促進効果については Romer (1990), Rivera-Batiz-Romer (1991), 中国・上海市については唐 (1989), 松行・譚 (1990), 中国の地域開発・交通政策については Ma-Li (1994), Lyons (1985), 神戸側のモデルについては山根・福地・本荘 (1989) がある。距離の短縮による経済関係の緊密化については Brada-Mendez (1993) が参考になる。

2.4 長江・神戸計量経済モデルの構築

2.4.1 分析対象地域と観測期間

分析対象地域は,以下のとおり日本側が神戸市,その他関西の2地域,中国側が長江の上流域,中流域,下流域の3地域,合計5地域を対象とした(図2.1)。また,観測期間は,体系的にデータ入手が可能な改革開放政策以降1980年から1994年までの15年間とした。

1978年以降,中国の改革開放政策は沿海部の経済特別区を中心に極めて高い経済成長をもたらし,全国平均でも年率10%以上,10年間 (1985-1995) の平均成長率で9.92%を達成し,1997年のアジア金融危機以降も尚年率7%台の高率を維持している。他方,内陸部の開発は依然遅れており,1995年の一人当たりGDPの国内格差は最小の貴州省と最大の上海市との間で9.82倍,分析対象地域に限れば長江下流域河口の上海市と上流域の四川省でその格差は約5.67倍,集計された対象地域間でも上・下流域格差は3.13倍に達して,これらの格差是正が中国国内問題の重要な課題の一つになっている。それ故に,解決手段の一つとして東西3,000 kmにも及ぶ長江の水運機能と流域経済の潜在力が近年注目を集めている。

関西経済は,1980年代後半のバブル経済期に本社機能の東京移転等,資本や情報機能の首都一極集中が加速する一方,生産拠点の空洞化(生産部門の国外進出等)も加わって,経済の地盤沈下が顕在化し,さらに1991年のバブル

第2章 地域計量経済学モデルによる長期的分析　　*81*

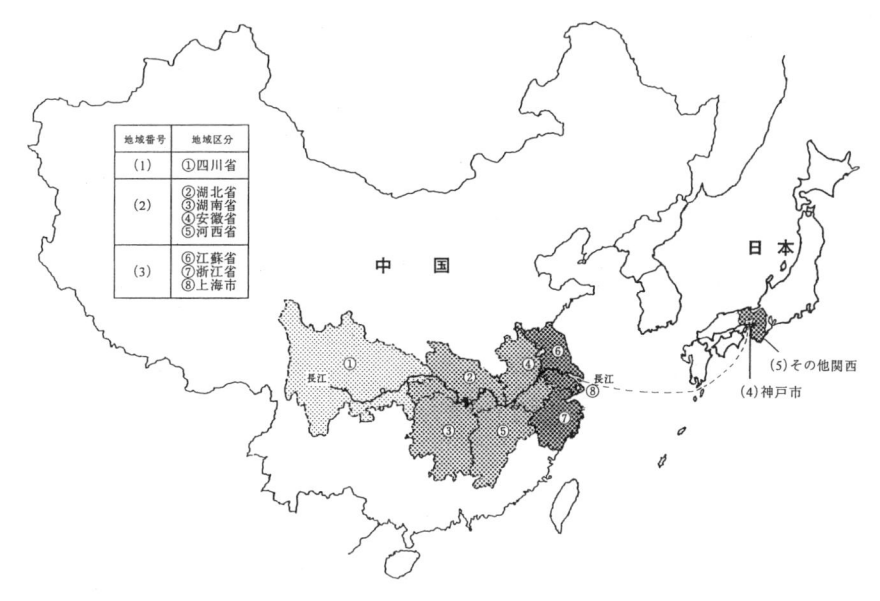

地域番号	地域区分
(1)	①四川省
(2)	②湖北省 ③湖南省 ④安徽省 ⑤河西省
(3)	⑥江蘇省 ⑦浙江省 ⑧上海市

図2.1　分析対象地域俯瞰図

分析対象地域とその区分

中国側：長江流域
　　　1)　上流地域（四川省，＜代表都市：重慶市＞）
　　　　　　　対象港湾：重慶，万県の2港
　　　2)　中流地域（湖北省・湖南省・江西省・安徽省，＜代表都市：武漢市＞）
　　　　　　　対象港湾：宜昌，城陵磯，武漢，黄石，九江，安慶，蕪湖，馬鞍山の8
　　　　　　　港
　　　3)　下流地域（上海市・江蘇省・浙江省，＜代表都市：上海市＞）
　　　　　　　対象港湾：南京，鎮江，高港，江陰，張家港，南通，上海の7港
日本側：関西6府県
　　　4)　神戸市域，＜代表都市：神戸市＞対象港湾：神戸港
　　　5)　その他関西（大阪府・京都府・兵庫県（神戸市を除く）・滋賀県・奈良県・
　　　　　和歌山県，＜代表都市：大阪市＞）
　　　　　　　対象港湾：尼崎，姫路，相生，東播磨，大阪，堺，岸和田，舞鶴，
　　　　　　　　　　　　下津，和歌山の10港，および伊丹・京都の通関分

経済崩壊後の事業再構築等が重なる中，未だ低迷を脱していない。その過程での1995年1月の阪神・淡路大震災は，とりわけ神戸市経済にダメージを与え，復興の手立てや地域振興の新たな模索が依然続いている。

　このような経済環境の下で日中間の交流は1978年の開放政策以降着実に進

表2.1 対象港湾の上海からの距離と平均所要日数

地域	港湾名	航行距離(km)	上り所要日数
(1)	*重 慶	2,414	15-20
	万 県	2,149	13-18
(2)	宜 昌	1,751	10-15
	城陵磯	1,384	8-11
	*武 漢	1,125	7-8
	黄 石	982	6-8
	九 江	856	5-7
	安 慶	692	4-6
	蕪 湖	480	3-4
	馬鞍山	440	3-4
(3)	南 京	395	2-3
	鎮 江	350	2-3
	高 港	287	2-3
	江 陰	228	1-2
	張家港	170	1-2
	南 通	128	1
	*上 海	0	0
(4)	*神 戸	1,500	2
(5)	*大 阪	1,524	2

(出典) 文献 [11] の他, 「長江航路里程図」等を基に一部推計した。
(備考) ＊印は, 地域の代表港湾を示す。

み, 15年間 (1979—1994) に日本から中国への訪問者は3,270人から39,000人に, 輸出額は783億円から1,849億円に増加した。逆に中国から日本への訪問者は787人から10,088人に, 輸出額は336億円から1,803億円に増加した。日本から中国への直接投資額は3,300万ドル (1986年) から11億1900万ドル (1993年) に急増した。関西から中国向け貿易は輸出が7.8％, 輸入が20.1％ (1995年) に達している。このような日中間相互依存の深まりが関西経済活性化の引き金として衆目を集める一因になっている。

2.4.2 モデルの基本構成と構造方程式

　長江・神戸計量経済モデルは，変数の総数74個（うち，内生変数：53個，外生変数：21個），方程式数53本（うち，推定式：29本，定義式：24本）から成っている。これらの変数記号（表2.2），採用された構造方程式，因果序列図（図2.2）は以下に示されている。この連立方程式体系の構成は，中国側長江流域ブロック，日本側関西ブロック，そして両サイドを連結する交流ブロックの三つに大別される。

　長江流域ブロックは11式から26式で示されている。分割された3地域について上流域が11式から14式，中流域が15式から18式，下流域が19式から22式で，各関数は流域経済の生産，就業人口（雇用），産業資本ストックの決定メカニズムを説明し，14式，18式，22式では国内地域別の所得ポテンシャルが地域別生産を当該時間距離で除した値を集計して定義されている。中国側全流域の集計量は23式から25式で定義され，全流域の所得ポテンシャル（26式）は流域別のそれをさらに当該時間距離で割り引いて集計し定義されている。

　関西ブロックは27式から53式で示されている。分割された神戸市とその他関西についてはさらに第2次・第3次別の産業分割がなされ，神戸市は27式から35式，その他関西は36式から44式に示されている。2地域ともに第2次・第3次産業別の生産，就業人口（雇用），民間資本ストックの決定メカニズムを説明し，当該地域全体の集計量については，第1次産業除外を考慮して2地域ともに統計式を推定して地域全体の就業人口と所得とを求めている。国内地域別の所得ポテンシャルはそれぞれ35式，45式で定義し，さらに関西全域の所得ポテンシャル（53式）は，中国側と同様に定義した。

　交流ブロックは1式から9式で示され，長江流域経済と関西経済の双方向で交絡が説明されている。日中相互の人流（N_{ij}, N_{ji}）は1式7式，物流（SX_{ij}, SX_{ji}）は3式9式で，さらに日本側から中国側への資本流（SF_{ij}）は5式で表される。交流の各関数には，日中両側の所得ポテンシャルが相互に組み込まれて地域間交絡を描写し，さらにこれら交流の諸変数が日中両側5地域の経済活

表2.2 長江・神戸計量経済モデル変数記号表

変数記号	変 数 名	単 位
<内生変数:53個>		
Y4	神戸市生産所得	十億円
E4	〃　就業者数	千人
Ys4	〃　第2次産業生産所得	十億円
Es4	〃　〃　就業者数	千人
Ks4	〃　〃　資本ストック	十億円
	（製造業有形固定資産総額）	
Yt4	〃　第3次産業生産所得	十億円
Et4	〃　〃　就業者数	千人
Kt4	〃　〃　資本ストック（小売業店舗面積）	千m^2
PY4	〃　所得ポテンシャル	十億円／分
Y5	その他関西生産所得	十億円
E5	〃　就業者数	千人
Ys5	〃　第2次産業生産所得	十億円
Es5	〃　〃　就業者数	千人
Ks5	〃　〃　資本ストック	十億円
	（製造業有形固定資産総額）	
Yt5	〃　第3次産業生産所得	十億円
Et5	〃　〃　就業者数	千人
Kt5	〃　〃　資本ストック（小売業店舗面積）	千m^2
PY5	〃　所得ポテンシャル	十億円／分
YK	全関西生産所得	十億円
EK	〃　就業者数	千人
YsK	〃　第2次産業生産所得	十億円
EsK	〃　〃　就業者数	千人
KsK	〃　〃　資本ストック	十億円
	（製造業有形固定資産総額）	
YtK	〃　第3次産業生産所得	十億円
EtK	〃　〃　就業者数	千人
KtK	〃　〃　資本ストック（小売業店舗面積）	十億円
PYK	〃　所得ポテンシャル	十億円／分
Y1	長江上流域生産所得	億元
E1	〃　就業者数	万人
K1	〃　産業資本ストック	億元
PY1	〃　所得ポテンシャル	億元／分
Y2	長江中流域生産所得	億元
E2	〃　就業者数	万人

K2	〃	産業資本ストック	億元
PY2	〃	所得ポテンシャル	億元／分
Y3	長江下流域生産所得		億元
E3	〃	就業者数	万人
K3	〃	産業資本ストック	億元
PY3	〃	所得ポテンシャル	億元／分
YC	長江全流域生産所得		億元
EC	〃	就業者数	万人
KC	〃	産業資本ストック	億元
PYC	〃	所得ポテンシャル	億元／分
Nij	関西から長江流域への人流（対長江流域出国者）		人
SNij	〃	人流累計 （対長江流域出国者累計）	人
Xij	〃	物流（対長江流域輸出量）	百万円
SXij	〃	物流累計 （対長江流域輸出量累計）	百万円
Fij	〃	資本流 （対長江流域直接投資額）	百万ドル
SFij	〃	資本流累計 （対長江流域直接投資額累計）	百万ドル
Nji	長江流域から関西への人流（対関西入国者）		人
SNji	〃	人流累計 （対関西入国者累計）	人
Xji	〃	物流（対関西輸入量）	百万円
SXji	〃	物流累計 （対関西輸入量累計）	百万円

〈外生変数：21個〉

N1	長江上流域地域人口	万人
N2	長江中流域地域人口	万人
N3	長江下流域地域人口	万人
N4	神戸市人口	万人
N5	その他関西地域人口	万人
KR1	長江上流域港湾基盤（接岸バース容量）	千トン
KR2	長江中流域港湾基盤（　〃　）	千トン
KR3	長江下流域港湾基盤（　〃　）	千トン
GR4	神戸市交通基盤社会資本ストック	十億円
GR5	その他関西交通基盤社会資本ストック	十億円

〈地域間時間距離（d_{ij} $i,j=1,\ldots,5$ $i\in j$）〉

d12	重慶・武漢間の航行時間距離		分
d13	重慶・上海間の	〃	分
d23	武漢・上海間の	〃	分
d34	上海・神戸間の	〃	分
d45	神戸・大阪間の	〃	分
d11	長江上流域内の	〃	分
d22	長江中流域内の	〃	分
d33	長江下流域内の	〃	分
d44	神戸市域内の	〃	分
d55	その他関西地域内の	〃	分
Time	タイムトレンド		1980=1, 後＋1

（備考） 使用データの出典は，本論末の参考文献リスト下段に記載されている。
なお，方程式中の地域間時間距離はすべて dij で表記した。

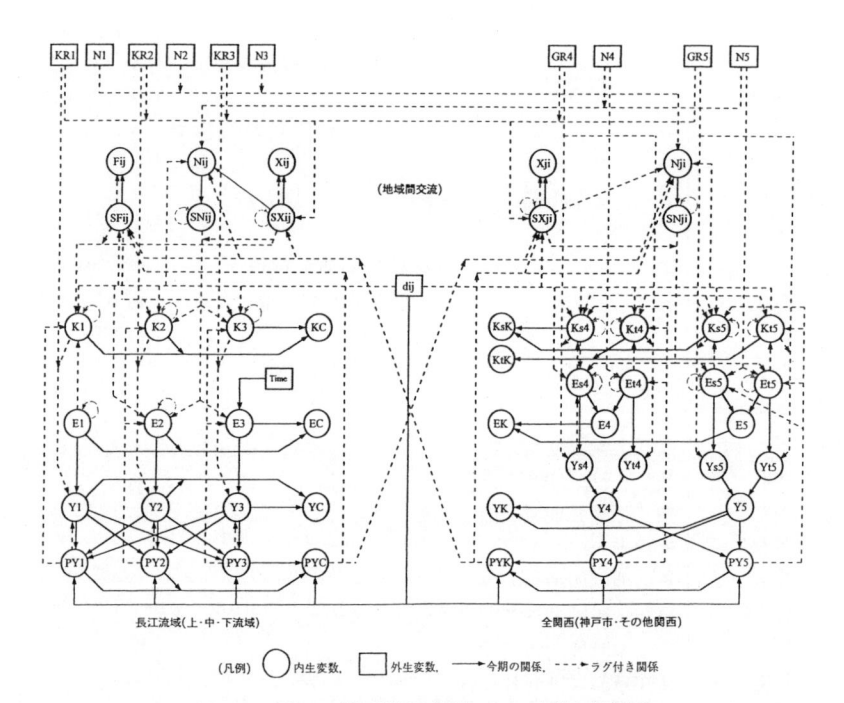

図2.2　長江・神戸計量経済モデル因果序列図

動にリンクし内生的に扱われている。日中間の経済的相互依存は相対的に密度を増しているから，地域分割と産業分割によってより精緻な波及効果を内生的に扱うのが実態を反映して適切と思われる。

長江・神戸計量経済モデル採用式一覧

長江流域・関西地域間交流

1) 関西から長江流域向け人流関数

$$\log(Nij/(PYK/(N4+N5))_{-1}) = 2.22112$$
$$+ 0.681129 * \log(SXij/(PYK/(N4+N5))_{-1})$$
$$(14.1)$$

$$R^2 = 0.9382 \quad S = 0.1092 \quad DW = 1.87$$

2) 関西から長江流域向け人流累積定義式

$$SNij = SNij_{-1} + Nij$$

3) 関西から長江流域向け物流累積関数

$$\log(SXij/((KR1+KR2+KR3)*(GR4+GR5)*PYK)_{-1}) = -2.41514$$
$$+ 0.710825 * \log(SXij/((KR1+KR2+KR3)*(GR4+GR5)*PYK))_{-1}$$
$$(21.2)$$

$$R^2 = 0.9770 \quad S = 0.0444 \quad DW = 1.52$$

4) 関西から長江流域向け物流定義式

$$Xij = SXij - SXij_{-1}$$

5) 関西から長江流域向け資本流累積関数

$$\log(SFij/(PYC*PYK)_{-1}) = 4.99437 + 0.266319 * \log((SNij*SXij)/dij)_{-1}$$
$$(9.15)$$

$$R^2 = 0.9549 \quad S = 0.1480 \quad DW = 2.44$$

6) 関西から長江流域向け資本流定義式

$$Fij = SFij - SFij_{-1}$$

7) 長江流域から関西向け人流関数

$$\log(Nji/(PYC/(N1+N2+N3))_{-1}) = 17.5689$$
$$+ 0.285980 * \log((SNji*SXji)/dij/(PYC/(N1+N2+N3)))_{-1}$$
$$(14.6)$$

$$R^2 = 0.9445 \quad S = 0.1061 \quad DW = 1.74$$

8） 長江流域から関西向け人流累積定義式

$SNji = SNji_{-1} + Nji$

9） 長江流域から関西向け物流累積関数

$\log(SXji/((KR1+KR2+KR3)*(GR4+GR5))_{-1}) = 0.149759$
$\qquad + 0.685678*\log(SXji/(KR1+KR2+KR3)*(GR4+GR5))_{-1}$
$\qquad (26.1)$
$\qquad + 0.135768*\log((PYC*PYK)/dij)_{-1}$
$\qquad (4.89)$

$\qquad\qquad\qquad R^2 = 0.9980 \quad S = 0.0182 \quad DW = 1.55$

10） 長江流域から関西向け物流定義式

$Xji = SXji - SXji_{-1}$

長江上流域（地域番号：1）

11） 長江上流域 生産関数

$(Y1/E1) = 0.057482 + 0.000856993*((K1*KR1)_{-1}/E1)$
$\qquad\qquad (2.19)$
$\qquad\qquad + 1422.43*(PY1_{-1}/E1)$
$\qquad\qquad (3.59)$

$\qquad\qquad\qquad R^2 = 0.9679 \quad S = .00877 \quad DW = 1.79$

12） 長江上流域 産業資本ストック関数

$K1 = -337.616 + 0.307719*K1_{,-1} + 7113170*(PY1/E1)_{-1}$
$\qquad\qquad (3.22) \qquad\qquad (11.7)$
$\qquad + 0.0000108843*(SNij*SXij/dij)_{-1}$
$\qquad (8.63)$

$\qquad\qquad\qquad R^2 = 0.9998 \quad S = 13.50 \quad DW = 2.34$

13） 長江上流域 就業人口関数

$\log(E1/(SXij*SFij)_{-1}) = 0.997927*\log(E1/(SXij*SFij))_{-1}$
$\qquad\qquad (3127.)$

$\qquad\qquad\qquad R^2 = 0.9999 \quad S = 0.0129 \quad DW = 0.76$

14） 長江上流域 所得ポテンシャル定義式

$PY1 \equiv \sum_{j=1}^{3}(Yj/dij) \qquad (i=1, \ j=1,2,3)$

長江中流域（地域番号：2）

15） 長江中流域 生産関数

$(Y2/E2) = 0.041283 + 0.000131878*((K2*KR2)_{-1}/E2)$
        (1.00)

    $+ 2408.52*(PY2_{-1}/E2)$
    (4.07)

                                $R^2 = 0.9501$ $S = 0.0133$ $DW = 1.48$

16) 長江中流域 産業資本ストック関数

$K2 = -479.492 + 0.533226*K2,_{-1} + 1506.11*PY2,_{-1}$
            (6.39) (9.05)

    $+ 0.0000121275*(SNij*SXij/dij)_{-1} + 0.184234*SFij,_{-1}$
    (5.54) (4.64)

                                $R^2 = 0.9382$ $S = 0.1092$ $DW = 1.87$

17) 長江中流域 就業人口関数

$\log E2 = 1.11150 + 0.876765*\log E2,_{-1} + 0.014606*\log PY2,_{-1}$
            (28.2) (1.61)

    $+ 0.00263181*\log((SNij*SXij)/dij)_{-1}$
    (1.98)

                                $R^2 = 0.9995$ $S = 0.00164$ $DW = 2.23$

18) 長江中流域 所得ポテンシャル定義式

$PY2 \equiv \sum_{j=1}^{3}(Yj/dij)$ $(i = 2,\ j = 1, 2, 3)$

長江下流域（地域番号：3）

19) 長江下流域 生産関数

$(Y3/E3) = 0.053142 + 0.0000637324*((K3*KR3)_{-1}/E3)$
        (1.59)

    $+ 2610.89*(PY3\text{-}1/E3)$
    (3.25)

                                $R^2 = 0.9522$ $S = 0.0347$ $DW = 1.28$

20) 長江下流域 産業資本ストック関数

$K3 = -404.023 + 0.228389*K3,_{-1} + 1434.35*PY3,_{-1}$
            (1.09) (5.16)

    $+ 0.0000404383*(SNij*SXij/dij)_{-1} + 0.891202*SFij,_{-1}$
    (4.03) (9.16)

                                $R^2 = 0.9997$ $S = 69.22$ $DW = 1.76$

21) 長江下流域 就業人口関数

$$\log(E_3/(SN_{ij}*SX_{ij})_{-1}) = 8.35842 + 0.947927*\log(PY_3/(SN_{ij}*SX_{ij}))_{-1}$$
$$(18.8)$$
$$-0.082589*Time$$
$$(-4.50)$$

$$R^2=0.9976 \quad S=0.0856 \quad DW=1.21$$

22) 長江下流域 所得ポテンシャル定義式

$$PY_3 \equiv \sum_{j=1}^{3}(Y_j/d_{ij}) \quad (i=3, \ j=1,2,3)$$

長江全流域

23) 長江全流域 生産額定義式

$$YC = Y_1 + Y_2 + Y_3$$

24) 長江全流域 産業資本ストック定義式

$$KC = K_1 + K_2 + K_3$$

25) 長江全流域 就業人口定義式

$$EC = E_1 + E_2 + E_3$$

26) 長江全流域 所得ポテンシャル定義式

$$PYC \equiv \sum_{j=1}^{3}(PY_j/d_{ij}) \quad (i=3, \ j=1,2,3)$$

神戸市（地域番号：4）

27) 神戸市 第2次産業生産関数

$$(Y_{s4}/(K_{s4}*GR_4)_{-1}) = 0.000194011 + 3.86224*(E_{s4}/(K_{s4}*GR_4)_{-1})$$
$$(15.1)$$

$$R^2=0.9675 \quad S=.000025 \quad DW=1.54$$

28) 神戸市 第2次産業民間資本ストック関数

$$(K_{s4}/GR_{4-1}) = 0.072908 + 0.02670*(PY_4/E_{s4})_{-1}$$
$$(10.9)$$
$$+0.00000000169515*(SN_{ji}*SX_{ji}/d_{ij})_{-1}$$
$$(10.9)$$

$$R^2=0.9870 \quad S=.00332 \quad DW=2.81$$

29) 神戸市 第2次産業就業人口関数

$$E_{s4} = 82.1531 + 0.550189*E_{s4,-1} + 2.47034*(Y_{s4}/K_{s4})_{-1}$$
$$(2.70) \qquad\qquad (.80)$$

$$+0.000000397701*((SNji*SXji)/dij)_{-1}$$
$$(2.30)$$

$$R^2=0.8743 \quad S=2.197 \quad DW=1.44$$

30) 神戸市 第3次産業生産関数

$$(Yt4/(Kt4*GR4)_{-1})=0.000164554+4.33434*(Et4/(Kt4*GR4)_{-1})$$
$$(15.5)$$

$$R^2=0.9542 \quad S=.181E-7 \quad DW=2.02$$

31) 神戸市 第3次産業民間資本ストック関数

$$Kt4=342.228+0.320933*Kt4,_{-1}+183.454*(PY4/Et4)_{-1}$$
$$(2.81) \qquad (5.28)$$
$$+0.00000937363*(SNji*SXji/dij)_{-1}$$
$$(6.31)$$

$$R^2=0.9944 \quad S=10.89 \quad DW=2.11$$

32) 神戸市 第3次産業就業人口関数

$$Et4=224.751+0.346267*Et4,_{-1}+131.603*(PY4/N4)_{-1}$$
$$(1.52) \qquad (4.05)$$
$$+0.062726*(SXji/dij)_{-1}$$
$$(2.03)$$

$$R^2=0.9977 \quad S=1.220 \quad DW=2.45$$

33) 神戸市 所得形成関数

$$Y4=13.5568+1.00587*Ys4+0.995888*Yt4$$
$$(405.3) \qquad (974.6)$$

$$R^2=0.9999 \quad S=0.5698 \quad DW=1.26$$

34) 神戸市 全就業人口統計式

$$E4=17.6982+1.05977*Es4+0.95671*Et4$$
$$(122.3) \qquad (494.0)$$

$$R^2=0.9999 \quad S=0.1528 \quad DW=1.48$$

35) 神戸市 所得ポテンシャル定義式

$$PY4\equiv\sum_{j=4}^{5}(Yj/dij) \qquad (i=4,\ j=4,5)$$

その他関西(地域番号:5)

36) その他関西 第2次産業生産関数

$$(Ys5/(Ks5*GR5)_{-1})=0.0000113942*E+4.28188*(Es5/(Ks5*GR5)_{-1})$$
$$(39.4)$$

$$R^2=0.9938 \quad S=.114\,E-5 \quad DW=1.87$$

37) その他関西 第2次産業民間資本ストック関数

$$Ks5=-1146.65+0.445572{}^*Ks5,{}_{-1}+9576.37{}^*(PY5/Es5)_{-1}$$
$$\quad\quad\quad (3.40) \quad\quad\quad\quad (3.58)$$
$$+0.0000972202{}^*(SNji{}^*SXji/dij)_{-1}$$
$$(3.34)$$

$$R^2=0.9919 \quad S=233.08 \quad DW=1.98$$

38) その他関西 第2次産業就業人口関数

$$Es5=795.561+0.702040{}^*Es5,{}_{-1}+2061.61{}^*(PY5/N5)_{-1}$$
$$\quad\quad\quad (2.54) \quad\quad\quad\quad (1.76)$$
$$-1143.49{}^*((SNji{}^*SXji))/(SNij{}^*SXij))_{-1}$$
$$(-2.32)$$

$$R^2=0.9389 \quad S=18.85 \quad DW=1.21$$

39) その他関西 第3次産業生産関数

$$(Yt5/(Kt5{}^*GR5)_{-1})=0.0000385862+2.52652{}^*(Et5/(KsK{}^*GR5)_{-1})$$
$$\quad\quad\quad\quad\quad\quad\quad\quad\quad\quad (6.79)$$

$$R_2=0.8923 \quad S=.209E-5 \quad DW=1.60$$

40) その他関西 第3次産業民間資本ストック関数

$$Kt5=2521.49+0.627034{}^*Kt5,{}_{-1}+5732.01{}^*(PY5/Et5)_{-1}$$
$$\quad\quad\quad (7.06) \quad\quad\quad\quad (4.53)$$
$$+0.0000364505{}^*(SNji{}^*SXji/dij)_{-1}$$
$$(3.42)$$

$$R^2=0.9942 \quad S=92.003 \quad DW=2.22$$

41) その他関西 第3次産業就業人口関数

$$Et5=887.988+0.669276{}^*Et5,{}_{-1}+7098.63{}^*(PY5/N5)_{-1}$$
$$\quad\quad\quad (3.45) \quad\quad\quad\quad (3.02)$$
$$+0.00000000217450{}^*(SNji{}^*SXji)_{-1}$$
$$(1.00)$$

$$R^2=0.9891 \quad S=43.74 \quad DW=0.79$$

42) その他関西 所得形成関数

$$Y5=575.269+1.02434{}^*Ys5+0.981183{}^*Yt5$$
$$\quad\quad\quad (123.6) \quad\quad (258.1)$$

$$R^2=0.9999 \quad S=16.30 \quad DW=2.09$$

43) その他関西 全就業人口統計式

$$E5 = 1991.42 + 0.494083 \cdot Es5 + 0.985805 \cdot Et5$$
$$(3.53)(39.6)$$

$$R^2 = 0.9983 \quad S = 18.76 \quad DW = 0.73$$

44) その他関西 所得ポテンシャル定義式

$$PY5 \equiv \sum_{j=4}^{5}(Yj/dij) \quad (i=5, j=4,5)$$

全関西

45) 全関西 生産所得定義式

$$YK = Y4 + Y5$$

46) 全関西 第2次産業生産額定義式

$$YsK = Ys4 + Ys5$$

47) 全関西 第3次産業生産額定義式

$$YtK = Yt4 + Yt5$$

48) 全関西 第2次産業民間資本ストック定義式

$$KsK = Ks4 + Ks5$$

49) 全関西 第3次産業民間資本ストック定義式

$$KtK = Kt4 + Kt5$$

50) 全関西 第2次産業就業人口定義式

$$EsK = Es4 + Es5$$

51) 全関西 第3次産業就業人口定義式

$$EtK = Et4 + Et5$$

52) 全関西 就業人口定義式

$$EK = E4 + E5$$

53) 全関西 所得ポテンシャル定義式

$$PYK \equiv \sum_{j=4}^{5}(PYj/dij) \quad (i=4, j=4,5)$$

推定は，観察期間（1980年～1994年）の15サンプル時系列統計データに基づく最小自乗法による。貨幣表示のデータは1990年基準価格で実質化されている。変数の添字（−1）は，前期のラグ付き関係（t−1）を表す。係数下括弧内は t 値，R^2 は決定係数，S は方程式誤差の標準偏差，DW はダービン・ワトソン統計量を表す。なお，推定式中の年ダミー変数に係わる表示については，これを省略した。
なお，13式は定数項を除いて推定されている。

2.4.5 インパクトフローとモデルの特徴

説明された種々のインパクトの波及は，5地域から成る連立方程式体系のモデルにすでに組み込まれている。短期的な直接効果の波及は，公共事業としての交通基盤投資（ΔKRi, ΔGRi）が自地域の生産（Yi）を増加させ，所得（ポテンシャル PYi）を増して，雇用（Ei）増効果を生む。また，交通基盤投資（ΔKRi, ΔGRi）は港湾整備による相互の物流増（$SXij$, $SXji$）をもたらし，各地域の雇用（Ei）増と資本ストック（Ki, Ksi, Kti）増をもたらして生産（Yi）拡大，所得（ポテンシャル PYi）増に至る。さらに，外洋内航両用船就航による地域間時間距離（dij）短縮は，所得ポテンシャル（PYi）増をもたらして地域間相互交流（Nij, Nji, $SXij$, $SXji$, $SFij$）を強化するとともに，各地域の資本ストック（Ki, Ksi, Kti）増を促進し，特に長江中流域と神戸市では雇用増をもたらす。これらのインパクトフローは因果序列図（図2.2）で確認できる。

さらに，これらの直接効果を含め，情報流をともなう長期の拡大・波及効果をもたらす主要な循環サイクルは，以下のとおり集約できる。

(1) 港湾・交通基盤整備による各地域固有の振興サイクル
   * 港湾・交通基盤整備→①生産増→所得ポテンシャル増→資本ストック増・雇用増→①への循環
   * 港湾・交通基盤整備→物流増・人流増→②資本ストック増・雇用増→生産増→所得ポテンシャル増→②への循環
(2) 関西交通基盤整備・日中時間距離短縮による長江流域産業振興サイクル
   * 関西交通基盤整備・日中時間距離短縮→長江流域向け物流増・人流増→③長江流域向け直接投資増→長江流域資本ストック増・雇用増→長江流域生産増→長江流域所得ポテンシャル増→③への循環
(3) 港湾・交通基盤整備，日中時間距離短縮による長江流域・関西相互のクロス振興サイクル

＊長江流域港湾整備・日中時間距離短縮→④関西向け物流増・人流増→関西資本ストック増・雇用増→関西生産増→関西所得ポテンシャル増

＊関西交通基盤整備・日中時間距離短縮 …→長江流域向け物流増・人流増→長江流域資本ストック増・雇用増→長江流域生産増→長江流域所得ポテンシャル増→④への循環

　本モデルは，今川・加文（1993）の基本的発想を受け福地・山根・唐・任（1997）で作成された，物流・人流・資本流の相互関連と所得への波及効果を内生化した初めての完全連立モデル「長江・神戸計量経済パイロットモデル」を拡張したものである。5地域分割，2産業分割（関西）によってモデルを拡張し，連立方程式体系の多地域モデル「長江・神戸計量経済モデル」を作成した。これによって日中交易促進に係わる港湾・交通基盤投資の長期的総合効果を計測することができるが，このような2国間の相互の部分地域（5地域）を対象とし，互いに交絡する完全連立の多地域計量経済モデルとしては他に例がなく，きわめてユニークなものである。

2.4.6　最終テスト

　作成した長江・神戸モデルについて，観測期間内の外生変数実績値および，先決内生変数に1980年実績値を初期値として，それぞれモデルに内挿し，最終テスト（final test）を試みた。

　その結果，各内生変数の最終3カ年間平均絶対誤差率は表2.3の通りである。これによれば，最終3カ年に急増した人流（N_{ij}）や中国への資本流（SF_{ij}）とフロー変数を除いて，誤差率は5％未満ときわめて低く，結果は良好であった。そこで，次のステップの条件付き予測シミュレーションに移ることにする。

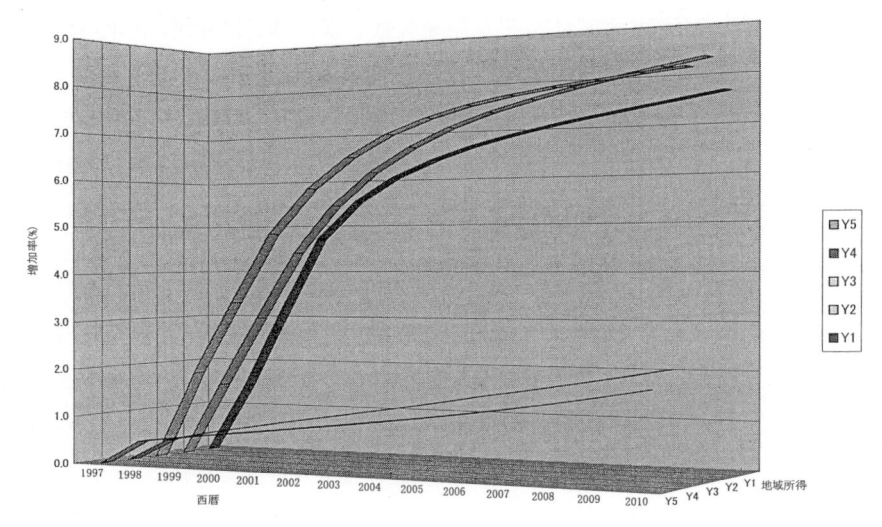

図2.3 地域別所得効果の推移

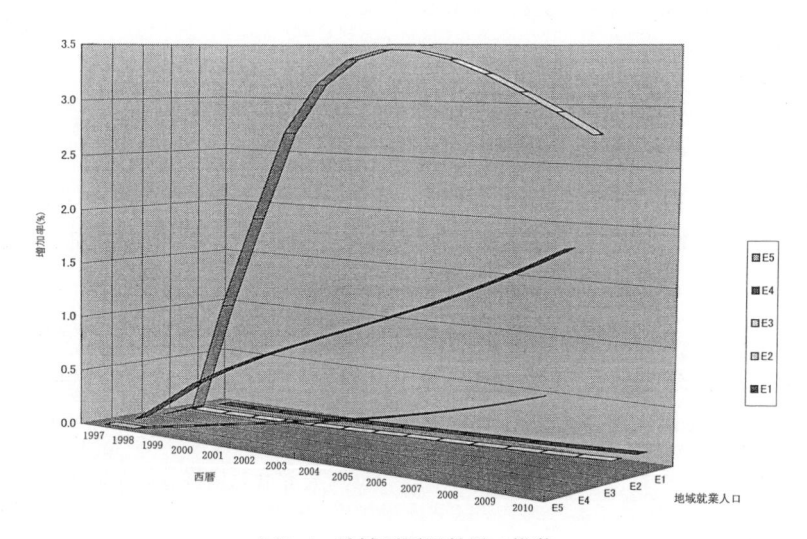

図2.4 地域別雇用効果の推移

表2.3 最終テスト・最終3カ年平均絶対誤差率表

平均絶対誤差率	長江流域	地域間交流	関西
5％未満	E1, E2, E3, EC, K1, K2, K3, KC, Y1, Y2, Y3, YC, PY1, PY2, PY3, PYC	SNij, SXij, Nji, SNJI, SXij, SXji	Es4, Et4, E4, Es5, Et5, E5, EK, Ks4, Kt4, Ks5, Kt5, KsK, KtK, Ys4, Yt4, Ys5, YsK, Yt5, YtK, Y4, Y5, YK, PY4, PY5, PYK
5％〜10％未満		Nij, Xij	
10％〜15％未満		Xji, SFij	
15％以上		Fij	

2.5　予測シミュレーションによる効果測定

2.5.1　予測期間と政策変数外挿値の設定

　方程式数53本から成る長江・神戸計量経済モデルを作成し，最終テストをクリアしたので，これを基に，予測期間1997年—2010年までの条件付き予測シミュレーションを試みる。

　本モデルの外生変数の内，本論で試みる操作可能な政策変数は，長江流域各地域の港湾基盤（KRi），関西各地域の交通基盤社会資本ストック（GRi），そして各地域間時間距離（dij）の3種である。これらを政策的選択肢として外挿値設定しモデルに外挿することにより，プロジェクトが実施された場合の予測値を得ることができる。政策変数の「長江流域の港湾インフラ整備」，「関西の交通基盤社会資本整備」，「関西と長江流域との地域間時間距離短縮」を予測期間内で変化させた場合と変化しない場合との条件付き予測シミュレーションによって当該プロジェクトの有無を表し，その予測結果の差分によって本プロジ

ェクトの長期的な総合効果を測定する。

政策変数の外挿値は，政策手段の一選択肢としてプロジェクト実施による経済環境変化を反映するもので，以下のとおり設定した。

(1) 外洋・内航両用貨物船の就航により，関西と長江流域各地域との所要時間（dij）は，1997年以降10％短縮される。
(2) 長江流域各地域の港湾基盤（KRi）は，1997年から1999年の3年間に，1997年水準の10％分，追加整備される。
(3) 関西各地域の交通基盤社会資本ストック（GRi）は，1997年から毎年2％の伸び率で追加投資され，増加する。

これらの条件下でプロジェクトが実施された場合を想定し，これらの政策変数値を予測期間の1997年から2010年まで外挿して予測シミュレーションを試みる。

2.5.2 シミュレーション結果の主な観測事項

プロジェクトが実施された場合とされない場合との予測値の乖離を経済効果として測定するが，その評価指標は，主に所得，雇用，資本を対象とし地域別，産業別に考察する。その結果は（表2.4），（表2.5）に示されている。これらの主な観測事項は以下の通りである。文中特に指定しない限り，効果測定年は2005年の値を意味し，年平均成長率とはその指標（変数）の絶対数の，1997

表2.4 2005年におけるプロジェクト効果（増加率）

	所得	雇用	資本	
神 戸 市	1.45%	1.20%	（2次）1.46%	（3次）1.83%
その他関西	1.18%	0.38%	（2次）1.08%	（3次）1.35%
全 関 西	1.20%	0.44%	（2次）1.10%	（3次）1.39%
長江上流域	6.87%	0.06%	2.55%	
長江中流域	7.30%	0.59%	3.49%	
長江下流域	7.40%	3.45%	2.13%	
長江全流域	7.28%	1.21%	2.58%	

年との対比を表す。なお，貨幣表示データはすべて1990年価格で記されている。

(1) 所得効果は，関西全域で8,411億円（1.20％増）と計測された。所得の年平均成長率は1.88％で，この効果は成長率を＋0.15％押し上げることになる。他方，長江流域全域での所得効果は1300億元（7.28％増）と計測された。同じく年平均成長率は4.38％で，この効果は成長率を＋0.91％押し上げている。両地域の効果の増加率比較では長江流域が関西の6.07倍にもなり，高度成長期にある同流域の所得効果が著しく高いことが明らかとなった。

(2) 雇用効果は，関西全域で49,000人（0.44％増）と計測された。雇用の年平均成長率を見ると，0.99％と微増で，雇用機会の増加にともなう労働力率の上昇や国内他地域からの流入などで増加するものと見られる。他方，長江流域全域では雇用効果が349万人（1.21％増）と計測された。雇用の年平均成長率は1.47％となり，雇用機会の増加にともなう長江流域への流入などで依然雇用は増加することが予想される。

(3) 国内地域別では，神戸市の所得効果は819億円（1.45％増）と計測された。所得の年平均成長率は2.69％で，この内，所得効果が成長率を＋0.19％押し上げている。一方，その他関西での所得効果は，7592億円（1.18％増）と計測された。所得の年平均成長率は，1.81％で，効果として＋0.15％成長率を押し上げたことになる。両地域の比較では，神戸市の効果の方が増加率においてやや高く，神戸市が有する港湾施設等，海運の特化や歴史的な情報ストックの豊富さがもたらした結果と推察される。

(4) 産業別所得効果では，神戸市の第2次産業への効果が152億円（0.95％増）と計測された。第2次産業所得の年平均成長率は2.48％で，この内，効果として＋0.12％成長率を押し上げた。一方，第3次産業の所得効果は668億円（1.66％増）と計測された。第3次産業所得の年平均成長率は2.76％で，この効果は＋0.11％成長率を押し上げている。神戸市の産業別所得の比較では，第3次産業が第2次産業の1.75倍と増加率が大きく，日中

表2.5 予測シミュレーション出力結果

Y4 (Regional income in Kobe)

YEAR	EXTRAPOLATED	SIMULATED	DISPARITY	R.DISP(%)
1997	4644.240	4644.240	0.000	0.000
1998	4742.770	4764.078	21.307	0.449
1999	4849.316	4880.081	30.765	0.634
2000	4958.892	4997.194	38.302	0.772
2001	5086.977	5133.479	46.501	0.914
2002	5226.100	5280.688	54.588	1.045
2003	5363.410	5426.384	62.975	1.174
2004	5506.199	5578.247	72.078	1.308
2005	5654.451	5736.315	81.864	1.448
2006	5806.620	5899.367	92.746	1.597
2007	5958.017	6061.285	103.269	1.733
2008	6112.399	6227.044	114.645	1.876
2009	6270.103	6397.003	126.900	2.024
2010	6431.329	6571.654	140.325	2.182

Y5 (Regional income in other Kansai)

YEAR	EXTRAPOLATED	SIMULATED	DISPARITY	R.DISP(%)
1997	56279.269	56279.269	0.000	0.000
1998	56969.339	57252.376	283.037	0.497
1999	57734.570	58078.307	343.736	0.595
2000	58578.142	58983.989	405.847	0.693
2001	59506.733	59975.516	468.783	0.788
2002	60527.000	61062.165	535.165	0.884
2003	61644.711	62248.662	603.951	0.980
2004	62865.502	63543.294	677.791	1.078
2005	64195.528	64954.752	759.224	1.183

E4 (Employees in Kobe)

YEAR	EXTRAPOLATED	SIMULATED	DISPARITY	R.DISP(%)
1997	711.873	711.873	0.000	0.000
1998	717.872	719.284	1.412	0.197
1999	723.461	726.443	2.982	0.412
2000	728.884	733.086	4.201	0.576
2001	734.308	739.620	5.312	0.723
2002	739.911	746.202	6.291	0.850
2003	745.883	753.100	7.217	0.968
2004	752.117	760.261	8.144	1.083
2005	758.498	767.605	9.107	1.201
2006	764.947	775.077	10.130	1.324
2007	771.364	782.594	11.230	1.456
2008	777.597	790.013	12.416	1.597
2009	783.660	797.368	13.708	1.749
2010	789.412	804.531	15.120	1.915

E5 (Employees other Kansai)

YEAR	EXTRAPOLATED	SIMULATED	DISPARITY	R.DISP(%)
1997	9646.958	9646.958	0.000	0.000
1998	9706.890	9706.890	0.000	0.000
1999	2775.519	9780.950	5.431	0.056
2000	9853.485	9864.162	10.677	0.108
2001	9941.356	9957.712	16.357	0.165
2002	10039.856	10061.725	21.869	0.218
2003	10149.529	10176.996	27.467	0.271
2004	10270.934	10304.350	33.415	0.325
2005	10404.698	10444.635	39.937	0.384

YEAR	EXTRAPOLATED	SIMULATED	DISPARITY	R.DISP(%)
2006	65641.746	66492.089	850.343	1.295
2007	67209.772	68162.718	952.946	1.418
2008	68912.806	69982.218	1069.412	1.552
2009	70751.239	71952.464	1201.225	1.698
2010	72732.759	74083.440	1350.681	1.857

Yc (Regional income in Choko area)

YEAR	EXTRAPOLATED	SIMULATED	DISPARITY	R.DISP(%)
1997	13599.275	13599.275	0.000	0.000
1998	14046.201	14279.465	233.263	1.661
1999	14499.243	14963.255	464.012	3.200
2000	14970.202	15667.782	697.580	4.660
2001	15468.173	16335.581	867.408	5.608
2002	16000.444	17001.308	1000.864	6.255
2003	16573.461	17685.220	1111.759	6.708
2004	17193.067	18402.586	1209.519	7.035
2005	17865.043	19165.469	1300.427	7.279
2006	18595.058	19984.168	1389.110	7.470
2007	19388.906	20867.857	1478.952	7.628
2008	20252.546	21825.161	1572.615	7.765
2009	21191.586	22863.822	1672.236	7.891
2010	22211.914	23991.645	1779.731	8.013

YEAR	EXTRAPOLATED	SIMULATED	DISPARITY	R.DISP(%)
2006	10551.464	10598.689	47.225	0.448
2007	10771.953	10767.406	55.453	0.518
2008	10886.720	10951.492	64.772	0.595
2009	11076.673	11152.035	75.362	0.680
2010	11282.641	11370.052	87.410	0.775

Ec (Employees in Choko area)

YEAR	EXTRAPOLATED	SIMULATED	DISPARITY	R.DISP(%)
1997	26057.061	26057.061	0.000	0.000
1998	26458.241	26470.457	12.216	0.046
1999	26835.334	26929.151	93.817	0.350
2000	27196.671	27363.558	166.887	0.614
2001	27548.117	27786.461	238.344	0.865
2002	27894.362	28179.226	284.864	1.021
2003	28238.951	28554.643	315.692	1.118
2004	28584.888	28921.097	336.208	1.176
2005	28934.772	29284.280	349.508	1.208
2006	29290.820	29648.584	357.764	1.221
2007	29655.060	30017.462	362.402	1.222
2008	30029.259	30393.704	364.445	1.214
2009	30415.129	30779.688	364.560	1.199
2010	30814.082	31177.354	363.272	1.179

(備考) 表中のEXTRAPOLATEDはプロジェクト無しの場合の予測値,SIMULATEDはプロジェクトを実施した場合の予測値,DISPARITYは相互の乖離(効果),R.DISP(%) はその乖離率(効果比率)を表す。

102　第1部　国際化環境における計量分析とシミュレーション

表2.5　予測シミュレーション出力結果（続き）

Y1 (Regional income in upper area of Choko)

YEAR	EXTRAPOLATED	SIMULATED	DISPARITY	R.DISP(%)
1997	2154.107	2154.107	0.000	0.000
1998	2220.608	2252.745	32.137	1.447
1999	2289.274	2361.267	71.993	3.145
2000	2361.701	2472.974	111.273	4.712
2001	2438.959	2573.614	134.655	5.521
2002	2521.948	2674.380	152.432	6.044
2003	2611.552	2778.601	167.049	6.397
2004	2708.480	2888.917	180.437	6.662
2005	2813.559	3006.892	193.334	6.871
2006	2927.561	3133.922	206.361	7.049
2007	3051.295	3271.196	219.900	7.207
2008	3185.620	3419.896	234.277	7.354
2009	3331.197	3580.915	249.718	7.496
2010	3488.992	3755.461	266.469	7.637

Y2 (Regional income in mid. area of Choko)

YEAR	EXTRAPOLATED	SIMULATED	DISPARITY	R.DISP(%)
1997	4869.674	4869.674	0.000	0.000
1998	5033.052	5109.741	76.689	1.524
1999	5197.793	5353.832	156.039	3.002
2000	5368.433	5605.687	237.254	4.419
2001	5548.500	5849.173	300.673	5.419
2002	5740.826	6092.739	351.913	6.130
2003	5947.932	6342.781	394.849	6.638
2004	6172.080	6604.915	432.834	7.013
2005	6415.473	6883.856	468.383	7.301

E1 (Employees in upper area of Choko)

YEAR	EXTRAPOLATED	SIMULATED	DISPARITY	R.DISP(%)
1997	6519.215	6519.215	0.000	0.000
1998	6618.350	6618.350	0.000	0.000
1999	6723.009	6723.258	0.249	0.004
2000	6833.136	6833.814	0.678	0.010
2001	6948.730	6949.996	1.266	0.018
2002	7069.830	7071.774	1.943	0.027
2003	7196.483	7199.176	2.693	0.037
2004	7328.768	7332.271	3.503	0.048
2005	7466.783	7471.148	4.365	0.058
2006	7610.625	7615.917	5.292	0.070
2007	7760.412	7766.698	6.286	0.081
2008	7916.273	7923.620	7.347	0.093
2009	8078.328	8086.819	8.490	0.105
2010	8246.713	8256.425	9.713	0.118

E2 (Employees in mid. area of Choko)

YEAR	EXTRAPOLATED	SIMULATED	DISPARITY	R.DISP(%)
1997	12113.764	12113.764	0.000	0.000
1998	12371.256	12375.503	4.247	0.034
1999	12612.959	12624.258	11.299	0.090
2000	12839.962	12860.710	20.748	0.162
2001	13053.485	13085.691	32.206	0.247
2002	13254.813	13299.308	44.495	0.336
2003	13445.234	13502.145	56.910	0.423
2004	13625.989	13695.075	69.086	0.507
2005	13798.304	13879.072	80.769	0.585

YEAR	EXTRAPOLATED	SIMULATED	DISPARITY	R.DISP(%)	YEAR	EXTRAPOLATED	SIMULATED	DISPARITY	R.DISP(%)
2006	6680.257	7183.519	503.262	7.534	2006	13963.311	14055.175	91.864	0.658
2007	6968.532	7507.305	538.773	7.732	2007	14122.086	14224.420	102.334	0.725
2008	7282.355	7858.275	575.920	7.908	2008	14275.613	14387.784	112.171	0.786
2009	7623.464	8238.967	615.503	8.074	2009	14424.810	14546.211	121.401	0.842
2010	7993.484	8651.709	658.225	8.235	2010	14570.493	14700.563	130.070	0.893

Y3 (Regional income in lower area of Choko)

YEAR	EXTRAPOLATED	SIMULATED	DISPARITY	R.DISP(%)
1997	6575.493	6575.493	0.000	0.000
1998	6792.541	6916.978	124.437	1.832
1999	7012.176	7248.155	235.980	3.365
2000	7240.068	7589.121	349.053	4.821
2001	7480.714	7912.794	432.079	5.776
2002	7737.670	8234.189	496.519	6.417
2003	8013.977	8563.838	549.861	6.861
2004	8312.507	8908.754	596.247	7.173
2005	8636.011	9274.721	638.710	7.396
2006	8987.239	9666.726	679.487	7.561
2007	9369.078	10089.357	720.279	7.688
2008	9784.571	10546.989	762.418	7.792
2009	10236.926	11043.941	807.015	7.883
2010	10729.439	11584.475	855.037	7.969

E3 (Employees in lower area of Choko)

YEAR	EXTRAPOLATED	SIMULATED	DISPARITY	R.DISP(%)
1997	7424.082	7424.082	0.000	0.000
1998	7468.635	7476.604	7.969	0.107
1999	7499.366	7581.635	82.269	1.097
2000	7523.573	7669.034	145.461	1.933
2001	7545.902	7750.774	204.872	2.715
2002	7569.720	7808.145	238.425	3.150
2003	7597.234	7853.323	256.089	3.371
2004	7630.131	7893.750	263.619	3.455
2005	7669.686	7934.060	264.374	3.447
2006	7716.885	7977.492	260.607	3.377
2007	7772.562	8026.344	253.782	3.265
2008	7837.373	8082.300	244.927	3.125
2009	7911.991	8146.658	234.668	2.966
2010	7996.876	8220.365	223.489	2.795

交易促進は相対的に第3次産業に寄与することが明らかとなった。

(5) 産業別雇用効果は，神戸市の第2次産業への効果が2,200人（1.18％増）と計測された。絶対数は経年的には横這いであるから，従来減少傾向にあった第2次産業就業者数は，交易促進によって辛うじて歯止めがかかる。一方，第3次産業雇用効果は7,000人（1.25％増）と計測された。効果の絶対数では第3次産業の雇用が大きいが，効果の増加率で見ると経年的に第2次が伸びて，2010年では第2次産業（2.56％）が第3次産業（1.76％）を上回っている。これは交易促進の長期的拡大効果が2次産業の雇用に及んだものと推察できる。その他関西での第2次産業雇用効果は7,800人（0.25％増）と計測された。また第3次産業の効果は37,000人（0.52％増）と計測された。この地域も第3次産業の効果の方が相当大きいけれども，その増加率ではいずれも神戸市のそれを下回る。

(6) 長江流域における効果の特徴は，全域では所得が7.28％増，雇用が1.21％増，資本が2.58％増と，高い所得効果に象徴されるが，地域別に見ると以下のような特徴が見られる。所得効果（7.30％増）が最も高い中流域では資本（3.49％増）の伸び率も最高で，中流域は高度な資本装備を促す構造変化が深化するものと推測される。先進の下流域では雇用増効果（3.45％増）がきわめて高く，情報や知識産業への転換・進展が推察される。上流域では資本のプラス効果（2.55％増）が下流域のそれ（2.13％増）よりも高く，資本蓄積を高めて労働集約的産業構造からの離脱傾向を強める。

(7) 交易においては，関西向け物流，人流の効果が，それぞれ3.12％増，3.21％増と高く，逆の長江流域向け物流，人流の効果，1.93％増，1.74％増を相当上回っている。関西向けが高いのは，フローの規模が未だ小さいためと見られる。また関西からの企業進出等，長江流域向けの資本流（直接投資）は4.54％増とかなり高い水準にあり，このインパクトが，長江流域経済を活性化させ，関西向けの物流増・人流増の高水準をもたらす拡大循環サイクルの主たる要因となる。

(8) 長江流域間の経済格差を1人当たり総生産みると，2005年の上流域と下流域の比較では，プロジェクト有が2.825倍，無が2.805倍で微増，中流域と下流域でも同じく2.422倍，2.420倍で微増，即ち当該プロジェクトは長江流域内では微少ながら格差拡大に作用する．しかし，この地域の圧倒的人口規模の大きさを考えると，平均的な地域格差是正に対して注目する程のマイナス効果とは言い難い．事実，2010年までの予測結果では中流域が同様に2.443倍，2.449倍で微減．即ち長期的には格差是正に貢献することが確認されている．これは(6)で示したような中流域の知識・情報流を含む資本装備の高度化が長期的に寄与した結果である．先の格差拡大作用は寧ろ，上流域から下流域に向かうほど関西に近く，時間距離逓減が地域間交流促進に及ぼすインパクトの相対的強さの証左であるから，このプロジェクトと効果的に関連づけながら国内格差是正それ自体を目的とする別の地域振興策等，関連事業を生かすことが，相対的に短期間で格差縮小に向かう効率的な方法と見られる．

2.6 結　語

　これまでに，多地域を分析対象とした計量経済モデルの分析手法における意志決定の構造を概説した．その後の応用事例では，福地・山根・唐・任(1997)で作成された，日中2地域間の物流・人流・資本流の相互関連と所得への波及効果を内生化した初の完全連立モデル「長江・神戸計量経済パイロットモデル」(方程式数17本)をさらに拡張し，方程式数53本から成る，5地域分割・2産業分割（関西）の連立方程式体系「長江・神戸計量経済モデル」(観測期間：1980-1994年)を作成した．これを基に港湾・交通基盤投資と地域間時間距離短縮（外洋内航両用船就航）による条件付き予測シミュレーション実験を1997-2010年について行ない，日中地域間交易促進の長期的総合効果を計測した．
　その結果，上海・長江交易促進プロジェクトの2005年における効果は，所得

効果が長江流域で関西の 6.07 倍の 7.28 ％増となり著しい。雇用は長江流域が 349 万人増（＋1.21 ％），関西が 49,000 人増（＋0.44 ％）で，雇用創出が見込まれる。関西では神戸市の所得効果が 819 億円（1.45 ％増）で，その他関西の増加率 1.18 ％増を上回る。産業別には両地域ともに所得・雇用のそれぞれの増加率で第 2 次より第 3 次産業への寄与が大きい。長江流域では，所得が 7.28 ％増で雇用（1.21 ％増），資本（2.58 ％増）を上回る。上流域では資本増（＋2.55 ％）が高く，中流域は資本（＋3.49 ％）と所得（＋7.30 ％）の増加が著しい。下流域では雇用効果（＋3.45 ％）が高いことがわかった。一人当たり総生産での長江流域内地域格差は，短期的には微少に拡大するが，長期的（2010 年）には格差縮小効果が中流域で出てくることが確認された。

　なお，地域間時間短縮についてはモデル外にも，船舶の寄港地での入港手続きの簡素化や規制緩和等々，当該プロジェクトの費用負担なく実現可能な時間短縮のための行政上の改善点が，日中双方で少なくない。これらの改善は当該地域間交流のみならず他地域（諸外国）にも適用されるので交易促進を多面的に加速させることを付記しておく。

　既述の通り対中国との関連は将来の関西の発展にとって重要な要素だが，何らかの情報なしでは，単なる憶測や根拠のない希望的推測の域を出ず，見通しが立たない。また国家レベルでなく，国際的に地方政府相互が関わる機会は今後一層増してくる。特に，3 地域以上の複数で関わりを持つ場合，共通利益を求めつつも互いに競合関係に陥ることがしばしばあるので，こういうモデル作業・予測で大きな枠組み作りをすると，整合的な意志決定支援情報の追加によって，あいまいな状況下での筋道をつけたり将来の不確定性をかなり減じる効果があろう。

注
　本論の作成にあたり，神戸市震災復興本部総括局（現，企画調整局）から統計データ等，貴重な資料を頂いた。福地崇生京都大・筑波大名誉教授には，本論の基となった共同の先行業績（福地・山根・唐・任（1997））と併せて，ご指導と貴重なコメントを多々頂いた。記して深謝申し上げます。

（1）"econometric model"は，計量経済学的模型，ないし計量経済学モデルと訳されるが，一般には「計量経済モデル」と呼称されているので，以下これにしたがう。なお，単に「モデル」，「計量モデル」と記した場合も，本論では同義である。
（2）本論では，フローとしての地域の投資関数はデータ制約や推定上困難であったので，中国側は産業資本ストック関数，日本側は第2次，第3次産業別民間資本ストック関数として推定されている。
（3）死者6,400人の他，被害状況や復興過程は，兵庫県編（1997, 1998），(財)阪神・淡路大震災記念協会編（1999, 2000），神戸市編（2000）等に詳しい。

参考文献

Bergstrand, J.H. (1985). The Gravity Equation in International Trade: Some Microeconomic Foundations and Empirical Evidence. Review of Economics and Statistics, **67**: 474-481.

Brada, J.C. and J.A. Mendez (1993). Political and Economic Factors in Regional Economic Integration. Kyklos, **46**: 183-201.

福地崇生・山根敬三（1978）。「多地域ポテンシャルモデルによる東京都市圏の分析」，『オペレーションズ・リサーチ』**23**(12)：741-749。

福地崇生・山根敬三・唐國興・任兆璋（1997）。「上海・長江交易促進プロジェクトの経済効果」，『地域研究』**27**(1)：1-13。

Fukuchi, T. (1993). Regional Econometric Models of Japan, Chapter 13 in Khono, H. and Peter Nijkamp (eds.) Potentials and Bottlenecks in Spatial Development. Springer-Verlag, pp. 241-258.

(財)阪神・淡路大震災記念協会編（1999, 2000）。『阪神・淡路大震災復興誌』**3**，**4**，(財)阪神・淡路大震災記念協会．

兵庫県編（1997, 1998）。『阪神・淡路大震災復興誌』**1**，**2**，(財)21世紀ひょうご創造協会。

今川健・加文敬子（1993）。「EC統合と日本―歴史・理論・実証―」（土屋六郎監修），中央経済社，p.187．

神戸市編（2000）。『阪神・淡路大震災神戸復興誌』，神戸市震災復興総括本部総括局。

Langhammer, R.J. (1983). The Importance of Natural Barriers to Trade among Developing Countries: Some Evidence from the Transport Cost Content in Brazalian Imports. World Development, **11**(5): 417-425.

Lyons, Thomas P (April 1985). Transportation in Chinese Development, 1952-1982. The Journal of Developing Areas, **19**: 305-328.

Ma, Jun and Yong Li (March 1994). China's Regional Economic Policy: Effects and Alternatives. Asian Economic Journal, **8**(1): 39-58.

松行康夫・譚礼躍（1990）。「地域計量経済モデルによる中国上海市地域経済開発政策の分析と評価」，『地域学研究』**21**(1)：45-65。

松行康夫 (1990)。「中国経済成長計量経済モデルによるマクロ政策分析」,『計画行政』 **26**: 46-55。

McFarland, H. (July 1985). Transportation Costs for US Imports from Developed and Devloping Countries. The Journal of Development Studies, **21**(4): 562-571.

信國眞載・福地崇生 (1973),「交通投資の長期的効果―ポテンシャル市場関連モデルによる便益分析」,『季刊理論経済学』**24**(2): 43-53。

Rivera B., L.A. and P. M.Romer (May 1991). Economic Integration and Endogenous Growth. Quarterly Journal of Economics, **56**(2): 531-555.

Romer, P.M. (October 1990). Endogenous Technological Change. Journal of Political Economy, **98**: 71-102.

Sjöholm, F. (July 1985). International Transfer of Knowledge: The Role of International Trade and Geographic Proximity. Weltwirtschaftliches Archiv, **132**(1): 97-115.

唐國興 (1989)。「中国のマクロ経済モデル及びマクロ経済の若干の問題」, IIR Working Paper, No.3.

山根敬三・福地崇生・本荘雄一 (1989)。「神戸空港建設の長期的経済効果」,『地域学研究』**20**(1): 57-79。

使用データの出典

$Y_i, Y_{si}, Y_{ti}, E_i, E_{si}, E_{ti}, N_i$ (関西):

[1] 経企庁経済研究所編,『県民経済計算年報』平成7年版, 大蔵省印刷局, 1995。

[2] 神戸市編,『神戸市統計書』, 神戸市, 年刊。

K_{si} (関西):

[3] 通産大臣官房調査統計部編,『工業統計表』, 通産省, 年刊。

K_{ti} (関西):

[4] 通産大臣官房調査統計部編,『商業統計表』, 通産省, 毎3年刊行。

GR_i (関西):

[5] 自治大臣官房地域政策室編,『行政投資実績』, 財団法人地方財務協会, 年刊等による運輸通信基盤行政投資実績累積及び資本減耗を考慮して推計。

Y_i, E_i, K_i, N_i, KR_i (長江流域):

[6] 中国国家統計局編,『中国統計年鑑』, 中国統計出版社, 年刊

[7] 中嶋誠一,『中国の統計(データを読む)』, 日本貿易振興会, 1994。

N_{ij}, N_{ji}:

[8] 法務大臣官房司法法制調査部編,『出入国管理統計年報』, 法務省, 年刊。

X_{ij}, X_{ji}:

[9] 日本貿易会関西支部編『近畿地区の貿易』, 社団法人日本貿易会関西支部, 年刊。

F_{ij}:

[10] 日中経済協会編,『中国経済データハンドブック』, 財団法人日中経済協会, 年刊,

及び「中国対外貿易経済合作部資料」。
(備考)　N_{ij}, N_{ji}, X_{ij}, X_{ji}, F_{ij} の地域配分については，日本における本籍別外国人登録者数，中国・省別外資導入状況（「中国商業外経済統計資料」所収）等を基に分割した。

D_{ij}：(1994年時点での海上・河川航行の上り下り所要時間平均値)

[11]「上海からの距離と平均所要日数（上り）」，『SHIPING GAZETTE』，1995.1.16号，及び「長江航路里程図」，「1994年船舶運行時間表」，ならびに船舶運航会社へのヒヤリング調査。

第 2 部

競争と協調下の市場戦略

第2部では，競争市場におけるミクロ的およびマクロ的な市場分析の視点から，市場価格メカニズムの作用についての分析と市場戦略のあり方についての考察を行う。特に価格メカニズムを通じた競争的市場戦略のあり方について，国内市場および国際市場の両面から論じる。まず第3章では，情報管理システムの発達の下での小売り市場価格の決定モデルの理論的な考察と，実証分析を行う。第4章では，国際的な寡占競争下の価格競争と協調の問題を戦略的な国際的相互作用の観点から吟味する。

第 3 章

市場競争下の価格差別と価格調整

有賀　健・松井建二・渡辺　誠

本章では，ミクロ的な市場競争下における小売価格の決定問題を考察する。特に情報管理システムの発展と導入が著しい小売り市場における価格決定モデルの理論的な考察と実証分析を行ない，その中での小売店の価格戦略について考察する。まず，消費者行動と小売店の価格調整と間の相互作用による動学的な理論モデルが提示され，価格差別の発生と価格調整のためのいくつかの仮説の提供と，ケースとしての実証分析の結果が提示される。

3.1 はじめに

3.1.1 本章の概要

　本章では，流通業におけるPOS情報を基に，小売店の価格戦略についての経済学的分析を行う。小売価格調整のタイミングや変更幅が，消費者が家庭内に保有する在庫水準に応じて決められる，という仮説の下に理論モデルを提示し，そこから導き出される予測が現実的に成立するかを検定する。特に，小売店の価格調整と消費者の在庫購買との相互依存によって生じる効果が，需要および価格変更確率に対して高い説明力を持つことが示される。具体的には，同一の価格が継続する日数が長いほど，店舗側が財の価格変更を行なう確率が高まること (positive duration dependence) が示され，さらに消費者の購買行動を予測して，特定の価格帯の間で価格を規則的に上下運動させる，いわゆる 'High-Low pricing' が観察されることとなった。

3.1.2 本章のねらいと構成

　マクロ経済学において，名目的なショックが実質変数に影響を与えるうえでの主要な径路としての観点から，価格調整について広く理論的な研究蓄積がなされている。そこでの興味は集計された変数間の相互作用にあるため，インフレ率や景気変動に対する，価格の調整速度や価格のばらつき具合が焦点となっている。多数の財の価格が硬直的であるとき，総需要の変化はすぐには物価水準の変化に反映されないため，産出量やその他の経済行動に永続的な影響をもたらす。こうした理論の現実妥当性を探るべく，さまざまな国や期間にわたる実証的な積み重ねや，競合する仮説の検定が行なわれてきた。[1]

　しかしながら，これら実証研究の多くは，観察頻度の低いデータや集計度の高いデータに基づいており，個別企業の価格調整に関する細かな理論的含意の

差異を十分に汲み取っているとは言い難い。本論文の目的は、いくつかの小売店で販売されている多品種の財に関する日次データを基に、小売市場での価格調整に対する理論的、実証的な分析を行うことにある。現在でも内外を問わず特定の財の日次のデータを用いた分析はほとんど存在しないため、本稿の意義がここに存在すると言える。

ミクロ的な立場から、個別企業の価格調整を理論的および実証的に分析しようとする試みは、諸外国ではいくつか行なわれている。Slade (1998) では、顧客資本モデルとメニューコスト・モデルを統合し、アメリカの食料品価格の変動を説明している。また Aguirregabiria (1999) は、スペインの小売店で販売されている日用雑貨品などの月次データを分析し、(S, s) モデルを修正した枠組みにより、小売価格の特徴は、小売店が価格調整と在庫調整を代替的な調整手段として用いた結果である、として説明している。

このように、価格調整に関する実証分析の視点がマクロからミクロへとシフトしていった背景には、理論的な要請に加え、POS 情報が分析者にとっても利用可能になったことが大きく影響している。片平 (1987) によれば、POSデータは、諸外国と同様日本においても、小売店およびメーカー双方に対して、マーチャンダイズ政策およびプロモーション政策形成の上で有用な情報を提供しているという。まさに、小売店の価格戦略に着目してミクロの価格調整を分析するためのデータソースとして最適である。

ところで、マーケティングの分野では、小売店で最もよく観察される、通常価格と特売価格(セールスプロモーション)とを組み合わせた価格政策を 'High-Low pricing' と呼んでいる。日本の小売価格の場合、これは、ブランド・ロイヤリティと消費者の保有する家庭内在庫との間の密接な関係を反映したものであると指摘されている。[2]国際比較の視点に立つと、日本の住宅は狭く家庭内で非耐久消費財を在庫として持つ費用が諸外国と比べて相対的に高く、財の貯蔵可能性が購買行動に強く影響している可能性がある。消費者は小売店の陳列棚に冷蔵庫や貯蔵庫と同類の役割を求め、それを見越した小売店は、価格戦略を家庭内在庫の水準に応じて頻繁に変更させているとも考えられる。[3]こうした特徴を持つ日本の小売店の価格政策について、経済学的な視点からそのメカニ

ズムを浮き彫りにしようというのが本章のもう一つのねらいである。

　構成は以下のとおりである。3.2 節から 3.4 節までは，商品間および店舗間の価格調整行動の違いに着目する。3.2 節では，本章で用いるデータの概観を行ない，3.3 節でデータから読み取ることのできる情報について発見的に述べていく。それを基に 3.4 節では需要関数および価格変更確率の推定を行ない，3.3 節の考察とあわせて，価格調整についての意思決定の多くは，それぞれの財に固有の消費行動，および，地理的な条件に依存した購買行動によって規定されていることが明らかになる。そして，同様のデータを用いた諸外国での先行研究を 3.5 節で比較検討する。3.6 節では，財の貯蔵可能性という性質に着目して本稿でのオリジナルなモデルを提示し，価格の変更幅および変更のタイミングは，消費者の家庭内保有在庫に応じた異時点間での価格差別によって選択されていることを示す。また，その仮説にしたがって導出した需要関数および価格変更確率が，日本の小売店の価格戦略をうまく説明できることが示される。3.7 節で結論と展望を述べる。

3.2　データの範囲，店舗，商品

　本章で用いる POS データは日経 NEEDS のデータベースから得られたものである。従来の店舗調査による販売データは，調査員による在庫調査によって各店舗の情報を集計したものであったのに対し，POS システムの新しいところは，直に販売情報を集計できるようになった点にある。つまり，個々の販売が行なわれた時点で，レジ・スキャナからストア・コントローラ，本部コンピュータへと情報が流れる仕組みになっている。間に人を介さないという意味での情報の正確さ，データの観察頻度が高いという意味での精細性，そしてその速報性から，実際の販売戦略に用いられているという点が分析の対象として魅力である。また，実際にレジを通った商品の記録であるため，取引価格も併せて記録されるという点も分析の目的と合致している。[4]

　この日経 NEEDS からわれわれが得たデータセットは 3 種類存在する。こ

れらをおのおのデータセットⅠ・Ⅱ・Ⅲと呼ぶこととし，それらの概要は表3.1にまとめた．データセットⅠは国内スーパーの三つの店舗における6商品13銘柄の販売価格および販売数量で，1985年1月1日から1997年7月31日までの日次データである．商品のバラエティという店ではこのデータセットが最も優れているため，このデータをまず3.3節および3.4節での複数の商品に対する包括的な分析の対象とする．

　データセットⅡは，カレー2品目の価格・販売個数の日次データである．店舗は国内の主要スーパーマーケット18店舗でのものである．サンプル期間は1991年7月1日より1996年8月31日までとなっている．データセットⅢは，これら18店舗の1部を占めるスーパーチェーンの，キャッシュレジスターを通過した客数の日次データベースである．サンプル期間は1997年9月16日から1999年9月16日までの2年分のものとなっている．ただし，このデータセットⅡ・Ⅲは3.6節で分析の対象とするので，ここではその詳細は述べない．3.3，3.4節では先に述べたデータセットⅠに焦点を絞る．まず各店舗の差異として，立地条件，店舗名や規模からそれぞれの店舗における顧客層について予想してみる．J店は大型スーパーで，住宅街の住民を相手に大量販売を行なっていると考えられる．需要の大半を主婦層が占めている可能性があり，これらの顧客は，概して，常日頃からめぼしい商品の値動きに気を配っており，価格の微小な変化に対して敏感である．駐車場が広いことも，この種の顧客による買いだめ行動に対応していると推測される．O店は，駅前に立地しており，通勤帰りや勤務合間の買い物には便利である．このような購買を行う場合，安売りが行なわれたからといって，大量に買い込んで帰路につくとは考えにくい．しかし，駐車場が完備されていることから，需要には近隣の大住宅街からのリピーターが相当含まれている可能性もある．S店は，三つのうちで最も規模の小さい店舗で，周囲に官庁宿舎，病院，学校をはじめとする公共機関が多くあることが特徴である．閉店時間が遅く，休業日数も少ないことから，幅広い層の顧客をなるべく多く取り込もうという姿勢が伺える．

　次に商品は表3.1より13種類あることがわかる．これら13商品を財の特性ごとに分類してみる．嗜好性が強くブランド・ローヤリティーの高いのは，コ

表3.1 POSデータセットの概要

データセットⅠ

期間	1985/1/1〜1997/7/31（ただし品目により異なる。）
データ頻度	日次
系列	価格，販売個数
商品名	トマトケチャップ3種類（カゴメ，カゴメチューブ入り，デルモンテ），インスタントコーヒー3種類（AGF・炭焼珈琲，ネスカフェ・プレジデント，ネスカフェ・ゴールドブレンド），ティッシュ2種類（クリネックス，スコッティ），トイレットペーパー2種類（ネピア，大王エリエール），カレー2種類（S&B・ゴールデンカレー，ハウス・バーモントカレー），絹ごし豆腐1種類
店舗	J店，O店，S店

＊O店についてはエリエールのデータが得られなかったので，商品数はのべ13（種類）× 3（店舗）− 1 ＝ 38（個）となる。

データセットⅡ

期間	1991/7/1〜1996/8/31
データ頻度	日次
系列	価格，販売個数
商品名	ハウス・バーモントカレー，S&B・ゴールデンカレー
店舗	チェーン1：7店舗他，計7チェーン18店舗

データセットⅢ

期間	1997/9/16〜1999/9/16
データ頻度	日次
系列	キャッシュレジスターを通過した客数
商品名	ハウス・バーモントカレー，S&B・ゴールデンカレー
店舗	チェーン1：7店舗

ーヒーやカレーで，低いのは，ティッシュやトイレットペーパーである。ブランドへのこだわりは，購買機会を制限する方向に働く。財の貯蔵可能性から見ると，賞味期限という意味で貯蔵の機会が限られているのは，豆腐，トマトケチャップ，カレーであるが，それは同時に頻繁な購買を促がす要因であるとも言えよう。在庫として保有すると場所をとるという意味でコストがかかるのは，ティッシュやトイレットペーパーである。また，コーヒーやティッシュ，トイレットペーパーの場合，貯蔵可能性に加え，小刻みに消費が可能であるという性質を持つが，豆腐と同様，消費機会が頻繁に訪れる財であると解釈することも可能である。⁽⁵⁾ 次節では，店舗間での価格調整の差異と，商品間での差異を探ることとする。

3.3　データの記述

本節ではデータセットIから読み取ることのできる価格調整様式に関する情報をまとめる。ここでは価格調整幅，価格変更頻度，価格集中度という三つの指標を軸として各商品を大まかに分類する。この幅・頻度の指標はともに値引き，値上げという変化の方向性を持ち，また集中度はどの様な価格に集中しているかで商品を分類することが可能となる。

全店舗，全商品にわたる価格および販売量についての基本統計量に関する散布図を図3.1，3.2，3.3に示している。サンプル全体から，次のような三つの統計的特性を読みとることができる。まず第一に，適度に価格のばらつきがあり，頻繁な価格改定が行なわれていること。第二に価格改定の頻度はほぼ対称的であるが，変動率で見ると，相対的に値上げ率のほうが大きく，かつ，そのばらつきが大きいこと。第三に著しい価格の集中が見られることである。

次に，個別の指標の平均値を手がかりに，商品，店舗ごとの価格調整様式の差異に注目してみる。商品間平均で見た価格変更幅は，O店が値引き率，値上げ率ともに大きく，逆に変更頻度はJ店が大きいことが図3.1，3.2より伺える。これらの2店舗では価格調整のための手段として，前者では大きくゆっく

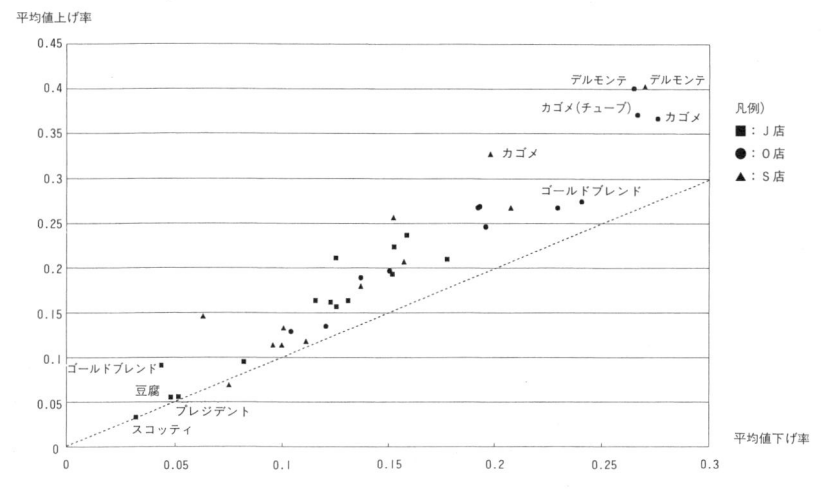

斜めに引いた45°線よりも上に存在する商品が多数存在するため，価格変更時は値上げ幅の方が概ね大きいことが理解される。また，価格変更幅の大きな，右上に位置する商品ほど値上げ－値下げ率は非対称的であることが伺える。

図3.1　品目ごとの平均値上げ率－平均値下げ率の散布図

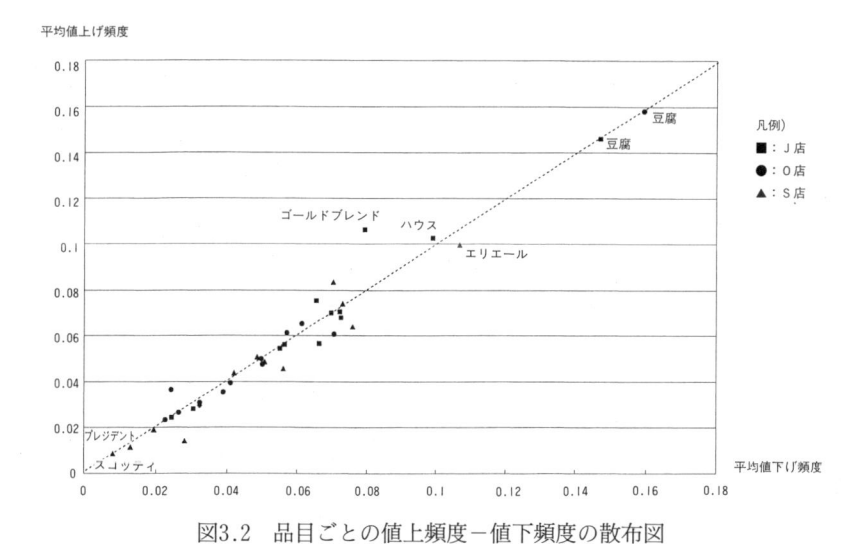

図3.2　品目ごとの値上頻度－値下頻度の散布図

りとした調整，また後者では小さく頻繁な調整がとられているようである。前者の店舗では，価格と販売量との相関が最も弱いことがデータから明らかとなっているが，また同時に，値上率と値引率との差が最も大きく，非対称度が強いことが伺える。価格に敏感でない需要に対しては，頻度の少ない大規模な値上げが有効なのだろうか。しかし一方で，相関係数の最も高いS店では，幅による調整，頻度による調整とも満遍なく行なわれており，同一価格への集中度は46％と計算され，これは3店舗中最も高いため，必ずしも価格変更の頻度と幅に相関があるとは言い切れない。

　次に同様の考察を店舗間での平均をとった商品間比較で行なう。価格改定幅の大きいのはケチャップで，平均値上率のほうが平均値引率よりも8－11％大きいとデータより計算された。またS店のネピアを除くすべての商品で平均値引率よりも平均値上率の方が大きいことも図3.1より見て取れる。さらに値上げ率と値下げ率との差は，改定幅の大きさと比例しており，豆腐やトイレットペーパー，スコッティティッシュのように改定幅の小さい商品では，値引率と値上率はほぼ等しいことが理解される。逆に，エリエールトイレットペーパーやクリネックスティッシュのように改定頻度の大きい財は，値引きの頻度の方が大きいものが多く，変更頻度の小さい一部のスコッティティッシュやコーヒーでは値上げと値引きがほぼ等しい頻度で行なわれている。

　次に，価格調整のパターンを個別店舗での商品ごとにグループ化してみる。ここでの目的は，個別の価格調整の大きさやタイミングの比較を行うことで，商品特性を明らかにし，同一商品で比較した店舗間での価格調整行動の差異を見つけることにある。類型化のための第一の軸は，価格変更幅，および，その変化の方向性についての非対称度である。

・タイプM1：平均値上率のほうが平均値引率よりも5％（全平均）以上大きい商品。これらには38商品のうち16商品が含まれる。
・タイプM2：それ以外の商品。

　図3.1より，価格変更幅の比率における非対称度は，変更幅比率の大きさと正比例し，値引率および値上率の小さい商品ほど，価格の上下動が規則正しい

ことがわかる。

　この分類に関してもうすこし詳しく述べると，3店舗すべてにおいてタイプM1に属するのは，デルモンテケチャップで，平均値上率，平均値引率，およびそれらの変動係数が，それぞれの店舗において上位に位置しており，大きくばらつきのある価格調整が行なわれている。逆に，スコッティティッシュ，豆腐，AGFコーヒーは3店舗すべてにおいてタイプM2に属している財で，同様の指標が低位に位置している。また，店舗比較では，タイプM1に含まれる商品は，J店で三つ，O店で七つ，S店で六つであり，J店では小刻みで規則正しい改定幅による価格政策が採用されていることが確認できる。

　次に，価格改定頻度を第二の軸にして同様の類型化を行う。しかし図3.2より，頻度に関しては値上げ・値下げの方向が対称的であることが伺えるため，それぞれの商品について次の二つに分類する。

・タイプF1：価格変更回数比率，つまり（価格変更日数）÷（サンプル期間全日数）が0.10（全平均）以上の商品。これには21商品が含まれる。
・タイプF2：それ以外の財。

図3.3　高価格帯日数と低価格帯日数の全観察日数に対する比率

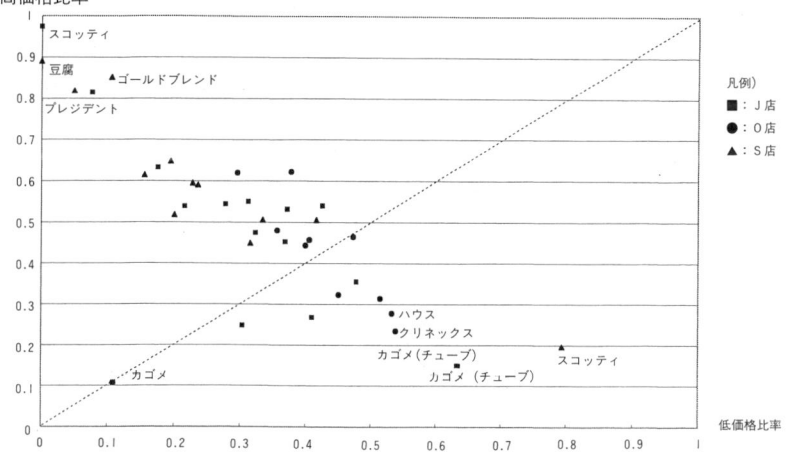

3.3節の定義に従い価格帯を区分した後，頻度が上位五つの価格帯を取り上げ，それらを更に高価格帯と低価格帯に分け，観察日数全般に対する比率をプロットした。

3店舗すべてでタイプF1に属する商品は，改定頻度の大きいものから順に，豆腐，クリネックスティッシュ，エリエール・ネピアトイレットペーパー，カゴメケチャップである。タイプF2の商品も同様にならべると，スコッティティッシュ，プレジデント・AGFコーヒーである。タイプ1に含まれる商品は，J店で10個，O店で5個，S店で6個であり，J店では，頻度の高い価格改定が行なわれていることが明らかとなる。

　類型化の第三の軸は，価格の集中度である。図3.3に価格集中日数の散布図を示した。以下，「価格帯」という言葉を，度数比率上位5位までの価格のうち，その価格における度数比率が四捨五入で5％を超えているものとして定義する。また，「高価格帯」とは，その値が平均値もしくは中央値のどちらか以上の価格帯で，「低価格帯」とはそれら両方を下回る価格帯である。ただし，価格が中央値および平均値のうちの片方を下回っているがもう片方と等しいとき（たとえば，平均を下回っているが，中央値と等しいとき），他店舗の同一商品におけるこれらの指標のうち最も低いものと比較した。もしくは，その価格と高価格帯のうちの最高価格との差の比率である（（最高価格帯価格－当該価格）／最高価格帯価格）の値が平均値下率を下回るようであれば高価格帯に，上回るようであれば低価格帯に分類した(6)。これにより，価格の集中度という基準では次の二つのグループに分類される。

・タイプH1：高価格帯度数比率の合計のほうが，低価格帯のそれよりも大きい商品。これには25商品が含まれる。
・タイプH2：低価格帯度数比率の合計のほうが，高価格帯のそれよりも大きい商品。

　この基準による分類結果は図3.3に示した。すべての店舗でタイプH1に属する商品は，コーヒー（AGF，ゴールド，プレジデント），豆腐で，タイプH2に属する商品は，ケチャップ（カゴメチューブ），カレー（ハウス）である。また店舗間比較では，それぞれ，J店で10個，3個，O店で，5個，7個，S店で10個，3個と，O店で比較的長い期間低価格がつけられている商品が多いことがわかる。

次に、High-Low pricing の特徴である、「文字通り価格を高くしたり、低くしたりする価格政策」（上田 1995：134）に関する分類を価格の集中度を用いて行なってみる。

- タイプ HL1：上位二つまでの価格帯が、高価格帯一つ、低価格帯一つである商品。
- タイプ HL2：それ以外の商品。

タイプ HL1 に属している商品は、高価格と低価格とのあいだを行ったり来たりという典型的な High-Low pricing を示すこととなる。3 店舗すべてにおいてタイプ HL1 である商品は、コーヒー（AGF、ゴールド）である。

以上のデータの特性をまとめると次のようになる。まず店舗ごとの差異としては、J 店は頻繁に、しかし幅は小刻みに価格改定を行なっているのに対し、O 店は逆に大幅な価格調整を時々行うことが明らかとなった。また S 店はこの中間で、頻度・幅ともに満遍なく価格改定が行なわれていることが伺える。しかし先にも述べたが、これらの店舗の規模や客層を考慮すると、店舗の性格自体から価格調整の戦略を説明づけるのはどうやら難しそうである。

次に商品間の差異としては、非常に多くの視点から分類できることが明らかとなったが、図 3.1〜3.3 を見ながら特徴的な商品を挙げるとすれば、まず全店舗に共通して価格の改定頻度が高いものとして豆腐が挙げられ、改定幅が大きい財としてはケチャップが代表例として考えられる。さらに、頻度・幅ともに小さい商品はティッシュが挙げられる。次節ではこれら 3 品目を実証分析の対象として取り上げる。

3.4 需要関数、価格変更確率の推定

本節では、前節において記述されたデータセット I を用い、各商品の需要関数を推定する。さらに、次節で詳細に述べるが、これまでのミクロ的な価格調整の先行研究においては価格変更確率は、同一の価格が継続する日数にどのよ

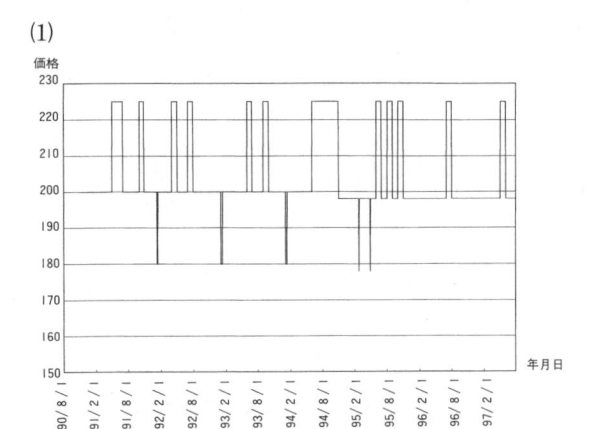

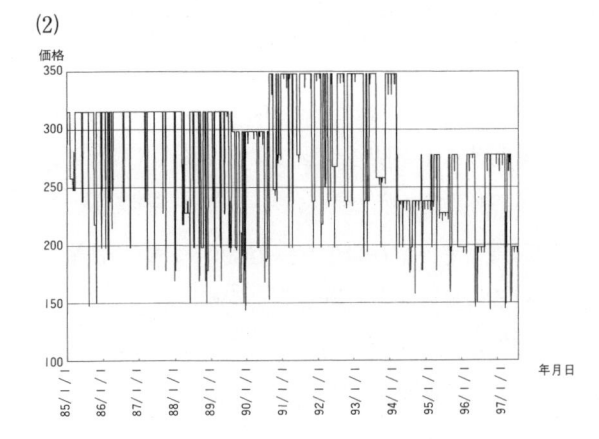

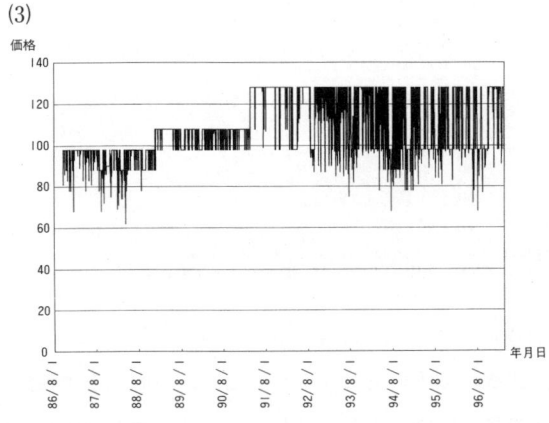

図3.4 商品の価格調整
(1) J店デルモンテケチャップ
(2) O店豆腐
(3) S店スコッティティッシュペーパー

うに依存するか，つまり同一価格のデュレーションは価格変更確率に正・負どちらの影響を与えるのかどうかを一貫して分析してきたため，ここではその要因も加味した需要量および価格調整に関する検証を行なう。

まず前節までに述べたようにデータセットⅠが含む品目は非常に多岐にわたり，これに加えて店舗も複数存在するため，そのすべてについて回帰分析を行ない結果を記述することは紙幅の都合上ここでは断念せざるを得ない。そこで，価格の変更頻度が比較的大きく，かつ観察された価格の総日数も比較的多く，推定結果は相対的に明瞭なものとなることが予想される商品の代表例である，Ｊ店のデルモンテケチャップ，Ｏ店の豆腐，およびＳ店のスコッティティッシュペーパーの３品目を取り上げ，これらに関して需要関数，価格変更確率の推定を行なう。ただし，サンプル期間中において欠損値が少ないことは価格データを分析することの必要条件であるため，この観点から各々の品目でどの店舗を選ぶかを決定した。これら３品目の全サンプル期間中の価格の動きは図3.4に描写されている。

需要関数を推定するにあたり，何をもって説明変数とするかは最初に考慮せねばならない問題である。一般的には需要関数を推定する時には被説明変数を販売量，説明変数を価格，あるいは一定期間遡ったラグ付きの価格として回帰を行なう。しかしここには記述しないが，実際にそのような単純な需要関数を，ここで得ているデータの38品目で推定すると，自由度修正済み決定係数は0.1を割り込むほど軒並み低く，しかも価格水準が販売個数に対して正の影響を与えているという，需要の法則すら満たさないような極端な品目もいくつか存在する[7]。こういった事実を鑑みると他のフレームワークを用い説明力を上げることは必須の課題であると言えよう。

このため，たとえば先に述べたように先行研究にならい，同一価格のデュレーションを説明変数として追加することは説明力の向上に有効であると言えよう。さらに販売個数は価格により説明するのが通常の需要関数の推定方法であるが，価格ではなく，3.3節で述べたように各商品で価格帯を区分し，この価格帯に対してダミー変数を各々付与することにより販売個数を説明することも可能である。つまり各販売店は特定の価格に何日も集中して価格をつけている

ことが前節において明らかとなったため，数円程度の細かな価格の微調整は無視し，大まかに価格帯で販売数量を説明する方がむしろ有効であり，説明力が向上すると推測される。

具体的な価格帯の分割の仕方であるが，大きく四つに分けることとする。まず価格帯4を3.3節で定義した，最も一般的な通常高価格帯と呼ぶことにする。次に値引きがなされる場合，これも一定の価格がつけられることが多いため，これを価格帯2とし，通常低価格帯とする。さらに3.3節における厳密な価格帯の区分とは少し異なるが，この価格帯2よりもさらに低い価格をすべて価格帯1としてまとめて考え，セールス価格帯とする。また，価格帯2・4の間につけられている価格もいくつか存在するため，これを中間価格帯3と定義する[8]。最後に価格帯4よりもさらに高い価格は，本来価格帯5とでも定義し区分する必要があるが，これら3品目では日数がきわめて少ないためこれらは価格帯4に併せてまとめることとする。

以上のような定義にしたがい，価格帯ダミーおよび同一価格継続日数を説明変数とする需要関数を推定し，その結果を表3.2にまとめた。回帰式のスペシフィケーションは次のようなものである。

$$Q_t = a_0 + a_1 D_1 + a_2 D_2 + a_3 D_3 + (b_0 + b_1 D_1 + b_2 D_2 + b_3 D_3) DUR_t + \varepsilon_t \quad (3.1)$$

ただし，回帰式でD_*は第t日が*の価格帯に属する時に1を代入し，それ以外の場合は0を代入するというダミー変数，Q_t，DUR_tはt日における商品の販売個数と，同一の価格が継続している日数を表す。なお，a_0，a_1，a_2，a_3およびb_0，b_1，b_2，b_3は推定係数，ε_tは誤差項である。このスペシフィケーションは最も一般的に観察される高価格帯4を基準としたものであり，これ以外の価格帯にダミー変数を付加したものである。なおS店のスコッティのみ価格帯3が付いている日は皆無であったため，このダミー変数は除いてある。

表3.2より，特に次のようなことがわかる。まず全般的な結果であるが，定数項のダミー変数$a*$を見ると，すべての品目で，価格帯が減少するほど切片項は大きくなることが確認できる。このことは単純に価格帯が下がるほど販売個数が大きくなることを意味しており，通常の予測と合致するものである。

次に価格継続日数の販売個数への影響を見るbの項であるが，表3.2を見

表3.2 需要関数の推定

	J店デルモンテ			O店豆腐			S店スコッティ		
	推定係数	t値	P値	推定係数	t値	P値	推定係数	t値	P値
a_0	3.301	2.830	[.005]	53.953	44.7263	[.000]	2.661	11.6538	[.000]
a_1	64.526	30.521	[.000]	33.188	6.848	[.000]	1.161	1.645	[.100]
a_2	17.325	7.840	[.000]	40.976	17.61	[.000]	0.87	3.108	[.002]
a_3	4.72	0.458	[.647]	2.768	1.075	[.283]	—	—	—
b_0	-0.013	-0.678	[.498]	-0.316	-10.121	[.000]	0.001	0.456	[.649]
b_1	-1.582	-20.798	[.000]	-2.626	-1.149	[.251]	-0.042	-4.973	[.000]
b_2	-0.46	-5.787	[.000]	0.492	3.543	[.000]	0.003	1.214	[.225]
b_3	-0.636	-0.358	[.720]	-1.481	-5.567	[.000]	—	—	—
自由度修正済みR^2	0.216			0.235			0.086		

次のようなスペシフィケーションによる回帰を表す。
$$Q_t = a_0 + a_1 D_1 + a_2 D_2 + a_3 D_3 + (b_0 + b_1 D_1 + b_2 D_2 + b_3 D_3) \pi_t + \varepsilon_t$$

文字：D_*：＊の価格帯に属するときに1を代入し，それ以外の時は0を代入するというダミー変数。
Q_t，：t日の販売個数
π_t：同一価格継続日数。

る限り，三つの品目では有意となっているものとそうでないものがそれぞれあることが見てとれる。これらの符号条件の解釈は次節以降に譲るとして，全般の自由度修正済み決定係数は単純に販売個数を価格で説明するという回帰式よりも大幅に上昇している。このことは数円程度の価格の微調整は無視し，おおまかに価格帯に分割して価格を捉え，需要関数を推定することの妥当性を裏づけるものである。

以上の分析では価格ではなく，価格帯で販売個数を説明するという手法を取ったが，少し視点を変え，価格を変更するという意志決定のタイミングも同様な枠組みを用いることにより予測することが可能であると考えられる。このため次に価格変更確率自体の推定を行なう。計量的手法としては，順位づけプロビットモデル（ordered probit model）を用いる。被説明変数としては三つの質的変数を考える。一つは価格を低下させるという選択，二つ目は価格を変更し

ないという選択,最後に三つ目として価格を上昇させる選択を考え,これらの意志決定に対し価格継続日数や価格帯ダミー変数がどのような影響をもたらすかを分析する。具体的な回帰式のスペシフィケーションは次のようなものである。

$$\varDelta P_t^* = \alpha_0 + \alpha_1 D_1 + \alpha_2 D_2 + \alpha_3 D_3 + (\beta_0 + \beta_1 D_1 + \beta_2 D_2 + \beta_3 D_3) DUR_t + e_t$$

(3.2)

ただし,回帰式で$\varDelta P_t^*$は第 t 日に価格低下した場合は0,変更されない場合は1,上昇したときは2を代入する。またD_*, DUR_tに関して文字の意味は,(1)式と同一である。さらに,α_0, α_1, α_2, α_3およびβ_0, β_1, β_2, β_3は推定係数,e_tは誤差項である。この回帰結果は表3.3に示した。

個別の変数の有意性を検定するに当たって,これらの推定係数のうち重要なのは,β_0, β_2の二つである。前者は通常高価格帯の時にDUR_tが$\varDelta P_t^*$にどのような影響を与えるかを示し,前者と後者の和である$\beta_0+\beta_2$は通常低価格帯の時にπ_tがどのような影響を持つかを表すこととなる。

S店のスコッティおよびJ店のデルモンテケチャップに関して見ると,β_0($\varDelta P_t^*=0$) および $\beta_0(\varDelta P_t^*=2)+\beta_2(\varDelta P_t^*=2)$はともにそれぞれ正で有意となっている。このことは同一価格継続日数が長くなると,それだけ価格変更が行なわれる確率が高まることを意味している。具体的には,価格継続日数が増大すると,低価格帯では価格を上昇させる選択がなされる確率が高まり,逆に高価格帯では価格を低下させる確率が高まることを読みとることができる。またこれとは逆に,O店における豆腐のみが$\beta_0(\varDelta P_t^*=0)$ および $\beta_0(\varDelta P_t^*=2)+\beta_2(\varDelta P_t^*=2)$は負となっている。

ところで,ここでの分析では同一価格が継続する日数を説明要因に加えて価格戦略の分析を行なうと説明力が飛躍的に向上することが明らかとなったが,なぜこの要因を考慮する必要があるのか,またその推定係数の絶対的水準や符号条件はいったい何を意味するのかを理論的には説明づけなかった。したがって,3.5,3.6節ではその理由を探求し,本稿における独自な価格調整の理論を構築する。

表3.3 プロビット推定

	J店デルモンテ	O店豆腐	S店スコッティ
$\alpha_0 (\Delta p_t^* = 0)$	-0.1629	-0.1238	-0.045
$\alpha_1 (\Delta p_t^* = 0)$	0.09359	-0.4418	0.031
$\alpha_2 (\Delta p_t^* = 0)$	0.02875	-0.1815	0.014
$\alpha_3 (\Delta p_t^* = 0)$	0.07383	-0.2508	—
$\beta_1 (\Delta p_t^* = 0)$	-0.0025	0.06072	-0.0003
$\beta_2 (\Delta p_t^* = 0)$	-0.0008	0.00423	-7×10^{-5}
$\beta_3 (\Delta p_t^* = 0)$	-0.0027	0.00727	—
$\beta_0 (\Delta p_t^* = 0)$	0.00015	-0.0016	5.8×10^{-5}
$\alpha_0 (\Delta p_t^* = 1)$	-0.0242	0.00569	-0.0044
$\alpha_1 (\Delta p_t^* = 1)$	0.01389	0.02031	0.00301
$\alpha_2 (\Delta p_t^* = 1)$	0.00427	0.00834	0.0014
$\alpha_3 (\Delta p_t^* = 1)$	0.01096	0.01153	—
$\beta_1 (\Delta p_t^* = 1)$	-0.0004	-0.0028	-3×10^{-5}
$\beta_2 (\Delta p_t^* = 1)$	-0.0001	-0.0002	-6.45×10^{-6}
$\beta_3 (\Delta p_t^* = 1)$	-0.0004	-0.0003	—
$\beta_0 (\Delta p_t^* = 1)$	2.3×10^{-5}	7.6×10^{-5}	5.71×10^{-6}
$\alpha_0 (\Delta p_t^* = 2)$	0.18702	0.11806	0.04973
$\alpha_1 (\Delta p_t^* = 2)$	-0.1075	0.42147	-0.0337
$\alpha_2 (\Delta p_t^* = 2)$	-0.033	0.17315	-0.0157
$\alpha_3 (\Delta p_t^* = 2)$	-0.0848	0.23927	—
$\beta_1 (\Delta p_t^* = 2)$	0.00291	-0.0579	0.00028
$\beta_2 (\Delta p_t^* = 2)$	0.00093	-0.004	7.2×10^{-5}
$\beta_3 (\Delta p_t^* = 2)$	0.00311	-0.0069	—
$\beta_0 (\Delta p_t^* = 2)$	-0.0002	0.00157	-6×10^{-5}
自由度修正済み R_2	0.04015	0.16044	0.017

回帰は次のようなスペシフィケーションで行った。

$$\Delta \pi_t^* = \alpha_0 + \alpha_1 D_1 + \alpha_2 D_2 + \alpha_3 D_3 + (\beta_0 + \beta_1 D_1 + \beta_2 D_2 + \beta_3 D_3) \pi_t + e_t$$

なお，$\Delta p_t^* = 0$：価格値下げ　$\Delta p_t^* = 1$：価格不変　$\Delta p_t^* = 2$：価格値上げ
として値を代入する。

凡例）＊ $\Delta p_t^* = 0$ は，0という選択，すなわち価格を低下させる確率に対し説明変数
　　＊の1単位分の変化がどれだけ寄与するかを示している。

3.5 代替的仮説の検討

3.4 節においては価格継続日数が価格の変更確率に対して概ね正の影響を与えていることが明らかとなったが，本節では同様のデータを用いた最近の先行研究では小売店の価格戦略がどのように説明されているかを概観し，先の事実を説明づける仮説を探求する。

諸外国における先行研究においても，本論文で用いたデータ同様，小売価格データは High-Low pricing を示すことが明らかとなっているが，われわれが 3.3 節において商品間および店舗間で分類したのと同様に，その形態は多種多様である。各研究では，データと整合性を持つ形で仮説が立てられているが，大別すると，(1) 顧客資本仮説 (Slade 1998, 1999)，(2) 企業在庫調整仮説 (Aguirregabiria 1999)，(3) セールス仮説 (Pesendofer 1998) の三つに分類できる。

まず，Slade (1998, 1999) が分析しているデータは，アメリカの食料品店で販売されているクラッカーの価格で，販売量と過去の価格との間に強い負の相関があること，すなわち過去に安い価格をつけているほど，現在の販売数量が増大することが示されている。このとき，次のような顧客資本仮説が高い説明力を持つ。企業が直面する需要は，自らの価格およびライバルの価格に依存し，また，需要は現在の価格のみならず過去につけた価格にも依存する。これは，特定の店舗に対して消費者が形成する評判 (goodwill) は，彼らがその財に対して公正であると考える価格によって決められることを反映している。つまり，現在の需要は過去の価格水準の履歴に負の関係で依存し，高価格をつけている期間は顧客資本が減少し，低価格をつけている期間はその長さとともに顧客資本は累積していく。

こうした需要環境下で，価格改定に固定費用がともなうと，企業にとって，価格を変更しないことによって得られる限界的な便益，つまり価格改定による便益に対するメニューコストの相対的な大きさが，小売価格水準に対して負の

関係で依存する (negative duration dependence)。Slade は，低価格帯における需要の累積，および企業間での価格変更頻度および変更幅の負の相関，というモデルの予測を支持する実証結果を得ている。

ところが，前節での需要関数および価格変更確率の推定から明らかになったのは，推定を行なった財では，価格不変更期間の長さは価格変更確率に対して，正の効果を持つものが多いことである (positive duration dependence)[10]。このことは，高価格帯の日数が多いことは需要量および価格引き下げ確率を高くする要因であり，逆に，低価格帯期間の長さは需要の低下および価格引上げをうながすことを意味する。

この点から見て，われわれのデータと近いのは Pesendorfer (1996) の分析しているアメリカの小売店で販売されているケチャップの価格と，Aguirregabiria (1999) におけるスペインのバスクの小売店で販売されている食料品，清涼飲料水，日用雑貨品などを含む 534 種類の商品の小売価格である。ともにデータは，比較的長い期間つけられている通常価格，および，頻繁ではあるが短い期間観察される低価格という，前節で見たわれわれのデータと類似した特徴を示している。

この positive duration dependence は次のようにも説明される。価格の上昇は，需要の減少を通して在庫水準の下落を押さえるが，この効果は価格の水準が高いほど大きく，これは翻って，低価格帯に留まっておくことのコストを大きくすることを意味する。これは，価格が低い水準にある場合，それと対応して，消費者が現在抱えている在庫量は高水準にあり，在庫切れの確率が小さいため，価格上昇を行なった場合の販売量の減少による利潤の損失が，価格上昇の利潤に対する正の効果と比して小さいと見込まれるためである。よって，価格を変更しないことによって得られる限界的な便益，すなわち価格改定による便益に対するメニューコストの相対的な大きさが，小売価格水準に対して正の関係で依存し，在庫補充が行なわれ価格が大きく下落してまもないときには，相対的に短い期間低価格帯にとどまっていることが最適となる。

先に挙げた Pesendorfer (1996) は，セールスのタイミングにのみ焦点を絞り，小売店の価格戦略を，購買への態度について異質な消費者に対する異時点

間価格差別によって説明している。セールスの確率は，購買に足る安い価格で購入できるまで市場に居続けるような，時間選好率がほとんどゼロに近い消費者の数が多いほど高くなるが，さらに，市場にいる他の小売店に先んじて，最も短い間隔でセールスを行なうことによってのみ移動費用の低い消費者を需要として獲得することができる。よって，セールスを行なう確率，および需要量は，自らおよび他の店舗が最後にセールスを行なった時点から経過した期間に正の関係で依存し，その結果，比較的長い期間通常価格がつけられ，その合間に価格の引き下げがおこり，それは比較的短い期間続くこととなる。

　さらに同論文ではこのフレームワークに基づき，1986年から1988年までのミズーリ州，スプリングフィールドの21店舗のスーパーマーケットで販売されている，2種類の銘柄のケチャップの週次データを吟味することによって，次のような実証結果を提示している。第一に需要が過去の価格，同一店舗内の競合財の過去の価格，およびすべての店舗の過去の最低価格という三つの値と正の有意な相関を持っていること。またその効果は，低価格の需要におけるほうが高価格における需要よりも大きいことである。第二に消費者の傾向として，最低価格で購入する消費者は複数の店舗から購入していること。第三に価格不変更の期間は価格の水準と正の相関があるということである。また，需要関数および価格変更確率の推定を行ない，当該店舗の最後のセールスから経過した期間，およびすべての店舗の最後のセールスから経過した期間のうち最低値が，セールスの確率および需要に対して正の影響を与える，という結果を得ている。

　われわれが分析した小売店はこれらの先行研究で扱っている小売店とは異なり，在庫補充のためのアクセスは容易と考えられるため，小売在庫の調整が価格戦略に大きく影響しているとは考えにくい。またわれわれのデータからは，顧客や競合店に関する情報を得ることができないため，セールス仮説の含意をテストすることはできないが，3.3節および3.4節で明らかになったとおり，価格調整様式は，商品特性を強く反映しており，店舗側の事情よりむしろ消費者側の貯蔵購買行動から説明できる要因が多いと考えられる。よって，次の節では本稿における新しい仮説である「家庭内在庫仮説」を提示する。

3.6 家庭内在庫仮説

　本論文で分析の対象としている小売店は，効率的な配送ネットワークの下で運営されており，店舗在庫の調整は円滑に行なわれている。よって価格調整は，在庫切れから生じる売り切れ損失とは独立に行なわれていると考えられる[11]。むしろ，3.3節で見たように，価格の意思決定の多くは，それぞれの財に固有の消費行動，および，地理的な条件に依存した購買行動によって規定されている。本節では財の貯蔵可能性という性質に着目し，小売店は消費者の家庭内在庫保有量の変動に応じて異時点間価格差別を行なっている，という仮説の下に分析を行う。まずは3.6.1項でモデルを提示し，消費者の貯蔵購買との相互依存関係によって決まる小売店の価格戦略について定性的な分析を行ない，いくつかの数値例を示す。そして3.6.2項では，このモデルに基づいて需要関数，価格変更確率に対し，消費者の貯蔵購買をあらわす変数が説明力を持つことを実証的に示す。

3.6.1　モデル

　小売店および消費者が，貯蔵可能な財（storable goods）をめぐって次のような環境に直面しているとする。独占市場において，小売店は異時点間を通じた価格設定を行ない，消費者は財消費から得られる効用を最大にするよう購買する。ただし，消費者の選好は購買確率 s，および，消費確率 c に依存し，1単位の財消費によって効用 u が得られる。それぞれの機会が訪れたときのみ，購買，消費が可能である。また，財の貯蔵には単位あたりコスト ε がかかり，簡単化のため，貯蔵は1単位までしかできないとする。

　購買目的の観点から見ると，貯蔵するために購入する消費者とそうでない消費者の2種類に分類することができる。この場合，家庭内に在庫を貯蔵するという行為は，消費と購買とを架橋する役割を通して，消費者に投機的な誘因を

提供する．つまり，貯蔵というオプションによって，価格が財に対する留保価格uを超えていなかったとしても，もっと低い価格でないと購入しないという店舗側への脅しが信憑性を持つことになる．その意味において，前者は後者と比してより価格感応的な消費者であり，独占的な小売店は，貯蔵在庫保有において異質な消費者に直面していると理解することができる．

3.6.1.1　メニューコストなしのケース

はじめに価格改定に費用がかからないケースを分析する．小売店は，離散時間のある期間（$T \equiv t_1 + t_2$）を一つのサイクルとして，次のような価格差別を行なうとしよう．消費目的の消費者のみに販売する期間（$t \in T_H$, $T_H \equiv [1, t_1]$）には，消費の留保価格を上回らない価格を設定し，貯蔵目的の消費者も含めて販売する期間（$t \in T_L$, $T_L \equiv [t_1 + 1, t_2]$）には，貯蔵購買の留保価格を上回らない価格を設定する．こうした高価格，低価格の期間によって特徴づけられる価格戦略を HLP (High-Low Pricing) と呼ぶ．HLP サイクルは繰り返され，低価格の期間が終わるとサイクルの始点である高価格に戻るとする．このとき，企業の価格戦略 HLP は，

$$P_t = u \text{ for } t \in T_H$$
$$P_t = W_t \text{ for } t \in T_L$$

と記述することができる[12]．W_t は，これを上回るようであれば貯蔵目的では購入しないという，消費者にとっての貯蔵購買の留保価格であり，在庫積み増し購買に関する，消費者の最適な意思決定によって決まる．以下，HLP の最適性について見ていく．

小売店のある代表的な HLP サイクルにおける最適化問題は，一定の限界費用 ω の下で，価格サイクルにわたる純利潤，

$$\Pi_D = \frac{1}{t_1 + t_2} \left[(u - w) s \sum_{t=1}^{t_1} \pi_{t-1} + s \sum_{j=1}^{t_2} (W_{t_1+j} - \omega)(c + \pi_{t_1+j-1}) \right] \quad (3.3)$$

を最大にするように，高価格，低価格の期間 $\{t_1^*, t_2^*\}$ を選ぶことである．ここで，消費者数を1と標準化した下で，消費目的で購入するのは，在庫を持っていない消費者に購買および消費機会が訪れたときで，$sc\pi_t$ である．低価格

の期間には，貯蔵目的で購入する消費者も含まれるから，需要は $s(c+\pi_t)$ である。π_t は在庫を持っていない消費者の割合 $(0\leq\pi\leq1)$ で，その径路は次式によって決まる。

$$\Delta\pi \equiv \pi_1 - \pi_{t-1} = c(1-\pi_{t-1}) \quad for \quad t \in T_H \quad (3.4)$$

$$\Delta\pi \equiv \pi_t - \pi_{t-1} = c(1-s)(1-\pi_{t-1}) - s\pi_{t-1} \quad for \quad t \in T_L \quad (3.5)$$

$\Delta\pi$ は，家庭内在庫の増減を通して売り手の需要として加算される，低価格でないと購入しない貯蔵目的の消費者の割合である。つまり，価格を引き下げることによって新たに生まれる，消費目的以外の需要の挙動であると解釈してもよい。$P_t=u$ のとき，購入するのは消費目的の消費者のみであるから，家庭内在庫は，もともと在庫を持っている消費者のうちの消費分 $(c(1-\pi_{t-1}))$ だけ減少する。一方，$P_t=W_t$ のときの在庫は，貯蔵目的の消費者の購入分 $(s\pi_{t-1})$ だけ増加し，在庫をすでに持っている消費者のうち，購買できずに保有在庫から消費した分 $(c(1-s)(1-\pi_{t-1}))$ だけ減少する。端点条件 $\pi_1=\pi_{t_1+t_2}$ を用いてこれらの差分方程式を解くと，それぞれの状態における π_t の径路が得られる。

消費者の問題は，売り手が HLP をとっていることを所与として，財消費によって得られる効用を最大にすることである。消費を目的として購買を行なうと，消費者は純効用 $\hat{u}_t=u-P_t$，貯蔵目的の場合は純効用 $\hat{v}_t=W_t-P_t$ を得る。貯蔵購買の留保価格は，在庫積み増しによる効用と等しく，$W_t=V_t^1-V_t^0$ とあらわせる。ただし，V^i は在庫を i 個家庭内に所有した状態における，効用の流列の期待割引現在価値で，割引率 r の下で，それぞれ，

$$(1+r)V_t^0 = sc(\hat{u}_{t+1} + max[\hat{v}_{t+1}, 0]) + s(1-c)max[\hat{v}_{t+1}, 0] + V_{t+1}^0 \quad (3.6)$$

$$(1+r)V_t^1 = -\varepsilon + sc \cdot max[\hat{u}_{t+1} - \hat{u}_{t+1} - \hat{v}_{t+1}] + c(1-s)max[\hat{u}_{t+1} - v_{t+1}, 0] + V_{t+1}^1 \quad (3.7)$$

と表せる。在庫を持っていない場合，消費者は購買機会がないと消費することができず，得られる期待効用は (3.6) 式の右辺のように，次の三つの要素に分解される。第一に購入した商品をそのまま消費したときの $sc\hat{u}_{t+1}$，第二に消費せず在庫積み増しを行なったときの $s(1-c)v_{t+1}$，第三に新たな購買による

消費のキャピタルゲイン $sc\hat{v}_{t+1}$ である。一方，在庫をすでに所有している場合には（3.7）式のように，次の三つの要素が考えられる。第一に在庫費用 ε がコストとしてかかる。第二に購買して消費すれば $sc\hat{u}_{t+1}$ もしくは $sc(\hat{u}_{t+1}-\hat{v}_{t+1})$ が得られる。次に第三に，保有している在庫をそのまま消費すれば $c(1-s)\hat{u}_{t+1}$ が得られるが，同時にキャピタルロス $c(1-s)\hat{v}_{t+1}$ をこうむる。消費目的にせよ，貯蔵目的にせよ，購入した財を消費することによって得られる純効用が負となることはありえないから，それぞれは，正の値を取るときのみ資産価値に計上される。留保価格は，(3.6), (3.7) 式にそれぞれ $P_{t+1}=u$，$P_{t+1}=W_{t+1}$ を代入し，各々の状態における W_t の1階の差分方程式を端点条件 $W_1=W_{t_1+t_2}$ の下で解くことによって得られる。

以上の HLP において設定される小売価格，在庫需要の留保価格の性質について簡単にまとめる。$P_t=u>W_t$ のとき，在庫のための購買は行なわれないため，$t\in T_H$ の期間に家庭内在庫は積み増しされることはない。よって，在庫は時間の経過とともに消費されて減少し，在庫を持っていない消費者の比率（π_t）が十分に大きくなると，小売価格はかれらに販売可能な水準（$P_{t+1}=W_{t+1}$）にまで引き下げられる。こうした価格戦略を予期している消費者は，来るべき将来の価格変化を見越しているため，在庫積み増しのために支払ってもよいと思っている価格（W_t）は，高価格（$t\in T_H$）の期間には時間の経過とともに減少していく。一方，低価格（$t\in T_L$）の期間には，消費者が在庫積み増し購買を行なうことができる水準まで価格は下がっているので，在庫の積み増しが行なわれ，π_t は減少していく。その結果，小売店は貯蔵動機の需要をあきらめ，低価格の期間を終わらせることになるが，これは消費者にとって見ると貯蔵購買の機会が次第に少なくなっていくことを意味する。よって，低価格期間のはじめ（$t=t_1+1$）から終わり（$t=t_1+t_2$）にかけて，消費者は在庫のためにより多くを支払ってよいと思うようになり，W_t は上昇していく。

以上によって決まる小売店の価格戦略は，環境の変化に対しどのように反応するであろうか。たとえば，貯蔵費用が十分に大きければ，在庫保有目的で購買する消費者はいなくなるであろうから，小売店は消費目的の消費者のみに販

売し,高価格の期間をより長くしようとするであろう。その極端な場合,サイクル期間にわたって価格は一定の値 $P_t=u$ をとる。このときの価格戦略を静学高価格戦略(Static High Pricing;SHP)と呼ぶ。逆に,消費者が在庫を保有するのに有利な環境が整っていれば,価格サイクルにおける相対的な高価格帯期間のシェアー(t_1^*/t_2^*)は徐々に小さくなり,低価格を長い期間つけることによって,在庫保有目的の消費需要をできるだけ多く獲得しようとする。同様に,その極端なケースによって取られる価格戦略が静学低価格戦略(Static Low Pricing;SLP)である。[13]

　結局,価格戦略の選択は,在庫保有目的の投機的な消費者を需要として得ることによる利潤の増加と,価格引き下げによる利潤の下落とを比較考量して行なわれるとまとめることができる。この結論を直観的に把握するため,いくつかの数値例を挙げる。$c=0.19$,$s=0.35$,$\omega=5.11$,$\varepsilon=0.35$ のケースをベンチマークとする。このとき,HLP がとられ,$t_1^*/t_2^*=0.58$ である。生鮮食品など貯蔵が難しい財は在庫コストが高いと考えられるが,たとえば,$\varepsilon=0.46$ のとき,$t_1^*/t_2^*=0.83$,また,$\varepsilon=0.53$ まで上昇すると SHP となる。財の消費頻度が高まれば,消費者にとって,保有在庫切り崩しで消費することによる貯蔵の便益が享受しやすくなるため,増加した貯蔵動機の消費者をなるべく多く需要として取りこむように価格戦略が選ばれる。よって,$c=0.24$ のとき $t_1^*/t_2^*=0.40$ となり,$c=0.42$ まで消費確率が高まると,価格を在庫購買の留保水準に常に固定しておくことが最適となり,SLP がとられる。同様に,購買確率の増加は,在庫による貯蔵以外の購買機会を消費者に多く与えるため,在庫を通した消費はあまり魅力的ではなくなり,$s=0.42$ のとき,$t_1^*/t_2^*=0.73$,$s=0.58$ のとき SHP となる。また,小売店にとっての限界費用が高くなるほど,価格調整を通した新たなる需要の獲得による,利潤の増加に対する貢献度は減っていく。よって,卸値の引き上げなどによって ω が上昇すると,小売店は低価格期間をなるべく短くしようとするから,$\omega=6.11$ のとき,$t_1^*/t_2^*=0.78$,$\omega=6.74$ のとき SHP となる。

3.6.1.2　メニューコストを含むケース

　次に，価格改定にコストがかかる状況下での動学的な価格戦略（High-Low Pricing with Menu-Cost ; HLPM）について考える。メニューコストとは，価格改定の度毎にかかる固定的な費用で，σ と表すことにする。小売店は，価格変更による純利潤の増加と，メニューコストを比較考量して価格変更のタイミングを選択する。メニューコストの存在により，通常の HLP とは異なり，在庫購買のための留保価格が変化しても，それに合わせて連続的に価格を調整することができなくなる。このとき，HLPM は HLP を修正する形で，次のように特徴づけることができる。

$$P_t = u \ for \ t \in T_H$$
$$P_t = P_L^i \ for \ t \in T_L^i$$

ただし，$T_H \equiv [1, \ t_1]$, $T_L^i \equiv [t_1 + \sum_{n=1}^{j-1} t_2^n + 1, \ t_1 + \sum_{n=1}^{j} t_2^n]$ であり，価格サイクルは $T \in \{t_1, \ t_2^1, \ t_2^2, \cdots, \ t_2^n\} n \geqq 1$ とあらわせる。そして小売店は，

$$\Pi_M = \frac{1}{t_1 + t_2} \Bigg[-(k+1)\sigma + (u-\omega) sc \sum_{t=1}^{t_1} \pi_{t-1} + s \sum_{j=1}^{k} \sum_{m=\tau_0^j+1}^{\tau_0^{j+1}} (p_L^j - \omega)(c + \pi_{m-1}) \Bigg] \quad (3.8)$$

を最大にするように，高価格，低価格の期間 t_1/t_2，および，価格変更の回数 $k+1$ を選ぶ。ただし，$\tau_0^j + 1 (\tau_0^j \equiv t_1 + \sum_{n=1}^{j-1} t_2^n)$ は，j 回目に価格が変更される時点を表している。つまり，最初の t_1 期間において，$P_t = u$ に設定されていた価格は，$t_1 + 1$ 時点において在庫購買留保価格まで引き下げられ，$t_1 + 1$ から $t_1 + t_2^1$ までの期間，その価格 P_L^1 がつけられている。同様に，$t_1 + t_2^1 + 1$ 時点において，$P_t = P_L^2$ となり，それは $t_1 + t_2^1 + t_2^2$ 時点まで続く。よって，$t_2 \equiv \sum_{j=1}^{k} t_2^j$ は低価格帯の期間の合計である。

　図 3.5 はベンチマーク，$c=0.19$, $s=0.35$, $\omega=5.11$, $\varepsilon=0.35$, $\sigma=0.05$, のケースにおける最適な価格径路を示したものである。このとき，低価格期間において 2 回（サイクル全体で 3 回）の価格変更が行なわれており，このときの価格戦略を HLPM2 と表す。

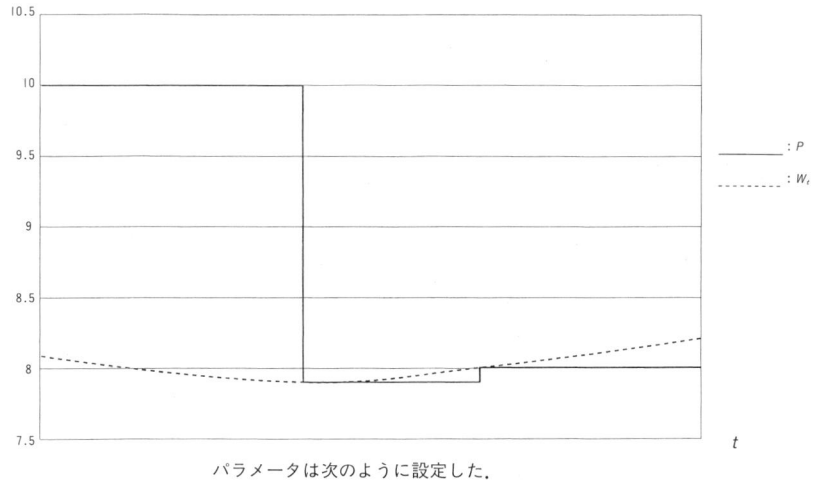

図3.5 HLPM の最適価格経路と在庫留保価格

パラメータは次のように設定した．
$c=0.19, \ s=0.35, \ \omega=5.11, \ \varepsilon=0.35, \ \sigma=0.0$

凡例：——— : P、- - - - : W_c

　ここで，小売店の価格調整は，低価格時の価格変更回数の選択を通して，新たな次元を持つことになる．まず HLP 同様，価格を下落することによって得られる新たな在庫需要と，それによって失う利潤との比較考量である．これは，価格サイクルにおける相対的な高価格帯の期間シェアー t_1/t_2 によって調整される．次に，与えられたメニューコストの下で，価格改定という行為そのものに関する選択であるが，価格の引き上げと引き下げとで非対称性が存在しており，多段階での調整の費用と便益の比較が行なわれている．

　価格を引き下げて低価格帯に移る場合，t_1/t_2 の選択によって得られる純便益（価格が下がったことによる利潤の減少とその新たな価格で評価した需要量の増加との差）とメニューコストの大きさとを比べ，前者が後者を上回っていれば価格の引き下げが行なわれる．ただしこのとき，同じメニューコストの大きさで低価格期間に何回価格の引き上げが可能かが同時に見込まれており，そのうえで価格引き下げの便益が計算されている．一方，低価格帯において，価格の引き上げを遅らせることによって失う機会費用は，より高い価格の下で実現できる利潤である[14]．これが価格を変えなければ支払わなくてすむメニューコストを上回っていれば，価格引き上げが行なわれる．これらのすべての要素を統合

して，最適な価格帯の選択が行なわれ，副次的に価格の改定幅が決まる。

まとめると，HLPMの下で小売店は，(1)価格改定のタイミング，(2)価格変更幅（高価格帯の期間シェアー）という二つの調整手段を持つことになる。たとえば，大きなメニューコストの下では，消費者が在庫を持つのに有利なように段々と環境が変化していったとしても，すぐには低価格期間の分割（価格改定）という形では調整されず，はじめは高価格帯の期間シェアーを減らして低価格帯を長くし，価格上昇幅を大きくすることによって，在庫需要からの利潤を多く獲得する。そして，メニューコストを上回るほどの純便益が価格改定によって見込まれれば，一回当たりの価格上昇幅を小さくして，留保価格水準に価格を一致させる回数を増やすだろう。つまり，小売店はHLPMの下で，価格改定の意思決定において，変更幅の大きさおよび変更回数の選択を使い分けることによって，環境の変化に対する多元的な調整を行なっている，と言い換えても良い。

この調整過程を具体的に把握するため，いくつか例を示すことにする。表3.4はパラメータが変化した下での，選ばれる価格戦略の変化を示したものである。低価格帯においては，時間の経過とともに在庫留保価格は上昇していくが，メニューコストが小さいほど，価格変更の回数を多くし，なるべく細かく低価格期間を分割して在庫目的の消費需要を獲得することが最適となる。表からメニューコストが大きくなるにしたがってHLPMにおける価格改定の回数が減っていくことが確認できる。たとえば，$\sigma=0.00013$のときHLPM6，$\sigma=0.00026$のときHLPM5，$\sigma=0.00063$のときHLPM4，$\sigma=0.074$のときHLPM3，$\sigma=0.09$のときHLPM2である。また，メニューコストが非常に大きな値を取れば，価格を引き下げることによって，よほど大きな需要増加が見込まれない限り，一度も価格変更を行なわずに消費目的の需要のみを得ることが最適となり，SHPがとられる。

ここで，在庫を保有して消費することが有利なように環境が変化しても，すぐには価格変更頻度の修正は行なわれず，HLPMの次数の変更には至っていないことに注意されたい。たとえば，在庫保有費用が$\varepsilon=0.35$から$\varepsilon=0.29$に減少しても，最適な価格戦略はHLPM2のままで，そのかわりに，高価格

表3.4　価格戦略の比較静学

s		0.03		0.43		0.52	
価格戦略	SLP		HLPM2		HLPM1		SHP
t_1^*/t_2^*		0.54		0.85		1	

c		0.14		0.17		0.24	
価格戦略	SHP		HLPM1		HLPM2		SLP
t_1^*/t_2^*		0.94		0.78		0	

ω		3.81		5.73		6.21	
価格戦略	SLP		HLPM2		HLPM1		SHP
t_1^*/t_2^*		0.47		0.82		1	

ε		0.29		0.41		0.47	
価格戦略	SLP		HLPM2		HLPM1		SHP
t_1^*/t_2		0.52		0.82		1	

σ		0.00063		0.00735		0.091	
価格戦略	HLPM4		HLPM3		HLPM2		HLPM1
t_1^*/t_2		0.558		0.59		0.76	

HLPM＊は，1つのサイクルのうち，価格の上昇回数が＊回であることを示す。

「価格戦略」と書かれた各行の，上の行に記載されている値は，戦略の変化を生じさせる外生パラメーターの境界値を表す。例えば，sが0.03以下ならば，SLPの戦略がとられ，0.03以上であればそれ以外の戦略が取られることとなる。

帯のシェアー t_1^*/t_2^* を減らし,価格の引き上げ幅を大きくすることによって調整していることが表から見てとれる.

3.6.2 実証分析

3.6.1項に示したモデルが現実的にどれほど説明力を持つかを検証するために,われわれは3.2節において紹介したデータセットⅡ・Ⅲを用い,メニューコストが存在する場合の価格調整モデルの実証分析を行なった.ここではモデルに沿いながら実証過程を解説し,併せてその意義を説明する.

本項で分析の対象とするカレーデータの概要は表3.1に掲載したが,3.4節で用いた13品目の3店舗間でのデータに類似したものである.ただし品目数は少なく,ハウスバーモントカレーとS&Bゴールデンカレー2品目のみの価格・販売個数の日次データである.これに対し,店舗数は国内の主要スーパーマーケットチェーン18店舗のものであるため相対的に多いと言える.サンプル期間は1991年7月1日より,1996年8月31日までの1889日分となっている.これら2品目に関して,価格と販売個数の2種類のデータ系列が存在するので,合計で72系列のデータが存在することとなる.

次にこれと別のデータとして,上に述べた18店舗の1部を占めるスーパーチェーンの客数の日次データセットⅢが存在する.データセットⅡでは18店舗のうち,8店舗が我が国における大規模なスーパーであるチェーンJのデータとなっているが,このチェーンに対し,キャッシュレジスターを通過した客数が記録されている.サンプル期間は1997年9月16日から1999年9月16日までの2年分のものとなっている.これはデータセットⅡを補完するものとして捉えることができる.ただし注意すべきことは,これら二つのデータセット間で重複するサンプル期間が存在しないことである.このため,直接的に後者の客数データを前者のカレーの販売個数・価格のデータを説明するものとしては用いることができない.しかしながら,1991年から96年まで,年を経るに連れ来客者数がどのように変化していたかのトレンドを知るために利用することはできないが,たとえば土曜・日曜などにどれくらい来店客数が変動するか,

など週単位や月単位での来客者数の相対水準のサイクルを把握することはデータセットⅢから可能である。この実証分析上における用い方に関しては後に述べることとする。

以上二つが本節で用いるデータベースであるが，ここでは3.6.1項のモデルの妥当性を検証することが目的である。したがって在庫を保有していない顧客の割合 π を説明変数として価格変更の確率を説明するというプロビット推定を行なうことが最終的な目標となる。

ただし，その前に，3.4節で行なった単純な販売個数の同一価格継続日数 (duration) に対する回帰分析も，カレーと3.4節で取り上げた3品目の間でどのように価格調整様式が異なるかを把握するため行なう。ただし，データベースⅢは店舗数がきわめて多いため，固定効果モデルを用いたパネル分析を行なった。回帰式のスペシフィケーションは次のようなものである。

$$Q_t = a_1 D_1 + a_2 D_2 + a_3 D_3 + (b_1 D_1 + b_2 D_2 + b_3 D_3 + b_4 D_4) DUR_t + \phi Z_t + \varepsilon_t \tag{3.9}$$

Z_t は年次・月次等の第 t 日に特徴的なダミー変数のベクトルを表す。さらにこの回帰分析は上式の形と，もう1通り，ライバルブランドがどのような価格帯に存在するかに関してダミー変数を追加したタイプの回帰も行なった。この結果は表3.5に示したが，含意として次のようなことが読みとれる。推定係数は $a_1 > a_2 > a_3$ がすべての回帰で成立しており，このことは価格帯が低いほど販売個数が増大するという，通常予想される関係が確認される。次に，DUR_t の推定係数に関して，$b_1 < b_2 < b_3 < b_4$ の関係がハウスの回帰1を除いて概ね成立しているが，これは3.6.1項のモデルにしたがうならば，高価格帯では価格不変更のデュレーションが長いほど在庫を保有していない消費者が増大し，それらが即時的に消費する量が増大するために販売個数は多くなり，逆に低価格帯ではデュレーションが短いほど在庫を保有する消費者が急激に増大するため，販売個数が多くなることを意味している。

さて，ここからは3.6.1項で提示された家庭内在庫仮説モデルの検定を行なうこととなるが，モデル内に出てきた π_t という状態変数はデータとして観察されるものではないため，何らかの方法でこれを代理する変数を作成する必要

表3.5 カレーに関する需要関数の推定

	ハウス				S&B			
	回帰1		回帰2		回帰1		回帰2	
	推定係数	p値	推定係数	p値	推定係数	p値	推定係数	p値
a_1	80.99	0	87.34	0	45.14	0	46.73	0
a_2	21.84	0	25.64	0	15.13	0	15.45	0
a_3	11.94	0	14.5	0	8.24	0	9.2	0
b_1	−1.81	0	−1.7	0	−0.43	0	−0.42	0
b_2	−0.09	0.021	−0.22	0	−0.024	0.03	−0.31	0.027
b_3	0.097	0.433	0.032	0.026	−0.01	0.186	−0.12	0.122
b_4	0.046	0.071	0.062	0.07	0.083	0	0.08	0
他ブランドの価格帯1	—	—	−6.43	0	—	—	−3.98	0
2	—	—	−3.51	0.01	—	—	−1.49	0.083
3	—	—	−4.86	0	—	—	−2.38	0.001
自由度修正済み	0.357		0.377		0.244		0.258	

スペシフィケーションは次のようなものである。
$$Q_t = a_1 D_1 + a_2 D_2 + a_3 D_3 = (b_1 D_1 + b_2 D_2 + b_3 D_3 + b_4 D_4) DUR_t + \phi Z_t + \varepsilon_t$$

なお，Z_t は年次・月次等の第 t 日に特徴的なダミー変数のベクトルを表す。さらにこの回帰分析は上式の形による「回帰1」と，ライバルブランドがどのような価格帯に存在するかに関してダミー変数を追加した「回帰2」を行った。

またここでの回帰分析はパネル分析の手法を用いたため，3.4節において3品目の需要関数を推定した際のスペシフィケーションとは，定数項の扱いが若干異なる点に注意する必要がある。

がある。このため具体的な実証分析の手続としては，次のような四つの段階を経なければならない。これを以下に説明する。

まず第1段階として，モデルにおける内生変数である s および c の代理変数を作成せねばならない。まず s は本来，特定の顧客が来店する確率を表すため，これは客数の変動サイクルから割り出すことが可能である。ただし，チェーンJとそれ以外の店舗でこの s の代理変数の作成方法は若干異なる。

まずチェーンJの7店舗であるが，先に述べたように，これら店舗のみ直接

的な来客者数のデータベースが別に存在するため，次のように求めた。

(ⅰ) データセットⅢを用い，被説明変数を（1日の来客数）÷(全サンプル期間中の平均来客数) として，年ダミーで回帰する。

(ⅱ) この回帰の誤差をさらに月・曜日・祝日・休業前日・翌日ダミーで回帰する。

(ⅲ) データセットⅢから，（1日の販売個数）÷(平均販売個数) を被説明変数とし，年ダミーで回帰した係数を出す。

(ⅳ) (ⅲ)より求めた推定係数を年ダミー，(ⅱ)で求めた推定係数を月・曜日・祝日・休業前日・翌日ダミーとしての理論値を算出する。

ただし，以上の過程ではハウス・S&Bの2ブランドで同一の回帰を個別に行ない，最終的には2ブランド間でのダミー係数の平均値をとった。他方，J店以外の各店舗であるが，客数のデータは存在しないため，カレーの販売個数のみからを算出するしか方法はない。したがって，上の(ⅲ)において，（1日の販売個数）÷(平均販売個数) を年ダミーだけでなく，月・曜日・祝日・休業前日・翌日ダミーも説明変数に加えた形で回帰し，その理論値を s の代理変数とした。

次に c の代理変数であるが，これはハウス食品広報部より各月ごとのカレー消費量の相対的な変動量を調査した値を得ることができた[15]。これに基づき，線形で各々の日における相対的消費量のフィットを求め，その理論値を c の日次代理変数として使用した。

さて，以上において s および c の代理変数は作成されたが，重要なことはこれらはあくまで相対的水準の変動を表すものであり，絶対的な来店・消費確率を表すものではないことである[16]。したがって，第2の段階として，これら2変数を絶対的な確率を表すパラメーターへと書き換える必要が生じる。

まず，第1段階で変動サイクルから算出した s および c に関する相対的な水準を $\tilde{s}_t, \tilde{c}_t$ と定義した上で，s_t, c_t を改めて絶対確率を表すパラメーターとして考え，次のように定義する。

$$s_t \equiv \lambda_s \tilde{s}_t$$
$$c_t \equiv \lambda_c \tilde{c}_t \quad (3.10)$$

次に，理論モデルにしたがうと，高価格帯，低価格帯の需要量に関して，次式が成立していた．

$$Q_t = s_t c_t \pi_{t-1} \ for \ t \in T_H$$
$$Q_t = s_t (c_t + \pi_{t-1}) \ for \ t \in T_L \quad (3.11)$$

これは高価格帯では在庫を保有していない消費者により，消費目的でしか購入されないのに対し，低価格帯では貯蔵目的で購入する消費者が存在するためである．さらに，3.6.1項のモデルでは全体の消費者数は1として基準化されていたが，当然各店舗ごとで絶対的にカバーされる顧客数の水準は実際には立地条件等により大きく異なる可能性がある．モデルではこういった個別店舗の特徴は考慮しなかったが，現実的には非常に重要な説明要因となる．したがって店舗における平均来客者数を X^i と定義し，$\overline{Q}_t^i \equiv Q_t^i \cdot X^i$ として店舗 i の平均消費量を定義すると，(11) 式は次のように書き換えられる．

$$\overline{Q}_t^i / X^i = \lambda_s \tilde{s}_t \cdot \lambda_c \tilde{c}_t \cdot \pi_{t-1} \ for \ t \in T_H$$
$$\overline{Q}_t^i / X^i = \lambda_s \tilde{s}_t (\lambda_c \tilde{c}_t + \pi_{t-1}) \ for \ t \in T_L \quad (3.12)$$

実証的には X^i には各店舗における来客者数データベースから得られる顧客数の全期間にわたる平均来客者数を代入するものとする[17]．この平均来客者数の値は表6に示されている．

次に，(4)，(5) 式に関して，s，c の変動を考慮すると，次が成立する．

$$\pi_t = (c_t(1-\pi_{t-1}) + \pi_{t-1}) \cdot (1 - s_t \cdot I_t)$$
$$I_t = 0 \ for \ t \in T_H \quad (3.13)$$
$$I_t = 1 \ for \ t \in T_L$$

ただし，I_t は第 t 日に高価格帯4であれば0，低価格帯1～3であれば1を代入するインディケーターファンクションである[18]．この (3.13) 式に (3.12) 式を代入し，π の系列を消去すると，次が成立する．

$$\overline{Q}{}^i_{t+1}/X^i = \lambda_s \tilde{s}_{t+1} \cdot \lambda_c \tilde{c}_{t+1} \left(\lambda_c \tilde{c}_t + \frac{1-\lambda_c \tilde{c}_t}{\lambda_s \tilde{s}_t \cdot \lambda_c \tilde{c}_t} (\overline{Q}{}^i_t/X^i) \right) \quad for \ t \in T_H$$

$$\overline{Q}{}^i_{t+1}/X^i = \Big[(\lambda_c \tilde{c}_{t+1} - \lambda_c \tilde{c}_t) + \lambda_c \tilde{c}_t \{1 + \lambda_c \tilde{c}_t (1-\lambda_s \tilde{s}_t)\} \qquad (3.14)$$

$$+ \{1 - \lambda_c \tilde{c}_t (1-\lambda_s \tilde{s}_t) - \lambda_s \tilde{s}_t\} \frac{\overline{Q}{}^i_t}{\lambda_s \tilde{s}_t \cdot X^i} \Big] \quad for \ t \in T_L$$

この式を連立し,規模を表すパラメータである λ_s, λ_c の2変数を非線形最小2乗法を用い推定する。ただし3.4節と同様に,価格帯を四つに分割し,1本目の式は高価格帯4に対して成立し,2本目の式は低価格帯2に対して成立するものと考え推定を行なった。この推定値 $\hat{\lambda}_s, \hat{\lambda}_c$ に先の第1段階で推定された $\tilde{s}_t, \tilde{c}_t$ の代理変数の系列を乗じたものが絶対的な来店確率 $\hat{s}_t$,および消費確率 $\hat{c}_t$ となる。この各店舗に関する推定結果は表3.6に示した。

以上の二つの準備段階を経て,ようやく状態変数 π の系列を第3段階として作成することが可能となる。先の動学方程式(3.13)にしたがい,理論値 $\hat{\pi}_t$ を積算するととする。注意すべきは閉店によりデータが欠損している日であるが,これらの日は消費者は購買行動をすることができないにもかかわらず,カレーを実際に消費する者は一定数存在する。このことは在庫を保有していない消費者が増加するものと解釈できるため,休業日は高価格帯に属すると考え,$I_t = 0$ として積算を行なった。

以上の三つの作業を行ない,最後に4段階目として,価格変更のタイミングを $\hat{\pi}_t$ およびその他の要因で説明するプロビット推定を行なうこととなる。スペシフィケーションとしては次のようなものである。

$$\Delta P_t^* = \alpha_1 D_{\text{low}} + (\beta_0 + \beta_1 D_{\text{low},t}) \hat{\pi}_t + \phi Z_t \qquad (3.15)$$

記号の意味は以下に記す。$D_{\text{low},t}$ は第 t 日の価格帯が低価格帯に属することを示すダミー変数である。次に Z_t は他の説明要因を表すベクトル,ΔP_t^* は第 t 日に価格が下げられれば0,不変であれば1,上げられれば2を代入するものとする。この形で,18店舗間で固定効果モデルを用いたオーダードプロビットモデルをパネル推定した。この結果は,表3.7にまとめた。この含意を以

表3.6 各店舗における λ_s, λ_c の推定値と平均来客数 X

店名	ハウス				S&B				$\hat{X}$
	$\hat{\lambda}_c$		$\hat{\lambda}_s$		$\hat{\lambda}_c$		$\hat{\lambda}_s$		
	type1	type2	type1	type2	type1	type2	type1	type2	
J-1店	0.00921	0.0151	0.102	0.121	0.00518	0.00529	0.141	0.147	4579
J-2店	0.0116	0.0118	0.336	0.344	0.00271	0.00281	0.142	0.137	4336
J-3店	0.00637	0.0067	0.213	0.156	0.00299	0.00297	0.168	0.173	4607
J-4店	0.00878	0.00884	0.146	0.137	0.00501	0.00506	0.156	0.154	3743
J-5店	0.0109	0.013	0.118	0.127	0.00899	0.0089	0.0791	0.0748	4447
J-6店	0.0113	0.00942	0.201	0.185	0.00632	0.0066	0.18	0.146	2490
J-7店	0.00825	0.00839	0.195	0.204	0.00372	0.00395	0.0968	0.0863	3474
F-1店	-0.00104	-0.00092	0.553	0.546	0.00818	0.00814	0.113	0.107	615
F-2店	-0.024	0.00525	0.14	0.21	0.00293	0.00285	0.209	0.194	2065
U-1店	0.00841	0.00836	0.374	0.378	0.00429	0.00428	0.298	0.297	2403
K-1店	0.0062	0.00656	0.262	0.298	0.00979	0.00949	0.305	0.37	2548
K-2店	0.0137	0.015	0.116	0.149	0.0204	0.0185	0.118	0.149	3455
C-1店	1.437	1.427	0.00144	0.00155	0.0539	0.0205	0.00258	0.0813	2416
KS-1店	0.0076	0.0084	0.147	0.171	0.00463	0.00549	0.321	0.227	3604
KS-2店	0.00977	0.00959	0.103	0.113	0.00569	0.00667	0.125	0.135	2549
KI-1店	-0.00961	-0.0169	0.194	0.28	-0.00679	-0.016	0.0644	0.0308	807
KI-2店	0.00153	0.00875	0.128	0.157	0.0067	0.00696	0.13	0.141	881
KI-3店	0.628	-0.0244	0.601×10^{-4}	0.071	0.00814	0.00875	0.171	0.172	728

本文中の(14)式に基づき，λ_c, λ_s を店舗ごとに推定した。'type1' は…，また'type2' は…を示す。

定義より $0 < \hat{\lambda}_c < 1$, $0 < \hat{\lambda}_s < 1$ が満たされねばならないが，この条件に反する店舗・ブランドもいくつか存在する。

それらの店舗・ブランドは表3.7におけるオーダード・プロビットモデルのパネル推定のサンプルからは除外した。

表3.7　価格変更のオーダード・プロビットモデルの推定

	ハウス				S&B			
	$\hat{s_1}$		$\hat{s_2}$		$\hat{s_1}$		$\hat{s_2}$	
$\hat{\pi}$	−2.05	−2.06	−2.38	−2.37	−2.29	−2.3	−2.45	−2.46
low	−0.67	−0.64	−0.69	−0.66	−0.81	−0.76	−0.82	−0.77
$low \times \hat{\pi}$	0.16	0.12	0.17	0.13	0.3	0.25	0.34	0.29
$shopping$	—	−0.048	—	—	—	−0.069	—	−0.077
$storesal$	−1.04	−1.04	−1.04	−1.04	−1.25	−1.25	−1.25	−1.25
$storesal$	0.95	0.95	0.96	0.95	1.19	1.19	1.19	1.19
$\bar{R}^2$	0.085	0.086	0.088	0.088	0.092	0.093	0.091	0.092
サンプル数	21958	21872	21958	21872	25918	25820	25918	25820
Log $\hbar'$ 度	−14529	−14467	−14505	−14444	−11890	−11830	−11900	−11840

次のようなスペシフィケーションで回帰を行った結果である。
$$\Delta p_t^* = \alpha_1 D_{low,t} + (\beta_0 + \beta_1 D_{low,t})\hat{\pi}_t + \phi Z_t$$
$Dlow,t$：第 t 日が低価格帯に属するときに1，そうでなければ0を代入するダミー変数。
$\hat{\pi}_t$：在庫を保有していない消費者割合 π_t の理論値。
Z_t：他の説明要因。

下に述べる。

　この結果より，現実の価格調整行動を，家庭内在庫モデルによ説明することの意義が十分に存在すると言える。結局，単純に価格により販売個数を説明するよりはむしろ，国内スーパーのような特定の価格帯をいくつか持ち，それらの間で規則的に上下運動を繰り返すような価格づけが行なわれている状況では，価格そのものよりもむしろ，どれほどの消費者が在庫を保有しているのかという割合を推測し，これを説明変数とした上で販売量を回帰するという作業が重要となってくることがわかる。

　ところで3.4節における複数の商品に対する実証分析を振り返って考えると，O店における豆腐のみこの家庭内在庫仮説に反する結果である negative duration dependence が生じていた。しかし豆腐は家庭内における長期間の在庫が不可能な商品の代表例と考えられ，そういった財に対しては家庭での在庫が可能であると最初から仮定した上で構築した，家庭内在庫モデルを当てはめるこ

とがやはり難しいことをその実証結果は示していたと言えよう。

3.7 おわりに

　本論文では財の小売り段階における実績値であるPOSデータを用い，小売店による価格改定に関する理論・実証的分析を行なった。われわれが得たデータセットは3種類存在したが，うち一つを単純な需要関数と価格変更確率の推定を行なうために用いた。そこで得られた実証結果では同一価格の継続日数が販売個数と価格変更確率に有意に影響を与えることが示唆された。この結果を説明づけるため本章で独自に家庭内在庫仮説という新たな考えを提示し，残り二つのデータセットをこの仮説が現実的な妥当性を有するかどうかを検定するために用いた。結論としてはこの家庭内在庫仮説により，消費者サイドが在庫を抱える傾向の強い財は価格が一定の範囲内に集中し，店舗側はいわゆる'High-Low pricing'を行なっていることが実証的に示された。また，カレーを中心としたそれらの財は同一の価格が継続する日数が大きいほど，価格の変更確率が高まるという positive duration dependence を示すことが明らかとなった。

　今回用いたデータは主に食料品を中心とする日雑品であったが，よりバラエティに富んだ品目に関するPOSデータが得られるならば，性質の異なった耐久消費財などでもこのHigh-Low pricingが行なわれるかどうかを経済学的に探るのは興味深いトピックとして挙げられる。

　あるいはまた，日雑品においても，在庫が不可能な豆腐のような財は価格がどのような要因に基づいて調整されているのか，などを理論的に探ることも可能だと思われる。特にデータセットIで紙幅の都合上取り上げられなかった商品がいくつかあるが，これらを包括的に計量分析を行なうことも可能である。いずれにせよ，今後小売店側からのPOS情報の更なる開示が進むならば，これをデータとして用いた実証的な分析は新たな研究分野として今後発展していくことが期待される。

注 ─────

(1) この分野で得られた成果は，Blanchard（1990）や Weiss（1993）にまとめられている．
(2) 上田（1995）によれば，日本のスーパーマーケットの価格プロモーションが行なわれる理由は，「ロイヤリティの高いブランドが特売されると家庭内で在庫を持つストック購買が発生する」，「…トップ・ブランドは，プロモーションなどによって家計の在庫を持たせることで競合の価格プロモーションの効果を弱め，自ブランドのシェアの低下を防ぐことができる．」(p. 136) というものである．
(3) 成生（1994）第9章では，日本で観察される小売店舗数の多さは，日本の劣悪な道路事情や住宅事情を反映したものであり，高い水準の購買移動費用や在庫保有費用を持つ消費者から小売店への流通稼業の移転である，と論じている．
(4) ただしこの点は，販売が行なわれなかった商品の価格は記録されないというデメリットももたらす．3.3節，3.4節の分析では，商品間および店舗間での価格調整の差異に関する全般的な傾向を明らかにすることが目的であるため，記録されていないデータは分析の対象から除外した．具体的なモデルに基づいて価格不変更期間を厳密に分析する際には，不記録データについて適切な処置が必要になるが，この点については3.6節を参照されたい．
(5) 貯蔵可能な財（storable goods）は，いったん消費すると瞬時になくなってしまうのに対して，耐久財（durable goods）は，財そのものが消費されることはないが，時間を通じてサービスを生み出す財であると解釈することができる．どちらのタイプにも属さなくとも，異次点間の消費の代替が可能であれば，買いだめ購買がおこる．
(6) これらの処理は，さまざまな形態をとる High-Low pricing の特徴をできるだけ原データに忠実に抽出するように行なった価格分類の上方修正として捉えられる．ただし，豆腐はそれぞれの店舗における独自銘柄であるため，これらの基準では，本来高価格帯に含めるべきものが低価格帯に含まれてしまう．またJ店およびO店の豆腐価格は，12年にわたるサンプル期間において銘柄の変更などによってそれぞれ3回および2回の構造変化を示している．これらの価格は，原データのプロットを基に適宜処理した．
(7) たとえば，ここで取り上げている3品目のうち，O店の豆腐は販売個数と価格は正の相関を持つ，すなわち価格が高いほど需要が増大することが統計分析よりわかった．
(8) このように3.3節の定義とは幾分異なった方法で価格帯を分類する理由は，たとえば豆腐などでは価格の集中度が高いにもかかわらず，小幅にきわめて頻繁な価格改定が行なわれているため，こういった数円程度の微調整は無視した方が需要量をより良く推定できると考えたためである．
(9) このプロビット分析において，被説明変数が欠損している日，すなわち休業日または商品が棚に陳列されていなかったと思われる日は次のように処理をした．ある日の価格データが欠損しているならば，その過去の直近の日につけられている価格を当日の価格としてデータを連続化した．たとえば，1日目に100円，2日目が欠損，3

日目が 200 円という値づけがなされているなら，2 日目の価格は 100 円として設定した。

(10) なお，3.4 節の分析では豆腐は逆に negative duration dependence を見せていたが，本文では割愛した他の品目で同様な回帰分析を行なったところ，positive duration dependence を見せるものがほとんどであったことを注記しておく。

(11) 特にデータセット II におけるカレーのデータは，すべての店舗でデータの欠損日が週 1 日程度であるため，これは休業による欠損であると考えられ，在庫切れが生じている日はほとんど無いと推測される。この事実は 3.6 節でのオリジナルなモデルの実証分析に用いるデータとしてデータセット II を選んだ理由でもある。

(12) 留保価格とは，これを上回るようであれば購入しないという消費者の最適な意思決定によって決められる価格である。逆に言うと，留保価格以下であれば消費者は必ず購買するので，売り手にとっては，これを上回らない最高の価格，つまり留保価格と等しい価格を設定することが最適となる。

(13) π_t は低価格帯において時間とともに減少していく。

(14) このモデルの家庭内在庫の文脈において，投機的な需要は，消費とは独立に購買を行うことによって，将来の消費のためにより低いコストで備蓄するという誘因によって動機づけられている。直接消費に結びつかない在庫所有目的の購買が，消費という形で効用を生むのは，所有在庫の切り崩しが行なわれるときで，在庫を持っている消費者が購買機会のないまま消費するときであり，その確率は $c(1-s)$ である。店舗により選ばれる価格戦略は，在庫切り崩し消費機会で標準化した実質的な在庫保有コスト $(\varepsilon/(c(1-s)))$ の大きさに依存し，それが十分小さいときには SLP が，逆に十分大きいときは SHP，またその中間で二つの臨界値の間を取るときは HLP，が価格戦略としてそれぞれ選ばれる。証明は Ariga et al. (2000) を参照されたい。

(15) これはたとえば 4 月の月間消費量を 100 とすると，12 月は 88 程度まで減少する，といった相対水準の動きを示すデータである。

(16) 当然このままでは s，c ともに 0～1 の間に収まるという保証はないことに注意する必要がある。

(17) ただし，来客者数のデータはチェーン J しか存在しないため，それ以外の店舗では次のように計算した。まずチェーン J 各店舗で，(1 日あたりの来客者数)÷(1 日あたりのカレー販売個数) を計算し，この値をチェーン J 全店舗で平均をとると 123.5 と計算された。これをチェーン J 以外の各店舗の，1 日あたりのカレー販売個数に乗じ，その値をチェーン J 以外の各店舗の X^i として設定した。

(18) ただし初期値のみ未知数であるため，次のような操作を行なった。まず π の初期値を 0.1 として，π の系列を推定された λ_s，λ_c から 1 度作成し，この理論値 $\hat{\pi}$ の期間中の平均値を取り，この平均値を次のループでの新たな初期値とする。このループを 10 回繰り返した。結果，すべての店舗・ブランドで π の初期値は一定の値に収束した。

参考文献

Aguirregabiria, V. (1999). The Dynamics of Markups and Inventories in Retailing Firms. *Review of Economic Studies*, **66**: 275-308.

Ariga, K., K. Matsui and M. Watanabe (2000). "Hot and Spicy: Ups and Downs on the Price Floor and Ceiling at Japanese Supermarkets." mimeo, Kyoto University.

Blanchard, O. (1990). Why Does Money Affect Output. In Friedman et al. (eds.), *Handbook of Monetary Economics* vol. 2, North-Holland, Amsterdam, pp. 779-835.

Levy, D., M. Bergen, S. Dutta and R. Venable (1997). The Magnitude of Menu Costs: Direct Evidence from Large U.S. Supermarket Chains. *Quarterly Journal of Economics* **113**: 791-825.

片平秀貴 (1987). 『マーケティング・サイエンス』, 東京大学出版会.

成生達彦 (1994). 『流通の経済理論』, 名古屋大学出版会.

Pesendorfer, M. (1996). "Retail Prices. A Study of Price Behavior in Supermarkets." mimeo, Yale University.

Slade, M. (1998). Optimal Pricing with Costly Adjustment: Evidence from Retail-Grocery Prices. *Review of Economic Studies*, **65**: 87-107.

Slade, M. (1999). Sticky Prices in a Dynamic Oligopoly: An Investigation of (s,S) Thresholds. *International Journal of Industrial Organization*, **17**: 477-511.

上田隆穂(編) (1995). 『価格決定のマーケティング』, 有斐閣.

上田隆穂 (1999). 『マーケティング価格戦略』, 有斐閣.

Warner, E., and R. Barsky (1995). The Timing and Magnitude of Retail Store Markdowns: Evidence from Weekends and Holidays. *Quarterly Journal of Economics*, **110**: 321-352.

Weiss, E. (1993). Inflation and Price Adjustment: A Survey of Findings from Micro Data. In E. Sheshinski and Y. Weiss (eds.), *Optimal Pricing, Inflation and the Cost of Price Adjustment*. MIT Press, pp. 3-17.

第 4 章

国際市場競争へのゲーム論的接近

黒田達朗

本章では，国際間の寡占的な市場競争の下での価格競争と協調の問題について，ゲーム理論を用いた接近を行ない，そのマクロ的な戦略的相互作用の問題について吟味する。具体的な政策事例として，国際公共財としての国際ハブ空港の問題を取り上げ，それに対する寡占的な競争モデルを提示する。特にケースとして，その整備財源をめぐる政策問題について，数値的なシミュレーションの結果を提供する。

4.1 序　論 ── 国際間の競争とゲーム理論

　冷戦の終結や交通機関の発達により近年の国際化（globalization）の進展には著しいものがある。就中，インターネットの整備・普及に代表される情報・通信技術の発展は地球上の空間的距離あるいはその抵抗を減少させることにより，政治・経済・文化の各方面において国境を越えた相互依存的な国際関係を創りつつある。これらの動きにともなって，情報だけでなく，多くの財・サービス市場が拡大することにより「ヒト・モノ・カネ」などの国際的移動は量的にも増大し，それぞれの国民厚生における重要度を増しているといえよう。

　このような国際化の進展は，基本的には対立から協調へと各国の政府を導いているように思われるが，ヒト，モノ，情報が簡単に国境を越えることが可能となることによって，むしろ国際的な競争・摩擦が顕著になっている分野も見受けられる。特に，冷戦時代に比べて軍事的な緊張が比較的緩和されたこともあり，経済的な利害をめぐって非軍事的な政策を手段とする争いがそのほとんどといっても過言ではない。[1]

　一方，ノイマンとモルゲンシュテルンによって創始されたゲーム理論は，その後の理論的発展を経て，80年代以降さまざまな経済問題の分析に標準的な手法として用いられるようになった。[2] 特に上記のような国際的な競争は，各国の政府や独占・寡占企業を主たるプレイヤーと考えればその数は一般的な市場の参加者に比べて比較的少数であり，ゲーム理論が分析対象とするプレイヤー間の戦略的相互依存関係がより現実的な感覚を与えることから応用例も多い。ここでは，それらのうち，代表的と思われる例をいくつか簡単に紹介する。

【国際貿易】

　技術の蓄積による規模の経済の効果が大きい，あるいは産業によって技術進歩の可能性に有意な差がある場合を除き，一般的には比較優位の原則に基づいた国際的分業によって生産物を地域的に特化し，自由な貿易を行なうことが望

ましいことは広く知られている。それにもかかわらず，現実には関税をはじめとするさまざまな貿易障壁によって，自国の特定の産業を保護したり，自国の輸出財の国際価格を上昇あるいは輸入財の国際価格の下落を導く政策が各国の政府によって採用されることが多い。この理由としては，相手国の行動が変化しないとすれば，それぞれの政府が関税などの操作によってより有利な貿易を行なおうとするインセンティブを持つことから，貿易の障壁に関する状況はゲーム理論における「囚人のジレンマ」の構造を持つことが挙げられる。たとえば，表4.1においてA，Bの2国はそれぞれ相手国からの輸入財に対して関税を課すか課さないという政策が選択できるものとし，表中の数字はそれぞれの国の貿易による利益を表している（各マスの左の数字がA，右がBの利益を表す）。たとえば，A国はB国が関税をかけないときに自国だけかければ貿易の利益を10から12に増やすことができ，またB国が関税をかけていれば自国も関税を導入することにより7から9に利益を増加できる（この例は両国にとってまったく対称的なのでB国にとっても同じことが言える）。したがって，このような1回限りのゲームでは両国とも関税を導入し，結果的に自由な貿易による利益10より低い利益9に甘んじてしまうこととなる。

現実の関税をめぐる国際的な交渉は長期間に及ぶので，表4.1のようなゲームを無限期間に渡って両国が繰り返すと考えれば，一般の囚人のジレンマと同様に，ある期における裏切り（この場合は関税をかける選択）が相手国の報復を招く可能性により長期的に相互に関税をかけないパレート最適な均衡が存在することが知られている。[3]

また，より寡占的なゲームの文脈においても国際貿易を巡る多くの研究が蓄積されており，たとえばBrander and Krugman (1983) は，クールノー的な寡

表4.1 関税をめぐるゲーム

		B国の行動	
		関税をかけない	関税をかける
A国の行動	関税をかけない	10, 10	7, 12
	関税をかける	12, 7	9, 9

占的行動の結果，双方向貿易と相互ダンピングが発生する可能性を示している。

【課税競争】

多国籍企業をはじめとし，企業の立地選択が国際的になるにしたがって，各国の法人課税のあり方がより顕著な問題になってきている。たとえばアイルランドの経済成長が EU の中でも突出している要因の一つとして，その法人税率の低さに魅力を感じた有力企業の進出が挙げられる。

国際的な課税原則としては，いわゆる居住地主義と源泉地主義がある。前者では資本所得を得た企業等の納税者はその居住国で課税されるのに対し，後者では資本所得を得た国で課税される。企業は一般的に税引き後の資本収益率の高い国に立地するインセンティブを持つので，各国が源泉地主義を取ると仮定すれば，各国政府は企業・資本誘致のために資本所得に対する税率を低下させ，労働所得に対する税率を増加させるような選択をし，結果的には囚人のジレンマ的な均衡が生まれやすい。また，居住地主義の場合は，同質な国同士においてはそのような問題は生じないが，国民の選好等に異質性が存在する場合はやはりパレート最適な均衡とはならないため，課税方法をめぐる国際的な協調政策の必要性が主張されている[4]。

【国際公共財の費用負担】

純粋な公共財の費用負担を複数の主体が自発的に行なう場合のナッシュ均衡では，ただ乗りのインセンティブが働くので一般に最適な供給に比べて公共財の供給は過小になることが知られている[5]。したがって，その公共財の提供するサービスについて地域的・空間的な限定がそれほど無く，国際的にも非排除性や非競合性が近似的に成立すると仮定できる公共財について，各国の自発的貢献を前提にすれば同様の問題点が指摘できる。したがって，国際公共財の供給に関しても何らかの国際協調を促す制度設計が必要となる。

また，Warr (1983) が示した「公共財の中立命題」を国際公共財の場合に適用すれば，国際的な所得移転によってもこの公共財の自発的負担によるナッシュ均衡は影響を受けないこととなる。この点についてはさまざまな例外となる条件も研究されているが，協調のための方策を検討する場合には注意すべき

であろう。[6]

次節では，Warrが想定しているような単一の公共財への費用負担の問題とは異なり，各国が準公共財である国際空港を独自に整備する際の財源調達の問題を取り上げ，国際公共財的な性格の強い社会基盤の整備・供給に当たっての政策的な含意を考察する。

4.2 国際ハブ空港間の競争と整備財源

4.2.1 国際ハブ空港をめぐる近年の情勢

前述のように，近年における国際化，ボーダーレス化の進展は「ヒト・モノ・カネ」および「情報」の流れを地球的規模で急激に増大させつつある。このような国際情勢の中で，「ヒト・モノ」の移動に関して重要な社会資本として注目されているのが国際空港である。特に，その中でも周辺の地域においてハブとしての役割を持つ空港が国際ハブ空港と呼ばれる。国際ハブ空港に関する厳密な定義はないが，たとえば成田空港はアジア諸国から多くの便を集めて，北米や欧州との中継基地として利用されていることから，東アジア地域における国際ハブの一つと考えてもよいであろう。このような国際ハブ空港が自国内に存在することにより，自国民の国際間移動が容易になるだけでなく，国際的なヒトやモノの流れの中継点となることによりさまざまな外部経済効果が期待される。航空・輸送産業の空港周辺立地のような金銭的外部効果はもとより，[7]フェイス・ツー・フェイス コミュニュケーションの機会が増大することによる技術的外部効果も大きいと予想される。

また，次世代超音速旅客機（New SST）と呼ばれるコンコルドの後継機種が実用化されると，より輸送技術における規模の経済が追求されるため，新型機の就航する空港（スーパーハブと呼ばれることもある）は世界に6カ所となり，アジアにはそのうち1カ所という予想がボーイング社によって立てられている

（関西空港調査会 2001：302-303）。現在のところ，New SST の開発は予定より遅れているが，仮に実用化されると，スーパーハブを持った国以外はほとんど欧米との直行便を持たず，アジア以外の国への渡航には 2 回程度の乗り換えを余儀なくされることになる。

　上記のような状況を反映して，東アジアにおいては，表 4.2 に示すように韓国，中国，台湾，タイ，マレーシア，シンガポールなどが大規模な国際空港整備を行なっており，国際ハブ空港に対する各国の期待のほどがわかる。わが国でも成田空港に続いて関西新空港が開港し，さらに中部新空港も 2005 年春の開港を目指して建設が進んでいるが，しばしば問題とされるのは，着陸料や施設利用料が高額であること，また国内における分散的な（したがって，1 ヵ所当たりの規模の小さい）国際空港の建設・整備によって，東アジア地区における（スーパー）ハブ空港の地位を他の近隣諸国の大規模空港に奪われるのではないかという懸念である。

　このような国際的なハブ空港誘致競争においては，中条（1993）の指摘するようにその国（あるいは地域）自体の航空需要の大きさも重要な要素であり，わが国のように（乗り換えを除いた）発着需要が周辺諸国に比べて多い場合には当然ハブ空港が立地するだろうとの見解もある。しかし，それだけでハブ空港の立地が決まらないのは，米国において各航空会社が戦略的に形成したハブ空港，いわゆるエアライン・ハブのすべてが発着需要の大きい都市に存在するわけではないことを見れば明らかであろう。したがって，競争の重要な要素となるのは，地理的・人口的条件もさることながら，その質に差がないとすると，一般財と同様に空港サービスの価格，つまり着陸料をはじめとする空港使用料であると考えられる。

　表 4.3 に示すように，わが国の空港使用料は一般に国際水準の 3 倍といわれている。表 4.4 に示す建設費用の比較からもわかるように，基本的には空港の適地に関する国土の地理的制約に起因する用地費の問題や，それと関連した埋め立て等の純粋に工学的手法に関わる追加的費用の存在を含めて，非貿易財に近い建設サービスの費用が伝統的に高いという理由がある。

　一方，空港の整備が早くから行なわれた欧米では，コンセッションをはじめ

表4.2 アジア主要空港の今後の拡張計画および新空港計画

区分		空港名	ソウル/仁川国際空港		香港/香港国際空港		上海/浦東国際空港		シンガポール/チャンギ国際空港	台北/中正国際空港			クアラルンプール/クアラルンプール国際空港	
			第1期	最終段階	第1期	最終段階	第1期	最終段階	現行	現行	第2期	第3期	第1期	最終段階
概要		完成予定時期	2001年	2020年	1998年7月6日開港	2040年	1999年10月開港	—	—	1979年開港	1999年	2020年	1998年6月27日開港	—
		敷地面積(ha)	1,174	4,744	1,248	—	1,252	3,200	1,663	1,200	—	—	3,000	10,000
		滑走路(m)	3,750×60(2本)	3,750~4,200×60(4本)	3,800×60(1本)	3,800×60(2本)	4,000×60(1本)	4,000×60(1本+3本)	4,000×60(2本)3本目を計画中	3,600×60 2,752×45(補助滑走路) 3,350×60		3,660×60 3,1470×45 3,350×60	4,000×60(2本)	4,000×60(4本)
		旅客ターミナルビル規模(万m²)	34.3	87.5	51.5	89.0	28.0	80.0	ターミナル1:22.0 ターミナル2:28.5 ターミナル3:2006年完成予定	ターミナル1 16.39	ターミナル1:16.39 ターミナル2:18.15	ターミナル 34.54+ ターミナル3	ターミナル:24.1 サテライト:14.3	—
		貨物ターミナルビル規模(万m²)	13.2	85.8	29.7	173.7	22.4	—	51.0	15.0	36.4	需要に応じて計画	12.3	—
		アクセス	ソウル市中心部まで約50km、高速道路、鉄道乗り入れ		香港島中心部まで約34km、空港鉄道乗り入れ(約23分)、高速道路(約30分)、フェリー		上海市中心部まで約30km、地下鉄乗り入れ計画あり、上海中心部を経由して、虹橋空港と結ぶ		中心部まで約20km、2本の高速道路乗り入れ、地下鉄乗り入れ予定	台北市中心まで40km、鉄道乗り入れ計画あり			クアラルンプール市内まで約50km、高速道路開通、高速鉄道も建設中	
計画処理能力		航空機発着回数(万回)	17.0	53.0	15.4	37.6	12.6	32.0	34.0	11.0	20.0	25.0	37.5	—
		航空旅客数(万人)	2,700	10,000	3,500	8,700	2,000	7,000	4,400	800	2,900	—	2,500	10,000
		航空貨物量(万トン)	171	700	300	890	75	500	1,027	54	140	—	100	—

出典:エアポートハンドブック2001.

表4.3 世界主要空港の国際線着陸料

(2001年1月現在)　(単位：円)

国名	空港名	B-747-400 (395トン)	DC-10-40 (252トン)
アメリカ	J.F.ケネディ（ニューヨーク）	382,369	248,108
	サンフランシスコ	120,047	85,815
	ロサンゼルス	110,433	78,942
	ホノルル	190,334	136,059
フランス	シャルル・ド・ゴール（パリ）	276,046	199,364
ドイツ	フランクフルト	155,088	108,294
イギリス	ヒースロー（ロンドン）	80,072	80,072
オランダ	スキポール（アムステルダム）	423,760	325,747
オーストラリア	キングスフォード・スミス（シドニー）	347,442	224,775
インド	ニューデリー	271,154	166,204
インドネシア	スカルノハッタ（ジャカルタ）	247,546	154,386
メキシコ	メキシコシティ	212,847	135,791
フィリピン	マニラ	275,392	173,015
タイ	バンコク	133,144	82,579
香港	香港	389,075	253,400
日本	新東京国際（成田）	948,000	604,800
	関西国際（関空）	908,500	579,600
	名古屋，福岡，新千歳　等	483,733	312,133

出典：エアポートハンドブック2001.

表4.4 世界主要空港の建設費比較

空港名	工費(百万米ドル)	旅客取扱能力(百万人/年)	旅客当り工費(米ドル/人)
関西国際（日本）	14,560	30	485
チェク・ラップ・コック(香港)	12,100	30	403
ベルリン・ブランデンブルグ国際	6,000	30	200
仁川（韓国）	4,980	27	184
セパン国際（マレーシア）	4,960	25	198
上海浦東（中国）	2,350	60	39
アテネ・スパタ（ギリシャ）	2,300	16	144
第2バンコク国際（タイ）	2,000	30	67

出典：エアポートハンドブック2000より著者計算

　空港関連の買い物・娯楽・飲食施設などの収入なども活用しながら空港の民営化に成功した事例なども多く（Doganis 1992），一般財源の投入による空港経営への補助は稀なケースになりつつある。[8]このため，空港の運営主体の民営化が急速に進みつつあり，ハブ空港を巡る競争も後述するアジアの場合とは様相を異にしている。特に，米国の主導によるオープン・スカイ政策の進行の影響もあり，航空会社間の提携戦略と結びついた形でのハブ空港間の競争が激化している。

　しかし，東アジア地域についていえば，各国政府間の国家戦略的競争として地域の国際ハブ空港の争奪が行なわれているといっても過言ではない。したがって，着陸料に代表される空港使用料の差についても，わが国の空港整備財源が基本的に独立採算に近いものであるのに対し，中国，マレーシア等，競争相手と目される国の空港には一般財源が多量に投入されていることに起因する部分も大きい。たとえば，香港のチェク・ラップ・コック空港の場合，建設費用の3割を香港政庁が負担していると言われている。したがって，わが国においても，現在空港使用料や航空機燃料税でほぼ賄われている空港整備特別会計に一般財源を投入すれば，それらの料金を引き下げることも可能であり，そのような政策を求める意見も根強い（泉ほか1996）。

その根拠として挙げられるのは、第一に、上述のように周辺の諸国が国家的戦略として一般財源を投入した大規模国際空港の整備を進めていることとの比較において、わが国もその競争に勝ち残り国内に（スーパー）ハブ空港を育成することが国益にかなうという主張である。第二に、日本の空港に乗り入れている欧米の航空会社が採算の悪化を理由に路線を縮小・閉鎖する事例が最近見られ、その理由の一つとして着陸料の高いことが挙げられるからである[9]。この点については、日本に拠点を置く航空会社の競争上、日本の空港の着陸料が高額なことが不利に働くとの指摘が従来多かったが（たとえば、航空審議会でもそのような意見が航空会社より提出されている）、最近ではむしろ日本に乗り入れているすべての航空会社が着陸料の値下げを要求している[10]。第三に、国内の地方空港の路線の採算の改善を目的として、やはり着陸料の値下げが国内の航空会社から求められている（実際に地方空港については、2003年3月までの暫定措置として1999年度より着陸料を3分の2に引き下げることとなった）。

また、経済理論的には、国際ハブ空港が正の技術的外部経済効果を持つ場合、通常の閉鎖経済であれば一般財源からのピグー補助金の支出が正当化される[11]。しかしながら、国際空港は一種の国際公共財と考えられ、国民の経済厚生を検討する場合、単純な料金の比較やピグー補助金の適用は必ずしも有効ではない。なぜなら、国際空港に対する一般財源の投入は外国からの利用者のただ乗り（Free Ride）を招くことが予想されるからである。言い換えれば、近隣の国がその国の一般財源を用いてハブ空港のサービスを供給してくれるのであれば、自国はそれにただ乗りすることによって経済厚生を改善する可能性が存在する。したがって、国際ハブ空港がさまざまな技術的外部経済効果を空港の設置国に及ぼすとしても、その便益と一般財源の負担、およびただ乗りの可能性を考慮した、多国間の戦略的行動を通して整備財源の構成を分析する必要があろう。

空港使用料に関しては、大橋・安藤（1999）が、一つの国の中で空港使用料が全国一律の場合と空港により可変の場合について比較を行なっている。またZhang and Zhang（1997）はコンセッション収入がある場合の最適な空港使用料について論じている。国際的な寡占的競争についての料金制度の分析としてはホテリングの立地競争を応用したTakahashi（2000）があるが、空港が生み

出す外部経済効果は導入されていない。

そこで本節では，主としてアジア型の国際ハブ空港の競争関係を，その外部経済効果も考慮しつつ，各国政府の財源政策に主眼をおいて分析することとする。具体的には，国際的な人の流動を対象として，空港間の寡占的競争を整備財源の構成（ここでは所得税および利用料金の組合せ）に焦点を当てつつモデル化し，最終的な各国の経済厚生への影響を分析することにより，経済理論的立場から上記のようないくつかの論点について政策上の含意を導出する。

4.2.2　ハブ空港をめぐる寡占的競争モデル[12]

ここでは，近隣の2国間のハブ空港をめぐる寡占的競争を，主としてその財源に関する両国の選択に焦点を当てながらモデル化する。モデルの基本的構造は図4.1に示すような，政府-家計（消費者）の2段階ゲームである。

ゲームの2段階目で，各国の家計は与えられた所得，所得税率，および両国の空港使用料の下で，自らの効用を最大化するように，合成財と自国，他国を経由した目的地（ここでは第3国とする）への旅行（以下トリップという）を行なう。図4.2に示すように家計は，どちらの国の国際空港を利用する場合も，自分が居住する地点の地方空港から必ずその国際空港までのトリップを行なうものとし，簡単のためそれらのトリップ費用は空港の使用料のみとする。また，一般に交通需要はそれ自体が効用をもたらすものではなく，観光，ビジネスなど本来の目的を達成するための派生需要であることが多いが，ここでは簡単のためトリップ数をそれらの代理変数として効用関数の構成要素としている。

実際には，家計の行なうトリップ数に応じて国際空港からそれぞれの国に技術的な外部経済効果が及ぶので，各国政府はそれが国民所得に及ぼす影響も考慮しつつ，自国の家計の厚生水準（ここでは間接効用で表される）が最大となるように自国民に課す所得の税率とそれぞれの空港使用料を第1段階でナッシュ的に決定する。

前節で述べたように，実際には航空会社の行動も重要な要素であるが，ここでは政府の財源の選択問題に焦点を当てるため，航空会社の行動は考慮しない。

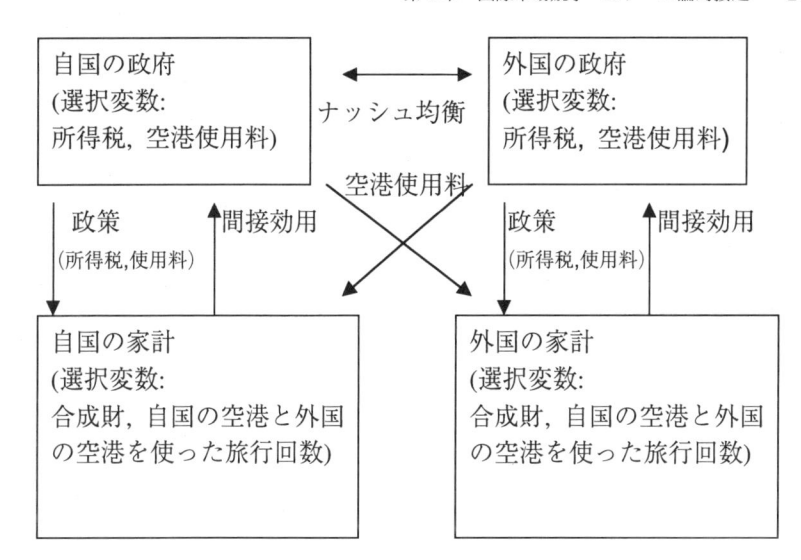

図4.1 家計と政府の2段階ゲーム

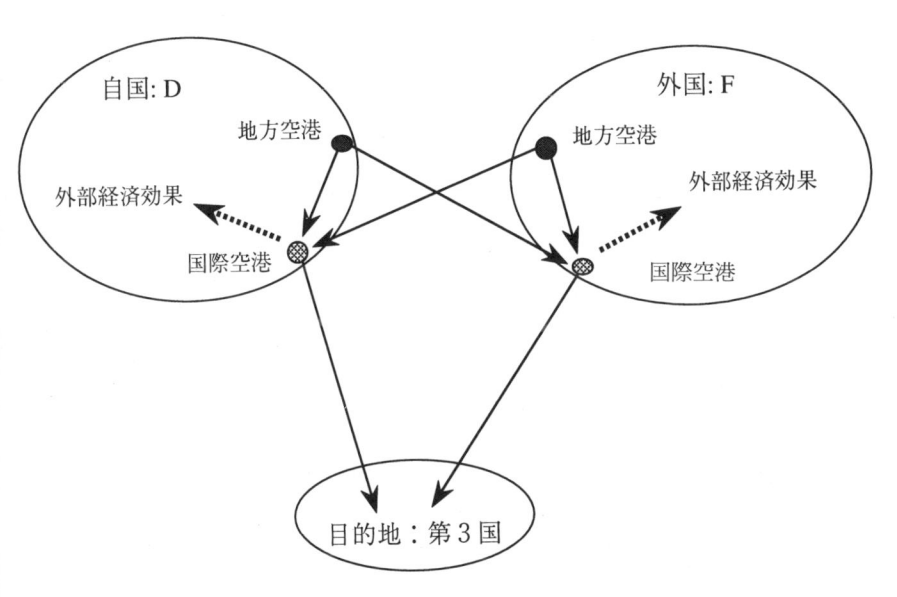

図4.2 モデルの空間的設定

(家計の行動)

それぞれの家計は自らのトリップが及ぼす外部効果を考慮せず,以下のような効用最大化を行なう。

[自国]

$$\max_{z_d, m_{dd}, m_{df}} u_d = u(z_d, m_{dd}, m_{df}) \tag{4.1}$$

$$s.t.\ (1-t_d) \cdot y_d = z_d + p_d \cdot m_{dd} + p_f \cdot m_{df} \tag{4.2}$$

ここで,

u_d:自国の家計の効用

z_d:自国の家計の合成財消費量

m_{dd}:自国のハブ空港を経由した自国の家計のトリップ数

m_{df}:外国のハブ空港を経由した自国の家計のトリップ数

t_d:自国の所得税率

y_d:自国家計の税引き前所得(1人あたりGDP)

p_d:自国のハブ空港の使用料

p_f:外国のハブ空港の使用料

[外国]

$$\max_{z_f, m_{ff}, m_{fd}} u_f = u(z_f, m_{ff}, m_{fd}) \tag{4.3}$$

$$s.t.\ (1-t_f) \cdot y_f = z_f + p_f \cdot m_{ff} + p_d \cdot m_{fd} \tag{4.4}$$

ここで,

u_f:外国の家計の効用

z_f:外国の家計の合成財消費量

m_{ff}:外国のハブ空港を経由した外国の家計のトリップ数

m_{fd}:自国のハブ空港を経由した外国の家計のトリップ数

t_f:外国の所得税率

y_f:外国家計の税引き前所得(1人あたりGDP)

(生産技術)

　税引き前の1人あたり GDP は以下のように与えられるとする。国際ハブ空港の重要性として指摘される外部経済効果が、それぞれの利用客数の関数として与えられる。

[自国]
$$y_d = g(N_d \cdot m_{dd},\ N_f \cdot m_{fd}) \cdot D \tag{4.5}$$

[外国]
$$y_f = g(N_f \cdot m_{ff},\ N_d \cdot m_{df}) \cdot F \tag{4.6}$$

ここで,

　$g(\cdot)$：国際空港の外部経済効果を表す関数
　$D,\ F$：各国の基礎的な（つまり外部性を除いた）1人あたり GDP
　N_d：自国の人口
　N_f：外国の人口

(政府の行動)

　家計の行動と生産技術を所与として、それぞれの政府は所得税率と空港の使用料を選択変数として、自らの家計の間接効用を最大化するようにナッシュ的に行動する。その際、それらの収入は空港サービスの供給費用とバランスしていなければならない。

[自国]
$$\max_{t_d, p_d} V_d = u(z_d^*,\ m_{dd}^*,\ m_{df}^*) \tag{4.7}$$
$$s.t.\, a_d(N_d \cdot m_{dd}^* + N_f \cdot m_{fd}^*) + b_d = N_d \cdot t_d \cdot y_d + p_d(N_d \cdot m_{dd}^* + N_f \cdot m_{fd}^*) \tag{4.8}$$

[外国：Foreign]
$$\max_{t_f, p_f} V_f = u(z_f^*,\ m_{ff}^*,\ m_{fd}^*) \tag{4.9}$$

$$s.t. a_f(N_d \cdot m_{df}{}^* + N_f \cdot m_{ff}{}^*) + b_f = N_f \cdot t_f \cdot y_f + p_f(N_d \cdot m_{df}{}^* + N_f \cdot m_{ff}{}^*)$$
(4.10)

ここで,

 V_i : i 国の家計の間接効用
 a_i : i 国の空港サービスを供給するための限界費用
 b_i : i 国の空港サービスを供給するための固定費用
 ＊：家計が自身で最大化問題を解いた選択変数の値

4.2.3 数値シミュレーションの結果[13]

 ハブ空港を巡る2国間の戦略的モデルは上述のように定式化されるが,解析的にこの問題を解き均衡の性質を分析することは困難なので,ここでは数値シミュレーションによって両国の戦略的挙動の帰結を明らかにする。

(I) 予備的分析

 所得税率と使用料を戦略的選択変数にした2国間のナッシュ均衡を分析する前に,予備的な分析によって,空港使用料の高さが国民厚生上必ずしも悪影響をもたらすものではないことを明らかにしておこう。図4.3に示すように,外国の空港使用料を固定し自国の使用料をパラメトリックに変化させながら厚生水準の変化を見ると,ちょうど自国の使用料が外国のそれの2倍(つまり $p_d = 12$)のときに自国の間接効用が最大になることがわかる。本研究は主として各国が所得税率と使用料を戦略的な選択変数にしている場合を分析しているが,実際にアジアの各国が一般財源を多量に投入してまで国際ハブ空港の誘致・育成に力を注ぐのは「国の威光」をはじめとする必ずしも経済的でない理由も重要な要素となっている。したがって,そのような場合,空港使用料自体は非合理的な理由によって政策的に低く抑えられていると考えることができよう。この予備的分析が示唆するように,他国がそのような空港使用料に関する価格政策を行なう場合には,自国の使用料が高いことも戦略的状況下では十分正当化されうる。

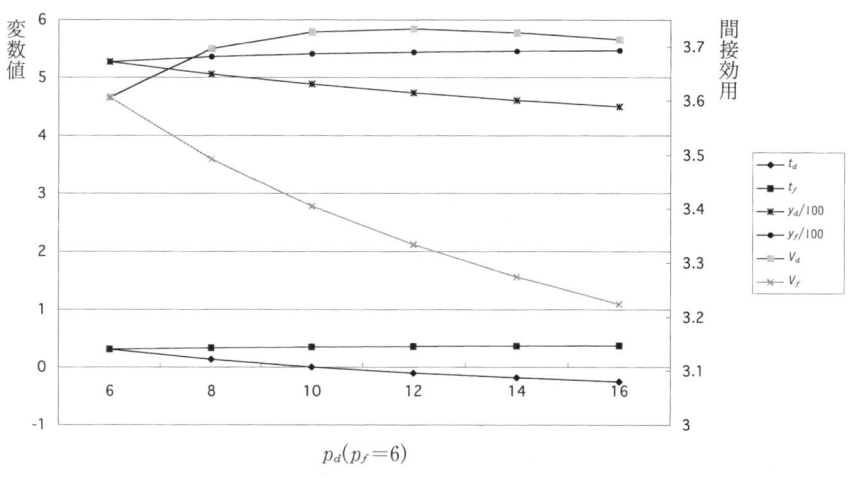

図4.3 予備的分析結果

注意すべき点は，外国の使用料の方が低い場合には，その空港の通過トリップ数が多くなるので，その外部経済効果から外国の課税前所得の方が高いことである．実際に GDP 等として観察されやすいのは課税前所得であり，その増加を目的とした場合は使用料を低く抑えるために，空港の財源となる所得税率を高めに誘導するインセンティブが働き，それによって経済厚生的にはかえって不利になる場合があるということである．

(2) ナッシュ均衡の比較静学

ここでは，両国が所得税率と使用料を戦略的な選択変数にして行動する2国間のナッシュ均衡について数値シミュレーションによる比較静学を行なった結果をまとめる．特に有意な結果を表4.5に示す．

a．外部経済効果（対称的変化）

ここでは，両国の条件が完全に対称的な状態で，ハブ空港の及ぼす外部経済効果の大きさがナッシュ均衡に与える影響を分析している．外部効果が自国の利用者，外国の利用者を問わず大きくなるにしたがって，均衡における両国の空港使用料は低下し，所得税率は上昇する．この結果は，閉鎖経済におけるピグー補助金的なアイディアが戦略的な相互依存関係にある均衡状態において

表4.5 比較静学の結果

	ρ	ρ_d	a_d	b_d	D	N_d	β
t_d	+	−	−	+	+	+	+
t_f	+	−	+	+	−	−	+
p_d	−	+	+	+	−	−	−
p_f	−	+		−	+	+	−
V_d	+		−		+		
V_f	+		−		+	+	
y_d	+				+		
y_f	+						
m_{dd}	+			−			+
m_{df}	+			−			
m_{ff}	+						+
m_{fd}	+			−	−		−

（ρ：外部経済効果のパラメータ，β：自国空港への選好を表わすパラメータ）

も比較静学的には成立しうることを示している。

b．外部経済効果（非対称的変化）

a．のケースとは違って，国外からの寄港者が与える外部効果が相対的に重要になった場合には，両国は空港の使用料を低く抑えて外国の家計を呼び込むために，むしろ自国民に対する所得税率を上げる。この結果も，ピグー補助金的なアイディアの成立を示唆している。

c．限界費用における非対称性

一方の国の限界費用が相対的に高いほど，その国は所得税率を低下させ使用料を高くするが，相手国は逆に所得税率を上げる。たとえば，日本の人件費が高いために定常的な旅客一人当たりに対する空港サービスの費用が高ければ，ナッシュ均衡において日本は相対的により空港使用料に依存するようになるが，相手国は逆の動きとなる。

d．固定費用における非対称性

一方の国の固定費用が比較的高いほど，その国と相手国はともに所得税率を増加させる。しかし，当該国は使用料についても増額するにもかかわらず，相

手国は使用料を下げる。たとえば，日本の空港が一般に建設費が割高なために外国に比べて固定費用が高いとき，相手国はより所得税に依存し，逆に空港使用料を下げ日本人の利用を促す結果になる。

限界費用や固定費用に関する結果は，ちょうど現状における日本と近隣のアジア諸国の関係を描写した結果となっている。

e．基本的な生産力の非対称性

一方の国が基本的な生産力が高いとき，その国は所得税率を上げ使用料を下げるが，外国はまったく正反対の行動を取る。この結果はちょうど現状における日本と近隣のアジア諸国の関係とは異なる結果となっている。現在のアジアにおける国家間の経済格差を考えたとき，内政上の理由から空港の独立採算に固執する日本の財源構成の方針が経済学的には合理的でない可能性を示唆している。また，分析結果から，ある国の経済成長がハブ空港間の競争を通じてその近隣国にも正の外部効果を与えることがわかる。

f．人口規模における非対称性

一方の国の人口が比較的多いとき，その国はやはり所得税率を上げ使用料を下げるが，外国は正反対の行動を取る。隣国の人口規模が大きいときにはその寄港により使用料の収入や外部効果が期待できるので，自国の所得税率を下げつつより高い厚生水準を得ることができる。

g．自国の空港への選好

それぞれの国民が，近隣諸国のハブ空港に比べて自国の国際空港の利用を好むときは，両国とも空港使用料を減額し所得税により依存する。国際化と経済成長にともなってアジア諸国からの旅客数が急激に伸びることが予想されているが，人々は出国経験を重ねるにつれ乗り継ぎ空港の国籍には次第に無関心になると思われる。したがって，選好の観点のみからいえばむしろ所得税への依存度が下がる可能性を示唆している。

（3）　国際協調の可能性

今まで検討してきたナッシュ均衡は外国が提供するサービスへのただ乗りの

インセンティブを両国が持っているので，2国全体の経済厚生を考慮した社会的最適性の観点からは歪んでいる。数値シミュレーションによれば，両国とも相互に自国の所得税収を投入し空港使用料を減額することによって，パレート的に経済厚生の水準を改善できることが確認された。したがって，空港整備の財源構成についても，何らかの国際協調の枠組みに基づき，相互に自らの建設した空港をより国際的な公共財として位置づけを明確化し，外国の居住者にもより開かれたサービスを提供すべきであることが示唆される。

4.3　結　語

近年急激に国際化が進展するにともなって，政治的には協調的雰囲気が高まる一方，「大競争時代」とも形容されるような経済的競争関係の激化が指摘されている。そこで本章では，国際的な戦略的相互依存関係を分析するためのゲーム論的なアプローチについて，比較的分析の進んでいる国際貿易等の例を簡単に紹介した後，国際公共財としての役割も大きく，近年国際的な競争関係が強調されることの多い国際空港について，2国間の競争的な状況下におけるその整備財源のあり方を検討した。

その結果，(1)相手国が非経済的な何らかの理由で空港の使用料を減額しているときは，高額な使用料は必ずしも非合理的とは限らない。(2)空港サービスに対するただ乗りの可能性やその利用による外部効果が存在するような戦略的相互依存関係にある国際ハブ空港の寡占的競争の均衡においても，閉鎖経済におけるピグー補助金的な一般税収の投入傾向が見られる。(3)国土の地理的条件などからくる固定費用の高さなど日本における空港関連の費用構造を考慮すると，現在の日本と周辺のアジア諸国の財源構成の違いは，本章で用いた国際ハブ空港の寡占的競争モデルによりある程度再現可能である。(4)しかし，周辺諸国に比べて依然として所得水準の高い日本がほぼ使用料に依存しているのは，経済合理性に反していることが示唆される。(5)ある国の高い生産力や人口は，国際ハブ空港をめぐる競争を通じてその近隣国に正の外部効果をもた

らす。(6)グローバリゼーションの進展にともなって外国からの寄港が自国の経済へ与える影響が増せば，使用料の減額が進むことが予想されるが，他方家計が自国の空港の利用に偏った選好を持たなくなるほど使用料は増額される可能性がある。したがって，国際化自体は空港の財源構成に対して相反する効果を持つ。(7)しかし，両国とも自国の所得税収を投入し空港使用料を減額することによって，パレート的に経済厚生の水準を改善できる。したがって，国際公共財的な性格の強いハブ空港整備の財源構成についても，何らかの国際協調の枠組みに基づき，相互に空港の使用料を抑制することにより，自国以外の国民にもより開かれたサービスを提供すべきであることが示唆される。

*

比較的単純化された状況を想定しているとはいえ，これらの結果はきわめて興味深いものと考えられる。ただし，今後改善すべき課題としては以下のような点が挙げられる。(1)日本国内やヨーロッパの状況を想定してハブ空港に関する競争を分析するには，もう一つの重要な経済主体である航空会社の行動をモデルに内包する必要がある。(2)より現実に近いモデルとするためには，空港の規模決定の問題，国内ハブと外国のハブの空間的な近接性の違いなども明示的に考慮する必要がある。

注

本章の執筆のため共同研究の内容を引用することを快諾された八木匡教授(同志社大学)および日本経済学会で貴重なコメントを賜った松澤俊雄教授(大阪市立大学)に謝意を表する。

(1) もちろん，2001年9月に起こったアルカイダによるものと思われるテロ事件とその後の米国の反応などは，いまだに軍事的な緊張が完全には解けていないことを象徴するできごとであったが，資金の移動を含むテログループの国際的なネットワークの活用は，冷戦時のような国家間の合従連衡とは異なる思想・文化的対立を反映して，より地球規模での国際化の進展を実感させるものであった。

(2) たとえば，神取(1994)などを参照のこと。ゲーム理論自体についてはGibbons (1992) やFudenberg and Tirole (1991) など，さまざまな水準・興味に応じ

（3） 関税や関税同盟などを中心としたゲーム理論の国際貿易への応用については McMillan（1986，1992）に詳しい。また，ゲーム理論的な思考を背景とした，より動的な戦略的貿易論については Krugman（1986）などを参照のこと。
（4） 国際的な課税問題については Frenkel et al.（1991），井堀（1996）などを参照されたい。
（5） 負の外部性に関する国際依存関係については，たとえば井上（2001）を参照のこと。
（6） 公共財あるいは国際公共財の供給については柴田・柴田（1988），井堀（1996），Cornes & Sandler（1996）などを参照されたい。
（7） このような効果とハブの形成を扱った研究に Konishi（2000）などがある。
（8） わが国では空港の付帯施設は今まで必ずしも注目されてこなかった点であり今後の課題であろう。実際，成田，関西と比べてより民営化的色彩が濃い中部新国際空港については，コンセッションの活用が検討されている。コンセッションはいわゆる開発利益の還元，内部化の一種と考えられる。
（9） ここでは注(1)で触れたテロ事件後の需要減による一時的な路線の縮小については考慮していない。
(10) これは在日外国航空会社協議会（FAAJ）41社の声明として表明された。
(11) この点については，航空審議会による「第7次空港整備五箇年計画の基本的考え方（中間とりまとめ）」1995．8における（別紙）「今後の空港整備に当たっての留意事項」の根拠となっている。
(12) 以下のモデルと分析は Kuroda and Yagi（1999）に基づいている。
(13) 実際のシミュレーションにおいて，効用関数，外部経済効果を示す関数はコブ・ダグラス型を用いている。

参考文献 ─────

Brander, J.A. and Krugman, P. (1983). A Reciprocal Dumping Model of International Trade, *Journal of International Economics* **15**: 313-321.

Cornes, R. and T. Sandler (1996). The Theory of Externalities, Public Goods, and Club Goods, second ed., Cambridge.

Doganis, R. (1992). The Airport Business. Routledge.（木谷訳『エアポート ビジネス』成山堂書店 1994 年）

Frenkel, J. et al. (1991). International Taxation in an Integrated World. MIT Press.

Fudenberg, D. and J. Tirole (1991). Game Theory. MIT Press.

Gibbons, R. (1992). Game Theory for Applied Economists. Princeton University Press.（福岡・須田訳『経済学のためのゲーム理論入門』創文社 1995 年）

井堀利宏（1996）『公共経済の理論』有斐閣。

井上知子（2001）『越境汚染の動学的分析』勁草書房。

泉　眞也・グローバルハブ研究会（1996）『めざせ！国際ハブ空港』日本経済新聞社。

(社)関西経済連合会 (1989)『空港整備制度並びに航空行政に関する問題点と改革の方向』。
(財)関西空港調査会 (2000)『エアポートハンドブック 2000』月刊同友社。
(財)関西空港調査会 (2001)『エアポートハンドブック 2001』月刊同友社。
神取道広 (1994)「ゲーム理論による経済学の静かな革命」岩井・伊藤編『現代の経済理論』東京大学出版会，15-56。
Konishi, H. (2000). Formation of Hub Cities: Transportation Cost Advantage and Population Agglomeration, *Journal of Urban Economics*, **48**: 1-28.
Kuroda, T. and T. Yagi (1999). International Airport War: A game theoretic approach, SIS/GSHI Discussion Paper #99-2, Nagoya University.
Krugman, P. (ed.) (1986). Strategic Trade Policy and the New International Economics, MIT Press. (高中公男訳『戦略的通商政策の理論』文眞堂，1995 年)
Linn, G. (1997). Hong Kong's New Airport, Far Eastern Economic Review, *Hong Kong Special Issue*: 44-50.
増井健一・山内弘隆 (1990)『航空輸送』8 洋書房。
McMillan, J. (1986). Game Theory in International Economics, Harwood Academic Publishers.
McMillan, J. (1992). Games, Strategies, and Managers, Oxford. (伊藤・林田訳『経営戦略のゲーム理論』有斐閣，1995 年)
(株)三菱総合研究所国際空港ビジョン研究会 (1995)『日本の国際空港ビジョン』。
中条 潮 (1993)「ハブ競争と空港政策〔1〕～〔4〕」『運輸と経済』**53**: 8-11。
大橋忠宏・安藤朝夫 (1999)「航空市場でのハブ・スポークネットワーク形成と空港使用料政策に関する研究」『土木学会論文集』IV-42: 33-44。
柴田弘文・柴田愛子 (1988)『公共経済学』東洋経済新報社。
Takahashi, T. (2000). Spatial Competition between Governments in the Provision of Excludable Goods with Nonrivalry. Discussion Paper, ERSS28, Sophia University.
Warr, P. (1983). The Private Provision of a Public Goods is Independent of the Distribution of Income. *Economic Letters*, **13**: 207-211.
Zhang, A. and Y. Zhang (1997). Concession Revenue and Optimal Airport Pricing, *Transportation Research*, E, **33**: 287-296.

第 3 部

多目的環境における最適化と意志決定

　第 3 部は，意志決定問題に対する最適化手法の利用とその拡張について考察する。特に互いにコンフリクトする多数個の目的が存在する決定環境において，複数の意志決定者が存在し，それぞれが異なった目的ないし選好を持つ場合に，この問題をいかに構造化し，解決するかについて考える。以下の章では，このような多目的決定問題を2-レベルの意志決定問題として構造化し，数理計画法を利用することによって政策的な解が得られることを示す。第 5 章では，意志決定がファジィである場合の数理計画問題について吟味し，第 6 章では，非協力ゲームを用いた決定問題を考察する。

第 5 章

大規模な多目的計画問題のファジィ意志決定

矢野　均

本章では，最適化の方法を用いた大規模な多目的計画問題に対する対話型のファジィ意思決定手法について考察する．特に，従来型の大規模数理計画問題の分解手法が，最終的には上位レベルの目的関数の最適化をめざしているのに対して，本章においては，2人の意思決定者の独立性がより高い場合について，2-レベルの計画問題を考える．さらに進んで，決定問題のファジィ化を導入し，多目的を持つ2-レベルの計画問題に関するファジィな意思決定を，対話的に進める方法について考察する．

5.1 はじめに

　生産計画問題，割当問題，水資源計画問題等の，現実社会の複雑な意志決定状況を反映させた数学モデルは，しばしば，その変数や制約式の数ゆえに直接計算機で解くことが困難であるような，大規模数理計画問題（深尾・豊田 1972；小舘 1978；ラスドン 1973；田村 1986；Haimes et al. 1989；Martin 1999；Slowinski 1986）として定式化される。このような大規模数理計画問題では，制約式の係数行列の大半の要素がゼロで，ところどころに非ゼロ要素を含む部分（ブロック）が複数存在するような「特殊構造」を有している。1960 年代初め，Dantzig と Wolfe (1961) は，ブロック構造を有する大規模線形計画問題に対して，非ゼロ要素をブロックとする小規模な複数の部分問題を繰り返し解くことにより，最終的に元の問題の最適解を導くという分解手法を提案した。その後，これを契機として，ブロック構造の大規模計画問題に対する数多くの分解手法に関する研究が活発に行なわれるようになってきている。一般に，分解手法では，全体システムを関連づける結合制約式の数が比較的少ない代わりに，部分制約式の数が非常に多い場合に，数値計算上効率的となる。本章では，大規模計画問題に対する分解手法について概説した後，一人の意志決定者が選好判断を行なう意志決定状況をモデル化した「大規模多目的計画問題」のみならず，上下関係にある二人の意志決定者が選好判断を行なう意志決定状況をモデル化した「大規模 2-レベル多目的計画問題」に対するファジィ意志決定手法について解説する。

　5.2 節では，ブロック構造の大規模計画問題において，パラメータを介して，結合制約式を部分問題の目的関数や制約式に組み込むという，代表的な二つの 2-レベル分解手法（双対分解手法と主分解手法）について概説する（ラスドン 1973）。双対分解手法では，上位レベルにおけるラグランジュ乗数（価格）の制御を通じて，下位レベルの部分問題を繰り返し解くことにより，最終的に元の問題の最適解が求められる。一方，主分解手法では，上位レベルが結合制約式

の右辺定数（資源量）を各部分問題に適当に割り当て，下位レベルでは対応する部分問題を繰り返し解くことにより，最終的に元の問題の最適解が導出される。

　5.3節では，大規模計画問題において，意志決定者が単一目的関数の代わりに，互いに相競合する複数個の目的関数を有する「大規模多目的計画問題」に対するファジィ意志決定手法について考察する。一般に，多目的計画問題 (Sakawa 1993; Steuer 1986) では各目的関数が互いに相競合しているため，すべての目的関数を同時に最適化する解（完全最適解）は存在しない。そのため，意志決定者は，各目的関数に対する選好構造を何らかの意味で反映させた解を見つける必要がある。このように，多目的計画問題では解の導出過程において人間の主観的判断が組み込まれる点に大きな特徴がある。本節では，各目的関数に対する意志決定者の主観的判断のあいまい性をファジィ集合 (Sakawa 1993; Zimmermann 1991) として捉え，大規模多目的計画問題に対する意思決定者の満足解を導出するための，双対分解手法と主分解手法に基づくファジィ意志決定手法について述べる (Sakawa and Yano 1994; Sakawa et al. 1995; Yano and Sakawa 1996)。

　現実の意志決定問題においては，一人の意志決定者が選好判断を下すよりも，むしろ，複数の意志決定者がお互いに協力（あるいは対立）しつつ，意志決定を行う場合（鈴木 1994; Anandalingam 1988; Lai 1996; Wen and Hsu 1991）が多いものと考えられる。このような観点から，5.4節では，上下関係にある二人の意志決定者がある種の協力関係のもとで選好判断を行う「大規模2-レベル多目的計画問題」について考察する。すなわち，上位レベル意思決定者と下位レベル意志決定者がある種の協力関係の下で，各自の多目的関数に対する選好を反映させた満足解を導出するために，双対分解手法に基づく2-レベルファジィ意志決定手法（Yano 1999）と主分解手法に基づく2-レベルファジィ意志決定手法（Yano 2000）について紹介する。

5.2 大規模計画問題に対する分解手法

5.2.1 大規模計画問題

現実の意志決定問題は，その構造の特殊性から，しばしば，以下のようなブロック構造を有する大規模計画問題 (Large-Scale Single-Objective Programming Problem：LS-SOP) として定式化される（ラスドン 1973；田村 1986）。

大規模計画問題：LS-SOP

$$\min f(x) = \sum_{l=1}^{p} f_l(x_l) \tag{5.1}$$

subject to

$$g_j(x) = \sum_{l=1}^{p} g_{jl}(x_l) \leq 0, \quad j=1, \cdots, m \tag{5.2}$$

$$h_l(x_l) \leq 0, \quad l=1, \cdots, p \tag{5.3}$$

ここで，$x_l \in R^{n_l}$, $l=1, \cdots, p$ は部分システムに関わる部分決定変数ベクトル，$x=(x_1, x_2, \cdots, x_p) \in R^n$ は全体システムの決定変数ベクトル，$g_j(x) \in R^1$, $j=1, \cdots, m$ は p 個の部分システムを関連づける結合制約関数，$h_l(x_l) \in R^{m_l}$, $l=1, \cdots, p$ は各部分システムの制約ベクトル値関数を表す。LS-SOP の制約集合について，便宜上，以下のように定義する。

$$S_l = \{x_l \in R^{n_l} | h_l(x_l) \leq 0\}, \quad l=1, \cdots, p \tag{5.4}$$

$$S = \prod_{l=1}^{p} S_l \tag{5.5}$$

$$X = \{x \in S | g_j(x) \leq 0, \quad j=1, \cdots, m\} \tag{5.6}$$

LS-SOP において，もし，結合制約式の数 m が各部分システムの制約式 $h_l(x_l) \leq 0$, $l=1, \cdots, p$ の数 $\sum_{l=1}^{p} m_l$ よりも十分小さい場合には，LS-SOP を複数個の部分問題に分割して取り扱う分解手法が数値計算上きわめて有効である。以下では，LS-SOP に対する双対分解手法と主分解手法について概説する（ラスドン 1973）。

5.2.2 双対分解手法

双対分解手法 (Dual Decomposition Method) では，まず，LS-SOP に対する双対問題を構成し，ラグランジュ乗数ベクトルをパラメータとして，双対問題を小規模な部分問題に分解する．次に，固定したラグランジュ乗数ベクトルに対する部分問題を解き，元の双対問題の最適解を得る．これらの情報を基に，全体問題ではラグランジュ乗数ベクトルを更新する．このような手続きを，全体問題と部分問題の間で繰り返し，最終的に LS-SOP の最適解を求める．このように双対分解手法は，ラグランジュ乗数（価格）をパラメータとして，下位レベルで小規模な部分問題を解き，上位レベルで全体問題の目的関数を改善するようにラグランジュ乗数を更新するという，2-レベル最適化手法である．

LS-SOP に対して，双対分解手法では以下の仮定をおく．

仮定 1：制約集合 S は，コンパクトな凸集合である．

仮定 2：制約集合 S 上で，目的関数 $f(x)$ は連続な強意凸関数，結合制約関数 $g_j(x)$, $j=1, \cdots, m$ は連続な凸関数である．

LS-SOP の m 個の結合制約式に対応するラグランジュ乗数ベクトルを，$\lambda = (\lambda_1, \cdots, \lambda_m)$ で表せば，LS-SOP に対するラグランジュ関数は次式で表される．

$$L(x, \lambda) = f(x) + \sum_{j=1}^{m} \lambda_j g_j(x) = \sum_{l=1}^{p} \left\{ f_l(x_l) + \sum_{j=1}^{m} \lambda_j g_{jl}(x_l) \right\} \tag{5.7}$$

ラグランジュ関数 $L(x, \lambda)$ を用いれば，LS-SOP に対応する双対問題を，次のように構成することができる．

$$\max_{\lambda \in \Lambda} w^D(\lambda) \tag{5.8}$$

ここで，双対関数 $w^D(\lambda)$ と，その定義域 Λ は，次式で定義される．

$$w^D(\lambda) = \min_{x \in S} L(x, \lambda) \tag{5.9}$$

$$\Lambda = \{\lambda \in R^m | \min_{x \in S} L(x, \lambda) \text{ が存在する}\} \tag{5.10}$$

LS-SOP において，決定変数の制約領域 S はコンパクトな凸集合，結合制約関数 $g_j(x)$, $j=1, \cdots, m$ は凸関数であることから，LS-SOP とその双対問題との間には以下の定理が成立する（ラスドン 1973）。

定理 1：双対関数 $w^D(\lambda)$ の定義域 Λ は次式で与えられ，双対関数 $w^D(\lambda)$ は Λ 上で凹関数となる。

$$\Lambda = \{\lambda \in R^m | \lambda \geq 0\} \tag{5.11}$$

定理 2：$\lambda \in \Lambda$ に対して，双対関数

$$w^D(\lambda) = \min_{x \in S} L(x, \lambda) = L(x(\lambda), \lambda) \tag{5.12}$$

とする。ただし $x(\lambda) = (x_1(\lambda), \cdots, x_p(\lambda))$。このとき，$w^D(\lambda)$ は Λ 上で微分可能で，偏微分係数は次式で与えられる。

$$\frac{\partial w^D}{\partial \lambda_j} = \sum_{l=1}^{p} g_{jl}(x_l(\lambda)), \quad j=1, \cdots, m \tag{5.13}$$

定理 3：双対問題 (5.8) の最適解を $\lambda^* \in \Lambda$ とする。このとき，$\lambda^* \in \Lambda$ に対応する最小化問題 $\min_{x \in S} L(x, \lambda^*)$ の最適解 x^* は，LS-SOP の最適解である。

定理 1，2，3 から明らかなように，ラグランジュ乗数ベクトル λ を決定変数とする双対問題 (5.8) の最適解は，その定義域 Λ 上（定理 1）でラグランジュ乗数ベクトル λ を，現在値から偏微分係数ベクトル（定理 2）の方向へ適当なステップ幅で逐次更新することにより，改善してゆくことができる。しかも，最終的に得られる最適解は，LS-SOP の最適解と一致する（定理 3）ことが保証されている。

ところで，双対問題 (5.8) において，ラグランジュ乗数ベクトル λ を固定したとき，双対関数 $w^D(\lambda)$ は決定変数 $(x_1, x_2, \cdots, x_p)$ に関して加法的に分離可能となり，以下のような p 個の部分問題に分解できる。

部分問題：D-SOP$_l(\lambda)$, $l=1, \cdots, p$

$$w_l^D(\lambda) = \min_{x_l \in S_l} \left\{ f_l(x_l) + \sum_{j=1}^{m} \lambda_j g_{jl}(x_l) \right\} \tag{5.14}$$

すなわち，固定されたラグランジュ乗数ベクトル λ に対する双対関数 w^D

(λ) の値は，直接双対問題 (5.8) を解く代わりに，p 個の部分問題を解くことにより求められる．このとき，双対問題 (5.8) は，次のようなラグランジュ乗数ベクトル λ を決定変数とする分解可能な問題に置き換えることができる．

全体問題：D-SOP

$$\max_{\lambda \geq 0} w^D(\lambda) = \sum_{l=1}^{p} w_l^D(\lambda) \tag{5.15}$$

以上より，LS-SOP の最適解 $x^* \in X$ を求めるための双対分解手法に基づくアルゴリズムを次のように構成することができる（図5.1参照）．

[双対分解手法のアルゴリズム]

ステップ1　ラグランジュ乗数ベクトル $\lambda \geq 0$ の初期値を適当に設定する．

ステップ2　p 個の部分問題 D-SOP$_l(\lambda)$，$l=1, \cdots, p$ を解き，得られた解を $x_l(\lambda)$，$l=1, \cdots, p$ とする．

ステップ3　双対関数 $w^D(\lambda)$ の値を p 個の部分問題の各目的関数値の総和 $\sum_{l=1}^{p} w_l^D(\lambda)$ として求め，双対関数の探索方向 $d=(d_1, \cdots, d_m)$ を次式により決定する．

$$d_j = \sum_{l=1}^{p} g_{jl}(x_l(\lambda)) \ ; \ \lambda_j > 0 \text{ の場合} \tag{5.16}$$

$$d_j = \max\left\{0, \ \sum_{l=1}^{p} g_{jl}(x_l(\lambda))\right\} \ ; \ \lambda_j = 0 \text{ の場合} \tag{5.17}$$

ステップ4　ステップ3で決定された探索方向 $d=(d_1, \cdots, d_m)$ に対して次の1次元探索問題を解き，最適解を $\beta^* \geq 0$ とする．

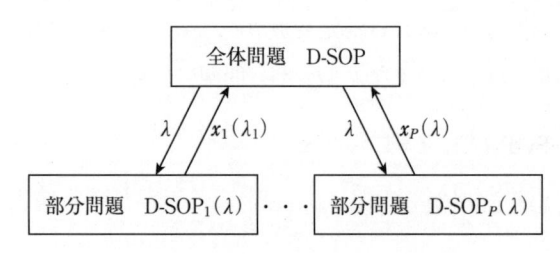

図5.1　LS-SOP に対する双対分解手法

$$\max_{\beta \geq 0} w^D(\lambda + \beta d) = \sum_{l=1}^{p} w_l^D(\lambda + \beta d) \tag{5.18}$$

subject to $\lambda + \beta d \geq 0$

この1次元探索問題も，部分問題 D-SOP$_l(\lambda + \beta d)$，$l=1, \cdots, p$ に分割して解くことができる。

ステップ5　$\beta^* \approx 0$ ならば終了。そうでなければ，ラグランジュ乗数ベクトルを $\lambda \leftarrow \lambda + \beta^* d$ と更新して，ステップ2へもどる。

5.2.3　主分解手法

主分解手法 (Primal Decomposition Method) では，LS-SOP の結合制約式を直接分割するために，全結合制約式に対する資源割当行列を導入する。すなわち，結合制約式の右辺定数を全体問題の「資源」と見なして，あらかじめ各部分問題に適当に実行可能な資源を割り当てた後，各部分問題を解く。次に，各部分問題の最適解における情報を基に，全体問題の目的関数を改善すべく資源割当行列の更新を行なう。さらに，更新された資源割当行列に対する部分問題を解くという処理を繰り返すことにより，最終的に元の問題 LS-SOP の最適解を得る。一般に，双対分解手法では途中経過の解は実行可能でない（非実行可能手法）のに対して，主分解手法では，割り当てる資源が実行可能であることから，途中経過の解は常に実行可能となる（実行可能手法）。

LS-SOP に対して，主分解手法では以下の仮定をおく。

仮定3：制約集合 S_l，$l=1, \cdots, p$ は，コンパクトな凸集合である。

仮定4：制約集合 S_l，$l=1, \cdots, p$ 上で，目的関数 $f_l(x)$ と，結合制約関数の各部分 $g_{jl}(x_l)$，$j=1, \cdots, m$ は，微分可能な凸関数である。

主分解手法では，LS-SOP の m 個の結合制約式を p 個の部分問題に分解するために，下記のような $(m \times p)$ 次元資源割当行列 $Y = (y_{jl})$ を導入する。

$$y_l = (y_{1l}, \cdots, y_{ml})^T \tag{5.19}$$

$$Y = (y_1, \cdots, y_p) = \begin{bmatrix} y_{11} & y_{12} & \cdots & y_{1p} \\ y_{21} & y_{22} & \cdots & y_{2p} \\ \cdots\cdots\cdots\cdots\cdots\cdots\cdots \\ y_{m1} & y_{m2} & \cdots & y_{mp} \end{bmatrix} \tag{5.20}$$

このとき，資源割当行列 $Y=(y_{jl})$ は，結合制約式の右辺がゼロであることから，明らかに以下の実行可能条件を満たさなければならない．

$$\sum_{l=1}^{p} y_{jl} \leq 0, \quad j=1, \cdots, m \tag{5.21}$$

ここで，結合制約式の右辺定数（この場合ゼロ）を全体システムの資源の上限値，y_l, $l=1, \cdots, p$ を各部分システムに割り当てる資源ベクトルと解釈できる．このことから，主分解手法は資源割当分解手法とも呼ばれる．各部分システムにあらかじめ実行可能な資源を割り当てるので，得られる解は常に実行可能となる．実行可能条件を満たす資源割当行列 $Y=(y_{jl})$ が与えられたとき，LS-SOP は，以下の p 個の部分問題に分解することができる．

部分問題：P-SOP$_l(y_l)$, $l=1, \cdots, p$

$$w_l^P(y_l) = \min_{x_l \in S_l(y_l)} f_l(x_l) \tag{5.22}$$

ここで，集合 $S_l(y_l)$ は次式で定義されている．

$$S_l(y_l) = \{x_l \in S_l | g_l(x_l) \leq y_l\} \tag{5.23}$$

また，$w_l^P(y_l)$ は l 番目の部分問題の最小目的関数値を表す．p 個の部分問題 P-SOP$_l(y_l)$ を取り扱うためには，その実行可能集合に対して $S_l(y_l) \neq \phi$, $l=1, \cdots, p$ を満たさなければならないので，資源割当行列 $Y=(y_{jl})$ に対して，さらに，以下の集合 Y_l, $l=1, \cdots, p$ を定義する．

$$Y_l = \{y_l \in R^m | S_l(y_l) \neq \phi\}, \quad l=1, \cdots, p \tag{5.24}$$

このとき，LS-SOP は，等価的に，次のような資源割当行列 $Y=(y_{jl})$ を決定変数とする分解可能な問題に変換できる．

全体問題：P-SOP

$$\min_{(y_1, \cdots, y_p) \in Y_1 \times \cdots \times Y_p} w^P(Y) = \sum_{l=1}^{p} w_l^P(y_l) \tag{5.25}$$

subject to

$$\sum_{l=1}^{p} y_{jl} \leq 0, \quad j=1, \cdots, m \tag{5.26}$$

　明らかに，主分解手法における全体問題 P-SOP は，$(m \times p)$ 資源割当行列 Y の各要素を決定変数とする凸計画問題となる．したがって，各部分問題の目的関数を改善する資源割当行列 Y の方向がわかれば資源割当行列 Y を更新することができる．ここで，資源割当ベクトル y_l, $l=1, \cdots, p$ について以下の仮定をおく．

仮定 5：資源割当ベクトル y_l は Y_l の内点である．すなわち，$y_l \in \text{int} Y_l$, $l=1, \cdots, p$．

　このとき，目的関数と制約関数の微分可能性の仮定から，目的関数 $w^P(Y)$ の局所的な改善方向として，資源割当行列 Y に関する方向導関数を最小にするような探索方向行列 D を採用することができる．このような方向発見問題は次式により定式化される．

$$\min_{(d_{jl}) \in \overline{D}} \mathrm{D}w^P(Y:D) = \sum_{l=1}^{p} \mathrm{D}w_l^P(y_l : d_l) \tag{5.27}$$

　ここで，$\mathrm{D}w^P(Y:D)$ は，資源割当行列 Y における D 方向への関数 $w^P(Y:D)$ の方向導関数を表す．また，D は資源割当行列 Y に対する $(m \times p)$ 探索方向行列

$$D = (d_1, \cdots d_p) = \begin{bmatrix} d_{11} & d_{12} & \cdots & d_{1p} \\ d_{21} & d_{22} & \cdots & d_{2p} \\ \multicolumn{4}{c}{\dotfill} \\ d_{m1} & d_{m2} & \cdots & d_{mp} \end{bmatrix} \tag{5.28}$$

を表す．さらに，探索方向行列 $D = (d_{jl})$ に関する制約集合 $\overline{D}$ は，以下の条件を満たす $(m \times p)$ 行列を要素とする集合を表す．

$$\overline{D} = \left\{ (d_{jl}) \in R^{m \times p} \mid \|d_{jl}\| \leq 1, \ \sum_{l=1}^{p} d_{jl} \leq 0, \ j \in B \right\} \tag{5.29}$$

$$B = \left\{ j \in \{1, \cdots, m\} \mid \sum_{l=1}^{p} y_{jl} = 0 \right\} \tag{5.30}$$

　この方向発見問題 (5.27) に対して，以下の定理が成立する（ラスドン 1973）．

定理 4：P-SOP の目的関数 $w^P(Y)$ は資源割当行列 Y に関する凸関数となる。

定理 5：$Y^* = (y_1^*, \cdots, y_p^*)$ を P-SOP の実行可能解とする。Y^* における方向発見問題 (5.27) の最適解を D^* とすると，$D^* = 0$ ならば，Y^* は P-SOP の最適解である。

定理 6：$w_l^P(y_l)$ が微分可能ならば，資源割当行列 $Y = (y_1, \cdots, y_p)$ の方向発見問題 (5.27) は，以下のような探索方向行列 $D = (d_{jl})$ に関する線形計画問題に帰着される。

$$\min_{(d_{jl}) \in \bar{D}} -\sum_{l=1}^{p} \left\{ \sum_{j=1}^{m} \lambda_{jl} d_{jl} \right\} \tag{5.31}$$

ここで，λ_{jl}，$l = 1, \cdots, p$，$j = 1, \cdots, m$ は，主分解手法における部分問題 P-SOP$_l(y_l)$ の制約式 $g_l(x_l) \leq y_l$ に対応するラグランジュ乗数を表す。

定理6の線形計画問題 (5.31) を解くことにより，探索方向行列 $D = (d_{jl})$ が与えられると，新しい資源割当行列 $Y = (y_{jl})$ は，D 方向への適当なステップサイズ $\beta > 0$ を決定することにより与えられる。

$$(y_{jl}) \leftarrow (y_{jl}) + \beta(d_{jl}), \quad l = 1, \cdots, p, \ j = 1, \cdots, m \tag{5.32}$$

このような最適ステップ幅 $\beta^* > 0$ は，関数 $w^P(Y)$ が資源割当行列 Y に関して凸であることから，次の1次元探索問題を解くことにより得られる。

$$\min_{\beta \geq 0} w^P(Y + \beta D) \tag{5.33}$$

subject to

$$\sum_{l=1}^{p} y_{jl} + \beta d_{jl} \leq 0, \quad j = 1, \cdots, m \tag{5.34}$$

以上の議論から，LS-SOP の最適解を求めるための，主分解手法に基づくアルゴリズムを次のように構成することができる（図5.2参照）。

[主分解手法のアルゴリズム]

ステップ 1 $(m \times p)$ 資源割当行列の初期値 $y_l \in Y_l$，$l = 1, \cdots, p$ を設定する。

ステップ 2 部分問題 P-SOP$_l(y_l)$，$l = 1, \cdots, p$ を解き，対応する最適解 $x_l(y_l)$ と，制約式 $g_l(x_l(y_l)) \leq y_l$，$l = 1, \cdots, p$ に対するラグランジュ乗数ベクトル $\lambda_l = (\lambda_{1l}, \cdots \lambda_{ml})^T$，$l = 1, \cdots, p$ を得る。

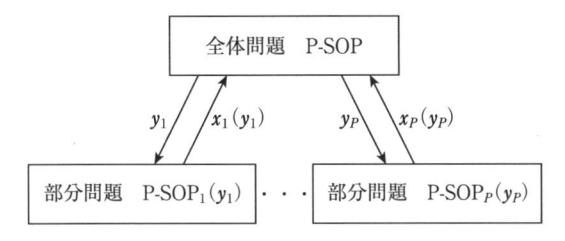

```
                    ┌──────────────────┐
                    │ 全体問題  P-SOP   │
                    └──────────────────┘
                   ↗ ↙           ↘ ↖
                $y_1$ $x_1(y_1)$   $y_P$ $x_P(y_P)$
              ┌─────────────────┐   ┌─────────────────┐
              │ 部分問題 P-SOP$_1(y_1)$│ … │ 部分問題 P-SOP$_P(y_P)$│
              └─────────────────┘   └─────────────────┘
```

図5.2　LS-SOP に対する主分解手法

ステップ3 ステップ2で得られたラグランジュ乗数ベクトル $\lambda_l = (\lambda_{1l}, \cdots, \lambda_{ml})^T$, $l = 1, \cdots, p$ をパラメータとして構成される方向発見問題 (5.31) を解き, $(m \times p)$ 探索方向行列 $D = (d_{jl})$ を求める.

ステップ4 得られた $(m \times p)$ 探索方向行列 $D = (d_{jl})$ に対して, 1次元探索問題を解くことにより, 最適ステップ幅 $\beta^* \geq 0$ を求める.

ステップ5 もし, $\beta^* \approx 0$ ならば終了する. そうでなければ, $(m \times p)$ 資源割当行列を $Y \leftarrow Y + \beta^* D$ と更新して, ステップ2へもどる.

5.3　大規模多目的計画問題に対するファジィ意志決定

5.3.1　大規模多目的計画問題

　現実の意志決定状況は, しばしば, 意志決定者が複数個のしかも互いに相競合する目的関数をバランスよく最適化するという, 多目的計画問題として定式化される (Sakawa, 1993; Steuer 1986). このような多目的計画問題に対しては, 従来の単一目的計画問題に対する最適解の概念をそのままあてはめることはできない. 代わりに, 意志決定者の選好構造を反映する解 (ここでは満足解と呼ぶ) を求めることが, 多目的計画問題の最終的な目標となる. すなわち, 多目的計画問題では, 満足解を導出する過程において, 意志決定者の各目的関数に対する主観的判断が組み込まれる点におおきな特徴がある.

本節では，次のようなブロック構造を有する大規模多目的計画問題 (Large-Scale Multi-Objective Programming Problem: LS-MOP) について考察する (Sakawa and Yano 1994; Sakawa et al. 1995)。

大規模多目的計画問題：LS-MOP

$$\min f_1(x) = \sum_{l=1}^{p} f_{1l}(x_l)$$

$$\min f_2(x) = \sum_{l=1}^{p} f_{2l}(x_l)$$

$$\vdots \quad \vdots \quad \vdots \tag{5.35}$$

$$\min f_k(x) = \sum_{l=1}^{p} f_{kl}(x_l)$$

subject to

$$g_j(x) = \sum_{l=1}^{p} g_{jl}(x_l) \leq 0, \quad j=1, \cdots, m \tag{5.36}$$

$$h_l(x_l) \leq 0, \quad l=1, \cdots, p$$

ここで，$x_l \in R^{n_l}$, $l=1, \cdots, p$ は部分決定変数ベクトル, $x=(x_1, x_2, \cdots, x_p) \in R^n$ は全体システムの決定変数ベクトル, $g_j(x) \in R^1$, $j=1, \cdots, m$ は全体システムを関連づける結合制約関数, $h_l(x_l) \in R^{m_l}$, $l=1, \cdots, p$ は部分システムの制約関数ベクトル, $f_i(x)$, $i=1, \cdots, k$ は互いに相競合する目的関数を表す。これらの制約集合について，便宜上，以下のように定義する。

$$S_l = \{x_l \in R^{n_l} | h_l(x_l) \leq 0\}, \quad l=1, \cdots, p \tag{5.37}$$

$$S = \prod_{l=1}^{p} S_l \tag{5.38}$$

$$X = \{x \in S | g_j(x) \leq 0, \quad j=1, \cdots, m\} \tag{5.39}$$

LS-MOP では，最適化すべき目的関数がベクトル値関数であるため，通常の最適解の代わりに，より消極的な解の概念として，ある目的関数を改善するためには少なくとも他のいずれかの目的関数を改悪せざるを得ない解，すなわち，パレート最適解が定義されている。

定義 1：LS-MOP に対して，$f(x) \leq f(x^*)$（即ち，$f_i(x) \leq f_i(x^*)$, $i=1, \cdots, k$, かつ，ある $j \in \{1, \cdots, k\}$ に対して，$f_j(x) < f_j(x^*)$）となるような，$x \in$

X が存在しない時, $x^* \in X$ をパレート最適解という。

LS-MOP に対して, 意志決定者の主観的判断のあいまい性を考慮すれば, 意志決定者は, 各目的関数 $f_i(x)$, $i=1, \cdots, k$ に対してあいまいな目標 (ファジィ目標) を持つものと考えられる。このようなファジィ目標は, メンバシップ関数 $\mu_i(f_i(x))$, $i=1, \cdots, k$ により規定することができる (Sakawa 1993; Zimmermann 1991)。

もし意志決定者が LS-MOP の各目的関数 $f_i(x)$, $i=1, \cdots, k$ に対するメンバシップ関数 $\mu_i(f_i(x))$ を主観的に設定することができれば, LS-MOP は以下のファジィ大規模多目的計画問題 (Fuzzy Large-Scale Multi-Objective Programming Problem: FLS-MOP) に変換することができる。

ファジィ大規模多目的計画問題: FLS-MOP

$$
\begin{aligned}
& \max \quad \mu_1(f_1(x)) \\
& \max \quad \mu_2(f_2(x)) \\
& \quad \vdots \quad \vdots \\
& \max \quad \mu_k(f_k(x))
\end{aligned}
\tag{5.40}
$$

subject to

$$
g_j(x) = \sum_{l=1}^{p} g_{jl}(x_l) \leq 0, \quad j=1, \cdots, m \tag{5.41}
$$

$$
h_l(x_l) \leq 0, \quad l=1, \cdots, p
$$

FLS-MOP も LS-MOP 同様, 最適化すべき目的関数がベクトル値関数であるため, 通常の最適解の概念を適用することはできない。そこで, メンバシップ関数空間におけるパレート最適解として, あるメンバシップ関数を改善するためには少なくとも他のいずれかのメンバシップ関数を改悪せざるを得ない解, 即ち, M-パレート最適解が定義されている (Sakawa 1993)。

定義2: FLS-MOP に対して, $\mu(f(x)) \geq u(f(x^*))$ (即ち, $\mu_i(f_i(x)) \geq \mu_i(f_i(x^*))$, $i=1, \cdots, k$, かつ, ある $j \in \{1, \cdots, k\}$ に対して, $\mu_j(f_j(x)) > \mu_j(f_j(x^*))$) となるような, $x \in X$ が存在しない時, $x^* \in X$ を M-パレート最適解という。

LS-MOP におけるパレート最適解同様, FLS-MOP における M-パレート

最適解は一般に無限個存在するので（図5.3参照），M-パレート最適解の集合の中から意志決定者の満足解を導出することが，FLS-MOP の最終目標となる．以下では，FLS-MOP に対する意志決定者の満足解を導出するために，双対分解手法に基づく2種類のファジィ意志決定アルゴリズムと，主分解手法に基づくファジィ意志決定アルゴリズムについて紹介する．

5.3.2 双対分解手法に基づくファジィ意志決定

本節では，FLS-MOP に対して，意志決定者の満足解を導出するための，双対分解手法に基づくファジィ意志決定手法について紹介する．

まず，FLS-MOP に対して以下の仮定をおく．

仮定 1a：制約集合 S は，コンパクトな凸集合である．

仮定 2a：制約集合 S 上で，目的関数 $f_i(x)$, $i=1, \cdots, k$ および結合制約関数 $g_j(x)$, $j=1, \cdots, m$ は連続な凸関数，メンバシップ関数 $\mu_i(f_i(x))$, $i=1, \cdots, k$ は，強意単調減少かつ連続な凹関数である．

このとき，もし意志決定者の各メンバシップ関数に対する選好構造が Bellman と Zadeh のファジィ決定 (Bellman and Zadeh 1970) にしたがうならば，

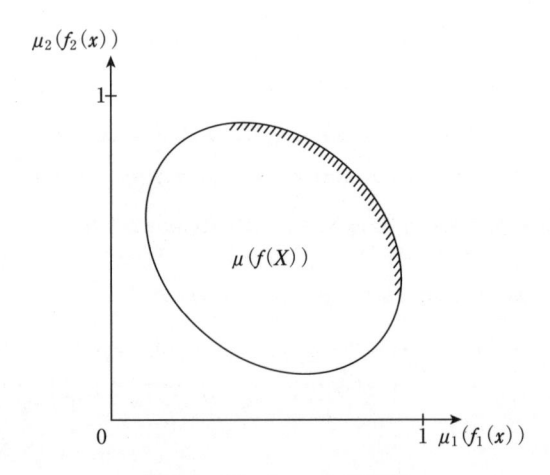

図5.3　M-パレート最適解

意志決定者の満足解は，次のマックスミニ問題を解くことにより得られる．

マックスミニ問題：MAXMIN1

$$\max_{x}\{\min_{i=1,\cdots,k}\mu_i(f_i(x))\} \tag{5.42}$$

subject to

$$g_j(x) = \sum_{l=1}^{p} g_{jl}(x_l) \leq 0, \quad j=1, \cdots, m \tag{5.43}$$

$$h_l(x_l) \leq 0, \quad l=1, \cdots, p \tag{5.44}$$

この問題は，補助変数 $x_{p+1} \in [0, 1]$ を導入すれば，次のような問題に変換できる．

マックスミニ問題：MAXMIN2

$$\max_{x_{p+1} \in [0,1]} x_{p+1} \tag{5.45}$$

subject to

$$f_i(x) - \mu_i^{-1}(x_{p+1}) \leq 0, \quad i=1, \cdots, k$$

$$g_j(x) = \sum_{l=1}^{p} g_{jl}(x_l) \leq 0, \quad j=1, \cdots, m$$

$$h_l(x_l) \leq 0, \quad l=1, \cdots, p$$

ここで，メンバシップ関数の値域が，$0 \leq \mu_i(f_i(x)) \leq 1$ であることから，補助変数 $x_{p+1} \leq E^1$ の上下限を $[0, 1]$ に設定していること，および，仮定2aよりメンバシップ関数 $\mu_i(\cdot)$ の逆関数が存在することに注意しよう．

MAXMIN2 の目的関数 x_{p+1} は強凸でないので，残念ながら MAXMIN2 に対して直接双対分解手法を適用することはできない（仮定2）．そこで，目的関数の強凸性を保証するために，MAXMIN2 の目的関数に以下のような拡張項を加えた修正マックスミニ問題について考えよう．

修正マックスミニ問題：MAXMIN3

$$\min_{x_{p+1} \in [0,1]} -x_{p+1} + p x^2_{p+1} \tag{5.46}$$

subject to

$$f_i(x) - \mu_i^{-1}(x_{p+1}) \leq 0, \quad i=1, \cdots, k$$

$$g_j(x) = \sum_{l=1}^{p} g_{jl}(x_l) \leq 0, \quad j=1, \cdots, m$$

$$h_l(x_l) \leq 0, \quad l=1, \cdots, p$$

ここで，$\rho > 0$ は，十分に小さな正数で，ρx_{p+1}^2 の項が存在するために，目的関数の強凸性が保証されていることに注意しよう．また，ρ は十分小さな正数であるので，MAXMIN3 の最適解は，MAXMIN2 の近似解と考えることができる．さらに，MAXMIN3 に対しては，$-\mu_i^{-1}(\cdot)$ が凸関数であることから，メンバシップ関数に関わる制約関数

$$f_i(x) - \mu_i^{-1}(x_{p+1}), \quad i=1, \cdots, k \tag{5.47}$$

も，連続かつ凸となり，双対分解手法を適用することが可能となる．

MAXMIN3 に対応するラグランジュ関数は，次式で与えられる．

$$\begin{aligned}
L(x, x_{p+1}, \lambda^f, \lambda^g) &= -x_{p+1} + \rho x_{p+1}^2 + \sum_{i=1}^{k} \lambda_i^f \left\{ \sum_{l=1}^{p} f_{il}(x_l) - \mu_i^{-1}(x_{p+1}) \right\} \\
&\quad + \sum_{j=1}^{m} \lambda_j^g \left\{ \sum_{l=1}^{p} g_{jl}(x_l) \right\} \\
&= -x_{p+1} + \rho x_{p+1}^2 + \sum_{l=1}^{p} \left\{ \sum_{i=1}^{k} \lambda_i^f f_{il}(x_l) \right\} \\
&\quad - \left\{ \sum_{i=1}^{k} \lambda_i^f \mu_i^{-1}(x_{p+1}) \right\} + \sum_{l=1}^{p} \left\{ \sum_{j=1}^{k} \lambda_j^g g_{jl}(x_l) \right\} \\
&= \sum_{l=1}^{p} \left\{ \sum_{i=1}^{k} \lambda_i^f f_{il}(x_l) + \sum_{j=1}^{k} \lambda_j^g g_{jl}(x_l) \right\} \\
&\quad + \left\{ -x_{p+1} + \rho x_{p+1}^2 - \sum_{i=1}^{k} \lambda_i^f \mu_i^{-1}(x_{p+1}) \right\} \tag{5.48}
\end{aligned}$$

ここで，$\lambda^f = (\lambda_1^f, \cdots, \lambda_k^f)$，$\lambda^g = (\lambda_1^g, \cdots, \lambda_m^g)$ は，それぞれ，MAXMIN3 の目的関数 $f_i(x)$，$i=1, \cdots, k$ と結合制約関数 $g_j(x) j=1, \cdots, m$ に関する制約式に対応するラグランジュ乗数ベクトルを表わす．

この時，MAXMIN3 に対応する双対問題を，次のように構成することができる．

$$\max_{(\lambda^f, \lambda^g) \in \Lambda} w^D(\lambda^f, \lambda^g) \tag{5.49}$$

ここで，双対関数 $w^D(\lambda^f, \lambda^g)$ と，その定義域 Λ は，次式で定義される．

$$w^D(\lambda^f, \lambda^g) = \min_{x \in S} L(x, x_{p+1}, \lambda^f, \lambda^g) \tag{5.50}$$

$$\Lambda = \{\lambda \in R^{m+k} | \min_{x \in S} L(x, x_{p+1}, \lambda^f, \lambda^g) \text{ が存在する}\}$$

$$\tag{5.51}$$

MAXMIN3 とその双対問題との間には以下の定理が成立する。

定理 1a：双対関数 $w^D(\lambda^f, \lambda^g)$ の定義域 Λ は次式で与えられ，双対関数 $w^D(\lambda^f, \lambda^g)$ は Λ 上で凹関数となる。

$$\Lambda = \{(\lambda^f, \lambda^g) \in \mathbf{R}^{m+k} | \lambda^f \geq 0, \lambda^g \geq 0\} \tag{5.52}$$

定理 2a：双対関数 $w^D(\lambda^f, \lambda^g)$ は，任意の $(\lambda^f, \lambda^g) \in \Lambda$ 上で微分可能で，偏微分係数は次式で与えられる。

$$\frac{\partial w^D}{\partial \lambda_i^f} = \sum_{l=1}^{p} f_{il}(x_l) - \mu_i^{-1}(x_{p+1}), \quad i=1, \cdots, k \tag{5.53}$$

$$\frac{\partial w^D}{\partial \lambda_j^g} = \sum_{l=1}^{p} g_{jl}(x_l), \quad j=1, \cdots, m \tag{5.54}$$

定理 3a：双対問題の最適解 $(\lambda^{f*}, \lambda^{g*})$ に対応する最小化問題 $\min_{x \in S} L(x, x_{p+1}, \lambda^{f*}, \lambda^{g*})$ の最適解 (x^*, x_{p+1}^*) は，MAXMIN3 の最適解である。

ところで，MAXMIN3 の双対問題において，ラグランジュ乗数ベクトル (λ^f, λ^g) を固定したとき，双対関数 $w^D(\lambda^f, \lambda^g)$ は決定変数 $(x_1, x_2, \cdots, x_p, x_{p+1})$ に関して加法的に分離可能となり，以下のような $p+1$ 個の部分問題に分解できる。

部分問題：D-MOP$_l(\lambda^f, \lambda^g)$, $l=1, \cdots, p$

$$w_l^D(\lambda^f, \lambda^g) = \min_{x_l \in S_l} \left\{ \sum_{j=1}^{k} \lambda_i^f f_l(x_l) + \sum_{j=1}^{m} \lambda_j^g g_{jl}(x_l) \right\} \tag{5.55}$$

部分問題：D-MOP$_{p+1}(\lambda^f)$

$$w_{p+1}^D(\lambda^f) = \min_{x_{p+1} \in [0,1]} \left\{ -x_{p+1} + \rho x_{p+1}^2 - \sum_{i=1}^{k} \lambda_i^f \mu_i^{-1}(x_{p+1}) \right\} \tag{5.56}$$

即ち，固定されたラグランジュ乗数ベクトル λ^f, λ^g に対する双対関数 $w^D(\lambda^f, \lambda_g)$ の値は，直接双対問題を解く代わりに，$p+1$ 個の部分問題を解くことにより求められる。このとき，MAXMIN3 の最適解は，次のようなラグランジュ乗数ベクトル (λ^f, λ^g) を決定変数とする問題を解くことにより得られる。

全体問題：D-MOP

$$\max_{(\lambda^f, \lambda^g) \geq 0} w^D(\lambda^f, \lambda^g) = \sum_{l=1}^{p} w_l^D(\lambda^f, \lambda^g) + w_{p+1}^D(\lambda^f) \tag{5.57}$$

以上より，MAXMIN1 の近似解 $x^* \in X$（すなわち，ファジィ決定に基づく意志決定者の満足解）を導出するための双対分解手法に基づくアルゴリズムを次のように構成することができる（図 5.4 参照）．

[双対分解手法に基づくファジィ意志決定アルゴリズム]

ステップ 1　LS-MOP の各目的関数に対して，意志決定者が主観的にメンバシップ関数 $\mu_i(f_i(x))$，$i=1, \cdots, k$ を設定する．

ステップ 2　ラグランジュ乗数ベクトル $(\lambda^f, \lambda^g) \geq 0$ の初期値を設定する．

ステップ 3　十分小さな $\rho > 0$ に対して，$p+1$ 個の部分問題 D-MOP$_l(\lambda^f, \lambda^g)$，$l=1, \cdots, p$，D-MOP$_{p+1}(\lambda^f)$ を解き，得られた解を $x_l(\lambda^f, \lambda^g)$，$l=1, \cdots, p$，$x_{p+1}(\lambda^f)$ とする．

ステップ 4　双対関数 $w^D(\lambda^f, \lambda^g)$ の値を $p+1$ 個の部分問題 D-MOP$_l(\lambda_f, \lambda_g)$，$l=1, \cdots, p$，D-MOP$_{p+1}(\lambda^f)$ の各目的関数値 $w_l^D(\lambda^f, \lambda^g)$，$l=1, \cdots, p$，$w_{p+1}^D(\lambda^f)$ の総和として求め，双対関数の探索方向 $d^f = (d_1^f, \cdots, d_k^f)$，$d^g = (d_1^g, \cdots, d_m^g)$ を次式により決定する．

$$d_i^f = \sum_{l=1}^{p} f_{il}(x_l(\lambda^f, \lambda^g)) - \mu_i^{-1}(x_{p+1}(\lambda^f)) ; \lambda_i^f > 0, i=1, \cdots, k \text{ の場合} \quad (5.58)$$

$$d_i^f = \max\left\{0, \sum_{l=1}^{p} f_{il}(x_l(\lambda^f, \lambda^g)) - \mu_i^{-1}(x_{p+1}(\lambda^f))\right\} ; \lambda_i^f = 0, i=1, \cdots, k \text{ の場合} \quad (5.59)$$

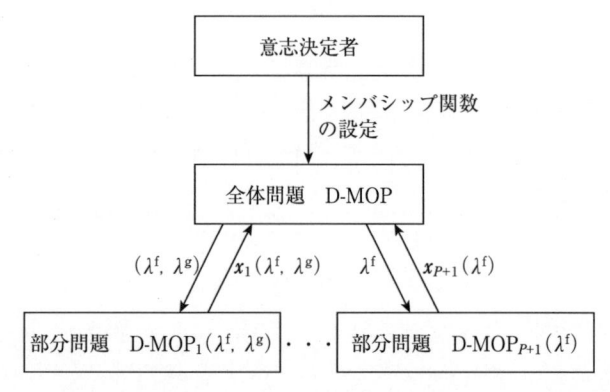

図 5.4　FLS-MOP に対する双体分解手法に基づくファジィ意志決定

$$d_j{}^g = \sum_{l=1}^{p} g_{ji}(x_l(\lambda^f, \lambda^g)) \ ; \ \lambda_j{}^g > 0, \ j=1, \ \cdots, \ m \text{ の場合} \tag{5.60}$$

$$d_j{}^g = \max\left\{0, \ \sum_{l=1}^{p} g_{jl}(x_l(\lambda^f, \lambda^g))\right\} ; \ \lambda_j{}^g = 0, \ j=1, \ \cdots, \ m \text{ の場合} \tag{5.61}$$

ステップ5　ステップ4で決定された探索方向に対して次の1次元探索問題を解き，最適解を $\beta^* \geq 0$ とする。

$$\max_{\beta \geq 0} w^D(\lambda^f + \beta d^f, \ \lambda^g + \beta d^g) \tag{5.62}$$

subject to $\quad \lambda^f + \beta d^f \geq 0, \ \lambda^g + \beta d^g \geq 0$

ステップ6　$\beta^* \approx 0$ ならば終了。そうでなければ，ラグランジュ乗数ベクトルを，$\lambda^f \leftarrow \lambda^f + \beta^* d^f$, $\lambda^g \leftarrow \lambda^g + \beta^* d^g$ と更新して，ステップ3へもどる。

5.3.3　双対分解手法に基づく対話型ファジィ意志決定

前節では，FLS-MOPにおいて，意志決定者が各目的関数に対してファジィ決定にしたがう選好構造を有するという前提の下で，意志決定者の満足解を導出するための双対分解手法に基づくファジィ意志決定アルゴリズムを提案した。しかしながら，意志決定者の選好構造が常にファジィ決定にしたがうとは限らない。そのような場合には，意志決定者の陰に存在する選好関数を陽に同定することなく局所的選好情報を基に対話的に解を更新するという，対話型手法 (Sakawa 1993) が望ましい。このような観点から，本節ではFLS-MOPに対して，意志決定者が各目的関数に対してファジィ目標をメンバシップ関数で規定した後，基準メンバシップ値にある意味で近い満足解の候補を繰り返し求めることにより最終的に意志決定者の満足解を導出するという，双対分解手法に基づく対話型ファジィ意志決定手法を提案する。

まず，FLS-MOPに対して以下の仮定をおく。

仮定1b：制約集合 S は，コンパクトな凸集合である。

仮定2b：制約集合 S 上で，目的関数 $f_i(x)$, $i=1, \ \cdots, \ k$ および結合制約関数 $g_j(x)$, $j=1, \ \cdots, \ m$ は連続な凸関数，メンバシップ関数 $\mu_i(f_i(x))$, $i=1, \ \cdots,$

k は，強意単調減少かつ連続な凹関数である．

意志決定者により，各目的関数に対するメンバシップ関数 $\mu_i(f_i(x))$, $i=1$, $\cdots$, k が規定された後，意志決定者の満足解を導出するための問題は，形式的には次式のように表すことができる．

$$\max_{x \in X} \mu_D(\mu_1(f_1(x)), \cdots, \mu_k(f_k(x))) \tag{5.63}$$

ここで，$\mu_D(\cdot)$ は，メンバシップ関数空間上における，意志決定者の選好構造を反映した統合関数である．

もし，このような関数 $\mu_D(\cdot)$ を陽に同定することができるのであれば，FLS-MOP は，統合関数 $\mu_D(\cdot)$ を最大化するという単一目的大規模計画問題に置き換えることができる．しかし，一般に，統合関数 $\mu_D(\cdot)$ を同定することはきわめて困難であるので，その代わりに，局所的選好情報を基に対話的に解を更新することにより，最終的に意志決定者の満足解を導出するという，対話型手法が提案されている．

意志決定者が，主観的に，彼の選好構造を反映させた各メンバシップ関数に対する基準メンバシップ値：

$$\bar{\mu} = (\bar{\mu}_1, \cdots, \bar{\mu}_k) \tag{5.64}$$

を設定すれば，彼の要求にある意味において近い解は，次のミニマックス問題を解くことにより求められる．

ミニマックス問題：MINMAX1($\bar{\mu}$)

$$\min_x \{ \max_{i=1,\cdots,k} \{ \bar{\mu}_i - \mu_i(f_i(x)) \} \} \tag{5.65}$$

subject to

$$g_j(x) = \sum_{l=1}^{p} g_{jl}(x_l) \leq 0, \quad j=1, \cdots, m \tag{5.66}$$

$$h_l(x_l) \leq 0, \quad l=1, \cdots, p \tag{5.67}$$

この問題は，補助変数 $x_{p+1} \in E^1$ を導入すれば，次のような問題に変換できる．

ミニマックス問題：MINMAX2($\bar{\mu}$)

$$\min_{X_{p+1} \in S_{p+1}(\bar{\mu})} x_{p+1} \tag{5.68}$$

subject to

$$f_i(x) - \mu_i^{-1}(\bar{\mu}_i - x_{p+1}) \leq 0, \quad i=1, \cdots, k$$

$$g_j(x) = \sum_{l=1}^{p} g_{jl}(x_l) \leq 0, \quad j=1, \cdots, m$$

$$h_l(x_l) \leq 0, \quad l=1, \cdots, p$$

ここで,仮定 2b よりメンバシップ関数の逆関数 $\mu_i^{-1}(\cdot)$ が存在することに注意しよう.また,逆関数 $\mu_i^{-1}(\cdot)$ の定義域が $[0, 1]$ であることから,x_{p+1} に関して次式が成立しなければならない.

$$S_{p+1}(\bar{\mu}) = \{x_{p+1} \in R^1 | 0 \leq \bar{\mu}_i - x_{p+1} \leq 1, \quad i=1, \cdots, k\} \tag{5.69}$$

MINMAX2($\bar{\mu}$) の最適解と M-パレート最適解の間には次の関係が成立する.

定理 7:$x^* \in X$ が,FLS-MOP の M-パレート最適解であるための必要十分条件は,$x^* \in X$ が,ある基準メンバシップ値 $\bar{\mu}_i$,$i=1, \cdots, k$ に対する MINMAX2($\bar{\mu}$) の一意な最適解となることである.

MINMAX2($\bar{\mu}$) に対して双対分解手法を適用するためには,MINMAX2($\bar{\mu}$) の目的関数の強凸性が要求される (仮定 2).そのため,MINMAX2($\bar{\mu}$) の目的関数 x_{p+1} に拡張項 ρx_{p+1}^2 を加えた次のような修正ミニマックス問題について考える.

修正ミニマックス問題:MINMAX3($\bar{\mu}$)

$$\min_{x_{p+1} \in S_{p+1}(\bar{\mu})} -x_{p+1} + \rho x_{p+1}^2 \tag{5.70}$$

subject to

$$f_i(x) - \mu_i^{-1}(\bar{\mu}_i - x_{p+1}) \leq 0, \quad i=1, \cdots, k$$

$$g_j(x) = \sum_{l=1}^{p} g_{jl}(x_l) \leq 0, \quad j=1, \cdots, m$$

$$h_l(x_l) \leq 0, \quad l=1, \cdots, p$$

ここで,$\rho > 0$ は,十分に小さな正数で,ρx_{p+1}^2 の項が存在するために,MINMAX3($\bar{\mu}$) の目的関数の強凸性が保証されている.しかも,ρ は十分小さな正数であるので,MINMAX3($\bar{\mu}$) の最適解は,MINMAX2($\bar{\mu}$) の近似解となる.

MINMAX3($\bar{\mu}$) に対応するラグランジュ関数は,次式で与えられる.

$$L(\bar{\mu}:x,\ x_{p+1},\ \lambda^f,\ \lambda^g) = \sum_{l=1}^{p}\left\{\sum_{i=1}^{k}\lambda_i^f f_{il}(x_l) + \sum_{j=1}^{m}\lambda_j^g g_{jl}(x_l)\right\}$$
$$+ \left\{-x_{p+1} + \rho x_{p+1}^2 - \sum_{i=1}^{k}\lambda_i^f \mu_i^{-1}(\bar{\mu}_i - x_{p+1})\right\}$$
(5.71)

ここで,$\lambda^f = (\lambda_1^f, \cdots, \lambda_k^f)$,$\lambda^g = (\lambda_1^g, \cdots, \lambda_m^g)$ は,それぞれ,MINMAX3($\bar{\mu}$) の目的関数 $f_i(x)$ と結合制約関数 $g_j(x)$ に関する制約式に対応するラグランジュ乗数ベクトルを表す.

この時,MINMAX3($\bar{\mu}$) に対応する双対問題を,次のように構成することができる.

$$\max_{(\lambda^f,\lambda^g)\in\Lambda(\bar{\mu})} w^D(\bar{\mu}:\lambda^f,\ \lambda^g) \qquad (5.72)$$

ここで,双対関数 $w^D(\bar{\mu}:\lambda^f,\ \lambda^g)$ と,その定義域 $\Lambda(\bar{\mu})$ は,次式で定義される.

$$w^D(\bar{\mu}:\lambda^f,\ \lambda^g) = \min_{x\in S, x_{p+1}\in S_{p+1}(\bar{\mu})} L(\bar{\mu}:x,\ x_{p+1},\ \lambda^f,\ \lambda^g) \qquad (5.73)$$

$$\Lambda(\bar{\mu}) = \{(\lambda^f,\ \lambda^g)\in R^{m+k}|\min_{x\in S, x_{p+1}\in S_{p+1}(\bar{\mu})} L(\bar{\mu}:x,\ x_{p+1},$$
$$\lambda^f,\ \lambda^g)\ \text{が存在する}\} \qquad (5.74)$$

MINMAX3($\bar{\mu}$) とその双対問題との間には以下の定理が成立する.

定理1b:双対関数 $w^D(\bar{\mu}:\lambda^f,\ \lambda^g)$ の定義域 $\Lambda(\bar{\mu})$ は次式で与えられ,双対関数 $w^D(\bar{\mu}:\lambda^f,\ \lambda^g)$ は $\Lambda(\bar{\mu})$ 上で凹関数となる.

$$\Lambda(\bar{\mu}) = \{(\lambda^f,\ \lambda^g)\in R^{m+k}|\lambda^f\geq 0,\ \lambda^g\geq 0\} \qquad (5.75)$$

定理2b:双対関数 $w^D(\bar{\mu}:\lambda^f,\ \lambda^g)$ は,任意の $(\lambda^f,\ \lambda^g)\in\Lambda(\bar{\mu})$ 上で微分可能で,偏微分係数は次式で与えられる.

$$\frac{\partial w^D}{\partial \lambda_i^f} = \sum_{l=1}^{p} f_{il}(x_l) - \mu_i^{-1}(\bar{\mu}_i - x_{p+1}),\ i=1,\cdots,k \qquad (5.76)$$

$$\frac{\partial w^D}{\partial \lambda_j^g} = \sum_{l=1}^{p} g_{il}(x_l),\ j=1,\cdots,m \qquad (5.77)$$

定理3b:意思決定者により設定された基準メンバシップ値 $\bar{\mu}$ に対する双対問題の最適解を $(\lambda^{f*},\ \lambda^{g*})$ とする.最適解 $(\lambda^{f*},\ \lambda^{g*})$ に対応する最小化問題 $\min_{x\in S, x_{p+1}\in S_{p+1}(\bar{\mu})} L(\bar{\mu}:x,\ x_{p+1},\ \lambda^{f*},\ \lambda^{g*})$ の最適解 $(x^*,\ x_{p+1}^*)$ は,

MINMAX3($\bar{\mu}$) の最適解である。

ところで，MINMAX3($\bar{\mu}$) の双対問題において，ラグランジュ乗数ベクトル (λ^f, λ^g) を固定したとき，双対関数 $w^D(\bar{\mu}:\lambda^f, \lambda^g)$ は決定変数 (x_1, x_2, …, x_p, x_{p+1}) に関して加法的に分離可能となり，以下のような $p+1$ 個の部分問題に分解できる。

部分問題：D-MOP$_l$($\bar{\mu}:\lambda^f$, λ^g)，$l=1$, …, p

$$w_l^D(\bar{\mu}:\lambda^f, \lambda^g) = \min_{x_l \in S_l} \left\{ \sum_{i=1}^{k} \lambda_i^f f_{il}(x_l) + \sum_{j=1}^{m} \lambda_j^g g_{jl}(x_l) \right\} \quad (5.78)$$

部分問題：D-MOP$_{p+1}$($\bar{\mu}:\lambda^f$)

$$w_{p+1}^D(\bar{\mu}:\lambda^f) = \min_{x_{p+1} \in S_{p+1}(\bar{\mu})} \left\{ -x_{p+1} + \rho x_{p+1}^2 - \sum_{i=1}^{k} \lambda_i^f \mu_i^{-1}(\bar{\mu}_i - x_{p+1}) \right\} \quad (5.79)$$

すなわち，固定されたラグランジュ乗数ベクトル λ^f, λ^g に対する双対関数 $w^D(\bar{\mu}:\lambda^f, \lambda^g)$ の値は，$p+1$ 個の部分問題を解くことにより求められる。このとき，MINMAX3($\bar{\mu}$) の最適解は，次のようなラグランジュ乗数ベクトル (λ^f, λ^g) を決定変数とする問題を解くことにより得られる。

全体問題：D-MOP ($\bar{\mu}$)

$$\max_{(\lambda^f, \lambda^g) \geq 0} w^D(\bar{\mu}:\lambda^f, \lambda^g) = \sum_{l=1}^{p} w_l^D(\bar{\mu}:\lambda^f, \lambda^g) + w_{p+1}^D(\bar{\mu}:\lambda^f) \quad (5.80)$$

以上より，MINMAX3($\bar{\mu}$) の最適解 $x^* \in X$ (即ち，意志決定者が主観的に設定した基準メンバシップ値 $\bar{\mu}$ にミニマックスの意味で近い解) を導出するための双対分解手法に基づくアルゴリズムを次のように構成することができる。

[**MINMAX3**($\bar{\mu}$) を解くための双対分解手法に基づくアルゴリズム]
ステップ1　ラグランジュ乗数ベクトル (λ^f, λ^g) ≥ 0 の初期値を適当に設定する。
ステップ2　十分小さな $\rho > 0$ に対して，$p+1$ 個の部分問題 D-MOP$_l$($\bar{\mu}:\lambda^f$, λ^g)，$l=1$, …, p, D-MOP$_{p+1}$($\bar{\mu}:\lambda^f$) を解き，得られた解を $x_l(\bar{\mu}:\lambda^f$, $\lambda^g)$，$l=1$, …, p, $x_{p+1}(\bar{\mu}:\lambda^f)$ とする。

ステップ3 双対関数 $w^D(\bar{\mu}:\lambda^f, \lambda^g)$ の値を $p+1$ 個の部分問題の最適目的関数値の総和として求め，双対関数の探索方向 $d^f=(d_1^f, \cdots, d_k^f)$, $d^g=(d_1^g, \cdots, d_m^g)$ を次式により決定する．

$$d_i^f = \sum_{l=1}^{p} f_{il}(x_l(\bar{\mu}:\lambda^f, \lambda^g)) - \mu_i^{-1}(\bar{\mu}_i - x_{p+1}(\bar{\mu}:\lambda^f))\ ;\ \lambda_i^f > 0,$$

$i=1, \cdots, k$ の場合 (5.81)

$$d_i^f = \max\left\{0,\ \sum_{l=1}^{p} f_{il}(x_l(\bar{\mu}:\lambda^f, \lambda^g)) - \mu_i^{-1}(\bar{\mu}_i - x_{p+1}(\bar{\mu}:\lambda^f))\right\};$$

$\lambda_i^f = 0,\ i=1, \cdots, k$ の場合 (5.82)

$$d_j^g = \sum_{l=1}^{p} g_{jl}(x_l(\bar{\mu}:\lambda^f, \lambda^g))\ ;\ \lambda_j^g > 0,\ j=1, \cdots, m \text{ の場合} \quad (5.83)$$

$$d_j^g = \max\left\{0,\ \sum_{l=1}^{p} g_{jl}(x_l(\bar{\mu}:\lambda^f, \lambda^g))\right\};\ \lambda_j^g = 0,\ j=1, \cdots, m \text{ の場合}$$
(5.84)

ステップ4 ステップ3で決定された探索方向に対して次の1次元探索問題を解き最適解を $\beta^* \geq 0$ とする．

$$\max_{\beta \geq 0}\ w^D(\bar{\mu}:\lambda^f + \beta d^f,\ \lambda^g + \beta d^g) \quad (5.85)$$

subject to $\lambda^f + \beta d^f \geq 0$, $\lambda^g + \beta d^g \geq 0$

ステップ5 $\beta^* \approx 0$ ならば終了．そうでなければ，ラグランジュ乗数ベクトルを $\lambda^f \leftarrow \lambda^f + \beta^* d^f$, $\lambda^g \leftarrow \lambda^g + \beta^* d^g$ と更新して，ステップ2へもどる．

さて，意志決定者が主観的に設定した基準メンバシップ値 $\bar{\mu}$ に対して，双対分解手法に基づくアルゴリズムを適用すれば，基準メンバシップ値 $\bar{\mu}$ にある意味で近いM-パレート最適解が求められる．ここで，意志決定者は，現在のM-パレート最適解に満足するか，そうでなければ，基準メンバシップ値を更新することにより，新たなM-パレート最適解を求める必要がある．意志決定者が基準メンバシップ値を更新する際の有効な情報として，メンバシップ関数間のトレードオフ比が考えられる．目的関数間およびメンバシップ関数間のトレードオフ比の近似値は，MINMAX3($\bar{\mu}$) の最適解 $x^* \in X$ と，対応するラグランジュ乗数 λ_i^{f*}, $i=1, \cdots, k$ を用いれば，次の定理で与えられる．

定理8：ある基準メンバシップ値 $\bar{\mu}$ に対して，(x^*, x_{p+1}^*) をMINMAX3

($\bar{\mu}$) の一意な最適解とし，(x^*, x^*_{p+1}) において，2次の最適性の十分条件，1次独立制約想定および狭義の相補性（福島1980）を満たすものとする。また，MINMAX3$(\bar{\mu})$ の k 個の目的関数に関する制約式はすべて活性，すなわち，

$$f_i(x^*) - \mu_i^{-1}(\bar{\mu}_i - x^*_{p+1}) = 0, \quad i = 1, \cdots, k \tag{5.86}$$

とし，対応するラグランジュ乗数を，$\lambda_i^{f*} > 0$, $i = 1, \cdots, k$ とする。この時，最適解 (x^*, x^*_{p+1}) における目的関数間およびメンバシップ関数間のトレードオフ比の近似値は次式で与えられる。

$$-\frac{\partial f_1(x^*)}{\partial f_i(x^*)} \approx \frac{\lambda_i^{f*}}{\lambda_1^{f*}}, \quad i = 2, \cdots, k \tag{5.87}$$

$$-\frac{\partial \mu_1(f_1(x^*))}{\partial \mu_i(f_i(x^*))} \approx \frac{\partial \mu_1(f_1(x^*))}{\partial f_1(x^*)} \frac{\lambda_i^{f*}}{\lambda_1^{f*}} \left\{ \frac{\partial \mu_i(f_i(x^*))}{\partial f_i(x^*)} \right\}^{-1}, \quad i = 2, \cdots, k \tag{5.88}$$

以上より，意志決定者が主観的に基準メンバシップ値 $\bar{\mu}$ を設定すると，MINMAX3$(\bar{\mu})$ に対して双対分解手法に基づくアルゴリズムを適用することにより，基準メンバシップ値 $\bar{\mu}$ にある意味で近い M-パレート最適解が求められる。得られた M-パレート最適解に満足できない場合には，トレードオフ比の情報を参考にして基準メンバシップ値 $\bar{\mu}$ を更新するという，対話型アルゴリズムを以下のように構成することができる。このアルゴリズムは，双対分解手法に基づくアルゴリズムの上位レベルアルゴリズムとして位置づけられる（図5.5参照）。

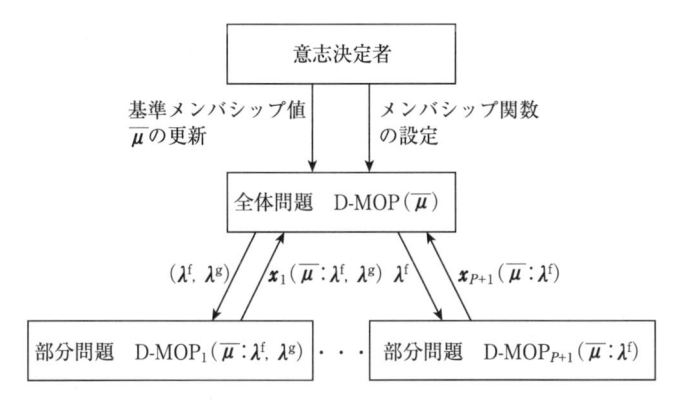

図5.5 FLS-MOP に対する双体分解手法に基づく対話型ファジィ意志決定

[双対分解手法に基づく対話型ファジィ意思決定アルゴリズム]

ステップ1　意思決定者は，各目的関数に対するメンバシップ関数を適切に設定する。

ステップ2　初期基準メンバシップ値を $\bar{\mu} = (\bar{\mu}_1, \cdots, \bar{\mu}_k) = (1, \cdots, 1)$ と設定する。

ステップ3　設定された基準メンバシップ値 $\bar{\mu}$ に対して，MINMAX3($\bar{\mu}$) を構成し，双対分解手法に基づくアルゴリズムを適用し，最適解とメンバシップ関数間のトレードオフ比の近似値を計算する。

ステップ4　意思決定者が現在の最適解に満足ならば終了する。そうでなければ，現在のメンバシップ値とトレードオフ比の情報を考慮して，基準メンバシップ値 $\bar{\mu}$ を更新し，ステップ3へもどる。

5.3.4　主分解手法に基づくファジィ意思決定

本節では，FLS-MOP に対して，意思決定者の満足解を導出するための，主分解手法に基づくファジィ意思決定手法について紹介する。(Sakawa and Yano 1994 ; Yano and Sakawa 1996)。

FLS-MOP に対して，以下の仮定をおく。

仮定3a：制約集合 S_l, $l=1, \cdots, p$ は，コンパクトな凸集合である。

仮定4a：制約集合 S_l, $l=1, \cdots, p$ 上で，目的関数 $f_i(x)$ は微分可能な凸関数，結合制約関数の各部分 $g_{jl}(x_l)$, $j=1, \cdots, m$ は微分可能な凸関数である。また，意思決定者が主観的に設定するメンバシップ関数 $\mu_i(f_i(x))$, $i=1, \cdots, k$ は，制約集合 S 上で，強意単調減少な線形関数で，次式のように定義する。

$$\mu_i(f_i(x)) = \begin{cases} 1 & ; f_i(x) \leq f_i^1 \\ \dfrac{f_i(x) - f_i^0}{f_i^1 - f_i^0} & ; f_i^1 \leq f_i(x) \leq f_i^0 \\ 0 & ; f_i(x) \geq f_i^0 \end{cases} \tag{5.89}$$

ここで，f_i^0, f_i^1 は，それぞれ，絶対に受け入れることのできない値の最小

値，完全に満足のできる値の最大値を表す．

このとき，意志決定者の選好構造が和オペレータ (Sakawa 1993; Zimmermann 1991) にしたがうものと仮定すれば，意志決定者の満足解は，次のファジィ大規模多目的計画問題を解くことにより得られる．

ADDMAX1

$$\max_x \left\{ \sum_{i=1}^{k} \mu_i(f_i(x)) \right\} \tag{5.90}$$

subject to

$$g_j(x) = \sum_{l=1}^{p} g_{jl}(x_l) \leq 0, \quad j=1, \cdots, m$$

$$h_l(x_l) \leq 0, \quad l=1, \cdots, p$$

ここで，目的関数 $\sum_{i=1}^{k} \mu_i(f_i(x))$ を，

$$\sum_{i=1}^{k} \mu_i(f_i(x)) = -\sum_{l=1}^{p} \left\{ \sum_{i=1}^{k} A_i f_{il}(x_l) \right\} + C, \tag{5.91}$$

$$A_i = \frac{1}{f_i^0 - f_i^1} > 0, \quad C = \sum_{i=1}^{k} \frac{f_i^0}{f_i^0 - f_i^1} \tag{5.92}$$

と表現すれば，ADDMAX1 は，等価的に次のような問題に置き換えることができる．

ADDMAX2

$$\min_x \sum_{l=1}^{p} \left\{ \sum_{i=1}^{k} A_i f_{il}(x_l) \right\} \tag{5.93}$$

subject to

$$g_j(x) = \sum_{l=1}^{p} g_{jl}(x_l) \leq 0, \quad j=1, \cdots, m$$

$$h_l(x_l) \leq 0, \quad l=1, \cdots, p$$

ADDMAX2 の目的関数において，$\sum_{i=1}^{k} A_i f_{il}(x_l)$ は，$A_i > 0$, $i=1, \cdots, k$ および，仮定 4a より，制約集合 S_l 上で微分可能な凸関数になることに注意しよう．

ADDMAX2 の m 個の結合制約式を p 個の部分問題に分解するために，下記のような $(m \times p)$ 次元資源割当行列 $Y = (y_{jl})$ を導入する．

$$y_l = (y_{1l}, \cdots, y_{ml})^T \tag{5.94}$$

$$Y = (y_1, \cdots, y_p) = \begin{bmatrix} y_{11} & y_{12} & \cdots & y_{1p} \\ y_{21} & y_{22} & \cdots & y_{2p} \\ \cdots\cdots\cdots\cdots\cdots\cdots\cdots \\ y_{m1} & y_{m2} & \cdots & y_{mp} \end{bmatrix} \tag{5.95}$$

このとき,資源割当行列 $Y=(y_{jl})$ は,結合制約式の右辺がゼロであることから,明らかに以下の実行可能条件を満たさなければならない.

$$\sum_{l=1}^{p} y_{jl} \leq 0, \quad j=1, \cdots, m \tag{5.96}$$

LS-SOP に対する主分解手法の場合と同様,実行可能条件を満たす資源割当行列 $Y=(y_{jl})$ が与えられたとき,ADDMAX2 は,以下の p 個の部分問題に分解することができる.

部分問題:P-MOP$_l(y_l)$, $l=1, \cdots, p$

$$w_l^P(y_l) = \min_{x_l \in S_l(y_l)} \sum_{i=1}^{k} A_i f_{il}(x_{il}) \tag{5.97}$$

ただし,集合 $S_l(y_l)$ は次式で定義される.

$$S_l(y_l) = \{x_l \in S_l | g_l(x_l) \leq y_l\} \tag{5.98}$$

ここで,$w_l^P(y_l)$ は部分問題の最小目的関数を表す.部分問題 P-MOP$_l(y_l)$, $l=1, \cdots, p$ を取り扱うためには,その実行可能集合に対して $S_l(y_l) \neq \phi$, $l=1, \cdots, p$ を満たさなければならないので,資源割当行列 $Y=(y_{jl})$ に対して,以下の集合 Y_l, $l=1, \cdots, p$ を定義する.

$$Y_l = \{y_l \in R^m | S_l(y_l) \neq \phi\}, \quad l=1, \cdots, p \tag{5.99}$$

このとき,ADDMAX2 は,等価的に,次のような資源割当行列 $Y=(y_{jl})$ を決定変数とする分解可能な問題に変換できる.

全体問題:P-MOP

$$\min_{(y_1, \cdots, y_p) \in Y_1 \times \cdots \times Y_p} w^P(Y) = \sum_{l=1}^{p} w_l^P(y_l) \tag{5.100}$$

subject to

$$\sum_{l=1}^{p} y_{jl} \leq 0, \quad j=1, \cdots, m \tag{5.101}$$

明らかに,主分解手法における全体問題 P-MOP は,$(m \times p)$ 資源割当行

列 Y の各要素を決定変数とする凸計画問題となる。したがって，各部分問題の目的関数を改善する資源割当行列 Y の改善方向がわかれば資源割当行列 Y を更新することができる。ここで，資源割当ベクトル y_l, $l=1, \cdots, p$ について以下の仮定をおく。

仮定 5a：資源割当ベクトル y_l は Y_l の内点である。すなわち，$y_l \in \text{int} Y_l$, $l=1, \cdots, p$。

このとき，目的関数と制約関数の微分可能性の仮定から，目的関数 $w^P(Y)$ の局所的な改善方向として，資源割当行列 Y に関する方向導関数を最小にするような探索方向行列 D を採用することができる。このような方向発見問題は次式により定式化される。

$$\min_{(d_{jl}) \in \overline{D}} Dw^P(Y:D) = \sum_{l=1}^{p} Dw_l^P(y_l:d_l) \tag{5.102}$$

ここで，$Dw^P(Y:D)$ は，資源割当行列 Y における D 方向への関数 $w^P(Y:D)$ の方向導関数を表す。また，D は，資源割当行列 Y に対する $(m \times p)$ 探索方向行列

$$D = (d_1, \cdots, d_p) = \begin{bmatrix} d_{11} & d_{12} & \cdots & d_{1p} \\ d_{21} & d_{22} & \cdots & d_{2p} \\ \cdots\cdots\cdots\cdots\cdots\cdots\cdots \\ d_{m1} & d_{m2} & \cdots & d_{mp} \end{bmatrix} \tag{5.103}$$

を表す。さらに，探索方向行列 $D = (d_{jl})$ に関する制約集合 $\overline{D}$ は，以下の条件を満たす $(m \times p)$ 行列を要素とする集合を表す。

$$\overline{D} = \left\{ (d_{jl}) \in R^{m \times p} \mid \|d_{jl}\| \leq 1, \sum_{l=1}^{p} d_{jl} \leq 0, j \in B \right\} \tag{5.104}$$

$$B = \left\{ j \in \{1, \cdots, m\} \mid \sum_{l=1}^{p} y_{jl} = 0 \right\} \tag{5.105}$$

この方向発見問題 (5.102) に対して，以下の定理が成立する。

定理 4a：P-MOP の目的関数 $w^P(Y)$ は資源割当行列 Y に関する凸関数となる。

定理 5a：$Y^* = (y_1^*, \cdots, y_p^*)$ を P-MOP の実行可能解とする。Y^* における

方向発見問題 (5.102) の最適解を D^* とすると, $D^*=0$ ならば, Y^* は P-MOP の最適解である.

定理 6a: $w_l^P(y_l)$ が微分可能ならば, 資源割当行列 $Y=(y_1, \cdots, y_p)$ の方向発見問題 (5.102) は, 以下のような探索方向行列 $D=(d_{jl})$ に関する線形計画問題に帰着される.

$$\min_{(d_{jl}) \in \bar{D}} - \sum_{l=1}^{p} \left\{ \sum_{j=1}^{m} \lambda_{jl} d_{jl} \right\} \tag{5.106}$$

ここで, λ_{jl}, $l=1, \cdots, p$, $j=1, \cdots, m$ は, 主分解手法における部分問題 P-MOP$_l$ (y_l) の制約式 $g_l(x_l) \leq y_l$ に対応するラグランジュ乗数を表す.

線形計画問題 (5.106) を解くことにより, 探索方向行列 $D=(d_{jl})$ が与えられると, 新しい資源割当行列 $Y=(y_{jl})$ は, D 方向への適当なステップサイズ $\beta>0$ を決定することにより与えられる.

$$(y_{jl}) \leftarrow (y_{jl}) + \beta(d_{jl}), \quad l=1, \cdots, p, \quad j=1, \cdots, m \tag{5.107}$$

このような最適ステップ幅 $\beta^*>0$ は, 関数 $w^P(Y)$ が資源割当行列 Y に関して凸であることから, 次の 1 次元探索問題を解くことにより得られる.

$$\min_{\beta \geq 0} w^P(Y + \beta D) \tag{5.108}$$

subject to

$$\sum_{l=1}^{p} y_{jl} + \beta d_{jl} \leq 0, \quad j=1, \cdots, m \tag{5.109}$$

以上の議論から, FLS-MOP の最適解（和オペレータにしたがう意志決定者の満足解）を求めるための, 主分解手法に基づくアルゴリズムを次のように構成することができる（図 5.6 参照）.

[主分解手法に基づくファジィ意志決定アルゴリズム]

ステップ 1　 $(m \times p)$ 資源割当行列の初期値 $y_l \in Y_l$, $l=1, \cdots, p$ を設定する.

ステップ 2　部分問題 P-MOP$_l$ (y_l), $l=1, \cdots, p$ を解き, 対応する最適解 x_l と, 制約式 $g_l(x_l) \leq y_l$, $l=1, \cdots, p$ に対するラグランジュ乗数ベクトル $\lambda_l = (\lambda_{1l}, \cdots, \lambda_{ml})^T$, $l=1, \cdots, p$ を得る.

ステップ 3　ステップ 2 で得られたラグランジュ乗数ベクトル $\lambda_l = (\lambda_{1l}, \cdots, \lambda_{ml})^T$, $l=1, \cdots, p$ をパラメータとして構成される方向発見問題 (5.106) を

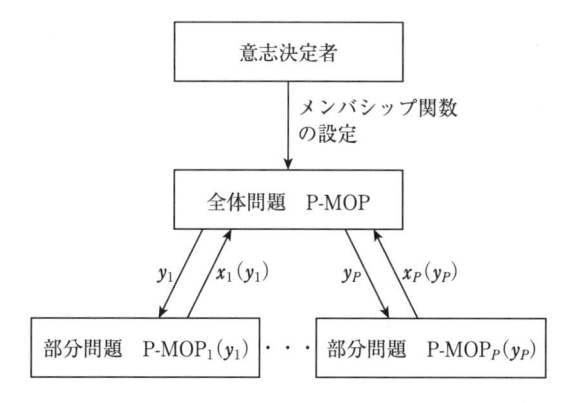

図5.6　FLS-MOP に対する主分解手法に基づくファジィ意志決定

解き，$(m \times p)$ 探索方向行列 $D = (d_{jl})$ を求める。

ステップ4　得られた $(m \times p)$ 探索方向行列 $D = (d_{jl})$ に対して，1次元探索問題を解くことにより，最適ステップ幅 $\beta^* \geq 0$ を求める。

ステップ5　もし，$\beta^* \approx 0$ ならば終了する。そうでなければ，$(m \times p)$ 資源割当行列を $Y \leftarrow Y + \beta^* D$ と更新して，ステップ2へもどる。

5.4　大規模2-レベル多目的計画問題に対するファジィ意志決定

5.4.1　大規模2-レベル多目的計画問題

　前節で対象とした FLS-MOP では，一人の意志決定者の選好構造を反映した満足解を導出することが最終目的であった。しかし現実の意志決定状況では，複数意志決定者が協力して与えられた制約条件の下で何らかの解を見つける場合が考えられる。そのような意志決定状況では，彼らの選好構造のみならず彼らの間の関係を反映した何らかの解を見つける必要がある（鈴木 1994；Wen and Hsu 1991）。

　上位レベルの意志決定者（leader）と下位レベルの意志決定者（follower）に

より構成されるスタッケルベルグ問題は，各意志決定者の決定変数ベクトルを x_1, x_2, 各意志決定者の単一目的関数を $f_1(x_1, x_2)$, $f_2(x_1, x_2)$ とすると，以下のような2-レベル計画問題として定式化される．

$$\min_{x_1} f_1(x_1, x_2) \tag{5.110}$$

where x_2 solves

$$\min_{x_2} f_2(x_1, x_2)$$

subject to $g(x_1, x_2) \leq 0$

　この問題では，下位レベル意志決定者は，上位レベル意志決定者の設定する決定変数 x_1 に対して，自らの目的関数 $f_2(x_1, x_2)$ を決定変数 x_2 に関して最適化しなければならない．この問題において，上位レベル意志決定者も下位レベル意志決定者もお互いにそれ以上改善が望めない均衡点をスタッケルベルグ解という (鈴木 1994)．しかし，スタッケルベルグ解は，たとえ，すべての目的関数および制約式が線形であるような場合ですら，数値計算上解くことが困難であり，しかも一般にパレート最適性は保証されない．

　このようなスタッケルベルグ問題に対して，Lai (1996) は，上位レベルの意志決定者は，目的関数を最適化することよりもむしろ満足化することを望んでおり，しかも，下位レベルの意志決定者の目的関数に対する満足度とのバランスを考慮して，上位レベルの目的関数に対する「満足度レベル」を設定するという，新しい2-レベル計画問題を定式化し，満足解を導出するためのアルゴリズムを提案した．

　本節では，各レベルの意志決定者が（単一目的ではなく）相競合する多目的関数を有し，しかも，各目的関数および結合制約式が決定変数に関して分離可能な，以下のようなブロック構造を有する大規模2-レベル多目的計画問題 (Large-Scale 2-Level Multi-Objective Programming Problem：LS2-MOP) について考察する　(Yano 1999, 2000)．

大規模 2-レベル多目的計画問題：LS2-MOP

上位レベル意志決定者の多目的関数

$$\min f_{11}(x) = \sum_{l=1}^{p} f_{11l}(x_l)$$

$$\min f_{12}(x) = \sum_{l=1}^{p} f_{12l}(x_l)$$

$$\vdots \quad \vdots \quad \vdots \tag{5.111}$$

$$\min f_{1k_1}(x) = \sum_{l=1}^{p} f_{1k_1 l}(x_l)$$

下位レベル意志決定者の多目的関数

$$\min f_{21}(x) = \sum_{l=1}^{p} f_{21l}(x_l)$$

$$\min f_{22}(x) = \sum_{l=1}^{p} f_{22l}(x_l)$$

$$\vdots \quad \vdots \quad \vdots \tag{5.112}$$

$$\min f_{2k_2}(x) = \sum_{l=1}^{p} f_{2k_2 l}(x_l)$$

subject to

$$g_j(x) = \sum_{l=1}^{p} g_{jl}(x_l) \leq 0, \quad j=1, \cdots, m \tag{5.113}$$

$$h_l(x_l) \leq 0, \quad l=1, \cdots, p$$

ここで，$x_l \in R^{n_l}$, $l=1, \cdots, p$ は部分決定変数ベクトル，$x=(x_1, x_2, \cdots, x_p) \in R^n$ は全体システムの決定変数ベクトル，$g_j(x) \in R^1$, $j=1, \cdots, m$ は全体システムを関連づける結合制約関数，$h_l(x_l) \in R^{m_l}$, $l=1, \cdots, p$ は部分システムの制約関数ベクトル，$f_{1i}(x)$, $i=1, \cdots, k_1$ は上位レベル意志決定者の互いに相競合する目的関数，$f_{2i}(x)$, $i=1, \cdots, k_2$ は下位レベル意志決定者の互いに相競合する目的関数を表す。これらの制約集合について，便宜上，以下のように定義する。

$$S_l = \{x_l \in R^{n_l} | h_l(x_l) \leq 0\}, \quad l=1, \cdots, p \tag{5.114}$$

$$S = \prod_{l=1}^{p} S_l \tag{5.115}$$

$$X = \{x \in S | g_j(x) \leq 0, \quad j=1, \cdots, m\} \tag{5.116}$$

LS2-MOP の各目的関数 $f_{1i}(x)$, $i=1, \cdots, k_1$, $f_{2i}(x)$, $i=1, \cdots, k_2$ に対

して，各意志決定者はあいまいな目標（ファジィ目標）を持ち，各ファジィ目標は，メンバシップ関数 $\mu_{1i}(f_{1i}(x))$, $i=1, \cdots, k_1$, $\mu_{2i}(f_{2i}(x))$, $i=1, \cdots, k_2$ により規定することができるものと仮定する。各意志決定者が LS 2-MOP の各目的関数に対するメンバシップ関数 $\mu_{1i}(f_{1i}(x))$, $i=1, \cdots, k_1$, $\mu_{2i}(f_{2i}(x))$, $i=1, \cdots, k_2$ を主観的に設定することができれば，LS2-MOP は以下のファジィ大規模 2-レベル多目的計画問題 (Fuzzy Large-Scale 2-Level Multi-Objective Programming Problem : FLS2-MOP) に変換することができる。

ファジィ大規模 2-レベル多目的計画問題：FLS2-MOP

上位レベル意志決定者のメンバシップ関数

$$\begin{array}{l} \max \quad \mu_{11}((f_{11}(x))) \\ \max \quad \mu_{12}((f_{12}(x))) \\ \quad \vdots \quad \vdots \\ \max \quad \mu_{1k_1}((f_{1k_1}(x))) \end{array} \quad (5.117)$$

下位レベル意志決定者のメンバシップ関数

$$\begin{array}{l} \max \quad \mu_{21}((f_{21}(x))) \\ \max \quad \mu_{22}((f_{22}(x))) \\ \quad \vdots \quad \vdots \\ \max \quad \mu_{2k_2}((f_{2k_2}(x))) \end{array} \quad (5.118)$$

subject to

$$g_j(x) = \sum_{l=1}^{p} g_{jl}(x_l) \leq 0, \quad j=1, \cdots, m \quad (5.119)$$

$$h_l(x_l) \leq 0, \quad l=1, \cdots, p$$

FLS2-MOP において，各意志決定者は各目的関数に対するファジィ目標をメンバシップ関数で規定した後，各意志決定者の上下関係のみならず，各メンバシップ関数に対する選好構造をも反映した何らかの解を見つけなければならない。本節では，2 人の意志決定者の間には，スタッケルベルグ問題におけるような対立的関係の代わりに，Lai (1996) が定式化したような協調的関係が成立している場合について考察する。即ち，上位レベル意志決定者は自分のメンバシップ関数値の改善のみならず，下位レベル意志決定者のメンバシップ関

数値とのバランスにも配慮するよう行動するものと仮定する.

　もし,上位レベル意志決定者が,各メンバシップ関数に対して(最低限満足すべき値と考える)満足度レベル α_{1i}, $i=1$, $\cdots$, k_1 を主観的に設定することができれば,下位レベルの意志決定者は,上位レベルの意志決定者が設定する条件:

$$\alpha_{1i} - \mu_{1i}(f_{1i}(x)) \leq 0, \quad i=1, \cdots, k_1 \tag{5.120}$$

を満たす範囲内で各メンバシップ関数 $\mu_{2i}(f_{2i}(x))$, $i=1$, $\cdots$, k_2 を可能な限り最大化することになる.上位レベル意志決定者により設定された満足度レベル α_{1i}, $i=1$, $\cdots$, k_1 に対して,下位レベル意志決定者の実行可能集合を以下のように定義する.

$$X(\alpha_1) = \{x \in X | \alpha_{1i} - \mu_{1i}(f_{1i}(x)) \leq 0, \quad i=1, \cdots, k_1\} \tag{5.121}$$

　FLS-MOP に対して定義された M-パレート最適解の概念(定義2)の自然な拡張として,FLS2-MOP に対しては,上位レベル意志決定者の設定する満足度レベル α_{1i}, $i=1$, $\cdots$, k_1 をパラメータとして,下位レベル意志決定者のメンバシップ関数空間上で定義される,2-レベル型 M-パレート最適解の概念を以下のように定義することができる.

定義3:FLS2-MOP に対して,$\mu_{2i}(f_{2i}(x)) \geq \mu_{2i}(f_{2i}(x^*))$, $i=1$, $\cdots$, k_2 となるような $x \in X(\alpha_1)$ が存在しない時,$x^* \in X(\alpha_1)$ を2-レベル型 M-パレート最適解という.

　多目的計画問題に対するパレート最適解と同様,固定された満足度レベル α_{1i}, $i=1$, $\cdots$, k_1 に対して2-レベル型 M-パレート最適解は一般に無限個存在する.したがって下位レベルの意志決定者は,対応する2-レベル型 M-パレート最適解の集合の中から彼の満足解を導出しなければならない.一方,上位レベル意志決定者は,自身のメンバシップ関数値のみならず,下位レベル意志決定者の満足度とのバランスにも配慮して満足度レベル α_{1i}, $i=1$, $\cdots$, k_1 を更新する.以下では,このような上位レベル意志決定者と下位レベル意志決定者との対話を通じて最終的に満足解を導出するための,分解手法に基づくファジィ意志決定手法について述べる.

5.4.2 双対分解手法に基づく 2-レベルファジィ意志決定

本節では，FLS2-MOP に対して，上位レベル意志決定者は，自身のメンバシップ関数値のみならず，下位レベル意志決定者の満足度とのバランスにも配慮して満足度レベル α_{1i}, $i=1, \cdots, k_1$ を更新し，下位レベル意志決定者は，制約集合 $X(\alpha_1)$ の中から 2-レベル型 M-パレート最適性を満たす満足解を導出するという，双対分解手法に基づく対話型ファジィ意志決定手法について解説する．

まず，FLS2-MOP に対して以下の仮定をおく．

仮定 1c：制約集合 S は，コンパクトな凸集合である．
仮定 2c：制約集合 X 上で，目的関数 $f_{1i}(x)$, $i=1, \cdots, k_1$, $f_{2i}(x)$, $i=1, \cdots, k_2$ および結合制約関数 $g_j(x)$, $j=1, \cdots, m$ は連続な凸関数，メンバシップ関数 $\mu_{1i}(f_{1i}(x))$, $i=1, \cdots, k_1$, $\mu_{2i}(f_{2i}(x))$, $i=1, \cdots, k_2$ は，強意単調減少かつ連続な凹関数である．

上位レベル意志決定者と下位レベル意志決定者により，各目的関数に対するメンバシップ関数 $\mu_{1i}(f_{1i}(x))$, $i=1, \cdots, k_1$, $\mu_{2i}(f_{2i}(x))$, $i=1, \cdots, k_2$ が設定され，上位レベル意志決定者の満足度レベル α_1 が設定されると，下位レベル意志決定者の満足解を導出するための問題は，形式的には，次式のように定式化することができる．

$$\max_{x \in X(\alpha_1)} \mu_{D_2}(\mu_{21}(f_{21}(x)), \cdots, \mu_{2k_2}(f_{2k_2}(x))) \tag{5.122}$$

ここで，$\mu_{D_2}(\cdot)$ は，メンバシップ関数空間上における，上位レベル意志決定者の満足度レベル α_1 をパラメータとする下位レベル意志決定者の選好構造を反映した統合関数である．

もし，このような関数 $\mu_{D_2}(\cdot)$ を陽に同定することができるのであれば，FLS2-MOP は，統合関数 $\mu_{D_2}(\cdot)$ を最大化するという通常の大規模計画問題に置き換えることができる．しかし，一般に，統合関数 $\mu_{D_2}(\cdot)$ を同定することはきわめて困難であるので，その代わりに，対話的に解を更新することに

より，最終的に意志決定者の満足解を導出するという，対話型手法を導入しよう。

下位レベル意志決定者が，主観的に，彼の選好構造を反映させた各メンバシップ関数に対する基準メンバシップ値：

$$\bar{\mu}_2 = (\bar{\mu}_{21}, \cdots, \bar{\mu}_{2k_2}) \tag{5.123}$$

を主観的に設定すれば，彼の要求にある意味において近い解は，次のミニマックス問題を解くことにより求められる。

ミニマックス問題：MINMAX1$(\alpha_1, \bar{\mu}_2)$

$$\min_x \{ \max_{i=1,\cdots,k_2} \{ \bar{\mu}_{2i} - \mu_{2i}(f_{2i}(x)) \} \} \tag{5.124}$$

subject to

$$\alpha_{1i} - \mu_{1i}(f_{1i}(x)) \leq 0, \quad i=1, \cdots, k_1$$

$$g_j(x) = \sum_{l=1}^{p} g_{jl}(x_l) \leq 0, \quad j=1, \cdots, m$$

$$h_l(x_l) \leq 0, \quad l=1, \cdots, p$$

この問題は，補助変数 $x_{p+1} \in R^1$ を導入すれば，次のような問題に変換することができる。

ミニマックス問題：MINMAX2$(\alpha_1, \bar{\mu}_2)$

$$\min_{x_{p+1} \in S_{p+1}(\bar{\mu}_2)} x_{p+1} \tag{5.125}$$

subject to

$$f_{2i}(x) - \mu_{2i}^{-1}(\bar{\mu}_{2i} - x_{p+1}) \leq 0, \quad i=1, \cdots, k_2 \tag{5.126}$$

$$\alpha_{1i} - \mu_{1i}(f_{1i}(x)) \leq 0, \quad i=1, \cdots, k_1 \tag{5.127}$$

$$g_j(x) = \sum_{l=1}^{p} g_{jl}(x_l) \leq 0, \quad j=1, \cdots, m \tag{5.128}$$

$$h_l(x_l) \leq 0, \quad l=1, \cdots, p \tag{5.129}$$

ここで，逆関数 $\mu_{2i}^{-1}(\cdot)$ の定義域が $[0, 1]$ であることから，x_{p+1} は必ず次の集合に属する。

$$S_{p+1}(\bar{\mu}_2) = \{ x_{p+1} \in R^1 | 0 \leq \bar{\mu}_{2i} - x_{p+1} \leq 1, \quad i=1, \cdots, k_2 \} \tag{5.130}$$

MINMAX2$(\alpha_1, \bar{\mu}_2)$ の最適解と2-レベル型 M-パレート最適解の間には次の関係が成立する。

定理 9：$x^* \in X(\alpha_1)$ が，FLS2-MOP の 2-レベル型 M-パレート最適解であるための必要十分条件は，$x^* \in X(\alpha_1)$ が，ある基準メンバシップ値 $\bar{\mu}_2 = (\bar{\mu}_{21}, \bar{\mu}_{22}, \cdots, \bar{\mu}_{2k_2})$ に対する MINMAX2$(\alpha_1, \bar{\mu}_2)$ の一意な最適解となることである。

双対分解手法を用いて MINMAX2$(\alpha_1, \bar{\mu}_2)$ を解くためには，MINMAX2$(\alpha_1, \bar{\mu}_2)$ の目的関数の強凸性が要求される。そのため，MINMAX2$(\alpha_1, \bar{\mu}_2)$ の目的関数 x_{p+1} に拡張項 ρx_{p+1}^2 を加えた次のような問題について考えよう。

ミニマックス問題：MINMAX3$(\alpha_1, \bar{\mu}_2)$

$$\min_{x_{p+1} \in S_{p+1}(\bar{\mu}_2)} -x_{p+1} + \rho x_{p+1}^2 \tag{5.131}$$

subject to

$$f_{1i}(x) - \mu_{1i}^{-1}(\alpha_{1i}) \leq 0, \quad i=1, \cdots, k_1$$

$$f_{2i}(x) - \mu_{2i}^{-1}(\bar{\mu}_{2i} - x_{p+1}) \leq 0, \quad i=1, \cdots, k_2$$

$$g_j(x) = \sum_{l=1}^{p} g_{jl}(x_l) \leq 0, \quad j=1, \cdots, m$$

$$h_l(x_l) \leq 0, \quad l=1, \cdots, p$$

ここで，$\rho > 0$ は，十分に小さな正数で，ρx_{p+1}^2 の項が存在するために，MINMAX3$(\alpha_1, \bar{\mu}_2)$ の目的関数の強凸性が保証されている。しかも，ρ は十分小さな正数であるので，MINMAX3$(\alpha_1, \bar{\mu}_2)$ の最適解は，MINMAX2$(\alpha_1, \bar{\mu}_2)$ の近似解となることに注意しよう。

MINMAX3$(\alpha_1, \bar{\mu}_2)$ に対応するラグランジュ関数は，次式で与えられる。

$$L(\alpha_1, \bar{\mu}_2 : x, x_{p+1}, \lambda_1^f, \lambda_2^f, \lambda^g) = \sum_{l=1}^{p} \left\{ \sum_{i=1}^{k_1} \lambda_{1i}^f f_{1il}(x_l) \right.$$

$$+ \sum_{i=1}^{k_2} \lambda_{2i}^f f_{2il}(x_l) + \sum_{j=1}^{m} \lambda_j^g g_{jl}(x_l) \right\}$$

$$+ \left\{ x_{p+1} + \rho x_{p+1}^2 - \sum_{i=1}^{k_1} \lambda_{1i}^f \mu_{1i}^{-1}(\alpha_{1i}) - \sum_{i=1}^{k_2} \lambda_{2i}^f \mu_{2i}^{-1}(\bar{\mu}_{2i} - x_{p+1}) \right\}$$

ここで，$\lambda_1^f = (\lambda_{11}^f, \cdots, \lambda_{1k_1}^f)$，$\lambda_2^f = (\lambda_{21}^f, \cdots, \lambda_{2k_2}^f)$，$\lambda^g = (\lambda_1^g, \cdots, \lambda_m^g)$ は，それぞれ，MINMAX3$(\alpha_1, \bar{\mu}_2)$ の上位レベル意志決定者の目的関数 $f_{1i}(x)$, $i=1, \cdots, k_1$ と下位レベル意志決定者の目的関数 $f_{2i}(x)$, $i=1, \cdots,$

k_2 および結合制約関数 $g_j(x)$, $j=1, \cdots, m$ に関する制約式に対応するラグランジュ乗数ベクトルを表す。

この時,MINMAX3$(\alpha_1, \bar{\mu}_2)$ に対応する双対問題を,次のように構成することができる。

$$\max_{(\lambda_1^f, \lambda_2^f, \lambda^g) \in \Lambda(\alpha_1, \bar{\mu}_2)} w^D(\alpha_1, \bar{\mu}_2 : \lambda_1^f, \lambda_2^f, \lambda^g) \tag{5.132}$$

ここで,双対関数 $w^D(\alpha_1, \bar{\mu}_2 : \lambda_1^f, \lambda_2^f, \lambda^g)$ と,その定義域 $\Lambda(\alpha_1, \bar{\mu}_2)$ は,次式で定義される。

$$w^D(\alpha_1, \bar{\mu}_2 : \lambda_1^f, \lambda_2^f, \lambda^g)$$
$$= \min_{x \in S, x_{p+1} \in S_{p+1}(\bar{\mu}_2)} L(\alpha_1, \bar{\mu}_2 : x, x_{p+1}, \lambda_1^f, \lambda_2^f, \lambda^g) \tag{5.133}$$

$$\Lambda(\alpha_1, \bar{\mu}_2) = \{(\lambda_1^f, \lambda_2^f, \lambda^g) \in R^{m+k_1+k_2} |$$
$$\min_{x \in S, x_{p+1} \in S_{p+1}(\bar{\mu}_2)} L(\alpha_1, \bar{\mu}_2 : x, x_{p+1}, \lambda_1^f, \lambda_2^f, \lambda^g) \text{ が存在する}\}$$
$$\tag{5.134}$$

MINMAX3$(\alpha_1, \bar{\mu}_2)$ とその双対問題との間には以下の定理が成立する。

定理1c:双対関数 $w^D(\alpha_1, \bar{\mu}_2 : \lambda_1^f, \lambda_2^f, \lambda^g)$ の定義域 $\Lambda(\alpha_1, \bar{\mu}_2)$ は次式で与えられ,双対関数 $w^D(\alpha_1, \bar{\mu}_2 : \lambda_1^f, \lambda_2^f, \lambda^g)$ は $\Lambda(\alpha_1, \bar{\mu}_2)$ 上で凹関数となる。

$$\Lambda(\alpha_1, \bar{\mu}_2) = \{(\lambda_1^f, \lambda_2^f, \lambda^g) \in R^{m+k_1+k_2} | \lambda_1^f \geq 0, \lambda_2^f \geq 0, \lambda^g \geq 0\}$$
$$\tag{5.135}$$

定理2c:双対関数 $w^D(\alpha_1, \bar{\mu}_2 : \lambda_1^f, \lambda_2^f, \lambda^g)$ は,任意の $(\lambda_1^f, \lambda_2^f, \lambda^g) \in \Lambda(\alpha_1, \bar{\mu}_2)$ 上で微分可能で,偏微分係数は次式で与えられる。

$$\frac{\partial w^D}{\partial \lambda_{1i}^f} = \sum_{l=1}^{p} f_{1il}(x_l) - \mu_{1i}^{-1}(\alpha_{1i}), \quad i=1, \cdots, k_1 \tag{5.136}$$

$$\frac{\partial w^D}{\partial \lambda_{2i}^f} = \sum_{l=1}^{p} f_{2il}(x_l) - \mu_{2i}^{-1}(\bar{\mu}_{2i} - x_{p+1}), \quad i=1, \cdots, k_2 \tag{5.137}$$

$$\frac{\partial w}{\partial \lambda_j^g} = \sum_{l=1}^{p} g_{jl}(x_l), \quad j=1, \cdots, m \tag{5.138}$$

定理3c:上位レベル意志決定者が設定した満足度レベル α_1 と下位レベル意志決定者が設定した基準メンバシップ値 $\bar{\mu}_2$ に対する双対問題の最適解 $(\lambda_1^{f*}, \lambda_2^{f*}, \lambda^{g*})$ に対応する最小化問題 $\min_{x \in S, x_{p+1} \in S_{p+1}(\bar{\mu}_2)} L(\alpha_1, \bar{\mu}_2 : x, x_{p+1}, \lambda_1^{f*}$,

λ_2^{f*}, λ^{g*}) の最適解 (x^*, x^*_{p+1}) は, MINMAX3$(\alpha_1, \bar{\mu}_2)$ の最適解である.

ところで, MINMAX3$(\alpha_1, \bar{\mu}_2)$ の双対問題において, ラグランジュ乗数ベクトル $(\lambda_1^f, \lambda_2^f, \lambda^g)$ を固定したとき, 双対関数 $w^D(\alpha_1, \bar{\mu}_2 : \lambda_1^f, \lambda_2^f, \lambda^g)$ は決定変数 $(x_1, x_2, \cdots, x_p, x_{p+1})$ に関して加法的に分離可能となり, 以下のような $p+1$ 個の部分問題に分解できる.

部分問題:D-MOP$_l(\alpha_1, \bar{\mu}_2 : \lambda_1^f, \lambda_2^f, \lambda^g)$, $l=1, \cdots, p$

$$w_l^D(\alpha_1, \bar{\mu}_2 : \lambda_1^f, \lambda_2^f, \lambda^g) = \min_{x_l \in S_l} \left\{ \sum_{i=1}^{k_1} \lambda_{1i}^f f_{1il}(x_l) + \sum_{i=1}^{k_2} \lambda_{2i}^f f_{2il}(x_l) \right.$$
$$\left. + \sum_{j=1}^{m} \lambda_j^g g_{jl}(x_l) \right\} \tag{5.139}$$

部分問題:D-MOP$_{p+1}(\alpha_1, \bar{\mu}_2 : \lambda_1^f, \lambda_2^f)$

$$w_{p+1}^D(\alpha_1, \bar{\mu}_2 : \lambda_1^f, \lambda_2^f) = \min_{x_{p+1} \in S_{p+1}(\bar{\mu}_2)} \left\{ -x_{p+1} + \rho x_{p+1}^2 - \sum_{i=1}^{k_1} \lambda_{1i}^f \mu_{1i}^{-1}(\alpha_{1i}) \right.$$
$$\left. - \sum_{i=1}^{k_2} \lambda_{2i}^f \mu_{2i}^{-1}(\bar{\mu}_{2i} - x_{p+1}) \right\} \tag{5.140}$$

すなわち, 固定されたラグランジュ乗数ベクトル $(\lambda_1^f, \lambda_2^f, \lambda^g)$ に対する双対関数 $w^D(\alpha_1, \bar{\mu}_2 : \lambda_1^f, \lambda_2^f, \lambda^g)$ の値は, 直接双対問題 (5.132) を解く代わりに, $p+1$ 個の部分問題を解くことにより求められる. このとき, MINMAX3$(\alpha_1, \bar{\mu}_2)$ は, 次のようなラグランジュ乗数ベクトル $(\lambda_1^f, \lambda_2^f, \lambda^g)$ を決定変数とする分解可能な問題に変換できる.

全体問題:D-MOP $(\alpha_1, \bar{\mu}_2)$

$$\max_{(\lambda_1^f, \lambda_2^f, \lambda^g) \geq 0} w^D(\alpha_1, \bar{\mu}_2 : \lambda_1^f, \lambda_2^f, \lambda^g)$$
$$= \sum_{l=1}^{p+1} w_l^D(\alpha_1, \bar{\mu}_2 : \lambda_1^f, \lambda_2^f, \lambda^g) \tag{5.141}$$

以上より, MINMAX3$(\alpha_1, \bar{\mu}_2)$ の最適解 (すなわち, 上位レベル意思決定者の各メンバシップ関数に対する満足度レベルが α_1 以上という条件の下で, 下位レベル意思決定者が主観的に設定した基準メンバシップ値 $\bar{\mu}_1$ にミニマックスの意味で近い解) を導出するための双対分解手法に基づくアルゴリズムを, 次のように構成することができる.

[**MINMAX**3$(\alpha_1, \bar{\mu}_2)$ を解くための双対分解手法に基づくアルゴリズム]

ステップ1　ラグランジュ乗数ベクトル $(\lambda_1^f, \lambda_2^f, \lambda^g) \geq 0$ の初期値を適当に設定する。

ステップ2　十分小さな $\rho > 0$ に対して，$p+1$ 個の部分問題 D-MOP$_l(\alpha_1, \bar{\mu}_2 : \lambda_1^f, \lambda_2^f, \lambda^g)$, $l=1, \cdots, p$, D-MOP$_{p+1}(\alpha_1, \bar{\mu}_2 : \lambda_1^f, \lambda_2^f)$ を解き，得られた解を $x_l(\alpha_1, \bar{\mu}_2 : \lambda_1^f, \lambda_2^f, \lambda^g)$, $l=1, \cdots, p$, $x_{p+1}(\alpha_1, \bar{\mu}_2 : \lambda_1^f, \lambda_2^f)$ とする。

ステップ3　双対関数 $w^D(\alpha_1, \bar{\mu}_2 : \lambda_1^f, \lambda_2^f, \lambda^g)$ の値を $p+1$ 個の部分問題 D-MOP$_l(\alpha_1, \bar{\mu}_2 : \lambda_1^f, \lambda_2^f, \lambda^g)$ の各目的関数値の総和として求め，双対関数の探索方向 $d_1^f = (d_{11}^f, \cdots, d_{1k_1}^f)$, $d_2^f = (d_{21}^f, \cdots, d_{2k_2}^f)$, $d^g = (d_1^g, \cdots, d_m^g)$ を次式により決定する。

$$d_{1i}^f = \sum_{l=1}^p f_{1il}(x_l(\alpha_1, \bar{\mu}_2 : \lambda_1^f, \lambda_2^f, \lambda^g)) - \mu_{1i}^{-1}(\alpha_{1i})$$
$$; \lambda_{1i}^f > 0, \ i = 1, \cdots, k_1 \text{ の場合} \quad (5.142)$$

$$d_{1i}^f = \max\left\{0, \sum_{l=1}^p f_{1il}(x_l(\alpha_1, \bar{\mu}_2 : \lambda_1^f, \lambda_2^f, \lambda^g)) - \mu_{1i}^{-1}(\alpha_{1i})\right\}$$
$$; \lambda_{1i}^f = 0, \ i = 1, \cdots, k_1 \text{ の場合} \quad (5.143)$$

$$d_{2i}^f = \sum_{l=1}^p f_{2il}(x_l(\alpha_1, \bar{\mu}_2 : \lambda_1^f, \lambda_2^f, \lambda^g))$$
$$- \mu_{2i}^{-1}(\bar{\mu}_{2i} - x_{p+1}(\alpha_1, \bar{\mu}_2 : \lambda_1^f, \lambda_2^f))$$
$$; \lambda_{2i}^f > 0, \ i = 1, \cdots, k_2 \text{ の場合} \quad (5.144)$$

$$d_{2i}^f = \max\left\{0, \sum_{l=1}^p f_{2il}(x_l(\alpha_1, \bar{\mu}_2 : \lambda_1^f, \lambda_2^f, \lambda^g))\right.$$
$$\left. - \mu_{2i}^{-1}(\bar{\mu}_{2i} - x_{p+1}(\alpha_1, \bar{\mu}_2 : \lambda_1^f, \lambda_2^f))\right\}$$
$$; \lambda_{2i}^f = 0, \ i = 1, \cdots, k_2 \text{ の場合} \quad (5.145)$$

$$d_j^g = \sum_{l=1}^p g_{jl}(x_l(\alpha_1, \bar{\mu}_2 : \lambda_1^f, \lambda_2^f, \lambda^g))$$
$$; \lambda_j^g > 0, \ j = 1, \cdots, m \text{ の場合} \quad (5.146)$$

$$d_j^g = \max\left\{0, \sum_{l=1}^p g_{jl}(x_l(\alpha_1, \bar{\mu}_2 : \lambda_1^f, \lambda_2^f, \lambda^g))\right\}$$
$$; \lambda_j^g = 0, \ j = 1, \cdots, m \text{ の場合} \quad (5.147)$$

ステップ4 ステップ3で決定された探索方向に対して，次の1次元探索問題を解き，最適解を $\beta^* \geq 0$ とする．

$$\max_{\beta \geq 0} w^D(\alpha_1, \bar{\mu}_2 : \lambda_1^f + \beta d_1^f, \lambda_2^f + \beta d_2^f, \lambda^g + \beta d^g) \tag{5.148}$$

subject to $\lambda_1^f + \beta d_1^f \geq 0, \lambda_2^f + \beta d_2^f \geq 0, \lambda^g + \beta d^g \geq 0$

ステップ5 $\beta^* \approx 0$ ならば終了．そうでなければ，ラグランジュ乗数ベクトルを $\lambda_1^f \leftarrow \lambda_1^f + \beta^* d_1^f, \lambda_2^f \leftarrow \lambda_2^f + \beta^* d_2^f, \lambda^g \leftarrow \lambda^g + \beta^* d^g$ と更新して，ステップ2へもどる．

さて，上位レベルの意志決定者が満足度レベル α_{1i}, $i=1, \cdots, k_1$ を設定し，下位レベルの意志決定者が基準メンバシップ値 $\bar{\mu}_2 = (\bar{\mu}_{21}, \bar{\mu}_{22}, \cdots, \bar{\mu}_{2k_2})$ を設定すれば，MINMAX3$(\alpha_1, \bar{\mu}_2)$ の最適解 x^* が得られる．このとき，上位レベルの意志決定者は，得られた解に対する上位レベル意志決定者の満足度レベルと下位レベル意志決定者の満足度レベルのバランスに関する指標を

$$\delta = \frac{\sum_{i=1}^{k_2} \mu_{2i}(f_{2i}(x^*))/k_2}{\sum_{i=1}^{k_1} \mu_{1i}(f_{1i}(x^*))/k_1} \tag{5.149}$$

と定義し，δ と現在のメンバシップ関数値 $\mu_{1i}(f_{1i}(x^*))$, $i=1, \cdots, k_1$ を考慮して，満足度レベルを変更すべきかどうか判断する．

これに対して，下位レベルの意志決定者は，基準メンバシップ値 $\bar{\mu}_2 = (\bar{\mu}_{21}, \bar{\mu}_{22}, \cdots, \bar{\mu}_{2k_2})$ を更新することにより，より望ましい解を探索することができる．ここで，基準メンバシップ値を更新する際の有益な情報と考えられる，各メンバシップ関数間のトレードオフ比は，MINMAX3$(\alpha_1, \bar{\mu}_2)$ を解く際に得られるラグランジュ乗数ベクトル $\lambda_2^f = (\lambda_{21}^f, \cdots, \lambda_{2k_2}^f)$ を用いて近似的に次の定理により与えられる．

定理10：上位レベル意志決定者の満足度レベル α_1 と下位レベル意志決定者の基準メンバシップ値 $\bar{\mu}_2$ に対して，(x^*, x_{p+1}^*) を MINMAX3$(\alpha_1, \bar{\mu}_2)$ の一意な最適解とし，(x^*, x_{p+1}^*) において，2次の最適性の十分条件，1次独立制約想定および狭義の相補性（福島 1980）を満たすものとする．また，MINMAX3$(\alpha_1, \bar{\mu}_2)$ の下位レベル意志決定者の k_2 個の目的関数に関する制約式は，すべて活性，すなわち，

$$f_{2i}(x^*) - \mu_{2i}^{-1}(\bar{\mu}_{2i} - x_{p+1}^*) = 0, \quad i=1, \cdots, k_2 \tag{5.150}$$

とし，対応するラグランジュ乗数を，$\lambda_{2i}{}^{f*}$，$i=1, \cdots, k_2$ とする．この時，最適解 $(x^*, x_{p+1}{}^*)$ における目的関数間およびメンバシップ関数間のトレードオフ比の近似値は次式で与えられる．

$$-\frac{\partial f_{21}(x^*)}{\partial f_{2i}(x^*)} \approx \frac{\lambda_{2i}{}^{f*}}{\lambda_{21}{}^{f*}}, \quad i=2, \cdots, k_2 \tag{5.151}$$

$$-\frac{\partial \mu_{21}(f_{21}(x^*))}{\partial \mu_{2i}(f_{2i}(x^*))} \approx \frac{\partial \mu_{21}(f_{21}(x^*))}{\partial f_{21}(x^*)} \frac{\lambda_{2i}{}^{f*}}{\lambda_{21}{}^{f*}} \left\{ \frac{\partial \mu_{2i}(f_{2i}(x^*))}{\partial f_{2i}(x^*)} \right\}^{-1},$$
$$i=2, \cdots, k_2 \tag{5.152}$$

以上より FLS2-MOP に対して，上位レベルの意志決定者と下位レベルの意志決定者が互いに対話を繰り返しながら，最終的に両者の満足解を導出するための，双対分解手法に基づく対話型アルゴリズムを以下のように構成することができる（図 5.7 参照）．

[対話型ファジィ意志決定アルゴリズム]

ステップ 1　上位レベル意志決定者と下位レベル意志決定者は，各目的関数に対するメンバシップ関数を適切に設定する．

ステップ 2　上位レベルの意志決定者は，各メンバシップ関数に対する初期満足度レベル α_{1i}, $i=1, \cdots, k_1$ を主観的に設定する．下位レベルの意志決定者は，各メンバシップ関数に対する初期基準メンバシップ値を $(\bar{\mu}_{21}, \bar{\mu}_{22}, \cdots, \bar{\mu}_{2k_2}) = (1, 1, \cdots, 1)$ と設定する．

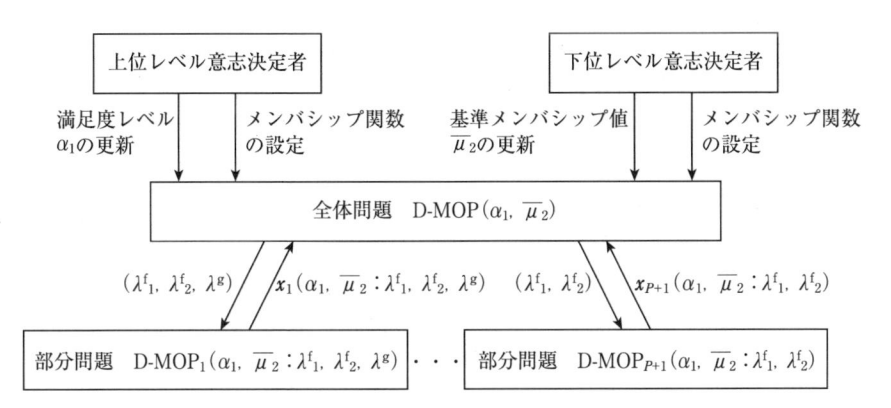

図 5.7　FLS2-MOP に対する双対分解手法に基づく 2 レベルファジィ意志決定

ステップ3　設定された満足度レベル α_1 と基準メンバシップ値 $\bar{\mu}_2$ に対する MINMAX3(α_1, $\bar{\mu}_2$) を，双対分解手法に基づくアルゴリズムを適用して解く（もし，実行可能解が存在しなければ，実行可能解が存在するまで満足度レベルを変更する）。対応する2-レベル型 M-パレート最適解，各メンバシップ関数値，メンバシップ関数間のトレードオフ比の近似値，さらに，上位レベル意志決定者の満足度と下位レベル意志決定者の満足度のバランスに関する指標 δ を計算する。

ステップ4　上位レベルの意志決定者が現在のメンバシップ関数値とバランスに関する指標 δ に満足で，かつ，下位レベル意志決定者も現在のメンバシップ関数値に満足ならば終了する。

ステップ5　上位レベルの意志決定者が現在のメンバシップ関数値とバランスに関する指標 δ に不満足であれば，満足度レベル α_{1i}, $i=1, \cdots, k_1$ の値を更新し，ステップ3へもどる。そうではなくて，もし，下位レベル意志決定者が，現在のメンバシップ関数値に不満足な場合には，トレードオフ比の情報を考慮して基準メンバシップ値を更新し，ステップ3へ戻る。

5.4.3　主分解手法に基づく 2-レベルファジィ意志決定

本節では，下位レベル意志決定者の選好構造が和オペレータ (Sakawa 1993 ; Zimmermann 1991) にしたがう場合において，FLS2-MOP の満足解を導出するための主分解手法に基づくファジィ意志決定アルゴリズムを提案する。

まず，FLS2-MOP に対して，以下の仮定をおく。

仮定3b：制約集合 S_l, $l=1, \cdots, p$ は，コンパクトな凸集合である。

仮定4b：制約集合 S_l, $l=1, \cdots, p$ 上で，目的関数 $f_{1il}(x)$, $i=1, \cdots, k_1$, $f_{2il}(x)$, $i=1, \cdots, k_2$ は微分可能な凸関数，結合制約関数の各部分 $g_{jl}(x_l)$, $j=1, \cdots, m$ は微分可能な凸関数である。また，上位レベル意志決定者の各目的関数に対するメンバシップ関数 $\mu_{1i}(f_{1i}(x))$, $i=1, \cdots, k_1$, 下位レベル意志決定者の各目的関数に対するメンバシップ関数 $\mu_{2i}(f_{2i}(x))$, $i=1, \cdots, k_2$

は，それぞれ，以下のような強意単調減少な線形関数とする．

$$\mu_{1i}(f_{1i}(x)) = \begin{cases} 1 & f_{1i}(x) \leq f_{1i}{}^1 \\ \dfrac{f_{1i}(x) - f_{1i}{}^0}{f_{1i}{}^1 - f_{1i}{}^0} & f_{1i}{}^1 \leq f_{1i}(x) \leq f_{1i}{}^0 \\ 0 & f_{1i}(x) \geq f_{1i}{}^0 \end{cases}$$

$$i = 1, \cdots, k_1 \tag{5.153}$$

$$\mu_{2i}(f_{2i}(x)) = \begin{cases} 1 & f_{2i}(x) \leq f_{2i}{}^1 \\ \dfrac{f_{2i}(x) - f_{2i}{}^0}{f_{2i}{}^1 - f_{2i}{}^0} & f_{2i}{}^1 \leq f_{2i}(x) \leq f_{2i}{}^0 \\ 0 & f_{2i}(x) \geq f_{2i}{}^0 \end{cases}$$

$$i = 1, \cdots, k_2 \tag{5.154}$$

ここで，$f_{1i}{}^0$, $f_{1i}{}^1$, $i = 1, \cdots, k_1$ と $f_{2i}{}^0$, $f_{2i}{}^1$, $i = 1, \cdots, k_2$ は，それぞれ，各意思決定者の，受け入れ可能な目的関数の最大値と十分満足な目的関数の最小値を表す．

上位レベル意思決定者と下位レベル意思決定者により，各目的関数に対するメンバシップ関数 $\mu_{1i}(f_{1i}(x))$, $i = 1, \cdots, k_1$, $\mu_{2i}(f_{2i}(x))$, $i = 1, \cdots, k_2$ が設定され，上位レベル意思決定者が満足度レベル α_1 を設定すれば，下位レベル意思決定者の満足解を導出するための一般化ファジィ意志決定問題を次式のように定式化することができる．

$$\max_{x \in X(\alpha_1)} \mu_{D_2}(\mu_{21}(f_{21}(x)), \cdots, \mu_{2k_2}(f_{2k_2}(x))) \tag{5.155}$$

ここで，$\mu_{D_2}(\cdot)$ は，メンバシップ関数空間上における，下位レベル意思決定者の選好構造を反映した統合関数である．ここでは，下位レベル意思決定者が各メンバシップ関数 $\mu_{2i}(f_{2i}(x))$, $i = 1, \cdots, k_2$ を統合するオペレータとして和オペレータを採用するものと仮定しよう．

このとき，上位レベル意思決定者の満足度レベル α_1 を満たす，下位レベル意思決定者の満足解は，次の問題を解くことにより得られる．

ADDMAX1(α_1)

$$\max_{x \in X(\alpha_1)} \left\{ \sum_{i=1}^{k_2} \mu_{2i}(f_{2i}(x)) \right\} \tag{5.156}$$

subject to

$$g_j(x) = \sum_{l=1}^{p} g_{jl}(x_l) \leq 0, \quad j=1, \cdots, m$$

$$h_l(x_l) \leq 0, \quad l=1, \cdots, p$$

各意志決定者のすべてのメンバシップ関数は線形関数であることから,以下のように表現することができる。

$$\mu_{qi}(f_{qi}(x)) = -\sum_{l=1}^{p}\{A_{qi}f_{qil}(x_{il})\} + C_q, \quad i=1, \cdots, k_q, \quad q=1, 2 \tag{5.158}$$

ここで

$$A_{qi} = \frac{1}{f_{qi}^0 - f_{qi}^1} > 0, \quad C_q = \sum_{i=1}^{k_q} \frac{f_{qi}^0}{f_{qi}^0 - f_{qi}^1} \tag{5.158}$$

したがって,ADDMAX1(α_1) は,等価的に次のような問題に置き換えることができる。

ADDMAX2(α_1)

$$\min_{(x_1, \cdots, x_p) \in S_1 \times \cdots \times S_p} \sum_{l=1}^{p}\left\{\sum_{i=1}^{k_2} A_{2i}f_{2il}(x_l)\right\} \tag{5.159}$$

subject to

$$\sum_{l=1}^{p} g_{jl}(x_l) \leq 0, \quad j=1, \cdots, m \tag{5.160}$$

$$\sum_{l=1}^{p} A_{1i}f_{1il}(x_l) \leq C_1 - \alpha_{1i}, \quad i=1, \cdots, k_1 \tag{5.161}$$

ここで,目的関数と制約関数は,S_l, $l=1, \cdots, p$ 上で微分可能かつ凸,結合制約式は $(m+k_1)$ 個であることに注意しよう。

以下の議論の都合上,$(m+k_1)$ 個の結合制約式に対する資源割当ベクトルをそれぞれ以下のように表す。

$$g_l(x_l) = (g_{1l}(x_l), \cdots, g_{ml}(x_l))^T \tag{5.162}$$

$$A_1f_{1l}(x_l) = (A_{11}f_{11l}(x_l), \cdots, A_{1k_1}f_{1k_1l}(x_l))^T \tag{5.163}$$

$$y_l = (y_l^g | y_l^{f_1})^T$$

$$= (y_{1l}, \cdots, y_{ml} | y_{(m+1)l}, \cdots, y_{m+k_1 l})^T \tag{5.164}$$

このとき,資源割当ベクトル y_l, $l=1, \cdots, p$ は,以下の実行可能条件を満たさなければならない。

$$\sum_{l=1}^{p} y_{jl} \leq 0, \quad j=1, \cdots, m \tag{5.165}$$

$$\sum_{l=1}^{p} y_{jl} \leq C_1 - \alpha_{1(j-m)}, \quad j=m+1, \cdots, m+k_1 \tag{5.166}$$

実行可能条件を満たすある資源割当ベクトル y_l, $l=1, \cdots, p$ が与えられたとき，元の問題は，以下の p 個の部分問題に分割することができる．

部分問題：P-MOP$_l(y_l)$, $l=1, \cdots, p$

$$w_l^P(y_l) = \min_{x_l \in S_l(y_l)} \sum_{i=1}^{k_2} A_2 f_{2il}(x_l) \tag{5.167}$$

ここで，集合 $S_l(y_l)$ は次式で定義されている．

$$S_l(y_l) = \{x_l \in S_l | g_l(x_l) \leq y_l^g, \ A_1 f_{1l}(x_l) \leq y_l^{f_1}\} \tag{5.168}$$

また，$w_l^P(y_l)$ は部分問題の最小目的関数値を表す．p 個の部分問題 P-MOP$_l(y_l)$ を取り扱うためには，その実行可能集合に対して $S_l(y_l) \neq \phi$, $l=1, \cdots, p$ を満たさなければならないので，資源割当行列 $Y=(y_{jl})$ に対して，以下の集合 Y_l, $l=1, \cdots, p$ を定義する．

$$Y_l = \{y_l \in R^{m+k_1} | S_l(y_l) \neq \phi\}, \ l=1, \cdots, p \tag{5.169}$$

このとき，ADDMAX2(α_1) は，等価的に，次のような資源割当行列 y_l, $l=1, \cdots, p$ を決定変数とする分解可能な問題に変換できる．

全体問題：P-MOP(α_1)

$$\min_{(y_1, \cdots, y_p) \in Y_1 \times \cdots \times Y_p} w^P(Y) = \sum_{l=1}^{p} w_l^P(y_l) \tag{5.170}$$

subject to

$$\sum_{l=1}^{p} y_{jl} \leq 0, \quad j=1, \cdots, m \tag{5.171}$$

$$\sum_{l=1}^{p} y_{jl} \leq C_1 - \alpha_{1(j-m)}, \quad j=m+1, \cdots, m+k_1 \tag{5.172}$$

ここで，主分解手法における全体問題 P-MOP(α_1) は，$((m+k_1) \times p)$ 資源割当行列

$$Y = (y_1, \cdots, y_p) = \begin{bmatrix} y_{11} & y_{12} & \cdots & y_{1p} \\ y_{21} & y_{22} & \cdots & y_{2p} \\ \vdots & \vdots & \vdots & \vdots \\ y_{m+k_1 1} & y_{m+k_1 2} & \cdots & y_{m+k_1 p} \end{bmatrix} \quad (5.173)$$

に関する凸計画問題となることに注意しよう．したがって，各部分問題の目的関数を改善する資源割当行列 Y の改善方向がわかれば資源割当行列 Y を更新することができる．ここで，資源割当ベクトル y_l, $l=1, \cdots, p$ について以下の仮定をおく．

仮定 5b：資源割当ベクトル y_l は Y_l の内点である．すなわち，$y_l \in \text{int} Y_l$, $l=1, \cdots, p$．

このとき，目的関数と制約関数の微分可能性の仮定から，目的関数 $w^p(Y)$ の局所的な改善方向として，資源割当行列 Y に関する方向導関数を最小にするような探索方向行列 D を採用することができる．このような方向発見問題は次式により定式化される．

$$\min_{(d_{jl}) \in \bar{D}} \mathrm{D} w^p(Y:D) = \sum_{l=1}^{p} \mathrm{D} w_l^p(y_l : d_l) \quad (5.174)$$

ここで，$\mathrm{D} w^p(Y:D)$ は，資源割当行列 Y における D 方向への関数 $w^p(Y:D)$ の方向導関数を表す．また，D は，資源割当行列 Y に対する $((m+k_1) \times p)$ 探索方向行列

$$d = (d_1, \cdots, d_p) = \begin{bmatrix} d_{11} & d_{12} & \cdots & d_{1p} \\ d_{21} & d_{22} & \cdots & d_{2p} \\ \vdots & \vdots & \vdots & \vdots \\ d_{m+k_1 1} & d_{m+k_1 2} & \cdots & d_{m+k_1 p} \end{bmatrix} \quad (5.175)$$

を表す．さらに，探索方向行列 $D=(d_{jl})$ に関する制約集合 $\bar{D}$ は，以下の条件を満たす $((m+k_1) \times p)$ 行列を要素とする集合を表す．

$$\bar{D} = \{(d_{jl}) \in R^{(m+k_1) \times p} \mid \|d_{jl}\| \leq 1, \ \sum_{l=1}^{p} d_{jl} \leq 0, \ j \in B_g \cup B_{f_1}\} \quad (5.176)$$

ただし，

$$B_g = \{j \in \{1, \cdots, m\} \mid \sum_{l=1}^{p} y_{jl} = 0\} \tag{5.177}$$

$$B_{f_1} = \{j \in \{m+1, \cdots, m+k_1\} \mid \sum_{l=1}^{p} y_{jl} = C_1 - \alpha_{1(j-m)}\} \tag{5.178}$$

この方向発見問題 (5.174) について,以下の定理が成立する.

定理 4b:P-MOP(α_1) の目的関数 $w^P(Y)$ は資源割当行列 Y に関する凸関数となる.

定理 5b:$Y^* = (y_1^*, \cdots, y_p^*)$ を P-MOP(α_1) の実行可能解とする.Y^* における方向発見問題 (5.174) の最適解を D^* とすると,$D^* = 0$ ならば,Y^* は P-MOP(α_1) の最適解である.

定理 6b:$w_l^P(y_l)$ が微分可能ならば,資源割当行列 $Y = (y_1, \cdots, y_p)$ の方向発見問題 (5.174) は,以下のような探索方向行列 $D = (d_{jl})$ に関する線形計画問題に帰着される.

$$\min_{(d_{jl}) \in \bar{D}} - \sum_{l=1}^{p} \left\{ \sum_{j=1}^{m} \lambda_{jl} d_{jl} + \sum_{j=1}^{k_1} \lambda_{(m+j)l} d_{(m+j)l} \right\} \tag{5.179}$$

ここで,λ_{jl}, $j=1, \cdots, m, m+1, \cdots, m+k_1$ は,P-MOP$_l(y_l)$, $l=1, \cdots, p$ の制約式 $S_l(y_l)$ に対応するラグランジュ乗数を表す.

線形計画問題 (5.179) を解くことにより,探索方向行列 $D = (d_{jl})$ が与えられると,新しい資源割当行列 $Y = (y_{jl})$ は,D 方向への適当なステップサイズ $\beta > 0$ を決定することにより与えられる.

$$(y_{jl}) \leftarrow (y_{jl}) + \beta(d_{jl}), \quad l=1, \cdots, p, \quad j=1, \cdots, m+k_1 \tag{5.180}$$

このような最適ステップ幅 $\beta^* > 0$ は,関数 $w^P(Y)$ が資源割当行列 Y に関して凸であることから,次の1次元探索問題を解くことにより得られる.

$$\min_{\beta \in R^1} w^P(Y + \beta D) \tag{5.181}$$

subject to

$$\sum_{l=1}^{p} y_{jl} + \beta d_{jl} \leq 0, \quad j=1, \cdots, m \tag{5.182}$$

$$\sum_{l=1}^{p} y_{jl} + \beta d_{jl} \leq C_1 - \alpha_{1(j-m)}, \quad j=m+1, \cdots, m+k_1 \tag{5.183}$$

以上の議論から,ADDMAX2 の最適解を求めるための,主分解手法に基づくアルゴリズムを次のように構成することができる.

[**ADDMAX2**(α_1) **を解くための主分解手法に基づくアルゴリズム**]

ステップ1 $((m+k_1) \times p)$ 資源割当行列の初期値 $y_l \in Y_l$, $l=1, \cdots, p$ を設定する。

ステップ2 部分問題 P-MOP$_l(y_l)$, $l=1, \cdots, p$ を解き,対応する最適解 x_l と,結合制約式に対するラグランジュ乗数ベクトル $\lambda_l = (\lambda_{1l}, \cdots, \lambda_{(m+k_1)l})^T$, $l=1, \cdots, p$ を得る。

ステップ3 ステップ2で得られたラグランジュ乗数ベクトル $\lambda_l = (\lambda_{1l}, \cdots, \lambda_{(m+k_1)l})^T$, $l=1, \cdots, p$ をパラメータとして構成される方向発見問題 (5.179) を解き,$((m+k_1) \times p)$ 探索方向行列 $D = (d_{jl})$ を求める。

ステップ4 得られた $((m+k_1) \times p)$ 探索方向行列 $D = (d_{jl})$ に対して,1次元探索問題を解くことにより,最適ステップ幅 $\beta^* \geq 0$ を求める。

ステップ5 もし,$\beta^* \approx 0$ ならば終了する。そうでなければ,$((m+k_1) \times p)$ 資源割当行列を $Y \leftarrow Y + \beta^* D$ と更新して,ステップ2へもどる。

上位レベル意志決定者が設定した満足度レベル α_1 に対して ADDMAX2(α_1) を構成して主分解手法に基づくアルゴリズムを適用することにより,満足解の候補 x^* を求めることができる。満足解の候補 x^* に対して,上位レベル意志決定者は,現在のメンバシップ関数値 $\mu_{1i}(f_{1i}(x^*))$, $i=1, \cdots, k_1$ のみならず,下位レベル意志決定者の満足度とのバランスにも配慮して,最終的な満足解を決定するものとする。ここでは,上位レベル意志決定者の満足度と下位レベル意志決定者の満足度のバランスの指標を,以下のように定義しよう。

$$\delta = \frac{\sum_{i=1}^{k_2} \mu_{2i}(f_{2i}(x^*))/k_2}{\sum_{i=1}^{k_1} \mu_{1i}(f_{1i}(x^*))/k_1} \tag{5.184}$$

この定義から明らかなように,δ の値が小さいほど上位レベルの満足度が相対的に大きく,逆に,δ の値が大きいほど上位レベルの満足度が相対的に小さくなる。

以上より,FLS2-MOP に対して,主分解手法に基づくファジィ意志決定アルゴリズムを以下のように構成することができる(図5.8参照)。

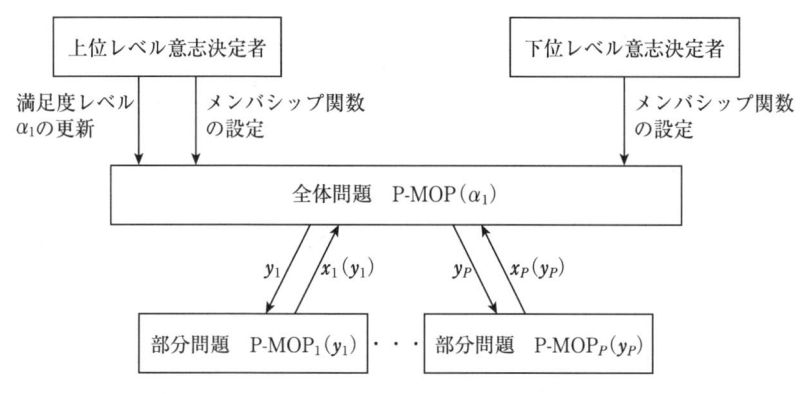

```
┌──────────────────┐                    ┌──────────────────┐
│ 上位レベル意志決定者 │                    │ 下位レベル意志決定者 │
└──────────────────┘                    └──────────────────┘
   │         │                                    │
満足度レベル  メンバシップ関数                      メンバシップ関数
$\alpha_1$の更新  の設定                              の設定
   ↓         ↓                                    ↓
┌────────────────────────────────────────────────────┐
│          全体問題  P-MOP$(\alpha_1)$                 │
└────────────────────────────────────────────────────┘
        ↕ $y_1$  ↕ $x_1(y_1)$       ↕ $y_P$  ↕ $x_P(y_P)$
   ┌──────────────────┐         ┌──────────────────┐
   │ 部分問題 P-MOP$_1(y_1)$ │ ··· │ 部分問題 P-MOP$_P(y_P)$ │
   └──────────────────┘         └──────────────────┘
```

図5.8 FLS2-MOP に対する主分解手法に基づく2レベルファジィ意志決定

[ファジィ意志決定アルゴリズム]

ステップ1 上位レベル意志決定者と下位レベル意志決定者は，各自のメンバシップ関数 $\mu_{1i}(f_{1i}(x))$，$i=1,\cdots,k_1$，$\mu_{2i}(f_{2i}(x))$，$i=1,\cdots,k_2$ を適切に設定する

ステップ2 上位レベル意志決定者は，各メンバシップ関数 $\mu_{1i}(f_{1i}(x))$，$i=1,\cdots,k_1$ に対する満足度レベル α_{1i}，$i=1,\cdots,k_1$ を設定する。

ステップ3 ADDMAX2(α_1) を主分解手法に基づくアルゴリズムを適用することにより，満足解の候補 x^* を求める。同時に，上位レベル意志決定者の満足度と下位レベル意志決定者の満足度のバランスの指標 δ を計算する。

ステップ4 もし，上位レベル意志決定者がメンバシップ関数の現在値 $\mu_{1i}(f_{1i}(x^*))$，$i=1,\cdots,k_1$ のみならずバランスの指標 δ にも満足ならば終了する。そうでなければ，上位レベル意志決定者は各メンバシップ関数に対する満足度レベル α_{1i}，$i=1,\cdots,k_1$ を更新してステップ3へもどる。

5.5 おわりに

本章では，まず，大規模計画問題に対して，数値計算上有効な，2種類の分解手法（双対分解手法と主分解手法）の概要を述べた。次に，1人の意志決定者

が多目的関数に対して選好判断を行なう大規模多目的計画問題に対して，意志決定者の満足解を導出するための，双対分解手法に基づくファジィ意志決定手法と主分解手法に基づくファジィ意志決定手法について述べた．さらに，上下関係にある2人の意志決定者が協力して意志決定を行ない，しかも，各意志決定者がそれぞれ多目的関数に対して選好判断を行なう大規模2-レベル多目的計画問題において，まず，2人の意志決定者の「上下関係」に関しては満足度レベルの概念を導入し，下位レベル意志決定者に対する上位レベル意志決定者の「協力関係」に関してはバランスの指標の概念を導入した．これらの二つの概念を用いて，大規模2-レベル多目的計画問題に対する2人の意志決定者の満足解を導出するための，双対分解手法に基づくファジィ意志決定手法と主分解手法に基づくファジィ意志決定手法について詳述した．

参考文献

Anandalingam, G. (1988). A Mathematical Programming Model of Decentralized Multi-Level Systems. *J. Oper. Res. Soc.*, **39** : 1021-1033.

Bellman, R.E. and L.A. Zadeh (1970). Decision Making in a Fuzzy Environment. *Management Sci.*, **17** : 141-164.

Dantzig, G.B. and P. Wolfe (1961). The Decomposition Algorithm for Linear Programming. *Econometrica*, **29** : 767-768.

深尾毅・豊田淳一(1972). 『電力系統へのコンピュータの応用』, 産業図書.

福島雅夫(1980). 『非線形最適化の理論』, 産業図書.

Haimes, Y.Y., K. Tarvainen, T. Shima and J. Thadathil (1989). *Hierarchical Multiobjective Analysis of Large-Scale Systems*. Hemisphere Publishming Corporation.

小舘英寛(1978). 「利水システム運用における計画問題」『システムと制御』**22**(3)：138-145.

Lai, Y.-J. (1996). Hierarchical Optimization: A Satisfactory Solution. *Fuzzy Sets and Systems*, **77** : 321-335.

ラスドン(1973)『大規模システムの最適化理論』(志水清孝訳), 日刊工業新聞社.

Martin, R.K. (1999). *Large Scale Linear and Integer Optimization — A Unified Approach*. Kluwer Academic Publishers.

Sakawa, M. (1993). *Fuzzy Sets and Interactive Multiobjective Optimization*. Plenum Press.

Sakawa, M. and Yano, H. (1994). A Fuzzy Dual Decomposition Method for

Large-Scale Multiobjective Nonlinear Programming Problems. *Fuzzy Sets and Systems*, **67**: 19-27.

Sakawa, M., Yano, H. and Sawada, K. (1995). A Primal Decomposition Method for Multiobjective Structured Nonlinear Programming Problems with Fuzzy Goals. *Cybernetics and Systems : An International Journal*, **26**: 413-426.

Slowinski, R. (1986). A Multicriteria Fuzzy Linear Programming Method for Water Supply System Development Planning. *Fuzzy Sets and Systems*, **19**: 217-237.

Steuer, R.E. (1986). *Multiple Criteria Optimization : Theory, Computation, and Application*. John Wiley & Sons.

鈴木光男（1994）.『新ゲーム理論』, 勁草書房.

田村担之（1986）.『大規模システム—モデリング・制御・意志決定』, 昭晃堂.

Wen, U.-P. and Hsu S.-T. (1991). Linear Bi-level Programming Problems —— A Review, *J. Oper. Res. Soc.*, **42**: 125-133.

Yano, H. (1999). Fuzzy Interactive Decision Making for Multiobjective 2-Level Nonlinear Programming Problems. *Proceedings of IEEE interanational Conference on Systems, Man, and Cybernetics* 3: 1024-1029.

Yano, H. (2000). Fuzzy Large-Scale Multiobjective 2-Level Programming Technique Based on a Primal Decomposition Method. *Proceedings of The Forth Asian Fuzzy System Symposium*: 476-481.

Yano, H. and Sakawa, M. (1996). A 3-Level Optimization Method for Fuzzy Large-Scale Multiobjective Nonlinear Programming Problems. *Fuzzy Sets and Systems*, **81**: 141-155.

Zimmermann, H.-J. (1991). *Fuzzy Set Theory and Its Applications* (Second Edition). Kluwer Academic Publishers.

第 6 章

非協力ゲームによる多目的計画問題の意志決定

西﨑一郎・坂和正敏

本章では，複数の目的を持つ意志決定環境の下での，2-レベルに定式化された線形計画問題を考察する．特に多目的環境において，上位レベルの意志決定者の決定に対して，下位レベルの意志決定者による複数の，あるいは無限の合理的な応答が存在すると考えるとき，このような問題をどのように構造化し，解決するかを吟味する．また，上位レベルの意志決定者が下位レベルの意志決定者の選好に対して，部分的な情報を持つ場合と持たない場合を想定し，これらのそれぞれについて，多目的環境下に拡張された解の計算方法を開発する．

6.1 はじめに

　2人の意志決定者が協力する動機を持たず，一方の意志決定者（先導者）が先に決定し，他方の意志決定者（追従者）が先導者の決定を知った後に自己の決定をする意志決定問題では，追従者が先導者の決定に対して最適な応答をするという仮定の下に，先導者は自己の目的関数を最小化するという考えに基づいた静的スタッケルベルグ・ゲームの解（スタッケルベルグ解）を計算することになる。特に，2人の意志決定者の目的関数がそれぞれ一つで，それらの目的関数と制約式が線形である場合，単一目的2-レベル線形計画問題と呼ばれる。

　しかし，実際の意志決定状況では，複数の目的を同時に考慮しなければならない問題も多く，そのような問題を単一目的2-レベル線形計画問題としてモデル化する場合，何らかの形で複数の目的を同時に表現できるような目的関数を同定したり，ある一つの目的を目的関数として表現し，残りの目的に関してはある値以上，あるいはある値以下という制約条件の形で問題に取り込まれることになる。

　先導者が上記のように追従者の複数の目的を同時に表現できるような目的関数を同定したり，ある目的を目的関数として選択し，残りを制約条件として表現することによって単一目的2-レベル線形計画問題を定式化することは，追従者の選好を完全に把握していることを意味するが，先導者と追従者が非協力な状況にある場合には，そのような定式化は困難であり，定式化された問題のスタッケルベルグ解が必ずしも元の問題に対する意志決定の結果を正確に予測できるとは限らない。

　そこで，本章では多目的2-レベル線形計画問題による定式化を試みる。複数の目的を同時に考慮しなければならない問題に対して，多目的2-レベル線形計画問題として定式化した場合，先導者の決定に対して追従者の複数あるいは無限の合理的な応答を考慮しなければならない。そのようなときに，先導者

が意思決定の結果に関する情報を得ようとするならば，先導者の予想や信念を導入する方法が考えられる．本章では，先導者が追従者の選好に対して，部分的な情報を持たない場合と持つ場合のそれぞれに対して，先導者が追従者の合理的な応答を楽観的に予想する場合と悲観的に予想する場合について考察し，多目的環境下に拡張されたスタッケルベルグ解の計算方法を示す．

6.2 多目的2-レベル線形計画問題による構造化

6.2.1 2-レベル線形計画問題

単一目的2-レベル計画問題では，追従者が先導者の決定に対して最適な応答をとるという仮定の下に，先導者は自己の目的を最適化する決定を選択するという考えに基づいたスタッケルベルグ解が解の概念として採用され，さまざまな解の計算方法が提案されている (Simaan and Cruz 1973; Fortuny-Amat and McCarl 1981; Bard and Falk 1982; Bard 1983, Bialas and Karwan 1984; Bard and Moore 1990; White and Anandalingam 1993; Shimizu et al. 1997)．このとき，追従者が最適な応答をとるためには，自己の目的関数と制約を知っており，先導者が最適な決定を選択するためには，自己および相手の目的関数と制約を熟知していることが仮定されていなければならない．

このような問題をゲーム理論で取り扱う場合，基本的には意思決定者（プレイヤー）は首尾一貫性があり賢明で，欠点のない合理性を有するという仮定の下に考察されることが多く，ゲームをいかにプレイするかについての助言はすべてのプレイヤーに等しく（対称に）与えられる．また，それぞれの意思決定者が自己および相手の目的関数と制約を知っている場合，両者にとって情報は対称であるといわれる．まずこの立場から，2-レベル計画問題を考える．2-レベル計画問題では情報が対称であっても，追従者は先導者の決定後に自己の決定を選択するので，先導者の目的関数に関する情報は知っていても，知らなくても分析は変わらない．

先導者と追従者の決定をそれぞれ n_1 次元決定変数列ベクトル x と n_2 次元決定変数列ベクトル y とし，目的関数を $z_1(x, y) = c_1 x + d_1 y$ と $z_2(x, y) = c_2 x + d_2 y$ とする。ここで，c_1, c_2 は n_1 次元定数行ベクトル，d_1, d_2 は n_2 次元定数行ベクトルである。また，A_1, A_2 は $m \times n_1$ および $m \times n_2$ 定数行列，b は m 次元定数列ベクトルとして制約式を $A_1 x + A_2 y \leq b$, $x \geq 0$, $y \geq 0$ とすると，Shimizu et al. (1997) の表記に従えば，単一目的2-レベル線形計画問題の実行可能領域は

$$S = \{(x, y) \mid A_1 x + A_2 y \leq b, \ x \geq 0, \ y \geq 0\} \tag{6.1}$$

と表され，先導者が x を選択したときの追従者の実行可能領域は

$$S(x) = \{y \mid A_2 y \leq b - A_1 x, \ y \geq 0\} \tag{6.2}$$

と表現できる。

先導者の決定 x に対して，追従者の最適応答集合は

$$R(x) = \{y \mid y \in \arg \min_{y \in S(x)} z_2(x, y)\} \tag{6.3}$$

となり，しばしば集合 $R(x)$ は要素が唯一点であることが仮定される。したがって，両者の決定は次の誘導領域

$$IR = \{(x, y) \mid (x, y) \in S, \ y \in R(x)\} \tag{6.4}$$

上に存在する。このとき，スタッケルベルグ解は次のように表現できる。

$$\{(x, y) \mid (x, y) \in \arg \min_{(x, y) \in IR} z_1(x, y)\} \tag{6.5}$$

特に，目的関数や制約式が線形であり，追従者の最適応答集合 $R(x)$ が唯一点であることが仮定されると，スタッケルベルグ解を求めるための2-レベル線形計画問題は次のように表される。

$$\left. \begin{array}{l} \underset{x}{\text{minimize}} \ z_1(x, y) = c_1 x + d_1 y \\ \text{where } y \text{ solves} \\ \underset{y}{\text{minimize}} \ z_2(x, y) = c_2 x + d_2 y \\ \text{subject to } A_1 x + A_2 x \leq b \\ \qquad x \geq 0, \ y \geq 0 \end{array} \right\} \tag{6.6}$$

先導者が先に決定 x を選択し，その決定 x を知った上で追従者が自己の決

定 y を選択するので，追従者が首尾一貫しており賢明で，欠点のない合理性を有すると仮定すると，追従者は先導者の決定 $\hat{x}$ をパラメータとした線形計画問題

$$\begin{aligned}
&\text{minimize } z_2(\hat{x},\ y) = c_2\hat{x} + d_2 y \\
&\text{subject to } A_1\hat{x} + A_2 y \le b \\
&\qquad\qquad y \ge 0
\end{aligned} \tag{6.7}$$

の最適解 $y^*(\hat{x})$ を $\hat{x}$ に対する応答として選択する。この最適解が唯一であると仮定すると，先導者が決定 x を定めれば，追従者の決定も $y^*(x)$ として同時に定まり，この決定の組が誘導領域 IR を構成する。したがって，先導者は $z_1(x,\ y^*(x))$ を最小化する x^* を選択すればよいことがわかる。この決定の組 $(x^*,\ y^*(x^*))$ がスタッケルベルグ（均衡）解と呼ばれており，2人の意志決定者にとってこの解を選択することが均衡状況をもたらすことになる。つまり，先導者が決定 x^* をとり，追従者が決定 $y^*(x^*)$ をとるならば，x^* が $y^*(x^*)$ に対してよい対応策で，$y^*(x^*)$ が x^* に対するよい対応策となっている。このような接近方法をレイファ（Raiffa 1982）は対称な処方的接近（symmetric prescriptive approach）と呼んでいる。処方的な接近方法では，人々がいかに行動するかよりも，いかに行動すべきかということを検討する。また，そのような分析の目的は困難な問題において意志決定者の行動の選択を手引きすることにある。2人以上の意志決定者の存在を考慮した意志決定問題を考えるとき，ある意志決定者は自己の選好などに関する情報を正確に分析し，知ることが可能である場合もあるが，他者の情報に関しては知り得ないという状況はしばしば観察することができる。このように各意志決定者にとって，情報が非対称である場合のモデル化として，問題を規定するパラメータが確実に表現されるのではなく，確率変数として与えられるような定式化（たとえば，Baron and Myerson 1982）や多目的環境における定式化などが考えられるが，本章では多目的環境下での定式化を取り上げる（Nishizaki and Sakawa 1999, 2001）。

6.2.2 多目的2-レベル線形計画問題

　特に，2-レベル計画問題では，2人の意志決定者が協力しようとする動機を持たず，意志の伝達がないと仮定しているので，先導者の立場で2-レベル計画問題を定式化しようとする場合，追従者の評価の多様性を考慮するならば，追従者の目的関数を複数考慮することは現実的である。単一レベル計画問題では，意志決定者は自己の選好を考慮して，複数の目的関数を単一の目的関数に集約したり，あるいはこれまで開発されてきた多目的計画法の対話型の手法で何らかのパレート最適解を見つけることは，可能かもしれない (Chankong and Haimes 1983 ; Sawaragi et al. 1985 ; Yu 1985 ; Steuer 1986 ; Seo and Sakawa 1988 ; Sakawa 1993)。しかし，2-レベル計画問題では追従者の複数の目的関数を単一の目的関数あるいは効用関数に集約することは，単一レベル計画問題と比較して困難な作業であるといわざるを得ないし，そのように集約された追従者の目的関数を有する単一目的2-レベル線形計画問題のスタッケルベルグ解が必ずしも定式化された問題に関する意志決定の結果を正確に予測できるとは限らない。

　先導者と追従者がそれぞれ複数の目的関数 $z_{11}(x, y)$, …, $z_{1k_1}(x, y)$ と $z_{21}(x, y)$, …, $z_{2k_2}(x, y)$ を持つとし，2人の意思決定者がそれぞれ複数の目的を持つように問題 (6.6) を一般化した問題は以下のように示すことができる。

$$\left.\begin{aligned}
&\underset{x}{\text{minimize}}\ z_{11}(x,\ y) = c_{11}x + d_{11}y \\
&\quad \cdots\cdots\cdots\cdots\cdots\cdots\cdots\cdots\cdots \\
&\underset{x}{\text{minimize}}\ z_{1k_1}(x,\ y) = c_{1k_1}x + d_{1k_1}y \\
&\text{where } y \text{ solves} \\
&\underset{y}{\text{minimize}}\ z_{21}(x,\ y) = c_{21}x + d_{21}y \\
&\quad \cdots\cdots\cdots\cdots\cdots\cdots\cdots\cdots\cdots \\
&\underset{y}{\text{minimize}}\ z_{2k_2}(x,\ y) = c_{2k_2}x + d_{2k_2}y \\
&\text{subject to } A_1x + A_2y \leq b \\
&\qquad\qquad x \geq 0,\ y \geq 0
\end{aligned}\right\} \quad (6.8)$$

ここで，c_{11}, $\cdots$, c_{1k_1}, c_{21}, $\cdots$, c_{2k_2} は n_1 次元定数行ベクトル，d_{11}, $\cdots$, d_{1k_1}, d_{21}, $\cdots$, d_{2k_2} は n_2 次元定数行ベクトルである。

単一目的2-レベル線形計画問題 (6.6) では，先導者の決定 $\hat{x}$ に対して追従者の最適応答が問題 (6.7) の唯一解として与えられる場合について考察されることが多い。しかし，問題 (6.8) において追従者の問題，すなわち，先導者の決定 $\hat{x}$ をパラメータとした多目的線形計画問題

$$\left.\begin{aligned}
&\underset{y}{\text{minimize}}\ z_{21}(\hat{x},\ y) = c_{21}\hat{x} + d_{21}y \\
&\quad \cdots\cdots\cdots\cdots\cdots\cdots\cdots\cdots\cdots \\
&\underset{y}{\text{minimize}}\ z_{2k_2}(\hat{x},\ y) = c_{2k_2}\hat{x} + d_{2k_2}y \\
&\text{subject to } A_1\hat{x} + A_2y \leq b \\
&\qquad\qquad y \geq 0
\end{aligned}\right\} \quad (6.9)$$

には一般に，唯一の完全最適解は必ずしも存在せず，唯一の最適応答を仮定することは適切ではない。すなわち，追従者が複数の目的を持つ場合には，唯一の最適応答を仮定することは現実的でなく，先導者の決定 x に対して複数あるいは無限の応答を考慮しなければならない。しかし追従者の応答として，少なくとも多目的最適化における解概念であるパレート最適解を選択すると考えることは妥当である。

したがって，最適応答集合 $R(x)$ の概念を拡張し，パレート最適応答集合

$P(x)$ を導入する。$P(x)$ の定義を次に示す。先導者が x を選択したときの追従者のパレート最適応答集合は

$$P(x) = \{y \in S(x) \mid z_{2j}(x, y') \leq z_{2j}(x, y), j=1, \cdots, k_2 \text{ であり,}$$
少なくと1つの l に対して $z_{2l}(x, y') \neq z_{2l}(x, y)$ となる $y' \in S(x)$
は存在しない$\}$ \hfill (6.10)

である。

例1：パレート最適応答集合 $P(x)$ を図示するために次の3次元の多目的2-レベル線形計画問題を考える。

$$\underset{x}{\text{minimize}} \; z_1(x, y_1, y_2) = -x - 2y_1 + 4y_2$$

where (y_1, y_2) solves

$$\underset{y_1, y_2}{\text{minimize}} \; z_{21}(x, y_1, y_2) = x + 2y_1 - y_2$$

$$\underset{y_1, y_2}{\text{minimize}} \; z_{22}(x, y_1, y_2) = 2x - 2y_1 - y_2$$

subject to $y_2 \leq 100, \; x + y_2 \leq 170, \; x + y_1 + y_2 \leq 240$
$y_1 + y_2 \leq 170, \; -x + y_1 + y_2 \leq 130, \; -x + y_2 \leq 60$
$-x - y_1 + y_2 \leq 20, \; -y_1 + y_2 \leq 60, \; x + y_1 - y_2 \leq 130$
$x \leq 100, \; x + y_1 \leq 170, \; y_1 \leq 100$
$-x + y_1 \leq 60, \; -x \leq -10, \; x + y_1 \leq 50$
$-y_1 \leq -10, \; x - y_1 \leq 60, \; x - y_2 \leq 60$
$x + y_1 - y_2 \leq 130, \; y_1 - y_2 \leq 60, \; -x + y_1 - y_2 \leq 20$
$-x - y_2 \leq -50, \; -x - y_1 - y_2 \leq -90, \; -y_1 - y_2 \leq -170$
$x - y_1 - y_2 \leq 20, \; -y_2 \leq -10$

ここで，先導者の決定変数は x であり，追従者の決定変数は y_1, y_2 である。先導者の目的関数は単一目的で $z_1(x, y_1, y_2) = -x - 2y_1 + 4y_2$ とし，追従者の目的関数は $z_{21}(x, y_1, y_2) = x + 2y_1 - y_2, z_{22}(x, y_1, y_2) = 2x - 2y_1 - y_2$ である。図6.1には問題の実行可能領域が示され，先導者が $x \in [40, 70]$ を満たす任意の x を選択したときの追従者のパレート最適応答集合が図6.2に示される。

多目的2-レベル線形計画問題 (6.8) の場合には，先導者が決定 x を選択した後，追従者が決定 $y \in P(x)$ を選択する。しかし，図6.2に示されるように，

図 6.1　実行可能領域　　　　図 6.2　パレート最適応答集合

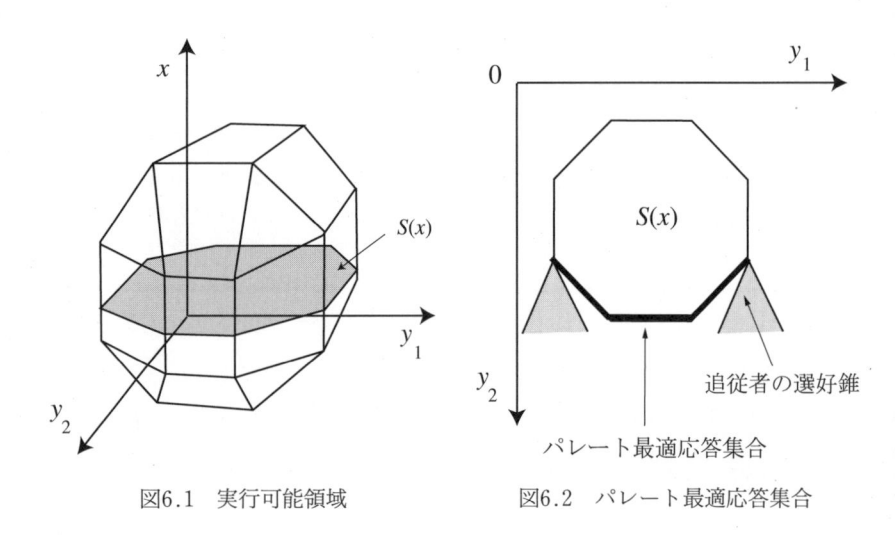

単一目的 2-レベル線形計画問題 (6.6) のようには先導者の任意の決定 x に対して追従者の応答を一意的に決定できない．先導者が追従者の選好に対して，部分的な情報を持たない場合には一般に，先導者は自己の決定 x に対して追従者の応答がパレート最適応答集合 $P(x)$ に属することしか，推測できない．

6.3　先導者の予想を導入したモデリングと解

6.3.1　部分的な情報を持たない場合

　追従者の目的を複数考慮する場合，先導者の決定に対して追従者の最適応答を唯一の決定であると仮定することは，もはや適切でない．したがって，この決定問題は一種の情報不完備ゲームとなり，問題 (6.6) で考察したような 2 人の意志決定者の双方にとって有効な助言を与えること，すなわち対称な処方的接近による分析結果を示すことは困難となる．
　そこで本節では，多目的 2-レベル線形計画問題に対して，対称な処方的接近を試みるのではなく，非対称な処方・記述的接近 (asymmetric prescriptive/

descriptive approach）の立場から考察する（Raiffa 1982）。すなわち，先導者に対して最良の期待される結果を達成するために，いかに行動すべきかについての助言を与えるという立場から問題を検討し，先導者の選好や何らかの信念あるいは価値観を導入すると同時に追従者の行動に対するある種の予測を与えることによって，先導者のとるべき戦略を定めていくことを考える。

このような分析は先導者が優位なるという観点から処方的であり，先導者と競合する立場の追従者の視点からは記述的である。ここで記述的という言葉は，問題をいかに分析，あるいは考えるとか，選択をいかに正当化するかとか，いかに結果を予想するかという意志決定者の行動を記述することを意味する。つまり，追従者がいかに行動するだろうかという意味において可能性のある，ある種の予測を与えて，それに対して先導者がいかに行動すべきかについて助言を与えるという観点から2-レベル計画問題を取り扱うことになる。

非対称な処方・記述的接近の立場から，先導者が追従者の選好に関していかなる部分的な情報も持ちえない場合において，先導者が追従者の応答に対して次のような予想を持つ状況を仮定する。（1）追従者が先導者にとって望ましい選択をすると予想する場合（楽観的な予想），（2）追従者が先導者にとって不都合な選択をする予想する場合（悲観的な予想）を考える。これらの解を計算することは，分析者やアドバイザーの立場から，少しでも先導者に対してこの決定問題の結果に関する情報を与えようとする意図の下で行なわれる。

問題（6.8）では，先導者，追従者ともに複数の目的関数を持つように定式化されているが，問題の記述を簡単にし，読者の理解を容易にするために，追従者のみが複数の目的関数を持ち，先導者は単一の目的関数を持つ場合を考える。2-レベル問題を考える上で，この場合が本質的であり（Vetschera 1998），先導者も複数の目的関数を持つ場合は，従来の何らかの多目的最適化手法を適用することによって拡張できる（Nishizaki and Sakawa 1999）。

楽観的な予想に基づくスタッケルベルグ解：楽観的な予想に基づくスタッケルベルグ解は，先導者の決定 x に対して追従者が先導者の目的関数 $z_1(x, y)$ を最小にするように y をパレート最適応答集合 $P(x)$ から選択するとの予想の

下で，先導者が自己の目的関数 $z_1(x, y)$ を最小化するように x を選択する場合の x と y の組である。

仮に先導者が決定 $\hat{x}$ を選択したとする。楽観的な予想に基づく解では，多目的線形計画問題 (6.9) のパレート最適性を満たす決定 $y \in P(\hat{x})$ のなかで，先導者が最も有利になるように追従者は y を選択すると考える。このとき先導者は，追従者が問題

$$
\left.\begin{aligned}
& \underset{y}{\text{minimize}} \ z_1(\hat{x}, y) \\
& \text{subject to} \ y \in P(\hat{x}) \\
& \qquad\qquad A_2 y \le b - A_1 \hat{x} \\
& \qquad\qquad y \ge 0
\end{aligned}\right\} \tag{6.11}
$$

の最適解 $y(\hat{x})$ を選択すると仮定して，$z_1(\hat{x}, y(\hat{x}))$ を最小にする $\hat{x}$ を選択する。ここで，任意の $\hat{x}$ に対して，問題 (6.11) の最適解 $y(\hat{x})$ は唯一であると仮定する。このとき，楽観的な予想に基づくスタッケルベルグ解は問題

$$
\left.\begin{aligned}
& \underset{x}{\text{minimize}} \ \underset{y}{\min} \ z_1(x, y) \\
& \text{subject to} \ y \in P(x) \\
& \qquad\qquad A_1 x + A_2 y \le b \\
& \qquad\qquad x \ge 0, \ y \ge 0
\end{aligned}\right\} \tag{6.12}
$$

の最適解であり，問題

$$
\left.\begin{aligned}
& \underset{x,y}{\text{minimize}} \ z_1(x, y) \\
& \text{subject to} \ y \in P(x) \\
& \qquad\qquad A_1 x + A_2 y \le b \\
& \qquad\qquad x \ge 0, \ y \ge 0
\end{aligned}\right\} \tag{6.13}
$$

と等価である。

問題 (6.13) を解くために，kth best 法 (Bialas and Karwan 1984) の考えを応用する。すなわち，最初に追従者の多目的線形計画問題のパレート最適性を満たすための条件 $y \in P(x)$ を除いた問題

$$\left.\begin{array}{l}\underset{x,y}{\text{minimize}}\ z_1(x,\ y)\\ \text{subject to}\ A_1x+A_2y\leq b\\ \qquad\qquad x\geq 0,\ y\geq 0\end{array}\right\} \qquad (6.14)$$

を解くことから始める。問題 (6.14) の最適解を $(\hat{x}^1,\ \hat{y}^1)$ とし，順に目的関数値が増大していく実行可能基底解を $(\hat{x}^2,\ \hat{y}^2)$, $\cdots$, $(\hat{x}^N,\ \hat{y}^N)$ とする。すなわち，$(\hat{x}^1,\ \hat{y}^1)$, $\cdots$, $(\hat{x}^N,\ \hat{y}^N)$ に対して，$z_1(\hat{x}^j,\ \hat{y}^j)\leq z_1(\hat{x}^{j+1},\ \hat{y}^{j+1})$, $j=1,\ \cdots,\ N-1$ が満たされる。このとき，$\hat{x}^j$ に対して，$\hat{y}^j$ がパレート最適性を満たす応答であるかどうかを調べるために，線形計画問題

$$\left.\begin{array}{l}\underset{y,\varepsilon}{\text{minimize}}\ v=\sum_{i=1}^{k_2}\varepsilon_i\\ \text{subject to}\ d_{2i}y+\varepsilon_i=d_{2i}\hat{y}^j,\ i=1,\ \cdots,\ k_2\\ \qquad\qquad \varepsilon_i\geq 0,\ i=1,\ \cdots,\ k_2\\ \qquad\qquad A_2y\leq b-A_1\hat{x}^j\\ \qquad\qquad y\geq 0\end{array}\right\} \qquad (6.15)$$

を解く。最適値が $v=0$ であれば，$\hat{y}^j$ は与えられた $\hat{x}^j$ に対して問題 (6.9) のパレート最適性を満たす (Sakawa 1993 を参照)。したがって，問題 (6.13) の大域的最適解を見つけることは $v=0$ となる最小の添字 j を見つけることである。したがって，$(\hat{x}^1,\ \hat{y}^1)$ から始めて，隣接する端点を順に調べていくことによって，楽観的な予想に基づくスタッケルベルグ解を計算することができる。

楽観的な予測に基づくスタッケルベルグ解を見つけるための手順を以下に要約する。

手順 1 $j=1$ とする。線形計画問題 (6.14) を解き，その最適解を $(\hat{x}^1,\ \hat{y}^1)$ とする。$W=\{\hat{x}^1,\ \hat{y}^1\}$, $T=\emptyset$ とする。

手順 2 線形計画問題 (6.15) を解き，最適値が $v=0$ ならば，$(\hat{x}^j,\ \hat{y}^j)$ を楽観的な予測に基づくスタッケルベルグ解とする。線形計画問題 (6.15) の最適値が $v\neq 0$ ならば，手順 3 へ進む。

手順 3 W^j を $(\hat{x}^j,\ \hat{y}^j)$ に隣接し，$z_1(\hat{x}^j,\ \hat{y}^j)\leq z_1(x,\ y)$ となる問題 (6.14) の端点 $(x,\ y)$ の集合とする。$T=T\cup(\hat{x}^j,\ \hat{y}^j)$, $W=(W\cup W^j)\setminus T$ とする。

手順4　$j=j+1$ とし，$z_1(\hat{x}^j, \hat{y}^j) = \min_{(x,y)\in W} z_1(x, y)$ となる $(\hat{x}^j, \hat{y}^j)$ を選択して，手順2へ戻る。

単一目的2-レベル線形計画問題を解くための方法として，追従者の最適応答を計算するための線形計画問題をそのクーン・タッカー条件に置換して，単一レベルの問題として解く方法がある (Bialas and Karwan 1984; Bard and Falk 1982; Bard 1983; Fortuny-Amat and McCarl 1981; Bard and Moore 1990)。

単一目的の追従者の線形計画問題 (6.7) の最適性の必要十分条件であるクーン・タッカー条件は次のように表される。

$$d_2 + uA_2 - v = 0 \tag{6.16}$$

$$A_2 y + A_1 \hat{x} - b \leq 0 \tag{6.17}$$

$$u(b - A_1 x - A_2 y) + vy = 0 \tag{6.18}$$

$$y \geq 0, \quad u \geq 0, \quad v \geq 0 \tag{6.19}$$

ここで u と v は m-次元と n_2-次元の変数行ベクトルである。したがって，スタッケルベルグ解は問題

$$\left. \begin{aligned} & \underset{x,y,u,v}{\text{minimize}} \; z_1(x, y) = c_1 x + d_1 y \\ & \text{subject to } A_1 x + A_2 y \leq b \\ & \qquad\qquad uA_2 - v = -d_2 \\ & \qquad\qquad u(b - A_1 x - A_2 y) + vy = 0 \\ & \qquad\qquad x \geq 0, \; y \geq 0, \; u \geq 0, \; v \geq 0 \end{aligned} \right\} \tag{6.20}$$

を解くことによって得られる。

多目的2-レベル線形計画問題 (6.8) に対しても同様に，クーン・タッカー条件を用いてスタッケルベルグ解を導出する方法を考える。多目的線形計画問題 (6.9) の最適性の条件もクーンとタッカーによって次のように与えられている (Kuhn and Tucker 1951)。

$$wD_2 + uA_2 - v = 0 \tag{6.21}$$

$$A_2 y + A_1 \hat{x} - b \leq 0 \tag{6.22}$$

$$u(b - A_1 x - A_2 y) + vy = 0 \tag{6.23}$$

$$y \geq 0, \quad u \geq 0, \quad v \geq 0 \tag{6.24}$$

$$w > 0 \tag{6.25}$$

ここで，w は k_2-次元変数行ベクトルであり，$D_2 = [d_{21} \cdots d_{2k_2}]^T$ である。

先導者の決定 $\hat{x}$ に対して追従者の応答 y がパレート最適であるための必要十分条件は上の条件 (6.21)-(6.25) を満足することである。このクーン・タッカー条件 (6.21)-(6.25) を導入すると，楽観的な予測に基づくスタッケルベルグ解は問題

$$\begin{aligned}
& \underset{x,y,u,v,w}{\text{minimize}} && z_1(x, y) = c_1 x + d_1 y \\
& \text{subject to} && A_1 x + A_2 y \leq b \\
& && w D_2 + u A_2 - v = 0 \\
& && u(b - A_1 x - A_2 y) + vy = 0 \\
& && x \geq 0, \ y \geq 0, \ u \geq 0, \ v \geq 0 \\
& && w > 0
\end{aligned} \tag{6.26}$$

の最適解となる。

問題 (6.26) をとくために，相補条件 $u(b - A_1 x - A_2 y) + vy = 0$ に対して m-次元 0-1 変数列ベクトル λ と n_2-次元 0-1 変数列ベクトル μ を導入し (Fortuny-Amat and McCarl 1981)，次のような制約を相補条件と置き換えることによって混合 0-1 計画問題を定式化する。

$$u \leq M\lambda \tag{6.27}$$

$$b - A_1 x - A_2 y \leq M(1^m - \lambda) \tag{6.28}$$

$$v \leq Mu \tag{6.29}$$

$$y \leq M(1^{n_2} - \mu) \tag{6.30}$$

$$\lambda \in \{0, 1\}^m, \ u \in \{0, 1\}^{n_2} \tag{6.31}$$

ここで，M は十分大きな正数であり，1^m と 1^{n_2} はすべての要素が 1 である m-次元と n_2-次元の定数列ベクトルである。

たとえば分枝限定法を用いることによってこのような 0-1 計画問題を解くことができる。バードとムーア (Bard and Moore 1990) も問題 (6.20) を解くために，分枝限定法の考えを利用している。彼らの方法では相補条件を除いた問題を繰り返し解き，相補条件をチェックしていく方法である。

問題 (6.26) を解く場合にもこれらの方法は適用できるが，強意の不等式制約 $w>0$ が緩和された線形計画問題に存在するため，通常のシンプレックス法では解くことはできないが，変数 w が常に基底に残るようにピボット操作を変更すればよい．

悲観的な予想に基づくスタッケルベルグ解：次に悲観的な予想に基づくスタッケルベルグ解を考える．この解は，先導者の決定 x に対して，追従者が先導者の目的関数 $z_1(x, y)$ を最大にするように y をパレート最適解の集合 $P(x)$ から選択するとの予想の下で，先導者が自己の目的関数 $z_1(x, y)$ を最小化するように x を選択する場合の x と y の組である．

仮に先導者が決定 $\hat{x}$ を選択したとする．悲観的な予想に基づく解では，多目的線形計画問題 (6.9) のパレート最適性を満たす決定 $y \in P(\hat{x})$ のなかで，先導者が最も不利になるように追従者は y を選択すると考える．このとき，先導者は追従者が問題

$$\left.\begin{aligned}&\underset{y}{\text{maximize}}\ z_1(\hat{x}, y)\\&\text{subject to}\ y \in P(\hat{x})\\&\qquad\qquad A_2 y \leq b - A_1 \hat{x}\\&\qquad\qquad y \geq 0\end{aligned}\right\} \quad (6.32)$$

の最適解 $y(\hat{x})$ を選択すると仮定して，$z_1(\hat{x}, y(\hat{x}))$ を最小にする $\hat{x}$ を選択する．したがって，悲観的な予想に基づくスタッケルベルグ解は，問題

$$\left.\begin{aligned}&\underset{x}{\text{minimize}}\ \underset{y}{\max}\ z_1(x, y)\\&\text{subject to}\ y \in P(x)\\&\qquad\qquad A_1 x + A_2 y \leq b\\&\qquad\qquad x \geq 0,\ y \geq 0\end{aligned}\right\} \quad (6.33)$$

の最適解となる．

問題 (6.32) が問題 (6.13) と類似していることに着目すれば，問題 (6.32) は問題 (6.13) と同様の方法で解くことができる．すなわち，線形計画問題

$$\left.\begin{array}{l}\underset{y}{\text{maximize}}\ z_1(\hat{x},\ y)\\ \text{subject to}\ A_2 y \leq b - A_1 \hat{x}\\ \qquad\qquad y \geq 0\end{array}\right\} \qquad (6.34)$$

に対して，l 番目に目的関数を大きくする端点を $\hat{y}^l(\hat{x})$ とする．$\hat{y}^l(\hat{x})$ が問題 (6.9) のパレート最適解の集合 $P(\hat{x})$ に属するかどうかを調べるために，線形計画問題

$$\left.\begin{array}{l}\underset{y,\varepsilon}{\text{minimize}}\ w = -\sum_{i=1}^{k_2} \varepsilon_i\\ \text{subject to}\ d_{2i} y + \varepsilon_i = d_{2i}\hat{y}^l(\hat{x}),\ i=1,\ \cdots,\ k_2\\ \qquad\qquad \varepsilon_i \geq 0,\ i=1,\ \cdots,\ k_2\\ \qquad\qquad A_2 y \leq b - A_1 \hat{x}\\ \qquad\qquad y \geq 0\end{array}\right\} \qquad (6.35)$$

を解く．

最適値が $w=0$ を満たせば，$\hat{y}^l(\hat{x})$ はパレート最適性を満足するので，問題 (6.32) を解くことは $w=0$ となる最小の添字 l を見つけることである．最小の l を l^* とすると，先導者の決定 $\hat{x}$ に対する追従者の悲観的応答が上述の手順で $\hat{y}^{l^*}(\hat{x})$ として決まる．したがって，問題 (6.33) を解くことは問題

$$\left.\begin{array}{l}\underset{x,y}{\text{minimize}}\ z_1(x,\ y)\\ \text{subject to}\ A_1 x + A_2 y \leq b\\ \qquad\qquad x \geq 0,\ y \geq 0\end{array}\right\} \qquad (6.36)$$

に対して $z_1(\hat{x}^j,\ \hat{y}^j) \leq z_1(\hat{x}^{j+1},\ \hat{y}^{j+1})$，$j=1,\ \cdots,\ N-1$ を満足するような $\hat{x}^j$ を $j=1$ から順に選択していき，$\hat{y}^j = \hat{y}^{l^*}(\hat{x}^j)$ となる最小の j を見つけることである．

悲観的な予測に基づくスタッケルベルグ解を見つけるための手順を以下に要約する．

手順1 $j=1$ とする．線形計画問題 (6.36) を解き，その最適解を $(\hat{x}^1,\ \hat{y}^1)$ とする．$W^1 = \{(\hat{x}^1,\ \hat{y}^1)\}$，$T_1 = \emptyset$ とする．

手順2 $l=1$ とする．線形計画問題 (6.34) を解き，その最適解を $\hat{y}^1(\hat{x}^j)$ と

する。$W^2 = \{(\hat{y}^1(\hat{x}^j))\}$, $T^2 = \emptyset$ とする。

手順3 線形計画問題 (6.35) を解き，最適値が $w=0$ かつ $\hat{y}^j = \hat{y}^{l*}(\hat{x}^j)$ ならば，$(\hat{x}^j, \hat{y}^j)$ を悲観的な予測に基づくスタッケルベルグ解とする。線形計画問題 (6.35) の最適値が $w \neq 0$ ならば，手順4へ進む。$w=0$ かつ $\hat{y}^j \neq \hat{y}^{l*}(\hat{x}^j)$ ならば，手順6へ行く。

手順4 W^{2l} を $\hat{y}^l(\hat{x}^j)$ に隣接し，$z_1(\hat{x}^j, \hat{y}^l(\hat{x}^j)) \geq z_1(x, y)$ となる問題 (6.34) の端点 y の集合とする。$T^2 = T^2 \cup (\hat{y}^l(\hat{x}^j))$, $W^2 = (W^2 \cup W^{2l}) \setminus T^2$ とする。

手順5 $l = l+1$ とし，$z_1(\hat{x}^j, \hat{y}^l(\hat{x}^j)) = \max_{y \in W^2} z_1(x, y)$ となる $(\hat{y}^l(\hat{x}^j))$ を選択して，手順3へ戻る。

手順6 W^{1j} を $(\hat{x}^j, \hat{y}^j)$ に隣接し，$z_1(\hat{x}^j, \hat{y}^j) \leq z_1(x, y)$ となる問題 (6.36) の端点 (x, y) の集合とする。$T^1 = T^1 \cup (\hat{x}^j, \hat{y}^j)$, $W^1 = (W^1 \cup W^{1j}) \setminus T^1$ とする。

手順7 $j = j+1$ とし，$z_1(\hat{x}^j, \hat{y}^j) = \min_{(x,y) \in W^1} z_1(x, y)$ となる $(\hat{x}^j, \hat{y}^j)$ を選択して，手順2へ戻る。

例2：例1で与えた3次元の2-レベル線形計画問題に対する悲観的な予想と楽観的な予想に基づくスタッケルベルグ解をそれぞれ求める。数値例の実行可能領域上に楽観的な予測に基づくスタッケルベルグ解 $(x, y_1, y_2) = (70, 100, 70)$ と悲観的な予測に基づくスタッケルベルグ解 $(x, y_1, y_2) = (100, 40, 70)$ が上述した計算方法に基づいて計算された。図6.3と図6.4において，これらのスタッケルベルグ解が示され，さらに y_1-y_2 平面で先導者の目的関数の等高線と，追従者によるパレート最適性を満足する楽観的な応答および悲観的な応答が示される。表6.1では，楽観的な予測に基づくスタッケルベルグ解と悲観的な予測に基づくスタッケルベルグ解での先導者の目的関数値，追従者の目的関数値が示され，表6.2では，上記のアルゴリズムに基づく探索の順序が示される。

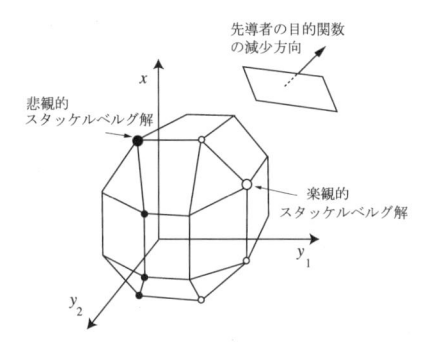

図6.3 スタッケルベルグ解

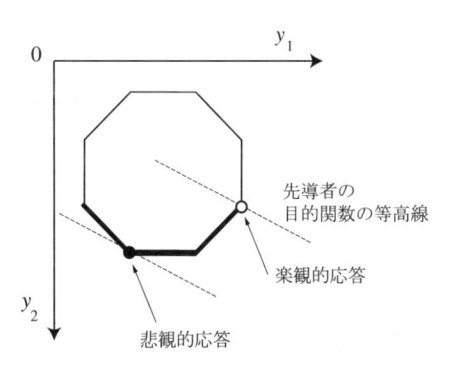

図6.4 楽観的応答と悲観的応答

表6.1 スタッケルベルグ解と目的関数値

	楽観的解	悲観的解
$(x,\ y_1,\ y_2)$	$(70,\ 100,\ 70)$	$(100,\ 40,\ 70)$
z_1	10	100
$(z_{21},\ z_{22})$	$(200,\ -130)$	$(110,\ 50)$

表6.2 スタッケルベルグ解の探索順序

探索順序	端点	先導者の目的関数値	楽観的な解	悲観的な解
1	(70, 70, 10)	−170	(70, 100, 70)	(70, 40, 100)
2	(40, 70, 10)	−140	(40, 100, 70)	(40, 40, 70)
3	(70, 100, 40)	−110	(70, 100, 70)	(70, 40, 100)
4	(70, 40, 10)	−110	(70, 100, 70)	(70, 40, 100)
5	(100, 70, 40)	−80	(100, 70, 70)	(100, 40, 70)
6	(40, 40, 10)	−80	(40, 100, 70)	(40, 40, 70)
7	(40, 100, 40)	−80	(40, 100, 70)	(40, 40, 70)
8	(100, 40, 40)	−20	(100, 70, 70)	(100, 40, 70)
9	(10, 70, 40)	10	(10, 70, 70)	(10, 40, 70)
10	(70, 100, 70)	10	*(70, 100, 70)	(70, 40, 100)
11	(40, 100, 70)	40	(40, 100, 70)	(40, 40, 70)
12	(100, 70, 70)	40	(100, 70, 70)	(100, 40, 70)
13	(10, 40, 40)	70	(10, 70, 70)	(10, 40, 70)
14	(70, 10, 40)	70	(70, 100, 70)	(70, 40, 100)
15	(100, 40, 70)	100	(100, 70, 70)	*(100, 40, 70)
16	(40, 10, 40)	100	(40, 100, 70)	(40, 40, 70)
17	(10, 70, 70)	130	(10, 70, 70)	(10, 40, 70)
18	(10, 40, 70)	190	(10, 70, 70)	(10, 40, 70)
19	(70, 70, 100)	190	(70, 100, 70)	(70, 40, 100)
20	(70, 10, 70)	190	(70, 100, 70)	(70, 40, 100)
21	(40, 70, 100)	220	(40, 100, 70)	(40, 40, 70)
22	(40, 10, 70)	220	(40, 100, 70)	(40, 40, 70)
23	(70, 40, 100)	250	(70, 100, 70)	(70, 40, 100)
24	(40, 40, 100)	280	(40, 100, 70)	(40, 40, 70)

6.3.2 部分的な情報を持つ場合

前節では，先導者が追従者の選好に対するいかなる部分的な情報も持ちえない場合，先導者が追従者の合理的な応答に対して（1）楽観的な予想，（2）悲観的な予想を与え，その予想に基づいて決定する状況について考察した．これは，先導者が事前に追従者の選好がまったく予測できないような場合に，分析者やアドバイザーの立場から，少しでも先導者に対して，意志決定問題の結果

に関する情報を与えようとするという意図の下に行なわれた。

しかし，実際の意志決定問題に直面する先導者の立場から考えると，過去の追従者の意志決定や戦略の選択を分析すれば，追従者の選好を完全に把握し，単一の目的関数として同定することは困難であっても，選好に関する部分的な情報が獲得できる場合もあると考えられる (Malakooti 1989; Dell and Karwan 1990; Vetschera 1998; Marmol et al. 1998)。さらに，追従者の選好に関する部分的な情報をパラメータとして，問題を分析することによって，最終的な先導者の意志決定を効果的に支援することができると考える。

先導者が追従者の選好を考慮する場合，追従者の価値関数あるいは統合された目的関数を，各目的関数の重みづけ和

$$Z_2(x, y) = \sum_{i=1}^{k_2} \lambda_i z_{2i}(x, y) \tag{6.37}$$

で表現できると仮定し，追従者はこの関数 Z_2 を最小化すると考える。選好に関する部分情報を表現する目的関数のスケーリング定数は，k_2 次元ベクトル $\lambda \in \{\lambda \in R^{k_2} | \lambda_i \geq 0, i=1, \cdots, k_2, \sum_{i=1}^{k_2} \lambda_i = 1\}$ であり，先導者はこの定数を正確に同定することはできないが，次の二つのタイプの部分的情報を持つものとする (Malakooti 1989)。

(a) ある目的のスケーリング定数 λ_i に上下限が設定される。

$$LB_i \leq \lambda_i \leq UB_i \tag{6.38}$$

(b) ある目的 p と q に対して，ランキングが設定される。

$$\lambda_p + \varepsilon \geq \lambda_q, \quad p \neq q \tag{6.39}$$

ここで，ε は非負の定数である。

先導者の想定する部分情報 (6.38)，(6.39) を満足する λ の集合を Λ とする。

多目的2-レベル線形計画問題において，追従者の価値関数 $Z_2(x, y)$ を通した選好関係を次に定義する。

定義1：与えられた $\hat{x}$ に対して，$(\hat{x}, y^p)$ が $(\hat{x}, y^q)$ よりも選好されるならば，$Z_2(\hat{x}, y^p) < Z_2(\hat{x}, y^q)$ である。

定義2：与えられた $\hat{x}$ に対して，任意の $\lambda \in \Lambda$ に関して $Z_2(\hat{x}, y) < Z_2(\hat{x},$

y^*) であるような $y \in S(\hat{x})$ が存在しないとき,y^* を,$\hat{x}$ に対する Λ-パレート最適解であるといい,特に混乱が無ければ,単に Λ-パレート最適解と呼ぶ。また,$\hat{x}$ に対する Λ-パレート最適解の集合を $P(\hat{x};\Lambda)$ と表す。

楽観的な予想に基づくスタッケルベルグ解:追従者の選好に関する部分的な情報を考慮した場合の楽観的な予想に基づくスタッケルベルグ解を考える。先導者が追従者の選好に関する部分的情報を (6.38),(6.39) の形式で表現したと仮定する。このとき,楽観的な予想に基づくスタッケルベルグ解は,先導者の決定 x に対して追従者が先導者の目的関数 $z_1(x, y)$ を最小にするように y を追従者の選好に関する部分的な情報が考慮された Λ-パレート最適性の集合 $P(x;\Lambda)$ から選択するとの予想の下で,先導者が自己の目的関数 $z_1(x, y)$ を最小化するように x を選択する場合の x と y の組である。

仮に先導者が決定 $\hat{x}$ を選択したとする。楽観的な予想に基づく解では,多目的線形計画問題 (6.9) の Λ-パレート最適性を満たす決定 $y \in P(\hat{x};\Lambda)$ のなかで,先導者が最も有利になるように追従者は y を選択すると考える。このとき先導者は,追従者が問題

$$\left.\begin{array}{l} \underset{y}{\text{minimize}}\ z_1(\hat{x}, y) \\ \text{subject to}\ y \in P(\hat{x};\Lambda) \\ \qquad A_2 y \leq b - A_1 \hat{x} \\ \qquad y \geq 0 \end{array}\right\} \quad (6.40)$$

の最適解 $y(\hat{x})$ を選択すると仮定して,$z_1(\hat{x}, y(\hat{x}))$ を最小にする $\hat{x}$ を選択する。ここで,任意の $\hat{x}$ に対して,問題 (6.40) の最適解 $y(\hat{x})$ は唯一であると仮定する。このとき,楽観的な予想に基づくスタッケルベルグ解は問題

$$\left.\begin{array}{l} \underset{x}{\text{minimize}}\ \underset{y}{\min}\ z_1(x, y) \\ \text{subject to}\ y \in P(x;\Lambda) \\ \qquad A_1 x + A_2 y \leq b \\ \qquad x \geq 0,\ y \geq 0 \end{array}\right\} \quad (6.41)$$

の最適解であり,問題

$$\left.\begin{array}{l}\underset{x,y}{\text{minimize}}\ z_1(x,\ y)\\ \text{subject to}\ y\in P(x\,;\,\Lambda)\\ \qquad\qquad A_1x+A_2y\leq b\\ \qquad\qquad x\geq 0,\ y\geq 0\end{array}\right\} \qquad (6.42)$$

と等価である。

追従者の価値関数を加法的な関数と仮定しているので，問題 (6.42) の最適解は元の実行可能領域 S の端点にあり，部分的な情報を持たない場合と同様に端点を列挙していく方法によって解を探索することが可能である。

すなわち，最初に追従者の多目的線形計画問題の Λ-パレート最適性を満たすための条件 $y\in P(x\,;\,\Lambda)$ を除いた問題

$$\left.\begin{array}{l}\underset{x,y}{\text{minimize}}\ z_1(x,\ y)\\ \text{subject to}\ A_1x+A_2y\leq b\\ \qquad\qquad x\geq 0,\ y\geq 0\end{array}\right\} \qquad (6.43)$$

を解くことから始める。問題 (6.43) の最適解を $(\hat{x}^1,\ \hat{y}^1)$ とし，順に目的関数値が増大していく実行可能基底解を $(\hat{x}^2,\ \hat{y}^2)$, …, $(\hat{x}^N,\ \hat{y}^N)$ とする。すなわち，$(\hat{x}^1,\ \hat{y}^1)$, …, $(\hat{x}^N,\ \hat{y}^N)$ に対して，$z_1(\hat{x}^j,\ \hat{y}^j)\leq z_1(\hat{x}^{j+1},\ \hat{y}^{j+1})$，$j=1,\ldots, N-1$ が満たされる。このとき，$\hat{x}^j$ に対して，$\hat{y}^j$ が Λ-パレート最適性を満たす応答であるかどうかを，マラクーチの方法を用いて $\hat{x}^j$ に対する Λ-パレート最適解を列挙しながら確認する (Malakooti 1989)。彼の方法は，ある $\lambda\in\Lambda$ を選択し，対応する Λ-パレート最適端点解を求め，隣接端点を調べながら，すべての Λ-パレート最適端点解を列挙する方法である。

したがって，問題 (6.43) の大域的最適解を見つけることは $\hat{y}^j\in P(\hat{x}^j\,;\,\Lambda)$ となる最小の添字 j を見つけることである。したがって，$(\hat{x}^1,\ \hat{y}^1)$ から始めて，隣接する端点を順に調べていくことによって，部分的情報を持つ場合の楽観的な予想に基づくスタッケルベルグ解を計算することができる。

部分的情報を持つ場合の楽観的な予測に基づくスタッケルベルグ解を見つけるための手順を以下に要約する。

手順1 $j=1$ とする。線形計画問題 (6.43) を解き,その最適解を $(\hat{x}^1, \hat{y}^1)$ とする。$W=\{(\hat{x}^1, \hat{y}^1)\}$,$T=\emptyset$ とする。

手順2 $\hat{x}^j$ に対する Λ-パレート最適端点解を列挙していき,$\hat{y}^j$ が見つかれば,$(\hat{x}^j, \hat{y}^j)$ を楽観的な予測に基づくスタッケルベルグ解とする。そうでなければ,手順3へ進む。

手順3 W^j を $(\hat{x}^j, \hat{y}^j)$ に隣接し,$z_1(\hat{x}^j, \hat{y}^j) \leq z_1(x, y)$ となる問題 (6.43) の端点 (x, y) の集合とする。$T = T \cup (\hat{x}^j, \hat{y}^j)$,$W = (W \cup W^j) \setminus T$ とする。

手順4 $j=j+1$ とし,$z_1(\hat{x}^j, \hat{y}^j) = \min_{(x,y) \in W} z_1(x, y)$ となる $(\hat{x}_j, \hat{y}_j)$ を選択して,手順2へ戻る。

悲観的な予想に基づくスタッケルベルグ解:次に部分的情報を持つ場合の悲観的な予想に基づくスタッケルベルグ解を考える。この解は,先導者の決定 x に対して,追従者が先導者の目的関数 $z_1(x, y)$ を最大にするように y を Λ-パレート最適解の集合 $P(x; \Lambda)$ から選択するとの予想の下で,先導者が自己の目的関数 $z_1(x, y)$ を最小化するように x を選択する場合の x と y の組である。

仮に先導者が決定 $\hat{x}$ を選択したとする。悲観的な予想に基づく解では,多目的線形計画問題 (6.9) の Λ-パレート最適性を満たす決定 $y \in P(\hat{x}; \Lambda)$ のなかで,先導者が最も不利になるように追従者は y を選択すると考える。このとき,先導者は追従者が問題

$$\left.\begin{aligned}
& \underset{y}{\text{maximize}} \; z_1(\hat{x}, y) \\
& \text{subject to} \; y \in P(\hat{x}; \Lambda) \\
& \quad\quad\quad\quad A_2 y \leq b - A_1 \hat{x} \\
& \quad\quad\quad\quad y \geq 0
\end{aligned}\right\} \quad (6.44)$$

の最適解 $y(\hat{x})$ を選択すると仮定して,$z_1(\hat{x}, y(\hat{x}))$ を最小にする $\hat{x}$ を選択する。したがって,部分的情報を持つ場合の悲観的な予想に基づくスタッケルベルグ解は,問題

$$\left.\begin{array}{l}\underset{x}{\text{minimize}} \underset{y}{\max} \, z_1(x, y) \\ \text{subject to } y \in P(x\,;A) \\ \qquad\quad A_1 x + A_2 y \leq b \\ \qquad\quad x \geq 0, \, y \geq 0 \end{array}\right\} \qquad (6.45)$$

の最適解となる。

問題 (6.44) を解くために，$\hat{x}$ に対して，$\hat{y}$ が Λ-パレート最適性を満たす悲観的な応答であるかどうかを調べるために，$\hat{x}$ に対する Λ-パレート最適端点解を列挙する。

$\hat{x}$ に対するすべての Λ-パレート最適端点解の集合を $\overline{P}(\hat{x}\,;\Lambda)$ とすると，問題 (6.44) の大域的最適解を見つけることは，$\overline{P}(\hat{x}\,;\Lambda)$ の中から $z_1(\hat{x}, y)$ を最大化する解 $\hat{y}(\hat{x}) \in \arg\max_{y \in \overline{P}(\hat{x}\,;\Lambda)} z_1(\hat{x}, y)$ を見つけることである。したがって，問題 (6.45) を解くことは問題

$$\left.\begin{array}{l}\underset{x,y}{\text{minimize}} \, z_1(x, y) \\ \text{Subject to } A_1 x + A_2 y \leq b \\ \qquad\qquad x \geq 0, \, y \geq 0 \end{array}\right\} \qquad (6.46)$$

に対して $z_1(\hat{x}^j, \hat{y}^j) \leq z_1(\hat{x}^{j+1}, \hat{y}^{j+1})$，$j=1, \cdots, N-1$ を満足するような $\hat{x}^j$ を $j=1$ から順に選択していき，$\hat{y}^j \in \arg\max_{y \in \overline{P}(\hat{x}^j\,;\Lambda)} z_1(\hat{x}^j, y)$ となる最小の j を見つけることである。

部分的情報を持つ場合の悲観的な予測に基づくスタッケルベルグ解を見つけるための手順を以下に要約する。

手順1 $j=1$ とする。線形計画問題 (6.46) を解き，その最適解を $(\hat{x}^1, \hat{y}^1)$ とする。$W^1 = \{(\hat{x}^1, \hat{y}^1)\}$，$T^1 = \emptyset$ とする。

手順2 $\hat{x}^j$ に対する Λ-パレート最適端点解をすべて列挙し，その集合を $\overline{P}(\hat{x}^j\,;\Lambda)$ とする。$\hat{y}^j \in \arg\max_{y \in \overline{P}(\hat{x}^j\,;\Lambda)} z_1(\hat{x}^j, y)$ ならば，$(\hat{x}^j, \hat{y}^j)$ を悲観的な予測に基づくスタッケルベルグ解とする。そうでなければならば，手順3へ進む。

手順3 W^j を $(\hat{x}^j, \hat{y}^j)$ に隣接し，$z_1(\hat{x}^j, \hat{y}^j) \leq z_1(x, y)$ となる問題 (6.46)

の端点 (x, y) の集合とする．$T = T \cup (\hat{x}^j, \hat{y}^j)$, $W = (W \cup W^j) \setminus T$ とする．

手順 4 $j = j+1$ とし，$z_1(\hat{x}^j, \hat{y}^j) = \min_{(x,y) \in W} z_1(x, y)$ となる $(\hat{x}^j, \hat{y}^j)$ を選択して，手順 2 へ戻る．

例 3：次の多目的 2-レベル線形計画問題に対して，部分的情報を持つ場合の悲観的な予想と楽観的な予想に基づくスタッケルベルグ解をそれぞれ求める．

$$\underset{x}{\text{minimize}}\ z_1(x,\ y_1,\ y_2) = -x - 2.5y_1 - y_2$$

where $(y_1,\ y_2)$ solves

$$\underset{y_1, y_2}{\text{minimize}}\ z_{21}(x,\ y_1,\ y_2) = -y_1 + 2y_2$$

$$\underset{y_1, y_2}{\text{minimize}}\ z_{22}(x,\ y_1,\ y_2) = 2y_1 - y_2$$

subject to $2x + 5y_1 \leq 57$, $2x + 5y_2 \leq 82$, $7x - 15y_1 - 5y_2 \leq -88$

$8x - 5y_1 - 10y_2 \leq -67$, $8x - 15y_1 - 10y_2 \leq -137$, $-x \leq -1$

$x \leq 6$, $x \geq 0$, $y_1 \geq 0$, $y_2 \geq 0$

先導者が想定する追従者の選好に関する部分的情報を $\lambda_1 \geq \lambda_2$ の場合と，$\lambda_1 \leq \lambda_2$ の場合について，それぞれ悲観的な予想と楽観的な予想に基づくスタッケルベルグ解を計算し，その結果を表 6.3，表 6.4，表 6.5，表 6.6 に示す．図 6.5 に，実行可能領域と $x = 1$ と $x = 6$ のそれぞれについての Λ-パレート最適解の集合 $P(x\,;\Lambda)$ が示されている．また，表 6.7 には，それぞれの場合のスタッケルベルグ解とそのときの目的関数値が示されている．特に，先導者の目的関数値を見てみると，選好に関する部分的情報がない場合に比べて，情報がある場合は目的関数値の差が減少しているのがわかる．

第6章 非協力ゲームによる多目的計画問題の意志決定

表6.3 楽観的スタッケルベルグ解の探索順序 ($\lambda_1 \geq \lambda_2$)

探索順序	端点	先導者の目的関数値	T	W
1	$(1, 11, 16)$ $\hat{y}^1 \not\subseteq \bar{P}(\hat{x}^1; \Lambda)$	-44.5	$(1, 11, 16)$	$(1, 1, 16)$ $(1, 11, 2)$ $*(6, 9, 14)$
2	$(6, 9, 14)$ $\hat{y}^2 \not\subseteq \bar{P}(\hat{x}^2; \Lambda)$	-42.5	$(1, 11, 16)$ $(6, 9, 14)$	$(1, 1, 16)$ $(1, 11, 2)$ $(6, 4, 14)$ $*(6, 9, 7)$
3	$(6, 9, 7)$ $\hat{y}^3 \not\subseteq \bar{P}(\hat{x}^3; \Lambda)$	-33.5	—	—

表6.4 楽観的スタッケルベルグ解の探索順序 ($\lambda_1 \leq \lambda_2$)

探索順序	端点	先導者の目的関数値	T	W
1	$(1, 11, 16)$ $\hat{y}^1 \not\subseteq \bar{P}(\hat{x}^1; \Lambda)$	-44.5	$(1, 11, 16)$	$(1, 1, 16)$ $(1, 11, 2)$ $*(6, 9, 14)$
2	$(6, 9, 14)$ $\hat{y}^2 \not\subseteq \bar{P}(\hat{x}^2; \Lambda)$	-42.5	$(1, 11, 16)$ $(6, 9, 14)$	$(1, 1, 16)$ $(1, 11, 2)$ $(6, 4, 14)$ $*(6, 9, 7)$
3	$(6, 9, 7)$ $\hat{y}^3 \not\subseteq \bar{P}(\hat{x}^3; \Lambda)$	-33.5	$(1, 11, 16)$ $(6, 9, 14)$ $(6, 9, 7)$	$(1, 1, 16)$ $(1, 11, 2)$ $(6, 4, 14)$ $*(6, 7, 8)$
3	$(6, 7, 8)$ $\hat{y}^4 \in \bar{P}(\hat{x}^4; \Lambda)$	-31.5	—	—

表6.5 悲観的スタッケルベルグ解の探索順序 ($\lambda_1 \geq \lambda_2$)

探索順序	端点	先導者の目的関数値	T	W
1	$(1, 11, 16)$ $\hat{y}^1 \not\subseteq \mathrm{argmax}_{y \in \bar{P}(\hat{x}^1; \Lambda)} z_1(\hat{x}^1, y)$	-44.5	$(1, 11, 16)$	$(1, 1, 16)$ $(1, 11, 2)$ $*(6, 9, 14)$
2	$(6, 9, 14)$ $\hat{y}^2 \not\subseteq \mathrm{argmax}_{y \in \bar{P}(\hat{x}^2; \Lambda)} z_1(\hat{x}^2, y)$	-42.5	$(1, 11, 16)$ $(6, 9, 14)$	$(1, 1, 16)$ $(1, 11, 2)$ $(6, 4, 14)$ $*(6, 9, 7)$
3	$(6, 9, 7)$ $\hat{y}^3 \not\subseteq \mathrm{argmax}_{y \in \bar{P}(\hat{x}^3; \Lambda)} z_1(\hat{x}^3, y)$	-35.5	$(1, 11, 16)$ $(6, 9, 14)$ $(6, 9, 7)$	$(1, 1, 16)$ $(1, 11, 2)$ $(6, 4, 14)$ $*(6, 7, 8)$
4	$(6, 7, 8)$ $\hat{y}^4 \not\subseteq \mathrm{argmax}_{y \in \bar{P}(\hat{x}^4; \Lambda)} z_1(\hat{x}^4, y)$	-31.5	$(1, 11, 16)$ $(6, 9, 14)$ $(6, 9, 7)$ $(6, 7, 8)$	$(1, 1, 16)$ $*(1, 11, 2)$ $(1, 7, 4)$ $(6, 5, 11)$ $(6, 4, 14)$

表6.6 悲観的スタッケルベルグ解の探索順序 ($\lambda_1 \leq \lambda_2$)

探索順序	端点	先導者の目的関数値	T	W
1	$(1, 11, 16)$ $\hat{y}^1 \not\in \mathrm{argmax}_{y \in \bar{P}(\hat{x}^1 ; \Lambda)} z_1(\hat{x}^1, y)$	-44.5	$(1, 11, 16)$	$(1, 1, 16)$ $(1, 11, 2)$ $*(6, 9, 14)$
2	$(6, 9, 14)$ $\hat{y}^2 \not\in \mathrm{argmax}_{y \in \bar{P}(\hat{x}^2 ; \Lambda)} z_1(\hat{x}^2, y)$	-42.5	$(1, 11, 16)$ $(6, 9, 14)$	$(1, 1, 16)$ $(1, 11, 2)$ $(6, 4, 14)$ $*(6, 9, 7)$
3	$(6, 9, 7)$ $\hat{y}^3 \not\in \mathrm{argmax}_{y \in \bar{P}(\hat{x}^3 ; \Lambda)} z_1(\hat{x}^3, y)$	-35.5	$(1, 11, 16)$ $(6, 9, 14)$ $(6, 9, 7)$	$(1, 1, 16)$ $(1, 11, 2)$ $(6, 4, 14)$ $*(6, 7, 8)$
4	$(6, 7, 8)$ $\hat{y}^4 \not\in \mathrm{argmax}_{y \in \bar{P}(\hat{x}^4 ; \Lambda)} z_1(\hat{x}^4, y)$	-31.5	$(1, 11, 16)$ $(6, 9, 14)$ $(6, 9, 7)$ $(6, 7, 8)$	$(1, 1, 16)$ $*(1, 11, 2)$ $(1, 7, 4)$ $(6, 5, 11)$ $(6, 4, 14)$
5	$(1, 11, 2)$ $\hat{y}^5 \not\in \mathrm{argmax}_{y \in \bar{P}(\hat{x}^5 ; \Lambda)} z_1(\hat{x}^5, y)$	-30.5	$(1, 11, 16)$ $(6, 9, 14)$ $(6, 9, 7)$ $(6, 7, 8)$ $(1, 11, 2)$	$(1, 1, 16)$ $(1, 7, 4)$ $(6, 5, 11)$ $*(6, 4, 14)$
6	$(6, 4, 14)$ $\hat{y}^6 \not\in \mathrm{argmax}_{y \in \bar{P}(\hat{x}^6 ; \Lambda)} z_1(\hat{x}^6, y)$	-30.0	$(1, 11, 16)$ $(6, 9, 14)$ $(6, 9, 7)$ $(6, 7, 8)$ $(1, 11, 2)$ $(6, 4, 14)$	$(1, 1, 16)$ $(1, 7, 4)$ $*(6, 5, 11)$
7	$(6, 5, 11)$ $\hat{y}^7 \not\in \mathrm{argmax}_{y \in \bar{P}(\hat{x}^7 ; \Lambda)} z_1(\hat{x}^7, y)$	-29.5	$(1, 11, 16)$ $(6, 9, 14)$ $(6, 9, 7)$ $(6, 7, 8)$ $(1, 11, 2)$ $(6, 4, 14)$ $(6, 5, 11)$	$(1, 1, 16)$ $*(1, 7, 4)$ $(1, 3, 10)$

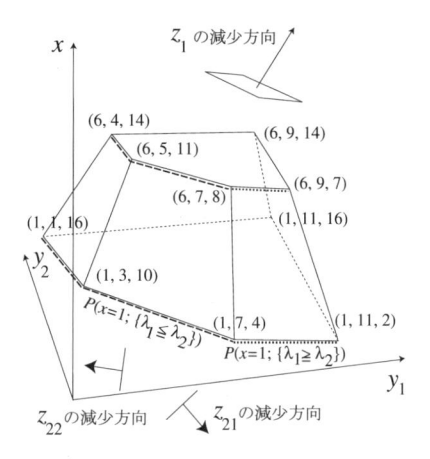

図6.5 実行可能領域

表6.7 目的関数値

	楽観的スタッケルベルグ解				悲観的スタッケルベルグ解			
	解	z_1	z_{21}	z_{22}	解	z_1	z_{21}	z_{22}
情報なし	(6, 9, 7)	−35.5	6	11	(6, 5, 11)	−29.5	17	1
$\lambda_1 \geq \lambda_2$	(6, 9, 7)	−35.5	6	11	(6, 7, 8)	−31.5	11	6
$\lambda_1 \leq \lambda_2$	(6, 7, 8)	−31.5	11	6	(6, 5, 11)	−29.5	17	1

6.4 今後の展望

6.3.1 で開発した手法を 6.3.2 では，部分的な情報を持つ場合に拡張した。特に 6.3.2 では意志決定者の選好を表現するために加法的な価値関数を想定し，重みベクトルをパラメータとして，多目的 2-レベル線形計画問題に対する一つの非対称な処方・記述的接近方法を示し，意志決定者の決定の選択を支援する方法を述べてきた。しかし，重みベクトルは意志決定者の選好に依存するだけでなく，目的関数の係数の相対的な大きさや実行可能領域にも依存する (Steuer 1986) ことや，2-レベル線形計画問題はもともと非凸計画問題である

ことにより，選好に関する部分的な情報をほんの少し変動させただけでも，解が大きく変動する可能性があることに注意しなければならない．このような問題点はあるにせよ，示された方法は困難な意志決定をする上で重要な情報をもたらしてくれる．さらに最終的な決定に際しては，選択される決定の候補に対するリスクの評価が必要であると考えられる．また，意志決定者の選好を表現するための方法には，加法的な価値関数のみならず，志望水準の導入や，ϵ 制約による意志決定者の選好の表現も考えられ，それぞれの意志決定状況に対応した選好の表現を工夫したアルゴリズムの開発が望まれる．

参考文献

Bard, J.F. (1983). An efficient point algorithm for a linear two-stage optimization problem. *Operations Research*, **38**: 556-560.

Bard, J.F. and J.E. Falk (1982). An explicit solution to the multi-level programming problem. *Computers and Operations Research*, **9**: 77-100.

Bard, J.F. and J.T. Moore (1990). A branch and bound algorithm for the bilevel programming problem. *SIAM Journal on Scientific and Statistical Computing*, **11**: 281-292.

Baron, B.P. and R.B. Myerson (1982). Regulating a monopolist with unknown costs. *Econometrica*, **50**: 911-930.

Bialas, W.F. and M.H. Karwan (1984). Two-level linear programming. *Management Science*, **30**: 1004-1020.

Chankong, V. and Y.Y. Haimes (1983). *Multiobjective Decision Making : Theory and Methodology*. North-Holland, New York.

Dell, R.F. and M.H. Karwan (1990). An interactive MCDA weight space reduction method utilizing a Tchebycheff utility function. *Naval Research Logistics*, **37**: 263-277.

Fortuny-Amat, J. and B. McCarl (1981). A representation and economic interpretation of a two-level programming problem. *Journal of the Operational Research Society*, **32**: 783-792.

Kuhn, H.W. and A.W. Tucker (1951). Nonlinear programming. in *Proceedings of the 2nd Berkeley Symposium on Mathematical Statistics and Probability*. Berkeley, California, pp. 481-492.

Malakooti, B. (1989). Identifying nondominated alternative with partial information for multiobjective discrete and linear programming problems. *IEEE Transactions on Systems, Man, and Cybernetics*, **19**: 95-107.

Mármol, A.M., J. Puerto and F.R. Fernández (1998). The use of partial information on weights in multicriteria decision problems, *Journal of Multi-Criteria Decision Analysis*, **7** : 322-329.

Nishizaki, I. and M. Sakawa (1999). Stackelberg solutions to multiobjective two-level linear programming problems. *Journal of Optimization Theory and Applications*, **103** : 161-182.

Nishizaki, I. and M. Sakawa (2001). *Fuzzy and Multiobjective Games for conflict Resolution*, Physica-Verlag, Heidelberg.

Niwa, K., I. Nishizaki and M. Sakawa (1999). Multiobjective two-level zero-one programming problems through genetic algorithms. in *Proceedings of APIEMS '99*. Kanazawa, pp. 493-496.

Raiffa, H. (1982). *The Art and Science of Negotiation*. Harvard University Press, Cambridge.

Sakawa, M. (1993). *Fuzzy Sets and Interactive Multiobjective Optimization.* : Plenum Press, New York.

Sawaragi, Y., H. Nakayama and T. Tanino (1985). *Theory of Multiobjective Optimizations*. Academic Press, New York.

Seo, F. and M. Sakawa (1988). *Multiple Criteria Decision Analysis in Regional Planning : Concepts, Methods and Applications*. D. Reidel Publishing Company, Dordrecht.

Shimizu, K., Y. Ishizuka and J.F. Bard (1997). *Nondifferentiable and Two-Level Mathematical Programming*. Kluwer Academic Publishers, Boston.

Simaan, M. and J.B. Cruz, Jr. (1973). On the Stackelberg strategy in nonzero-sum games. *Journal of Optimization Theory and Applications*, **11** : 533-555.

Steuer, R.E. (1986). *Multiple Criteria Optimization : Theory, Computation, and Application*. John Wiley & Sons, Inc., New York.

Vetschera, R. (1998). Multicriteria agency theory. *Journal of Multi-Criteria Decision Analysis*, **7** : 133-142.

White, D.J. and G. Anandalingam (1993). A penalty function approach for solving bi-level linear programs. *Journal of Global Optimization*, **3** : 397-419.

Yu, P.L. (1985). *Multiple-Criteria Decision Makming : Concepts, Techniques, and Extensions*. Plenum Press, New York.

第 4 部

不確実性下の意志決定分析と知的意志決定支援システム

　第4部では，意志決定の二つの局面——解析的ならびに判断的局面——の中でも，特に非定型的な決定問題の解決において本質的な要素を構成するところの判断的局面の合理的な処理のための方法として開発されてきた，不確実性下の意志決定分析とその拡張について論じる。この分野に残された重要な研究課題は，（1）集団的選択における意志決定問題の解決，（2）不確実性下の意志決定のより一般的なあいまいさを含む環境への拡張，（3）大規模な決定問題においてしばしばその評価手続きの技法（art）のむつかしさが指摘されている意志決定分析のコンピュータ支援による処理方法の開発，などである。以下では特にこれらの問題に関して，集団的な選択における効率的なリスク配分の問題（第7章），不確実性下の意志決定分析のファジィ拡張（第8章），ならびに意志決定分析の支援のための知的意志決定支援システム（IDSS）の開発（第9章）について論じる。

第 7 章

効率的なリスク配分
―― 最後のフロンティア ――
（日本語版）

ジョン・W・プラット （John W. Pratt）

訳：瀬尾芙巳子

> 近年急速に開発が進められてきた意志決定分析の研究において，なお未解決に残されている最重要問題の一つは，集団的選択において有効な配分を達成するために必要とされる各人の効用関数の性質に関する検証である。本章では，集団における効率的なリスクの配分のために必要とされる各人の効用関数がどのような型のものであるかについて，さまざまなケースについての詳細な考察を行う。

7.1 はじめに

7.1.1 本章の概要

　合理的なリスク回避型の［効用を持つ］エージェント達が，貨幣的なリスクの間の選択を行ない，またそれらを配分しなければならない場合については，次のことが知られている．すなわち［パレートの意味で］効率的な配分は，共通の［不確実性に対する］信頼を持つ場合でさえも，典型的には非線形であり，またそうした場合にはどこでも，配分ルールは選択に影響するかもしれず，確率化された選択は各人に利得をもたらすことを許し，また実際［パレートの意味で］許容できないリスクの間の確率化された選択は許容的であるかもしれない，ということである．ある重要な例外は，エージェントの効用関数がすべて指数型であるか，すべて対数型であるか，もしくはすべて同じベキ数を持つ（HARA［型］［後出］）かのいずれかの場合に生じる．そうした［例外的な］場合には，選択は配分ルールからは独立の，同じ型の集団的効用関数に一致し，確率化は何の助けにはならず，またすべての効率的な配分ルールは線形である．本章の自己充足的な議論は，こうした問題に関連する従来の分析を，すべての例外を明確にすることによって単純化し，洗練し，かつ完成させる．そうした例外とは，エージェント達の諸効用が合致するところの線形の配分ルール［複数］であり，また，HARA［型］の場合を別にすれば，これは正確に一つの線形の配分ルールについてのみ起こりうるか，もしくはHARA［型］の周期的なタイプにおいては，可算的に多数の配分ルールについて生起しうるものである．

7.1.2 序　　論

　リスク配分（Risk Sharing）は，小農民の村落や中世の職業的なギルドと同

様に古く，また最近の保健組織や金融機構と同じく現代的な問題である（Bernstein 1996）。最も単純なケースでは，独立で同等に分配されるリスクに直面し，またリスクに対して同じ態度を持つ諸個人は，もしかれらが自分たちのリスクをプールし，かつそれらを均等に配分するならば，保険組合に見られるように，すべてが利得を得るであろう。そうした場合には，パレート改善（各人にとっての利得）は可能ではない。すなわち，いずれかの個人にとってのそれ以上の利得は，誰か他の人の利益を損なう。効率的なリスク配分の問題は，典型的なベンチャー企業のパートナーシップ，ないしは債券の発行や油田に対するシンジケートの入札のように，もしリスクやリスクに対する［各人の］態度が異なっている場合にはもっと複雑である。たとえば，もしも保険組合の組織者が手数料を取ったり，あるいは組合の損失よりも少ない支払を行なったりして，他の参加者よりも多くの利得を得ることを求める場合には，［情報が］対称的な場合においてさえも，問題はもっと複雑になる。

　中規模の三つの石油会社の協会（コンソーシアム）が，大きなリースを購買する機会を持っているとする。かれらがこのリースを購買すべきかどうかを決定する前に，掘削費用や収入をいかに分割すべきかについて同意する必要があるだろうか？　もっと一般的に，われわれの中心的な問題はこうである。［不確実性下の］くじの間のグループの選択が，そのメンバーの福祉に適用される重みづけに依存しないのはどんな場合であろうか？　この章では，シンジケートのメンバーの効用関数の性質との関連で，この答を記述する。

　投資グループのメンバーの間において，ささいな口論はまったく避けがたいものである。その目的はいったい，債務国を救済することなのか，民有企業を操業させることなのか，敵対的な乗っ取りに成功することなのか，それとも原子力発電所を建設することなのか，といった具合である。そして多くの金融上の機会は短い導火線しか持たない［すなわち時期を待たない］のであるから，この問題はかなりの実践的な重要性を持っている。それはまた，リスク配分がある役割を演じる経済理論の多くの領域においても重要である。それは特にその答が，一般的な意志決定やリスク配分問題の最も単純なものにおいてさえも，行動がいかに容易に驚くべき規範的な土台を持つものであるかを示すからであ

る。これは「シンジケート」の問題である (Christenson 1965; Wilson 1968)。しかしその含意は，特にそれが明らかにされるように，「シンジケート」という用語が示唆するかも知れないよりもはるかに広範なものである。

　プリンシパル-エージェント［依頼人-代理人］関係のある重要な種類では，エージェント［代理人］に，意志決定者としての主要な役割を演じさせる。たとえばある不動産投資ベンチャーにおいて有限［責任］パートナーと一般的なパートナーとの間にそうしたある関係を確立することは，全員の同意を必要とする。リスク配分はしばしば重要な要素である。こうして多くのプリンシパル-エージェント問題は，ここでの関心事である諸特徴を持っている。それらは通常，たとえエージェントが適切な個人的情報を持っていたとしても，エージェントがプリンシパルに代わって約束するであろう臨機応変の決定にエージェントが執着することを保証するという，追加的な複雑さを有している。しばしば依頼人ないし代理人は，多属性効用関数を持っている。われわれは，プリンシパル-エージェント問題の誘因-適合ないし多属性の局面を取り扱わないけれども，われわれの結果は，単に狭く定義されたシンジケート［問題］にのみならず，広くプリンシパル-エージェントおよび集団的決定問題にとって適切なものである。

　われわれは，すべてのリスクが純粋に金融的なものであり，またすべてのエージェントは合理的（期待効用の最大化を求める）で，かつリスク回避的（凹型の効用［関数］を持つ）であり，すべての確率について同意していると仮定する。後に見るように期待効用空間（そこでは座標軸はエージェントの期待効用である）においては，所与のリスクを配分するための実行可能空間は凸である。パレート改善が可能でないパレート最適集合ないし有効フロンティア (efficient fromtier) は，実行可能集合の北東の境界である。エージェントはリスクを配分しようとするけれども，かれらはたかだか有効フロンティア上の一点に到達できるだけである。有効なリスク配分の可能性は，単純なラグランジアン特性を持っている (Borch 1962)。もちろん交渉が急迫している場合には，これを覆して，いずれの他人をも損なうことなしに誰かが（事前的に）改善されるような結果に導かれるかも知れない。

われわれは，集団がいかにして内部的に取引をするか，またするべきか，あるいは外部的な選択をなすかについて，パレート比較によって指示されるような事前的な効率性を越える何らの定言も仮定も作らない。取引力，公平性など，などの持つ非決定性と複雑性の故に，集団的選択は，個人にとって非合理的であるような諸性質を開示することが期待され得る。まさしく多くの集団的決定問題においては，満場一致の合意の必要性それ自身が，確率化を望ましいものとする。これは，純粋なリスク配分においては，休暇にどこへ行くかについての夫婦の選択よりも，その論拠がより捉えどころのないものであるにもかかわらずであり，いずれにせよ集団[的決定]に関して確実性の原理（Sure-thing principle）ないし代替の公理を侵犯するものである。

　ある集団が，メンバーの間に配分されるべきリスクを受容するか，それとも棄却するかをとにかく決定しなければならない場合，もしくは代替案の間を選択しなければならない場合，もし現状を含む利用可能な選択の有効フロンティアが交叉しないならば，効率性についての新しい問題は何も生じない。集団は，最も北東方向にあるフロンティアを選んで，それに対応するリスクを効率的に配分する可能な方法について交渉すべきである。それに代わるいかなる代替案も，パレート改善を許すであろう。

　しかしながら，もし二つの有効フロンティアが交叉する場合には，それらの間の選択は，配分ルールから独立にはなされ得ない。さらにある新しい，厄介な可能性が生じる。すなわち，利用可能な選択にわたる確率化は，パレート改善を許すかも知れない。実際，確率化は，たとえ確率化されない選択が許されないとしても，現状の上でののパレート改善を許すかも知れない。すなわち，満場一致の合意は，確率化された選択を必要とするかも知れない。ある特別な場合として，単独の利用可能なリスクの有効フロンティアは現状点の下方（南西）を通るかも知れない。しかしそれは，正の確率をもってリスクを受容することによって，各人が改善されることを可能にするかもしれない。

　もし初期状態が確実であり，すべてのエージェントが同じ形状のHARA[Hyperbolic Absolute Risk Aversion　双曲線型絶対的リスク回避]型効用関数を持つならば，すなわち，すべてのエージェントが定常的な絶対的リスク回

避（指数的効用）を持つか，もしくは，かれらの富が適当な基礎諸水準から——それらは多分異なっていようが——測定される場合には，すべてのエージェントが同じ定常的な比例的リスク回避（ベキ型ないし対数型効用）を持つならば，すべては特に単純なものになる。これと同値的に，すべてのエージェントは，定常的な，ないしは双曲線型の絶対的リスク回避関数を持ち，それらの逆数（リスク許容域 risk tolerances）は，同じ傾き $b \geq 0$ を持って線形である。たとえば，もし $b>0$ ならば，$w>-a_i/b$ の場合には $-u'_i(w)/u''_i(w) = bw + a_i$ である。われわれはそうしたグループを HARA 型グループと呼び，b をその形状パラメータ (shape parameter) と呼ぶ。もし $b=0$ ならば，エージェントは定常的な絶対的リスク回避［パラメータ］$1/a_i$ を持つ。もし $b>0$ ならば，エージェント i の富が原点 $-a_i/b$ から測られる場合には，すべてのエージェントは定常的な比例的リスク回避［パラメータ］$1/b$ を持ち，またかれらの効用は，同じ指数 $1-1/b$ を持つベキ関数であるか，あるいはもし $b=1$ ならば対数関数である。かくして b は u_i の型を決定する。Wilson (1968) によってノートされているように，この状況においては，簡明な計算によって以下のことが示される。すなわち，(1)［パレート］効率性は，定額の手つけ支払い (side payment) の後に，すべてのリスクが同じ一定割合で配分されることを要する（線形配分）。(2) 異なったくじによって生成されるパレート・フロンティアは，決して交わらない。したがって，すべてのリスクはパレート比較可能であり，それらの間の選択はリスクがいかに配分されるかには依存しない。(3) 集団的決定は，リスク許容域 $bw + \Sigma a_i$ を有する効用関数に合致するべきである。結論 (1) から，(4) 多重リスクの別々の配分は，それらが独立であろうとなかろうと，効率性の何らの損失をもともなわない，ということが帰結される。

すべての他の場合においては，交叉するフロンティアは，ほとんどどこにでも生じうることが知られている (Pratt and Zeckhauser 1989, 以後は PZ と記す。より初期の結果と参考文献については，以下と PZ を見よ)。ここではわれわれは以前の分析を単純化し，また同時にくだんの例外についての特徴を正確に述べるためにそれらを洗練させる。7.2 では，正確なモデルといくつかの必要な理

論的な背景を与える。特に，配分ルールの三つの基礎的な性質——線形性，効率性，同調性——が導入される。7.2.2 では，それらの特徴が互いに関連づけられ，また 7.2.3 では，それらが交叉するフロンティアに関連づけられる。7.3 では，交叉するフロンティアが生じえない状況が識別され，またそれらが，エージェントの効用と，われわれが一致性 (Conformality) と呼ぶところのタームとにおいて，単純なやり方で範疇化される。追加的な詳細は 7.4 で明らかにされる。7.5 では，いま少しの歴史と議論が提供され，ここでの問題に関連するいくつかの重要な諸局面に注意を喚起する。特に，[メンバー間の不確実性に関する] 異質的な信頼または非対称的な情報，諸行為や諸誘因，多属性効用，その他の豊富化を許すために仮定を緩和することは，確率化された諸決定を包含することによって，交叉するフロンティアの [発生] 可能性やそれに関連する複雑さを増大させうるのみである [ことを示す]。

7.2 集団的選択とリスク配分

7.2.1 集団の問題

n 人のエージェントのある集団が，かれらの間で収益をいかに分割するかについてあらかじめ契約して，利用可能な機会からある貨幣的なリスク $\tilde{z}$ を共同で選択しなければならないと仮定しよう。[ここに $\tilde{z}$ は，利用可能なランダム変数であり，ある不確実量である。] すべてのエージェントは，すべての関連する確率について同意しており，またこうした合意の存在が共通の知識となっている。かくしてわれわれは純粋なリスク配分の問題を有している。

エージェント i は，逓増的で厳密にリスク回避（凹型）の効用関数 u_i と初期の富 w_i を有していると仮定しよう。もしエージェント i が $\tilde{z}_i$ を受け取るならば，かれの期待効用は $Eu(w_i+\tilde{z}_i)$ であろう。エージェントの配分量 $\tilde{z}_i$ は利用可能な合計 $\tilde{z}$ のみに制約されている。すなわち，$\Sigma_i \tilde{z}_i = \tilde{z}$。

7.2.2 配分ルールの諸性質

　配分ルールの三つの性質は，それ自体が興味あるものであり，また以下の議論にとって中心的なものである。各エージェントは，それぞれの z_i を z のみの増加関数とし，したがってまた，それぞれの他の z_i の増加関数であるとする。[ここに z は，ランダム変数 $\tilde{z}$ の，識別されてはいないがしかしある特定の可能な価値を示す。]（ここで"増加"とは，常に厳密に増加的であることを意味している。）分析的な条件と証明は，一般性を失うことなしに，$w_i = 0$ とおくことによって，またより意味があるようにするためには後に見るように，エージェント 1 が配分量 x を得る場合のエージェント i の分け前を $s_i(x)$ とおくことによって（$s_1(x) = x$ を含む），単純化することができる。

　われわれは，もしそれぞれの z_i が z の線形の増加関数であるならば，あるいは同値的に，

　　（L）　$s_i(x)$ は，それぞれの i に関して，x の線形の増加関数である

ならば，ある配分ルールを「線形 (linear)」と呼ぶ。

　われわれは，もしある配分ルールが，線形に関連づけられた効用の諸結果をもたらすならば，すなわちもし，

　　（S）　それぞれの i について，$u_i(s_i(x)) \sim u_1(x)$

となるならば，この配分ルールを［同調的 (synchronizing)］と呼ぶ。ここに $\sim$ は，ある増加的な 1 次変換についてを除いて，x の関数としての同等性を，したがって効用関数としての同値性を示す。もしすべてのリスクに関して，ある特定の同調的な配分ルールが用いられるならば，すべてのエージェントは，リスク $\tilde{z}$ の間の集団的選択について同じ選好を有するであろう。こうして同調性は，誘因適合性 (incentive compatibility) のある特殊な形式である。

　ある配分ルールは，もしいかなるエージェントの期待効用も，他のそれを減少させることなしには増加させることができないならば，「（パレート）効率的 (Pareto-efficient)」である。よく知られているように（以下，および Borch 1962; Wilson 1968 を見よ），あるエージェントが他と比べて無視されうるとい

う極端な場合を除いて,これは,ある $\lambda_i>0$ について,$\Sigma_i \lambda_i E u_i(\tilde{z}_i) = E\Sigma_i \lambda_i u_i(\tilde{z}_i)$ を極大化することと同値である。それはついで,制約条件 $\Sigma_i \tilde{z}_i = \tilde{z}$ の下で $\Sigma_i \lambda_i u_i(\tilde{z}_i)$ を最大化するように,$\tilde{z}$ のそれぞれの価値について $\tilde{z}_i$ を選択するための1次の条件によって,限界効用の一定比率に同値的である。すなわち,

(E) それぞれの i について,$u'_i(s_i(x)) \sim u'_1(x)$。

ここに $\sim$ は効用同値性を示す。ここではそれは,正の定数による乗算に関する部分を除いて,微分の同等性を意味している。

次のことに注意しよう。

(L) $\iff$ それぞれの i について,$s'_i(x)$ はある正の定数であり,かつ

(S) $\iff$ それぞれの i について,$u'_i(s_i(x)) s'_i(x) \sim u'_1(x)$。

s_i の利用によって,洞察から次の命題が得られる。

命題 1

(L),(S),および(E)のうち,いずれか二つを満足する配分ルールは,また第三のルールをも満足する。

Wilson(1968,定理11)は,(E)を所与とすれば,(S)と(L)とは同値であることを示している。Ross(1974)は,プリンシパル-エージェントのケースにおいて,その完全な結果を与えている。かれは(S)を"同一性(similarity)"と呼んでいる。PZ の定理1は,ここでは必要とされない追加的な詳細さをもって完全な結果を与えている。

例

もし二人のエージェントが効用関数 $u_1(x) = -1/x$ および $u_2(x) = 2\sqrt{x}$ を持つとすると,$u'_1(x) = 1/x^2$ および $u'_2(x) = 1/\sqrt{x}$ であり,配分ルール $s_2(x) = x^4$ は[パレート]効率的ではあるが,線形でもないし,同調的でもない。同じことは,何らかの $\mu>0$ ($\mu = (\lambda_2/\lambda_1)^2$) に関して,$s_2(x) = \mu x^4$ についても真である。線形配分は,同調的でもなければ効率的でもないであろうし,同調的な配分は,線形でもなければ効率的でもないであろう。

7.2.3 配分ルールの比較不能なリスクおよび確率化された選択との関係

本章の議論の主な貢献は，線形，同調的，かつ［パレート］効率的な (LSE) リスク配分のためのすべての可能性を完全に特徴づけることによって，従来の諸分析を洗練させ，だがまたそれらを単純化することにある。しかしながら，まず最初に，効率的な配分が線形かつ同調的であることは，単に便宜であるのみならず，また根本的な重要性を持つことを示す諸結果を展望しておこう。おおまかにいえば，効率的な配分が線形でなくかつ同調的でない場合には，いつでもまたどこでも，パレート比較不可能性が生じうるし，また効率性は確率化された決定を必要とするかもしれない。

問題を $\underline{u}$-空間で眺めることが助けになる。ここに $\underline{u}$ は，i 番目の座標がエージェント i の期待効用を示す n 次元ベクトルである。その場合，実行可能な諸点の上の確率化はそれらのすべての凸結合を与え，また確率化は実行可能であるから，実行可能な点の集合は凸集合である。これは（E）の前に述べた，効率性の持つ線形目的の最大化特性を正当化する。しかしながら，ある所与の $\tilde{z}$ の効率的な配分は，（E）におけるように非確率的であろう。なぜなら，z を所与とするとき，もし何らかの $\tilde{z}_i$ が一定でないならば，エージェント i は，リスク回避の仮定によって，$\tilde{z}_i$ よりも $E(\tilde{z}_i|z)$ を選好するであろうからである。そしてそれぞれの $\tilde{z}_i$ を $E(\tilde{z}_i|z)$ によって置き換えることは，$\Sigma_i E(\tilde{z}_i|z) = E(\Sigma_i \tilde{z}_i|z) = z$ より，総計についての制約条件を維持することになる。

こうしたことにもかかわらず，二つの異なったリスク $\tilde{z}_i$，あるいはまさしくあるリスクとある確実性，を配分するための有効フロンティアは互いに交叉し得る。その場合，もしただ一つのみが選択されうるならば，それらの間の選択はいかにそれらが配分されるかに依存するであろう（「パレート比較不能性 (Pareto-incomparability)」）。そしてそれらの間を確率的に選択することは，「厳密なパレート改善 (strict Pareto-improvement)」をともなって，実行可能領域を拡張するであろう。すなわちそうした選択は，確率化なくしてはそれが不可能であるようないくつかの点において，各エージェントの期待効用を増大

させることを可能にするであろう。依然としてもっと問題なのは，初期状態が，それぞれの $\tilde{z}$ について別個に，実行可能領域の外側にありうるが，しかしもしそれが交叉の近くにあるならば，拡張された領域の内側にありうるということである（図7.1においては，後にさらに論じるように，このことが $p=0.6163$ と $z=1$ と記されたフロンティアについて保持されてをり，初期状態は $\underline{u}$ のいくらか北東にある）。この場合には，二つの $\tilde{z}$ の配分の間の確率的な選択は，「パレート可能（Pareto-enabling）」であろう。すなわち，そうした選択は，たとえ満場一致の同意がいずれの $\tilde{z}$ についてもそれ自身では到達され得ないとしても，当該グループをして，それぞれのエージェントの期待効用を増大させることを可能にする。

ある集団の行動は，もしメンバーの効用のすべてが同じ形状を持ったHARA型でないならば，複雑であることは避けがたく，またトラブルも起き

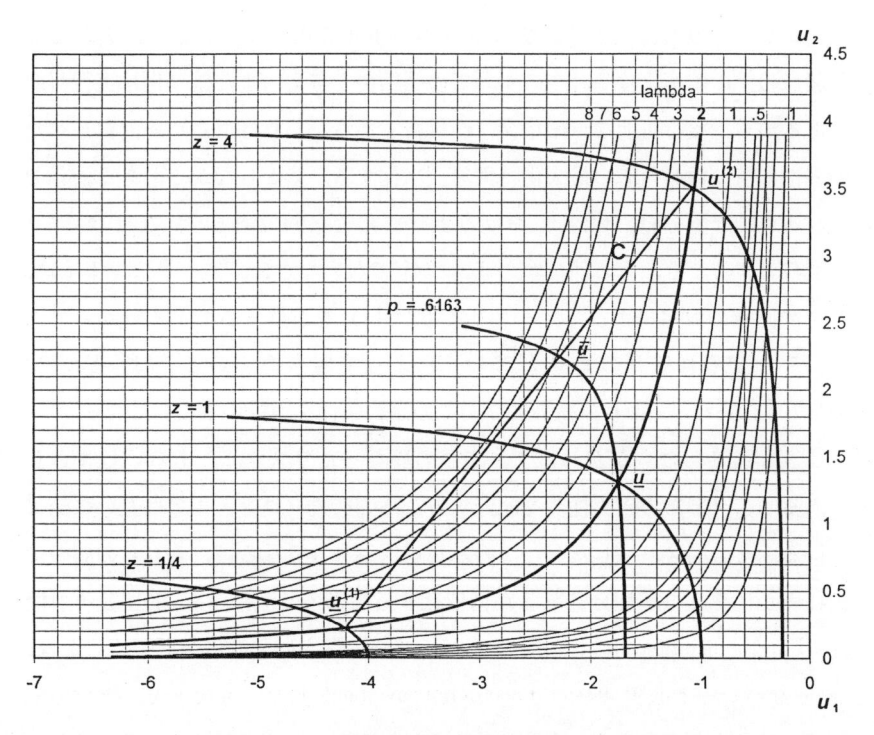

Z＝初期の富を含む総利益，lambda＝効用のウェイトの比

図7.1 有効フロンティアと拡張経路

がちである。一つの顕著な反例は，受け入れ難いくじ［複数］上のあるくじは，望ましいものであるかも知れないということである。われわれはこれを「ホラー（Horror）」と呼ぶ。なぜなら，そうした集団は，"確率化されたリスクを拒否を越えて幸福にも OK する（Happily Okays Randomized Risk Over Rejects）"が，しかしそれは，見掛け上ほどには非合理的なものではないかも知れないからである。ある集団が受容するかも知れないそれぞれのリスクを，次のようなやり方で分割することには意味がある。すなわち，メンバーの効用関数が，そのリスク特性からして，かれらに最も多くの利益を与えることを可能にするようなやり方で，そしてまた，異なるメンバーにとっては［それぞれ］有利なようにリスクの間を確率化することによって事態を均衡させるようなやり方で，メンバーに利益を与えるようにそれぞれのリスクを分割することである。

　類推的な例として，「性の闘争（the Battle of the Sexes）」（Luce and Raiffa 1957: 90-94）におけるような，休暇の期間と場所を計画するある夫婦を考えよう。選択はバハマ諸島でのテニスか，それともパリでの買物かである。その情熱がテニスにある伴侶は買物を好まない。逆も同じである。それぞれにとっては，他方が選ぶ場所で何らかの長さの休暇を過ごすよりは，まったく旅行しない方がましなのである。こうして，どちらの休暇［の過ごし方］も家に居ることに比べてパレート優越な期間を持つものではない。しかし，双方の伴侶は，家に居るよりはむしろ1週間の旅行のためにパリに行くか，バハマに行くかのいずれかを決めるべく，コインを投げることに同意するかも知れない。ある人は，社会的選択における確率化の潜在的に有益な役割が，なかんづくフィッシュバーン（Fishburn 1972）とゼックハウザー（Zeckhauser 1969）によって論じられていることを想起させてくれた。また，マーク・マシナ（Mark Machina）は，ある個人についてさえも，リスクの解決を遅らせたりして状況を緩和することは，くじに関する独立性の公理を侵犯することを"合理的"にすることができる，ということをわれわれはスペンス（Spence）とゼックハウザー（1972）によって知っていることを想起させてくれた。

　分析をさらに進めるために，所与の効率的な配分ルールを任意の集団的利得

z に適用することによって獲得される，u-空間における点の軌跡を考えよう。それは，PZ が「拡張経路 (expansion path)」と呼ぶものである。(図7.1においては，上昇カーブが，先の例における $lambda = \lambda_2/\lambda_1$ のさまざまな価値についての拡張経路である。) PZ は，要約して次の命題を証明した。

命題 2

ある線形の拡張経路上では，すべてのリスクの有効フロンティアは，平行する接超平面を持つ。逆に，もしある拡張経路が線形でなければ，その上の各点において，交叉するフロンティアが生起しうる。

これを見るためには，あるリスク $\tilde{z}$ が効率的に配分される場合，その結果は，ある拡張経路上のある確率分布であることに注意しよう。ある線形の拡張経路は，(L) と (E) とを満足し，したがって命題1によって，ある LSE 型配分ルールに一致する。この場合には，エージェントの期待効用のベクトルは同じ経路上にあり，また，この点で当該 [有効] フェロンティアに接する超平面は，その経路の λ に垂直である。ここから命題2の最初の文節がともなわれる。逆を証明するためには，u をある効率的な配分ルール λ によって与えられる非線形の拡張経路上の何らかの点であるとしよう (図7.1を見よ)。この経路上に，u がそれらの間の弦 C 上にないような，u よりも小さい，および大きい集団的利得に対応する，2点 $u^{(1)}$, $u^{(2)}$ を見出せ。u がそのくじを配分するための有効フロンティア上に存在するように調整された確率をもって，これら二つの利得の上のくじ $\tilde{z}$ を考えよ。$\tilde{z}$ を，λ にしたがって配分することは，弦 C 上にある点 $\tilde{u}$ を与えるが，それは u とは異なっていなければならない。したがって，u を与えるような $\tilde{z}$ の効率的な配分は，λ とは異なっている。しかし，λ は，ある一定の集団的利得についての u を与える。それゆえに，u においては，$\tilde{z}$ についての [有効] フロンティアが，その一定の利得についてのそれと交叉する。これは逆を証明する。

図7.1において，効用は，くだんの例の効用である。u は，初期の富を含む総利得 $z = 1$ に対応してをり，$\lambda_2/\lambda_1 = 2$，すなわち太線の拡張経路にしたがって配分されている。$u^{(1)}$ と $u^{(2)}$ は，同じ経路上で，$z = 1/4$ と $z = 4$ に [それぞ

れ] 対応している。また，確率 p をもって $\tilde{z}=4$ に，確率 $1-p$ をもって $\tilde{z}=1/4$ に対応している。ここでは，$\tilde{z}$ についてのフロンティアが $\underline{u}$ を通過するように，$p=0.6163$ が選ばれている。このフロンティアは，$\underline{u}$ において，$z=1$ についてのフロンティアと交叉する。

PZ は，縮小写像不動点の論法を用いて，より完全で多分より厳密な証明を与えた。PZ はまた，すべての拡張経路が線形でかつわれわれは HARA 型のケースにあるか，さもなければ，たかだか孤立した拡張経路が線形であるか，のいずれかであることを示した。次の節では，エージェントの効用のタームにおいて，線形の拡張経路についてのすべての可能性を直接に特徴づけ，それによって，この結果の精緻さを独立に証明する。HARA 型のケースは，他のケースとともに自然に生じるが，ここではそれは，PZ におけるよりももっと自然でさえある。くだんの例においては，線形の拡張経路は存在しないし（図7.1 を見よ），したがってまた LSE 型の配分ルールも存在しない。

7.3 エージェントの効用の比較不能なリスクおよび確率化された選択との関係

われわれは今や，一つ以上の LSE 型配分ルールの存在の可能性，それらに対応する拡張経路，およびそれらのエージェントの効用に対する依存性について吟味する。これらは，パレート比較不可能なリスクやパレート改善的な確率化が不可能な，唯一の状況を構成するものである。

まず最初に，もしも $\{s_i\}$ がある LSE 型配分ルールならば，(L) と (S) は直ちに以下のことを意味すること，すなわち，u_i は，それらの引数の増加的な 1 次変換の後に，すべて同値であることを意味することに注意しよう。これは，われわれが「相似性 (conformality)」と呼ぶ性質である。明示的に示せば，もし，

(C) ある u，α_i，および $\beta_i > 0$ と，それぞれの i について，
$$u_i(x) \sim u(\alpha_i + \beta_i x)$$

ならば，われわれは，これらの u_i を「相似的 (conformal)」と呼ぶ。

われわれは対称性とのちの便宜上のために，この形式において条件を記すが，しかしわれわれは常に，たとえば $u=u_1$ とおくか，あるいは何か他の u_j とおくことができる。なぜなら，相似性は関数間の関係として，推移的かつ対称的であるからである。

逆に，もし u_i が相似的であれば，ある LSE 型の配分ルール $\{s_i\}$ が存在する。すなわち，相似的な1次変換によって与えられる LSE 型配分ルールが存在する。もっと明細に述べれば，

命題 3

配分ルール $\{s_i\}$ は，もし（C）が，すべての $\alpha_i+\beta_i s_i$ が等しい場合に保持されるならば，LSE 型であり，かつこの場合に限る。

明らかに，ある単純な LSE 型の配分ルールは，その他のものが相似しなければならないとしても，いかなる u_i の上にも何らの制約もおかない。(Ross 1974, p. 220, はこの観察をハーヴィッツ (Hurwicz) に負うとしている。) こうして二つの単純な可能性が存在する。すなわち，

1. u_i は，すべて相似的ではなく，かつ LSE 型配分ルールは存在しない。
2. u_i は，あるユニークなやり方で相似的であり，かつ正確に一つの LSE 型配分ルールが存在する。

しかしながら，もし二つの異なった LSE 型配分ルールが存在するならば，7.2.2 の始めにある（S）は，ある i についての二つの異なった増加する線形の s_i に関して保持される。したがって u_i は，以下によって定義されるように，ある任意の u について「自己相似的 (self-conformal)」である。すなわち，

(SC) ある $(\alpha, \beta) \neq (0, 1)$，$\beta>0$，について，$u(\alpha+\beta x) \sim u(x)$。

われわれは，(SC) が，$\beta=1$ および $\beta \neq 1$ の双方について保持されえないか，もしくは，α の二つの異なった価値および同じ $\beta \neq 1$ について，保持されえないことを見るであろう。それゆえに，次の命題で与えられるように，自己相似的な効用関数の四つのタイプだけが存在する。それらは，四つの追加的な LSE 型［配分ルール］の可能性に導く。詳細は後に述べる。

命題4

もし u が，自己相似的ならば，それは次の諸条件の正確に一つを満足する。

3．(SC) は，$\beta=1$ およびある最小の正の α について保持される。そのとき u は，効用同値の意味において「周期的 (periodic)」である。すなわち，$u(x+\alpha) \sim u(x)$。

4．(SC) は，$\beta=1$ およびすべての α について保持される。そのとき富における変化は，効用同値の意味において u を不変にとどめる。かくしてまた，ある正の c について，$u(x) \sim -e^{-cx}$。

5．(SC) は，ある最小の $\beta>1$ および付随するある α について保持される。そのとき u は，富が原点 $a=\alpha/(1-\beta)$ から測定される場合には，「比例的に周期的 (proportionately periodic)」である。すなわち，$u(\beta x+a) \sim u(x+a)$。

6．それぞれの β について，(SC) はある α について保持される。そのとき，富のスケールの変更は，富が適当な原点から測定される場合には，効用同値の意味において u を不変にとどめる。かくして，ある a，および $b \neq 0$，$b<1$，$\pm = \text{sign}(b)$ について，$u(x) \sim \log(x-a)$ もしくは $\pm(x-a)^b$ である。ここに，$\log(x-a)$ は $b=0$ に対応する。

相似的なグループに関しては，定義（C）から，もし命題4の何かの条件が一つの u_i について保持されるならば，それは（C）におけるすべての u_i，および u について保持されることが容易にともなわれる。われわれは，条件3と5を満足する相似的なグループを，それぞれ，「周期的」および「比例的に周期的」と呼ぶ。条件4と6を満足する相似的なグループは，7.1に定義された HARA 型グループを構成する。すなわち，それらの「絶対的リスク回避 (absolute risk aversion)」関数 $r_i = -u_i''/u_i'$ は，双曲線型であり，その逆数は，同一の非負の傾斜をもって線形であり，条件4の下ではゼロで，条件6の下では $1/(1-b)$ である。（条件4を満足するすべての効用関数は相似的である。条件6を満足するすべての効用関数は，もしそれらが同じ b を持つならば，またその場合に限って，相似的である。）したがって，LSE 型の配分と，交叉するパレート・

フロンティアについては，命題 1-4 によって，以下の結果を得る。（次節により詳細な分析を与える。）

命題 5

　HARA 型グループに関しては，交叉するフロンティアおよびパレート改善的な確率化は不可能であり，すべてのリスクはパレート比較可能であり，すべての効率的な配分ルールは線形かつ同調的であり，またすべての拡張経路は線形である。さもない場合には，もしグループが相似的でなければ，交叉するフロンティアが，したがってまた，パレート改善的でかつパレート可能な確率化が，どこにおいても生起しうる。もしグループがあるユニークなやり方で相似的である場合には，これは，ある単独の線形の拡張経路上を除いて，どこにおいても生じうるであろう。またそれは，もしグループが相似的であり，かつ周期的かもしくは比例的に周期的である場合には，そうした経路のある無限の離散的な集合上を除いて，どこにおいても生じうるであろう。線形の拡張経路は，LSE 型配分ルールによって与えられる。すべての他の拡張経路と効率的な配分ルールは非線形である。

　くだんの例においては，LSE 型の配分ルールも存在しない。それぞれのエージェントの効用は，ベキ形式 6 において自己相似的である。しかしベキ数は異なっている。そこで二つの効用は相似的ではなく，そのグループは HARA 型ではない。

7.4 ｜ 線形で同調的な効率的リスク配分のケース

　われわれはいまや，可能性 1-6 をより詳しく吟味し，その他の可能性が存在しないことを示す。

1．一般に，u_i は相似的ではない。すなわち，（C）を満足する α_i, β_i および u は存在しない。そこで，LSE 型配分ルールは存在せず，交叉する有効フロンティアは，$\underline{u}$-空間においてどこにでも生起しうる。

これは，くだんの例について保持される。PZ は，完全な詳細さと図形を用いて，今一つの例を与えている。

2．もし，ある u について（C）が保持されるが，しかし u は（SC）を満足しないならば，そのグループは，あるユニークな仕方で相似的である。そこでは，$s_i(x) = (\alpha_1 + \beta_1 x - \alpha_i)/\beta_i$ は LSE 型であるが，しかし，その他の LSE 型配分ルールは存在しない。u_i が，（C）において等式を与えるようにスケールされている場合には，対応する拡張経路は均等にスケールされた効用 $u_1 = u_2 = \cdots = u_n$ の線であり，また，交叉するフロンティアはそれ以外のどこにおいても生起しうる。

たとえば，u は何らかの二つの異なった HARA 型の効用の合計でありうる。（またそれゆえに，u は，上または下に有界であるか，またはいずれにも有界でないか，もしくはある有限の領域上においてその双方に有界であるか，のいずれかでありうる。）

残りの諸ケースは，u と u_i とが自己相似的であるような相似的グループを，すなわち，ある u について（C）が保持され，かつ u は（SC）を満足するような相似的グループを分割する。

3．u は，周期的な絶対的リスク回避を持つ。われわれは，α_i と β_i を再定義することによって，周期を 1 とおいてよい。その場合，それぞれの整数 k について，$u(x+k) \sim u(x)$ であり，また LSE ルール s_i は，正または負の任意の整数 k_i について，$\alpha_i + \beta_i s_i = \alpha_1 + \beta_1 s_1 + k_i$ を満足するようなルールである。さらに，$u(x+1) \sim u(x)$ は，ある c と d およびすべての x について，$u(x+1) = c + du(x)$ を意味し，かつ $u(x+1) - u(x) = d[u(x) - u(x-1)]$。単調性と凹性とによって，$0 < d < 1$。こうして，$u$ は有界であり，われわれは一般性を損なうことなく，$u(\infty) = 0$ とおいてよい。そこで，$c = 0$ であり，また整数 k について，$u(x+k) = d^k u(x)$ である。u_i が再び（C）において等式を与えるようにスケールされる場合には，線形の拡張経路は，任意の整数 k_i について，$u_i = d^{k_i} u_1$ によって与えられる負の象限において原点を通る射出線である（図 7.2 a）。

4．u は，定常的な絶対的リスク回避を有する。すなわち，$u_i(x) \sim -e^{-c_1 x}$。

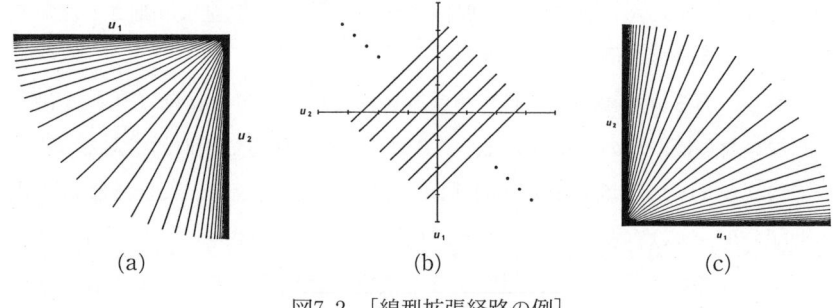

図7.2 ［線型拡張経路の例］

　LSE 型配分ルールは，任意の定数 k_i について，$c_i s_i = c_1 s_1 + k_i$ を満足する。また，u_i が示されるようにスケールされる場合には，線形の拡張経路は，すべて負の象限において原点を通る射出線である。

5. u は，あるシフトの後に比例的に周期的である。すなわち，ある最小の $\beta>1$ とある a について，$u(\beta x+a) \sim u(x+a)$。われわれは α_i と β_i を再定義することによって，$a=0$ とおいてよい。そのとき，$u(\beta^k x) \sim u(x)$ であり，かつ LSE 型配分ルール s_i は，任意の整数 k_i について，$\alpha_i + \beta_i s_i = \beta^{k_i}(\alpha_1 + \beta_1 s_1)$ を満足するものである。さらに，ある c と d およびすべての x について，$u(\beta x) = c + d u(x)$。再び（C）において等式を与えるように u_i をスケールしよう。$d=1$ について，われわれは，$u(\beta^k x) = kc + u(x)$ を有し，かつ線形の拡張経路は，任意の整数 k_i について，$u_i = k_i c + u_1$ によって与えられる平行な45度線である（図7.2 b）。$d \neq 1$ については，一般性を損なうことなしに，$c=0$ とおいて，われわれは $u(\beta^k x) = d^k u(x)$ を得，またその線形の拡張経路は，任意の整数 k_i について，$u_i = d^{k_i} u_1$ によって与えられる。これらは，$d<1$ の場合には負の象限，$d>1$ の場合には正の象限において，原点を通る射出線である〔図7.2 a および 7.2 c〕。これらの三つのケース，$d =, <,$ および > 1 は，次のパラグラフにおける三つのケース，$b =, <,$ および > 0 の周期的類似物である。すなわち，$\log_\beta d$ は b の類似物である。

6. u は，対数またはベキ形式を持つ。すなわち u_i は，同じ形式，$u_i(x) \sim \log(x - a_i)$ または $\pm(x - a_i)^b$ を持つ。LSE 型配分ルールは，任意の定

k_i について，$s_i - a_i = k_i(s_1 - a_1)$ を満足する．u_i が示されたとおりにスケールされる場合，対数型のケース（$b=0$）では，線形の拡張経路は，任意の定数 k_i について，すべての点を通る平行な45度線，$u_i = k_i + u_1$ である．ベキ型のケースでは，それらはすべて，$b<0$ については負の象限，$b>0$ については正の象限において，原点を通る射出線である．

すでにノートしたように，u は，ケース3においては周期性を有し，またケース4においては定常的絶対的リスク回避型である．$u(x+a)$ は，x の関数として，ケース5においては，周期性を有し，またケース6においては，定常的な「相対的リスク回避型（relative risk aversion）」，$xr(x+a)$ である．それぞれのそうした u が可能である．ケース3-6は，相互に背反的である．なぜならば，もし u が，$\beta=1$ と $\beta \neq 1$ の双方について，もしくは，α の二つの異なった価値と同じ $\beta \neq 1$ について，（SC）を満足したとすれば，そのリスク回避［関数］r は，周期的であり，かつまた $\beta \neq 1$ の場合には，$\beta r(\alpha + \beta x) = r(x)$ を満足したであろう．しかしそれは不可能である．非ゼロの周期を持つ関数は，定常的であるか，もしくは周期的であるかのいずれかでなければならないから，いかなる他の可能性も存在しない．

7.5　ディスカッション

7.5.1　歴史上のコメント

ここでは，傍系の縁戚を除く，本章の直接の祖先についての，私の理解を述べておく．Borch（1962，および Wilson 1968 によって引用されているように，いくらかより早く）は，合意された分布を持ったリスクの効率的な配分の問題を，ある現代的なやり方で定式化し，かつ解決した．同等な"シンジケート"問題は 1961-62 年に，ハーバード・ビジネス・スクール（そこに Wilson がいた）において議論された（未公刊のメモランダム，および Christenson 1965）．Wilson

(1968) は，リスクの選択から独立にある効率的な配分ルールを用いることは，ある"代理的な (surrogate)"集団的効用の存在と同値であることを示した。彼は，命題1の3分の2，および例として HARA のケースを与えた。彼はまた，［個人間の不確実性に関する］異質の信頼と，その結果としての"副次的な賭 (side-betting)"にかなりの注意を捧げた。しかし彼の定理 10 を除くすべての定理は，一度に一つの所与の効率的配分ルールについてのみ言及しており，またいくつかの定理は，同質の信頼に関して，ほとんど何もつけ加えてはいない。Wilson の学生 Rosing (1970 p. 430 を見よ) は，「この (Borch と Wilson の) 研究を，特にナッシュ (Nash 1953：53) とハルサニイ (Harsanyi 1956) による協力ゲームの理論の中で発展させられた諸概念と着想に結合した。」彼は，交叉するフロンティアと個人的合理性について明示的に考察した。彼は，もし異なる信頼を持つエージェントのすべてが，定常的リスク回避を持たないならば，そのとき交叉が存在するであろうということを示した（定理3，最後の文節）。(これはまた，定理 10 の前後の Wilson の叙述からもともなわれる。) Wilson と Rosing のその他の多くの諸結果は，本章のように認識できるような形では，逆を含んではいないし，また多くのものは解釈するには難解である。たとえば，"同等な用心深さ (identical cautiousness)"とか，"代理関数"の存在とか，"決定的 (determinate)"とかは，すべて「エージェントの配分における」諸条件であり，また配分ルールに依存する。さらに"決定的"とは，集団的利得を通じてのみ不確実事象によって影響されることを意味する。Wallace (1974) は未公刊の学位論文において，まったく長々しい難解な議論によって，交叉が，HARA のケースを除いては共通の信頼とともに存在すること，また各エージェントが定常的リスク回避を持つ場合を除いては異質の信頼とともに存在することを示した。PZ は拡張経路を導入し，より単純に，これらのケースの外部に，孤立した線形の拡張経路上を除いて，交叉がどこにでも存在しうることを示した。本章では，彼らの議論がいくつかの仕方でさらに単純化されてをり，また，かれらの（そしてその他の人々の）λ_i に関する微分が，自己相似性の分析によって置き換えられ，かつ洗練されている。これらの著者の誰も，共通の知識 (Aumann 1976) やベイズ均衡 (Harsanyi 1967-8) のような諸概念に異質

的な信頼を関連づけるという，困難な問題には従事していない。

7.5.2　より以上の議論

1．もし，満場一致の同意（個人的合理性）が要求されなければ，また，選択されたリスクからは独立に効率的な配分ルールが課せられるならば（Wilson 1968におけるように），その場合には，対応する $\Sigma_i \lambda_i E u_i(\tilde{z}_i) = E\Sigma_i \lambda_i u_i$ は，集団の厚生［関数］として役立ち，また $\Sigma_i \lambda_i u_i(z_i)$ は，ある"代理的な"集団的効用関数として役に立つ。しかしその場合には，すべてのリスクが拒否されるときでさえも，エージェント間の移転［支払］（transfers）が典型的には必要とされるし，また，交叉するフロンティアは，ある効率的な［配分］点が確率化を必要とすること，またある選択は配分ルールに依存すること，を依然として含意している。

2．そのメンバーが定常的リスク回避を有する集団，すなわちケース4においては，比例的な配分は，選択からは独立に効率性によってのみ支配されるものであり，一時払い移転のみが交渉に残される。シフトの後の定常的相対的リスク回避，すなわちケース6については，一時払い移転は効率性のみによって支配され，比例分のみが交渉に残される。周期的なケース3と5においては，これらの叙述は LSE ルールに適用されるが，しかし非線形の効率性ルールもまた交渉に残されるかも知れない。しかしそれにもかかわらず，交渉空間の次元は $n-1$ にとどまる。すなわち，n 個の一時払い移転と，n 個の比例分は，それぞれ一つの制約にしたがうが，その一方で，ある効率的な配分ルールを交渉することは，λ_i を交渉することと常に同値であり，たとえば比率 λ_i/λ_1 のみを計算する。

3．減少するリスク回避を要求することは，ケース3のすべて（周期的リスク回避）と，ケース5のいくつかを除去するであろうが，しかしそれは，ケース6（$1/r_i$ が正の傾斜を持つ）においてはすでに保持されている。ギャンブルとエージェント達の富の値域は，結果に影響することなく大いに制限的でありうる。なぜならば，十分な値域のみが（SC）を派生し，かつ利用するために必

要とされるからである。(ケース5と6は，$d>1$の場合にはケース5において，また$b>0$の場合にはケース6において，等式が許される場合には，エージェントiの富がa_i以上にとどまることを必要とする。)

4．PZにおける議論の多くのものは，ここでも均しく適切である。それらは，例題，動機，結果の含意，問題のある歴史，グループによる確率化された選択の合理性，集団的効用の不可能性，多属性，エージェントの行動と誘因，およびエージェントが異なった確率（異質な信頼）を持つ場合にはもしすべてが定常的リスク回避を持つのでなければ確率化された選択が必要とされるかも知れないということの証明，を含んでいる。PZの論点の中の二つは，ここで提供された諸結果に特に密接に結合している。

（1） LSE型配分は，たとえそれらが確率的に従属的である場合でさえも，一般性を失うことなく，多重リスクが別々に配分されることを許す。なぜならば，1セットの一時払い移転の後に，同じ比例的配分がすべてのリスクに適用されるからである。その他の場合には，［多重リスクの］別々の配分は，集団の総利得を所与とするエージェントの配分量に，ある不確実性をともない，それゆえに非効率であろう。

（2） ケース4（指数的効用）を除いて，バックグラウンド・リスク (background risk)（配分され得ないところの個々のエージェントの持つランダムな初期の富あるいは同時発生的なリスク）は，たとえそれが配分されるべきリスクから独立であるとしても，それがない場合には必要とされないような，集団による確率的な選択の必要性を導入する。すなわち，もしエージェントiが，富および独立なバックグラウンド・リスク$\tilde{w}_i$についてのかれの効用v_iを持つならば，集団的決定についての彼の効用u_iは，$u_i(z)=E\{v_i(z+\tilde{w}_i)\}$によって与えられる。また$u_i$は，ケース5または6においては，$v_i$と同じ形式を持たないであろうし，またもし$\tilde{w}_i$がある適当な周期的な［効用］集合に制限されるのでなければ，ケース3においても同様であろう。

もし初期状態$\tilde{w}_i$のあるものまたはすべてが不確実であり，かつリスク配分から除外されるならば，その場合には，エージェントの新しい独立のリスクに対する態度は，u_iの代りに，導出された効用$U_i(x)=Eu_i(\tilde{w}_i+x)$によって支

配される。もし U_i が同じ形状を持つ HARA 型であれば，その場合には，7.1 の結論（1）から（4）は，$\tilde{w}_i$ から独立のリスクに適用される。もし u_i が指数型であれば，すべての U_i も同様である。なぜなら $E\{-e^{-(\tilde{w}_i+x)/a_i}\} = -k_i e^{-x/a_i}$，ここに $k_i = E\{e^{-\tilde{w}_i/a_i}\}$ で，それはある正の定数である。それゆえに，上の結論がすべての不確実な初期状態に適用される。しかしながらそれ以外の場合には，もし u_i が HARA 型であれば，U_i は一般にそうではない。そして上の結論は不確実な初期状態には適用されない。同様に，もし U_i が $\tilde{w}_i$ の一つの分布について HARA 型であれば，それは，変換 $\tilde{w}_i + a_i$ についても HARA 型である。しかし一般に，$\tilde{w}_i$ のその他の分布についてはそうではない。

もし初期状態 $\tilde{w}_i$ が不確実であるが，しかしそれらの分布についての合意が存在するならば，またもし，われわれの初期の仮定とは反対に，それらがリスク配分に含まれるならば，u_i は再び適切であるが，U_i はそうではない。もし u_i が同じ形状の HARA 型であれば，その場合には，7.1 の結論（1）から（4）までは依然として妥当である。

7.6 結びに代えて

われわれは，効率的なリスク配分の最も単純な場合においてさえも，ある特殊なモデルを除いて，どこにでも，あるいはほとんどどこにでも，確率化された選択の必要性がありうることを見てきた。幸いなことに，これらのモデルはまったく扱いやすくかつ有用であり，しかも個人的な行動のある広い範囲にわたっている。しかしながら，それらは，リスクを配分する人々に，一つの強い条件を課すものである。すなわち，それらのリスク回避関数の逆数は，それらが現状では大いに異なっているかも知れないとしても，富とともにすべて同じ一定の増加率を持たなければならない。

最も単純な場合においてそれ程支配的な可能性が，より複雑な場合において消滅することはほとんど期待できない。たとえ人は，実践よりも理論に関してより多くの困難を課するものだと疑うかも知れないにしてもである。多分確率

化された決定の必要性は，ほとんど常に可能ではあるけれども，実際に生起することは稀である。それが生起する場合にも，確率化しないことによって失われる効率性は小さいかも知れない。エージェントは，リスクを配分するために，同質的なグループを作ることが自然かも知れない。しかし，異質的なグループが有利であるかも知れない――あるいはグループにわたって確率化すること，または同等だがありそうにないこととして金融機関にわたる確率化が有利であるかも知れない。確率化された選択を無視する理論は，よくいって不完全であり，また実践的には，確率化によって十分利益を得るような，まだ把握されていない機会が存在するも知れない。

　不確実性下の個人的な意志決定の規範的な理論は，よく確立されてはいるけれども，生き生きとした論争のある主題にとどまっている。対照的に，集団（ないしシンジケート）の意志決定については，行動についての規範的命題はほとんど存在しないし，議論も稀である。しかしもし意志決定が，危うくなるドルの金高によって重みづけられるとすれば，集団的選択は，おそらく個人的選択の矮小化したものとなるであろう。

　HARA型のグループのみが，うまく行動することができる。その他のすべてのグループからは，われわれは次のような非合理的な行動を期待しなければならい。すなわちそれは，それぞれがそれ自身では受容され得ないであろうような，二つのくじの間のあるギャンブルを受容するような行動である。そして，メンバー達の厚生についての評価が，個人的な，本質的に異なる確率評価に依存する場合には，すべての集団は，そのメンバーが指数的効用関数を持っている場合を除いて，［こうした行動に］躊躇するであろう。合理的な集団的行動についての追加的な公準が必要とされるように思われる。適正性（properness）の概念が助けになることを立証するかも知れない。すなわち，ある集団は，もしそのメンバーが適正（proper）であれば，単純に適正であろう。

　個人的な意志決定に対する新しい公理的な接近を提供しようとする研究の混乱は，研究室と現場の観察によって刺激された。それは，個人はサベージ（Savage）の公理の処方箋に固執しないことを示している。混乱した現実が理論を誘導した。（最近の要約については Machina 1987 を見よ。かれは標準的な理論

からの乖離についての経験的な証拠を論評し，また「これらの発見がいかにして，われわれが不確実性下の経済行動を調べたり，モデル化したりする方法を変化させてきたし，多分変化させるであろうし，もしくは変化させなければならないかについて」報告している（pp. 121-122）。また，サグデン（Sugden 1986）およびウェーバーとカマラー（Weber & Camerer 1987）による展望を見よ。）集団的意志決定に関しては，アロウの可能性定理（the Arrow Possibility Theorem）の時代以来，研究者達は，合理的な諸条件によって含意される行動は，しばしば困惑的なものであることを見出してきた。われわれの結果は，そうした発見を補強するものである。多分集団意志決定についての研究室と現場の諸結果は，依然としてより困惑的なものであろう。そこで再び，個人的諸選好の構造もしくは集団的意志決定の手順は，一風変わった行動が滅多に起こらないようなものであるかも知れないのである［と言おう］。

社会は，シンジケートがリスクを選択したり，分割したりする際に用いる豊富な一連のメカニズムを作り出してきた。たとえば，税法，法人規則，および石油リースのための入札規制などは，個人または組織がリスクの選択と配分を通じて協力しうるやり方に劇的な影響を与えている。ひとたびわれわれが，現代の金融理論によって記述されているような，すなわち，すべてのリスクが公開され，すべての情報が把握されるような，優雅なエデンの園から追放されるや，われわれは，一緒に行動する諸個人によってなされる決定を説明し，評価するのに助けとなるツールを——適正性，もしくはHARA型および非HARA型グループの概念のようなツールを，必要とするのである。

―――テクニカルノート―――
　　（以下は，パレート比較可能に関連する一連の概念についてのプラット氏の私信による定義と注釈を，読者の便宜のために収録したものである。）

　あるギャンブルおよび配分ルールは，もし各エージェントが，この両者の結合の下での方が，他の結合の下でよりも，より高い期待効用を有するならば，またその場合に限り，他のギャンブルおよび配分ルールに関して「厳にパレート改善（[strict] Pareto improvement）」といわれる。前者の結合は後者の結合に対して，「パレート優越

(Pareto superior)」であり，また後者の結合は，前者に対して，「パレート劣位（Pareto minferior)」であるともいわれる。

なお，もし各エージェントの期待効用が，少なくとも同様に高く，かつ少なくとも一つがより高いならば，すなわち，もしあるものについては同等性が生起するが，すべてについては生起しないならば，「弱パレート改善（weak Pareto improvement)」が生じる。その場合，小さな手つけ支払が，各エージェントをして，第1の下での期待効用を，第2の下でよりもより高くするであろうから，弱パレートと強パレートとの間の区別は重要ではないとされる。

ギャンブルと配分ルールのある結合は，もしギャンブルと配分ルールのいかなる実行可能な結合も，その上でパレート改善でないならば，「（パレート）効率的（[Pareto] efficient)」である。もしギャンブルと配分ルールのある実行可能な結合が，その上でパレート改善であれば，それは「（パレート）非効率」である。したがって，パレート改善は，パレート非効率と同値ではないが，パレート改善の存在は，（期待効用空間内での）改善された点がなおパレート効率ではないことを含意する。

もし最初のギャンブルのある配分ルールとの結合に対して，第2のギャンブルのある配分ルールとのそれぞれの結合がパレート劣位ならば，あるギャンブルは，第2のギャンブルに関して「パレート改善（Pareto improvemeny)」である。

二つの点またはギャンブルは，もしひとつのパレート（配分）が他方のそれを改善するならば，「パレート比較可能（Pareto comparable)」である。もしいずれのパレート〔配分〕も他方を改善しないならば，「パレート比較不可能（Pareto mincomparable)」である。

「パレート可能（Pareto enablming)」とは，確率的な選択が，エージェントをして現状にわたるパレート改善を可能にするという意味であり，少なくとも確率的選択が許される場合には，現状がパレート非効率であることを示している。

訳者注 ─────

本章は，ハーバード・ビジネス・スクール名誉教授J. W. プラット氏が，同名の論文（Pratt 2000）をベースとした原稿を本書の1章として収録するために，Management Science誌の許可を得てPZ (1989) の1部と合せて部分的な再編集の上で，日本語版（Japanese edition) として寄稿されたものである。文中に［ ］によって挿入された語句は，訳者による補完または注釈を示すものである。

参考文献 ─────

Aumann, R. (1976). Agreeing to disagree. *Annals of Statistics*, **4**: 1236-1239.
Bernstein, P.L., (1996). *Against the Gods*. Wiley, New York.
Borch, K. (1962). Equilibrium in a Reinsurance Market. *Econometrica*, **30**: 424-444.
Cristenson, C. (1965). *Strategic Aspects of Competitive Bidding for Corporative Securities*, Division of Research, Graduate School of Business, Harvard Univer-

sity, Boston.

Fishburn, P. (1972). Lotteries of social choices. *Journal of Economic Theory*, **5**: 189-207.

Harsanyi, J.C. (1967-68). Games with incomplete information played by "Bayesian" players. *Management Science*, **14**: 159-182, 320-334, 486-501.

Luce, R.D. and H. Raiffa. (1957). *Games and Decisions*. New York: John Wiley & Sons.

Machina, M.J. (1987). Choice under uncertainty: Problems solved and unsolved. *Journal of Economic Perspective*, **1**: 121-154.

Pratt, J.W. (2000). Efficient risk sharing: the last fronter, *Management Science*, **40**: 1545-1553.

Pratt, J.W. and R.J. Zeckhauser (1989). The impact of risk sharing on efficient decision. *Journal of Risk and Uncertainty*, **2**: 219-234.

Rosing, J. (1970). The formation of groups for cooperative decision making under uncertainty. *Econometrica*, **38**: 430-448.

Ross, S.A. (1974). On the economic theory of agency and the principle of similarity. in M. Balch, D. McFadden, and S. Wu (eds.), *Essays on Economic Behavior Under Uncertainty*. North-Holland, Amsterdam.

Spence, M. and R. Zeckhauser. (1972). The effect of the timing of consumption decisions and the resolution of lotteries on the choice of lotteries. *Econometrica*, **40**: 401-403.

Sugden, R. (1986). Mew development in the theory of choices under uncertainty. *Bulletin of Economic Research*, **38**: 1-245.

Wallace, D.L. (1974). *An Analysis of Some Problems in Risk-sharing and Group Decision Theory*. Thesis, Harvard Busminess School.

Weber, M. and C. Camerer. (1987). Recent developments in modeling preferences under risk. *OR Spektrum*, **9**: 129-151.

Wilson, R.B. (1968). On the theory of Syndicates. *Econometrica*, **36**: 119-1323.

Zeckhauser, R. (1969). Majority rules with lotteries as alternatives. *Quarterly Journal of Economics*, **83**: 696-703.

第 8 章

あいまい環境下の意志決定分析

瀬尾芙巳子

本章では，不確実性を含む意志決定の環境を，より一般的なあいまいさを含む環境に拡張する。ここでは，一般的なあいまいさを「ファジィ」として捉え，その下で，意志決定分析のファジィ拡張について考察する。特に，不確実性下の意志決定分析が，確率測度を用いた「くじ（Lottery）」法による意志決定者の効用関数の構築に基礎をおくのに対して，ここではファジィ測度に基づくその一般化によって，可能性分布の概念を用いた「ファジィくじ」法によるファジィ効用関数の構築について考察する。さらにこの方法が，集団的決定における評価問題への拡張においても有用であることを示す。

8.1　はじめに

　経営意志決定問題——これは企業経営のみならず，広く一般にマネジメントにおける行動の決定問題を意味するのであるが——における意志決定者（the Decision Maker, DM）の主観的な判断には本質的なあいまいさが内在していると見るのが一般的である。それは本来的に人間の判断能力の不完全さを想定することが自然であるということばかりではなく，もっと重要なことは，意志決定者の当面する決定環境においては情報の不完全性を仮定せざるを得ないということである。現代の複雑な意志決定環境においては，このような情報のあいまいさを考慮することの重要性はますます増大している。本章では，意志決定者の主観的な判断におけるあいまいさを意志決定分析（Decision Analysis）の方法に基づいていかに処理しうるかについて考察する。

　意志決定（Decision Making）とは，決定問題の解決において，代替案の中から最も優れていると思われる決定行動（政策）を選択することであるが，意志決定分析の見地からすると，代替案に含まれる目標の達成値，すなわち属性のとる数値（政策変数の値）は必ずしも選択問題の適切な評価基準ではあり得ない。なぜならば，特定の決定環境における特定の属性値に対する意志決定者の選好度（preferences）は，他の環境の下では異なっているかも知れず，特に不確実性の存在する決定環境においては，それは決定者のリスクに対する感覚や態度によって相違するからである。それゆえに意志決定分析の主な関心事は，決定の代替案（decision alternative）に対して付与される意志決定者の主観的な評価を合理的に数値化するところの，効用関数を構築する方法を確立することであった。本章の課題は，このような不確実性下の決定環境における意志決定分析の方法を，より一般的なあいまいさの存在する決定環境の下に拡張することである。

　不確実性下の意志決定分析は，期待効用原理を意志決定者（DM）の行動基準とする。その基本的な構成要素は，（1）意志決定すなわちある行為の選択

の結果として得られる利得に対して付与されるDMの選好度の評価と，(2)生起すると予想される不確実な事象の発生するチャンスに関して付与されるDMの確率の評価である。不確実性下の決定分析は，この双方を確率測度によって統一的に捉えようとする。さらにこれによって，DMの数値的な効用関数の確率測度による構築が導かれる。すなわち不確実性下の決定分析においては，数値的効用関数は，DMの確率の評価を選好度評価の代理変数として利用するものである。

　不確実性下の決定分析は，フォン・ノイマン＝モルゲンシュテルン（von Neumann and Morgenstern 1944, 1947）を創始とする期待効用理論と，サベージ（Savage 1954）らによる主観確率論の展開との結合によって発展してきた。特に意志決定者の選好度の数値的な表現としての効用関数の発見的な構成のための合理的な手続きに関しては，レイファ，シュレイファー，プラット（Raiffa 1968 ; Raiffa and Schlaifer 1961 ; Schlaifer 1959, 1969 ; Pratt, Raiffa and Schlaifer 1964, 1965）らによって確立されてきた。意志決定者が確率測度を用いて自己の選好度を明示し，自己の効用関数の導出に導くこの方法は，本章では確率的な「くじ」法と呼ばれる。この開発は，決定分析の実践的な評価問題への利用に大いに貢献するものであった。

　しかしながら，現代の決定環境が含む複雑なあいまいさは，古典的な決定分析が依拠する確率測度の諸公理を制約的なものにする。確率測度を定義する諸公理の緩和ないし一般化は，ファジィ理論の分野において，ファジィ測度として近年急速に研究が進められてきた。本章では，古典的な意志決定分析に立脚しつつ，その一般化としてのファジィ拡張に基づくファジィ決定分析への接近方法についての考察を行なう。

　まず8.2では，不確実性下の決定分析の基礎について吟味し，確率測度に基づいて数値的な効用関数がどのようにして導出されるかについて検証する。ついで8.3では，そのファジィ拡張の方向についての考察を行なう。8.4では，確率的な評価に基づく効用関数の導出に代わって，ファジィ効用関数を導出する方法について論じる。8.5ではファジィ効用関数のファジィ化の例として，集団的効用関数の構築について考察する。最後に8.6で若干の展望を試みる。

8.2 不確実性下の意志決定分析の基礎

8.2.1 確率測度を用いた結合測定

　古典的な意志決定分析は，人間行動の合理性に関する公準としての期待効用原理を，確率測度の上での結合測定として評価する。

定義 2.1（確率測度）：S をある全体集合，Φ を σ-フィールドであるとする。可測空間 (S, Φ) において確率測度 $P: \Phi \to [0, 1]$ は次の条件を満たす実数値関数として定義される。

[1] $P(\phi) = 0$
[2] $P(S) = 1$
[3] $\forall S \in N, \ \forall S \neq r, \ A_s \cap A_r = \phi \ \Rightarrow \ P(\bigcup_{s \in N} A_s) = \sum_{s=1}^{\infty} P(A_s)$

ここに A_s は S の中のある集合であり，N はある指数集合である。

　条件 [1]-[2] は正規化条件である。条件 [3] は σ-加法性を示すもので，確率の加法性の公理と呼ばれる。条件 [1]-[3] は確率の公理を構成する。確率空間は (S, Φ, P) を用いて定義される。

　フォン・ノイマン＝モルゲンシュテルン＝サベージ (v-N-M-S) の期待効用理論に基礎をおく古典的な決定分析は，代数的，および確率的な効用理論として発展してきた (Debreu 1958, 1959 a, b; Krantz, Luce, Suppes and Tversky 1971; Luce 1958; Luce and Raiffa 1957; Luce and Tukey 1964)。以下ではレイファ＝シュレイファー流の代数的効用理論について考察する。それは意志決定者の効用値の評価を，ある代数的な確定値として取り扱うものである。

　いま不確実性下の代替的な決定 (alternatives) の集合，ないし結果の集合を $A \subset S$ で示す。数値的な測度としての確率を $P(a|a, b), \ \forall a, \forall b \in A,$ で示す。もし P が "a は b よりもより選好される，または無差別である" ことを示す数値的な指標とするならば，$P(a|a, b)$ は，意志決定者の選好の代理変

数と考えられる。また集合 $E \subset S$ がブール代数集合であるとし，確率を $P(a|a, b)$, $\forall a, \forall b \in E$ とする。もし P が "a は b よりもより確からしい，もしくは等しく確からしい" ことを示す数値的な指標とするならば，$P(a|a, b)$ は事象の発生の確からしさを示す事象確率と考えられる。A と E によって生成される空間 S は，A と E に関する二つの判別過程が互いに独立であると仮定されるところの確率空間を定義する。確率 $P(a|a, b)$ は，その上で行為上の公理が構築されるところの確率的な判別構造を定義する。二つの判別過程 A と E の統計的独立性は，P をもって定義される確率的判別構造の分割可能性を意味する。いま $a, b \in E$，と定義すると，$P(a)$ は E 上での通常の確率的な評価指標である。

ここで結合的測定理論は，集合 A と E のそれぞれの要素の各順序対に関する間隔尺度による測定のみならず，またそれらの間のデカルト積における結合効果に関する同時測定をも可能にすることに注意されたい。これらは期待効用原理の基礎を構成する。

8.2.2 期待効用原理

フォン・ノイマン＝モルゲンシュテルン＝サベージ (v-N-M-S) 型の期待効用理論は，以上に述べた確率測度に基づく選好度と確率との結合測定の上に，次のような意志決定者の行為上の公理として構築される。ここでは主要な結果のみを述べる。以下では意志決定者を DM と略記する。

公理 2.1 （数値的弱順序性）：　いま $\mathscr{A} \subseteq A \subset S$ を要素 $a, b, c, \cdots$ を持つある集合であるとし，$\mathscr{P} \subseteq E \subset S$ を要素 $\alpha, \beta, \gamma, \cdots$ を持つ他の集合であるとする。また $\gtrsim$ を各要素の順序対 $(a, \alpha), \cdots \in \mathscr{A} \times \mathscr{P}$ に関する 2 項関係であるとする。ここに $(a, \alpha)\cdots$ は，それらの価値に対してそれぞれの評価が付与されるとき，a と α のある価値 $\{a_j\}$ および $\{\alpha_i\}$，$j, i = 1, \cdots, n$，に関する $\mathscr{A} \times \mathscr{P}$ 上でのギャンブル（「くじ」）を表現する。すなわち $\gtrsim$ は，「くじ」の間の 2 項関係を表現する。

次の条件を定義する。

［1］ コーヒランス：2項関係$\succsim$は弱順序である。すなわち次の選好順序を満たす。

　（ⅰ）　結合律：$(a, \alpha) \succsim (b, \beta)$，または $(b, \beta) \succsim (a, \alpha)$ が成り立つ。

　（ⅱ）　推移律：$(a, \alpha) \succsim (b, \beta)$ かつ $(b, \beta) \succsim (c, \gamma)$ ならば $(a, \alpha) \succsim (c, \gamma)$。

［2］ 可解性：それぞれの $a \in \mathscr{A}$ および $\alpha, \beta \in \mathscr{P}$ に関して，方程式 $(f, \alpha) \sim (a, \beta)$ は解 $f \in \mathscr{A}$ を持つ。同様に $a, b \in \mathscr{A}$ および $\alpha \in \mathscr{P}$ に関して，方程式 $(a, \chi) \sim (b, \alpha)$ は解 $\chi \in \mathscr{P}$ を持つ。

［3］ 消約性 (Cancellation)：$a, b, f \in \mathscr{A}$ および $\beta, \chi \in \mathscr{P}$ に関して，$(a, \chi) \succsim (f, \beta)$ および $(f, \alpha) \succsim (b, \chi)$ は，$(a, \alpha) \succsim (b, \beta)$ を含意する。

もし条件［1］-［3］が保持されるならば，$\mathscr{A}$ 上での2項関係$\succsim$および$\mathscr{P}$上での2項関係$\succsim$はそれぞれ弱順序である。

公理2.2（不関連事象からの独立性，もしくは代替原理）：公理2.1において条件［1］-［3］が満たされているとする。任意の $\alpha \in \mathscr{P}$ に関して，$(a, \alpha) \succsim (b, \alpha)$ が成り立つならば，すべての $\chi \in \mathscr{P}$ に関して，$(a, \chi) \succsim (b, \chi)$ が成り立つ。また任意の $a \in \mathscr{A}$ に関して，$(a, \alpha) \succsim (a, \beta)$ が成り立つならば，すべての $f \in \mathscr{A}$ に関して，$(f, \alpha) \succsim (f, \beta)$ が成り立つ。

この公理は，確率の評価からのDMの選好の独立性を要求するものである。

公理2.3（単調性）：いま $a_i, a_j, \cdots \in \mathscr{A}$ が下降的選好順序にあるとする。その時，$\alpha_i \succsim \alpha_j$ ならば $(a_i, \alpha_i) \succsim (a_i, \alpha_j)$ であり，逆も成り立つ。

公理2.4（アルキメデス性ないし連続性）：ある組の無限のシリーズ $\{a_i, \alpha_i\}$，$i = 0, \pm 1, \pm 2, \cdots$，$a_i \in \mathscr{A}$，$\alpha_i \in \mathscr{P}$ が，整数 m, n, k および s について $m + n = k + s$ であり，かつ $a_i \neq a_0$，$\alpha_i \neq \alpha_0$ であるときにはつねに $(a_m, \alpha_n) \sim (a_k, \alpha_s)$ であると仮定する。その場合には，$(a_m, \alpha_m) > (a_k, \alpha_s) > (a_n, \alpha_n)$ となるような整数 m と n が存在する。

これらの公理の上に期待効用原理が建設される。

定義2.2（フォン・ノイマン＝モルゲンシュテルン＝サベージ（v-N-M-S）系）：P がサベージ (Savage, 1954) の意味での主観確率，すなわち質的ないし

量的な主観確率の公準を満たすとする。DM の評価行動が公理 2.1-2.4 を満足するとき，P によって定義される確率的判別構造は，フォン・ノイマン＝モルゲンシュテルン＝サベージ系と呼ばれる。

定理 2.1（フォン・ノイマン＝モルゲンシュテルン＝サベージ（v-N-M-S）の期待効用原理）：P を A と E とによって生成される確率空間 S 上での確率的判別構造であるとする。また v-N-M-S 系が保持されているとする。φ を，$\varphi(\phi)=0$, かつ $\varphi(\mathscr{S})=1$ となるような $E \subset S$ の $[0, 1]$ への写像とする。また u を $A \subset S$ の $[0, 1]$ への写像とする。そのとき次のような条件を満たす実数値関数 u が $A \subset S$ 上に存在する。

[I] $\quad a \succsim b \iff u(a) \geq u(b)$ \hfill (8.1)

[II] $\quad u(a, \alpha, b) = \varphi(\alpha) u(a) + (1 - \varphi(\alpha)) u(b)$ \hfill (8.2)

ここに $a, b \in A$, かつ $\alpha \in E$ であり，$u: A \to [0, 1]$ である。$u(a, \alpha, b)$ はフォン・ノイマン＝モルゲンシュテルン型の期待効用関数を定義する。

[I] は，数値的効用関数の順序保存性を示す。すなわち効用関数は，主観的な評価システムとしての経験的関係系における選好順序が，数値的関係系における数値的順序に対応するものとして定義されることを示している。[II] の左辺は，確率 $\varphi(\alpha)$ をもって事象 α が生起する場合に結果 a が得られ，さもなければ確率 $1-\varphi(\alpha)$ をもって結果 b が得られるような二つの機会肢を持つ「くじ」$l \triangleq (a, \alpha, b)$ の効用を示している。「くじ」の価値 $<a, \alpha, b>$ は，数学的期待値をもって評価されるので，[II] の左辺は，

$$<a, \alpha, b> \triangleq \varphi(\alpha) a + (1 - \varphi(\alpha)) b, \tag{8.3}$$

より，「くじ」の期待値の効用を示す。(8.3) の左辺は，$\varphi(\alpha)$-確率混合体，すなわち確率 $\varphi(\alpha)$ を持つ 2-機会肢の「くじ」の期待値を表記する。[II] は「くじ」の期待値の効用は，効用の期待値に等しいことを示す。すなわち v-N-M-S 型の期待効用関数の線形性を示す。v-N-M-S 型の数値的効用関数 u は，間隔尺度で測定される基数であり，正の 1 次変換まで順序保存的である。

8.2.3 数値的効用関数の評価 —— 確率的「くじ」法

上述の v-N-M-S 型の期待効用原理の基礎上で,数値的効用関数の発見的な構成のための手法が構築される。

まず,ある確率を π とし,「基礎的な参照くじ (Basic Reference Lottery)」(以下「基準くじ」と呼ぶ) を考える。これはある確率 π をもって,「ウィン」ないしはベストの利得 (属性値) x^* が得られ,$1-\pi$ の確率をもって,「ロス」ないしワーストの利得 (属性値) x^0 が得られると想定される仮想的な「くじ」であり,DM の持つ内在的な効用の顕示のために実験的に構成されたものである。効用関数の値は,属性のワースト値に対しては 0,ベスト値に対しては 1 と評価されるので,この「基準くじ」の効用値は期待効用原理により,π である。ここで確率 π は,構成された無差別実験によってある属性値に帰属されることにより,この属性値に対する DM の選好度 (効用値) を数値的に表現するための代理変数となる。すなわち次の命題が設定される。

命題 2.1 (DM の選好の確率評価への還元則):DM の選好度の評価は,確率空間における確率の評価に還元される。

他方,この「くじ」に対して同等な価値をもって評価される確実な利得を考える。

定義 2.3 (確実同値額):ある不確実性を持つ「くじ」に対して無差別である (すなわちその効用が等しい) と評価される確実な利得の量を,その「くじ」に対する確実同値額 (certainty equivalent, CE) という。

命題 2.2 (「くじ」の確実同値額 (CE) への還元則):l を確率 π をもって定義される「くじ」,すなわち「π-確率くじ」であるとする。$\hat{x}$ をこの「くじ」と無差別であると評価される確実同値額とする。また「くじ」l が期待効用原理をもって評価されると仮定する。「くじ」に対する DM の評価値は,それと無差別な確実同値額 (CE) に対して帰属される。特に l が「基準くじ」であるとき,評価された確率 π の値が確実同値額 $\hat{x}$ に付与される。

命題 2.1 と 2.2 は,期待効用原理に基づく DM の数値的効用関数の評価の

ための基準くじ法を提示するものである。ここで付与される確率 π の値は，$\hat{x}$ に対する効用の代理変数として用いられる。

一般に「くじ」に関する DM の選好度の評価は，不確実な利得に対する評価であるから，同額の確実な利得に対する評価とは，線形効用の場合を除いて，一致しない。すなわち DM の不確実性ないしリスクに対する態度が，同額の確実な利得（CE）の評価に影響し，その変異をもたらす。

「基準くじ」法によって DM の効用評価を行う方法は，図 8.1 に図解されている。「基準くじ」実験を繰り返すことによって，いくつかの指定された π の価値に対応する $\hat{x}$ の価値が，すなわち（π-$\hat{x}$）の価値のペアが逐次評価される。これらの結果は DM の効用曲線を形成する。図 8.2 は，DM の効用曲線を表示した例である。v-N-M-S の期待効用原理におけるコーヒランスならびに単調性の公理により，DM の効用関数を評価するには単に数個の点の入力とその円滑化のみで十分である。実際には何らかの数学的な関数型（さまざまな指数関数型や線形など）があてはめられるので，最終的にデータとして必要な入力

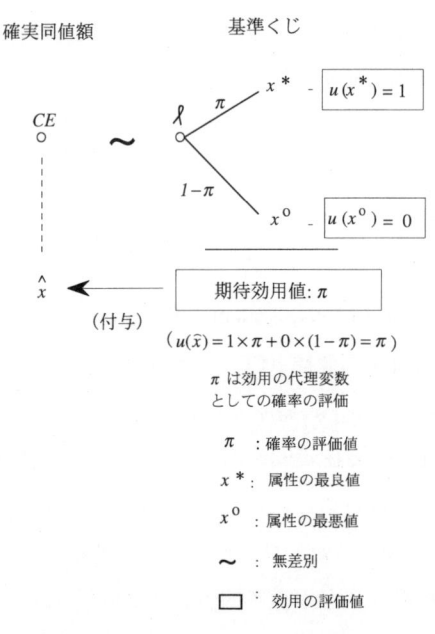

確実同値額　　　　　基準くじ

x^* ― $u(x^*)=1$

CE ～ ℓ π

$1-\pi$

x° ― $u(x^\circ)=0$

$\hat{x}$ ← 期待効用値: π

（付与）　（$u(\hat{x})=1\times\pi+0\times(1-\pi)=\pi$）

π は効用の代理変数としての確率の評価

π　：確率の評価値
x^*　：属性の最良値
x°　：属性の最悪値
～　：無差別
□　：効用の評価値

図8.1　基準くじ法と確実同値額

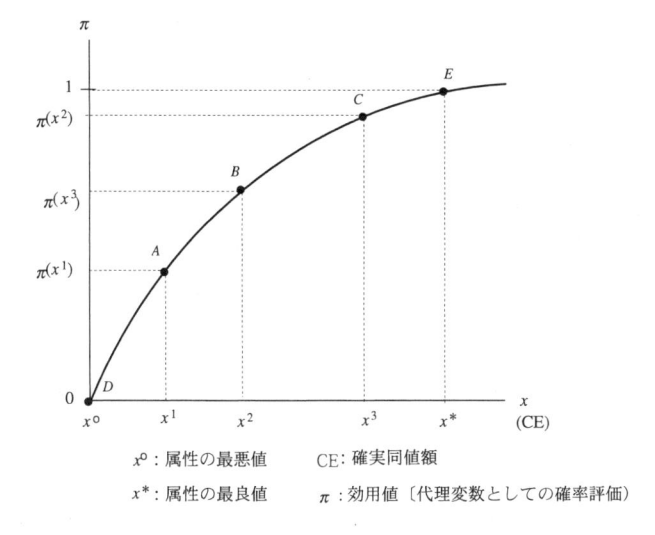

図8.2 数値的効用関数 $\pi(x)$ の導出：$[\pi\text{-}x]$ 無差別実験

x°：属性の最悪値　　CE：確実同値額
x^*：属性の最良値　　π：効用値〔代理変数としての確率評価〕

点の個数は，選択される関数型により決定される。

DM の効用関数の評価に矛盾が生じていないかどうかを検証するためには別に 2-機会肢の 50-50 確率のくじを用いて，それに対する CE との間の無差別実験を行い，「基準くじ」実験による評価との間の整合性を保持するように修正を行うことが推奨されている。またそのような思考過程を支援するための対話型のコンピュータ・プログラムも開発されている (Schlaifer 1969, 1971; 瀬尾・西崎・杉崎 1997 第9章参照)。

8.3 ファジィ環境下の決定分析

8.3.1 ファジィ測度

本章の課題は，以上に述べた不確実性下の意志決定分析の方法を，より一般的なあいまい環境に拡張することである。そのために，上述の意志決定分析が依拠する確率測度に代えて，ファジィ測度を基礎とするファジィ決定分析の展

開を試みる。

ここではまず，ファジィ測度について考察する。

定義 3.1（ファジィ測度 Fuzzy measure（Dubois and Prade 1980））：Ξ を正確な境界を持たないある集合であり，$\Im$ を Ξ における非ファジィな部分集合の集合 $\wp(\Xi)$ のフィールドであるとする。μ を $\Im$ から $[0, 1]$ へのある関数とする。μ は，次の条件が満たされるとき，可測空間 $(\Xi, \Im)$ におけるファジィ測度である。

[1] $\mu(\phi)=0, \ \mu(\Xi)=1$

[2] $\forall A_s, A_r \in \Im$

$A_s \subseteq A_r \Rightarrow \mu(A_s) \leq \mu(A_r)$

[3] $\forall S \in \mathrm{N}, \ A_s \in \Im$ かつ $(A_i)_i$ が単調である。すなわち $A_1 \subseteq A_2 \subseteq \cdots \subseteq A_n \subseteq \cdots$，もしくは $A_1 \supseteq A_2 \supseteq \cdots \supseteq A_n \supseteq \cdots$ ならば，$\lim_{s\to\infty} \mu(A_s) = \mu(\lim_{s\to\infty} A_s)$ が成り立つ。

条件［1］は，0-1 正規化条件である。条件［2］は単調性，条件［3］は連続性を示す。ファジィ測度は加法性を仮定せず，したがって確率測度の一般化と見なされる。ファジィ空間は $(\Xi, \Im, \mu)$ によって定義される。

確率測度のファジィ測度への拡張は，二つの方向においてなされてきた。一つは，集合の概念的なあいまいさに関わるものであり，境界のあいまいな集合 A に関するファジィ測度 $\mu(A)$ が，その集合の要素の A における帰属度を示すことに主たる関心を払う。いま一つは，ファジィ測度の持つ非加法性にもっぱら注目し，そこから導かれるファジィ積分の多様な定義とその性格の検証に主たる関心を払う。これまでのファジィ理論の分野におけるファジィ期待効用理論の研究においては，確率測度の一般化は後者の方向をとることが多いが，本章で考察するファジィ決定分析は，前者のファジィ集合論的な接近にその基礎をおいて展開される。

8.3.2 ファジィ決定に関する他の諸研究

ここでは，ファジィ理論の分野における関連する諸研究について若干の展望を行なうことで，われわれの方法の特徴を対比的に明らかにしておきたい。

ファジィ環境における意志決定の研究は，ファジィ理論の発展の初期において，その創始者達によって数理計画的な最適化のフレームワークの中で提唱され，以来これが標準的な接近法として普及されてきた。すなわちファジィ帰属度関数を用いて定義されるファジィ制約条件の下でのファジィ目的関数の最大化という問題設定である (Bellman and Zadeh, 1970)。これは基本的にファジィ数理計画法への途を開くものであったが，われわれは，意志決定分析をこうした方向の概念からは区別して定義している。しかしまたファジィ理論の分野においても，期待効用関数の評価を主とする決定分析への関心は早くから提起されてきた (Dubois and Prade 1980, Chap. 3)。しかしながらその後の展開における主な関心事は，ファジィ測度の持つ非加法性についてであり，その上に構築されるファジィ結合などのファジィ集計ルール，特にその数学的な定義と性質の検証にあった。最近では特に集計オペレータとして用いられるショッケ積分や菅野積分などのファジィ積分の上に期待効用関数を構築することに多大の努力が払われている (Sugeno 1974; Schmeidler 1989; Grabisch et al. 1995)。しかしながらこれらの諸研究においては，ファイイ測度の上にファジィ効用関数を構築しようとする試みはなされてはいない。すなわち DM のファジィな選好を識別し，かつ顕示するファジィ効用関数の評価についての理論的な研究はなお未確立にとどまっている。本章の立場は，ファジィ決定分析とファジィ選好評価の問題を古典的な意志決定分析の拡張ないし，その一般化として考察することである。

8.3.3 可能性測度と可能性分布

われわれはファジィ選好の評価に関して，ファジィ測度の中でも，特に可能

性測度を基礎とし，可能性測度に基づく可能性分布の評価を，従来の意志決定分析における確率の評価との対比において考察する。

ファジィ測度の一つとしての可能性測度は，ファジィ集合の概念の創始者ザデー (Zadeh, 1975) によって最初に提案された。

定義 3.2（可能性測度 (Dubois and Prade, 1980)）：Ξ を全体集合のフィールドであるとし，その非ファジィな部分集合 $U_j \subset \Xi$ を考える。可能性測度 Π は次の条件を満たすベキ集合 $\wp(\Xi)$ の実数 $[0, 1]$ への関数である。

[1] $\Pi(\phi) = 0,$

[2] $\Pi(\Xi) = 1,$

[3] $U_j \subset \Xi$ の任意の集まり (collection) $\{U_j\}$ について，$\Pi(\cup_j U_j) = \sup_j \Pi(U_j)$。

条件［1］,［2］は，0-1 正規化条件である。条件［3］は非加法性を示す。可能性測度 Π は，$\sup_{u \in \Xi} \pi(u) = 1$ を持つ可能性関数 $\pi : \Xi \to [0, 1]$ から構築される。より具体的には，可能性測度は以下のように定義される。

$$\forall U \subset \Xi, \ \Pi(U) = \sup_{u \in U} \pi(u) \tag{8.4}$$

ここに U はあいまいに定義された集合ないし命題である。可能性関数 $\pi_U(u)$ は，「定言 "$U = u$" は真である。」という可能性の程度を示す。$U \subset \Xi$ に関する式 (8.4) においては，π に関する加法性は含意されない。可能性関数 $\pi_U(u)$ はまた，u に関する制約ないしファジィ述部 (predicate) としてのファジィ集合 G における，帰属度関数 μ に数値的に等しいとして定義することができる。すなわち

$$\pi_U(u) \triangleq \mu_G(u) \tag{8.5}$$

それゆえ，$u \in U$ に関する 可能性分布 Π_U は，可能性集合として定義されるが，これはファジィ集合である。

可能性分布は，可能性関数 $\pi_U(u)$ をもって表現される。

$$\Pi_U = \pi_U(u_1)/u_1 + \pi_U(u_2)/u_2 + \cdots + \pi_U(u_n)/u_n \tag{8.6}$$

あるいは同値的に，ファジィ集合の表記を用いて，

$$\Pi_U = \mu_G(u_1)/u_1 + \mu_G(u_2)/u_2 + \cdots + \mu_G(u_n)/u_n \tag{8.7}$$

と表現できる。

可能性集合としての可能性分布 Π_U は，そのファジィ数との対応性において，優れたオペレーショナルな性質を有している。ファジィ数は，実数値の直線 R のファジィ部分集合として定義され，可能性分布をもって表現される。L-R 型のファジィ数は，オペレーショナルな性質を持ったファジィ数の一つであり，そのための数値的な演算法則が確立されている (Dubois and Prade 1978, 1980)。

ファジィ効用関数は，可能性測度の上に可能性分布 (8.6) ないし (8.7) をもって発見的に構成される。

8.3.4 ファジィ意志決定分析

ここではまず，可能性分布の基礎上でのファジィ意志決定分析について考察する。以下では，DM の選好対象である意志決定の結果（すなわち DM の目的の数値化された達成度のレベル）を，より一般的に属性と呼ぶ。たとえば利得や環境への配慮などは，DM の決定問題における属性である。

ファジィ意志決定分析は，ファジィ決定環境における DM の決定行動の合理性の仮定の上に考察される。DM の主観的な判断，ないし行為の合理性は，ファジィ選好順序についての公理によって示される。それはファジィ理論における帰属度関数の上で定義される弱順序性を含意する。

定義 3.3（ファジィ弱順序）：ある属性に関するファジィ選好順序は，次の性質を持つときファジィ弱順序という。

[I] ファジィ結合律：
$$x_i \neq x_j \Rightarrow \mu_R(x_i, x_j) \geq 0 \text{ or } \mu_R(x_j, x_i) \geq 0$$

[II] ファジィ推移律：
$$\mu_R(x_i, x_j) \geq \bigvee_{x_k} \mu_R(x_i, x_k) \wedge \mu_R(x_k, x_j)$$

ここに $\mu_R(x_i, x_j)$ は，選好関係集合 R の要素 x_i と x_j の間の下降的な選好順序の帰属度関数を示す。

公理 3.1（ファジィ選好関係の弱順序性）：DM のファジィ選好関係は弱順序で

ある。

公理 3.2（選好の可能性からの独立性）：ある属性 x に関する DM j, $j=1, 2, \cdots n$, のファジィ選好度（ファジィ効用）$u_j(x)$ が，DM の効用集合 U の中にある可能性，$\pi_U(u_j) \underline{\underline{\Delta}} \mu_G(u_j)$，の評価は，属性 x に関する DM の選好度 $u_j(x)$ には依存しない。

公理 3.3（ファジィ選好の単調性）：$x_i \underline{\underline{\Delta}} \{[x_{i-1}, x_i]\}$, $i=1, \cdots, s, \cdots, t, \cdots, r$, をある間隔内にある属性 x の値の集合であるとする。また $\nu_i(\chi_i)$ を $x \in \chi_i$ 上で定義されたすべてのファジィ選好 $\tilde{u}(x)$ の集合であるとする。そのとき以下が成り立つ。

[I] $\quad \forall s, t, \chi_s \subseteq \chi_t \iff \nu_s(\chi_s) \subseteq \nu_t(\chi_t)$
$$\iff \mu(\nu_s) \leq \mu(\nu_t)$$

[II] 効用値 $u^s \in \nu_s$, $u^t \in \nu_t$ について，

$$\chi_s \in \chi_t \Rightarrow \sup_j\{u_j^s\} \leq \sup_j\{u_j^t\}, \inf_j\{u_j^s\} \geq \inf_j\{u_j^t\}, j=1, 2, \cdots, n.$$

公理 3.4（ファジィ選好の連続性）：ファジィ選好は，ファジィ連続である。$\tilde{u}$ を，属性に関する位相空間 $(X, \mathcal{X})$ から，選好に関するファジィ位相空間 $(\mathbf{U}, \beta)$ へのファジィ写像であるとする。ここに位相空間とは，ある全体集合とその全体集合におけるある集合の族 (family) によって定義されるものある。X は属性 x の値の全体集合，$\mathbf{U}$ は効用 $u(x)$ の値の全体集合であり，$\mathcal{X}$ は X における属性値の集合のある族，β は $\mathbf{U}$ における効用値のファジィ集合のある族である。このとき $\mathbf{U}$ におけるそれぞれの β-開ファジィ集合の逆，$\tilde{u}^{-1}(B)$, $B \in \beta$, は X における $\mathcal{X}$-開集合である。すなわち両位相空間の写像は多対1で連続である。

　公理 3.4 において，空間 $(X, \mathcal{X})$ は，それに対して DM の選好順序が付与されるところの選好空間であり，空間 $(\mathbf{U}, \beta)$ は，そこで数値的順序が評価される数値空間である。公理 3.4 の性質は，ファジィ位相空間の間における多対多のファジィ連続の性質 (Dubois and Prade, 1980 : 120-121) と区別して「ファジィ半連続」ないしは「ファジィ選好連続」と呼んでもよい。

　DM のファジィ選好を顕示するファジィ効用関数は，公理 3.1－3.4 の上に

構築される。

8.4 ファジィ効用関数の構築

8.4.1 「ファジィくじ」法

ファジィ効用関数 (Fuzzy Utility Function, FUF) の導出においては，DM の選好評価に関して，8.3 で考察した可能性測度に基づく可能性分布の評価を用いる。

まずファジィ選好に関する還元則を設定する。

命題 4.1（ファジィ選好の可能性への還元則）：ある属性に関する DM のファジィ選好は，DM の効用値の可能性分布に還元される。

次にファジィ効用関数の発見的構成のための方法として，DM の選好の付与に関する可能性分布の上に定義される「ファジィくじ」と，そのファジィ同値額の評価を用いる。

定義 4.1（「ファジィくじ」）：DM の選好に関する「ファジィくじ」は，ある属性 x の一定値に対して付与される DM の選好度すなわち効用値 $u(x)$ の可能性分布を構成するところの π_U-可能性混合体 $\{(u_j, \pi_U(u_j))\}$，$j = 1, \cdots, n$，によって表現される。ここに u_j は，DM が付与するある効用値，$u_j = u_j(x)$ であり，$\pi_U(u_j)$ は，この効用値に関する可能性関数である。

不確実性下の決定分析においては，「基準くじ」は π-確率混合体 $(x_j, \pi_j(x_j))$ として表現された。ここに x_j は，属性 x の確率的に発生するある数値であり，$\pi_j(x_j)$ はそれに対して付与される DM の一定の効用値の代理変数としての確率である。これに対して可能性混合体 $\{(u_j, \pi_U(u_j))\}$ においては，DM の効用値に関して可能性関数が多値的に付与される。可能性関数は，効用値 u_j が DM の x に関する選好集合に帰属する度合いを示している。

定義 4.2（ファジィ同値額）：ある属性の非ファジィな価値は，その属性値が「ファジィくじ」と無差別として評価されるとき，ファジィ同値額 (fuzzy

　　　　　　　　ファジィ同値額　　　　ファジィくじ

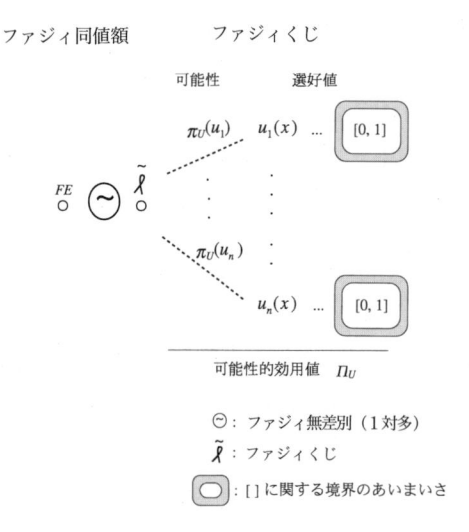

　　　　　　　　　　　　　　　可能性　　選好値

　　　　　　　　　　　　　　　$\pi_U(u_1)$　$u_1(x)$ ⋯　[0, 1]

　　　　　　　FE　〜　$\tilde{\ell}$

　　　　　　　　　　　　　　　$\pi_U(u_n)$　$u_n(x)$ ⋯　[0, 1]

　　　　　　　　　　　　　　　可能性的効用値　Π_U

　　　　　　〜 ： ファジィ無差別（1対多）
　　　　　　$\tilde{\ell}$ ： ファジィくじ
　　　　　　▭ ： [ ] に関する境界のあいまいさ

　　　　　　　　図8.3　ファジィくじ法

equivalent, FE) と呼ばれる。

　ここで，確率的な「基準くじ」は，ある確定的な数値としての確率 p をもって，クリスプな効用値 $u(x)=(1,0)$ の上に構築されたのに対して，「ファジィくじ」は，ある帰属度をもって，多くの効用値 $u(x)=[1,0]$ の上に構築されていることに注意したい。したがって「ファジィくじ」とFEとの間の無差別実験は，確率的な「くじ」とCEとの場合のように1対1対応ではなく，多対1対応として行なわれる。このような無差別実験を「ファジィくじ」法という (Seo 1992, 1997)。「ファジィくじ」法において行なわれる多対1の無差別実験をファジィ無差別実験という。「ファジィくじ」法は，図8.3に図解されている。

8.4.2　ファジィ効用関数の構築

　以上に見たとおり，「ファジィくじ」は，属性のある値に対するDMの選好度すなわち効用値を可能性分布として評価する。このことを「基準くじ」法との比較において，いま少し論じておこう。

一般的には，属性 x に関する n 個の機会肢を持つ「くじ」の期待効用値に基づく評価は以下のように表現される。ここである事象 θ_j が生起した場合の結果 x_j に帰属される DM の確率は，$p_j(x_j) \underline{\underline{\Delta}} p_j(x_j(\theta_j))$ である。

$$Eu(x) = p_1(x_1) u(x_1) + p_2(x_2) u(x_2) + \cdots + p_n(x_n) u(x_n) \tag{8.8}$$

この一般的な「くじ」の表現においては，確率をウエイトとして結果値の効用評価が行なわれるので，DM は効用値の評価に加えてさらに確率分布の評価をも行なわなければならない。ここで DM の効用関数（式 (8.8) の $u(x)$）は，既述の確率的な「基準くじ」実験の繰り返しによって，確率を代理変数として，内省的・発見的に導出されるものである（図 8.2 参照）。この実験においては，DM の原初に設定される効用値は，クリスプな $(0,1)$-値として 2 値的に付与される（図 8.1 参照）。これに対してファジィ効用関数 $\tilde{u}(x)$ の導出のために行なわれる「ファジィくじ」実験においては，効用の評価値は可能性分布として多値的に付与される（図 8.3 参照）。ファジィ効用評価におけるこの変異性，すなわち散らばりは，DM の効用評価のあいまいさからくるものであるが，その場合に可能性関数または帰属度関数の値は，効用値のあいまいさによるウエイトを表示する。この可能性関数 $\pi_U(u)$ の値は，ある属性値 x^i に対して付与される DM の効用値に対する DM の確信の程度を示すものである。「ファジィくじ」において評価された可能性分布は，ファジィ効用値を定義する。すなわちある非ファジィな所与の属性値 x^i に対して付与された DM の効用の可能性分布は，効用値 $u_j(x^i)$ の多値的なすなわちファジィな評価を与える。

ファジィ効用値の集合 $\tilde{u}(x) \underline{\underline{\Delta}} \{u_j(x^i)\}$，$j=1, 2, \cdots, m$，$i=1, 2, \cdots, m$，は，ファジィ効用関数を定義する。8.3.2 の式 (8.6) で述べた可能性分布の定義と表記法を用いて，ファジィ効用関数は次のように表現される。

$$\tilde{u}(x) \underline{\underline{\Delta}} \{\tilde{u}(x^i)\}$$
$$\underline{\underline{\Delta}} \{(\pi_U(u_1)/u_1(x^i) + \pi_U(u_2)/u_2(x^i) + \cdots + \pi_U(u_n)/u_n(x^i))\},$$
$$i=1, 2, \cdots, m. \tag{8.9}$$

あるいは同様にファジィ集合の表記法を用いて，

$$\tilde{u}(x) \underline{\underline{\Delta}} \{(\mu_G(u_1)/u_1(x^i) + \mu_G(u_2)/u_2(x^i) + \cdots + \mu_G(u_n)/u_n(x^i))\},$$
$$i=1, 2, \cdots, m. \tag{8.10}$$

ここに $\mu_G(u_j)$, $j=1, 2, \cdots, n$, は，ある属性値 x^i に関するある効用値 u_j が，DM の真の効用値のファジィ集合 G に属するべき帰属度を示している。

ファジィ効用関数 (FUF) は，「ファジィくじ」とファジィ同値額 (FE) との対応のいくつかを評価することによって導出される。ファジィ効用関数は，$(\tilde{u}\text{-}x)$ 平面において，帰属度関数を用いて縦軸の実数直線上にある集合をいくつか形成し，それらの対応する点をを滑らかに結ぶ曲線〔ファジィ効用曲線〕を描くことによって発見的に構成される。図8.4はこの方法を図解している。ファジィ効用関数 (FUF) の概念は，図8.5に図解されている。属性空間 X はファジィ効用関数の非ファジィな定義域 (domain) であり，ここで効用空間 $\mathbf{U}$ はそのファジィ値域 (fuzzy range) である。$X \subset \mathbf{X}$ から $\beta(\tilde{u}) \subset \mathbf{U}$ への写像は1対多である。ファジィ写像は，クリスプな引数のある価値 x^i に対する多重の像，$u_1(x^i), \cdots, u_n(x^i)$，を可能性分布として形成する。すなわち $\beta(\tilde{u})$ は可能性分布の集合によって定義される。効用値に関する可能性分布の

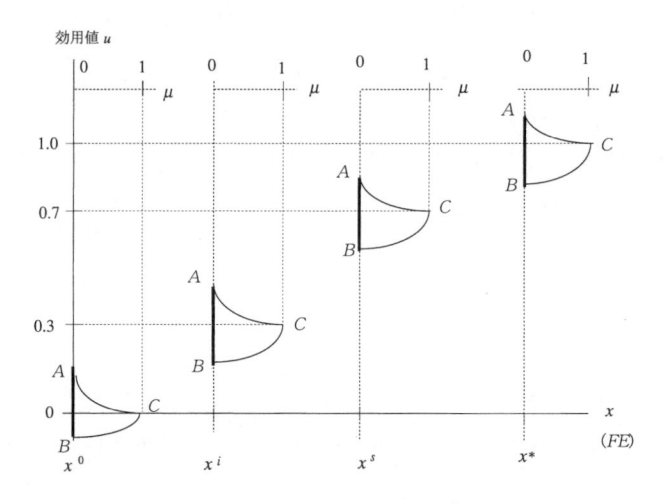

FE: ファジィ同値額
x^0: 属性のワースト値
x^*: 属性のベスト値
$[A, B]$: ファジィ効用の値域
μ: 帰属度関数の値域
(A, B, C): 属性xの値に関する効用の帰属度関数

図8.4 「ファジィくじ」法の図解

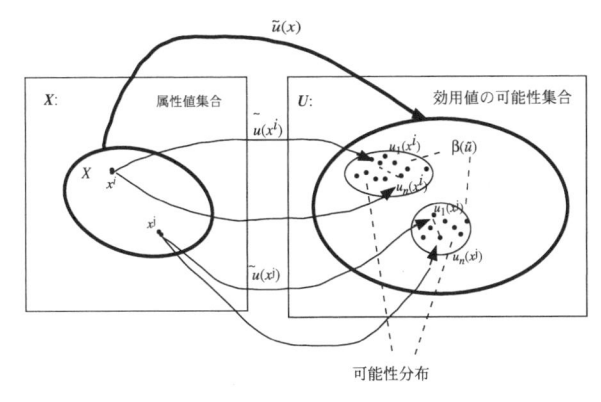

図8.5 ファジィ効用関数 $u: X \to \{\beta(\tilde{u})\}$

集合ないしベキ集合 $\beta(\tilde{u})$ は，ファジィ効用関数を効用可能性集合として形成する．

以上の考察を次の命題にまとめておく．

命題 4.2（ファジィ効用関数の構築）：公理 3.1-3.4 が満たされているとする．そのとき，ある属性値に関するファジィ効用の値は，DM の効用の可能性分布をもって表現される．ファジィ無差別実験によって評価された可能性分布は，属性値に帰属される．属性 x に関する DM の効用値の可能性分布の集合，すなわち効用可能性集合は，(8.9) (8.10) の表現形式をもって，ファジィ効用関数 (FUF) $\tilde{u}(x)$ を生成する．

ファジィ効用値を評価するための実践的に有用な表現型としては，既述の L-R 型のファジィ数がある．

命題 4.3（ファジィ効用値のファジィ数表現）：公理 3.1-3.4 が満たされているとする．このときある属性 x に関するファジィ効用関数，すなわち効用可能性集合は，次の形式における L-R 型のファジィ数の非ファジィな集合として構築される．

$$\tilde{U}(x) \triangleq \{(\bar{u}, u^\alpha, u^\beta)_i\}$$
$$\triangleq \{(\bar{u}(x^i), u^\alpha(x^i), u^\beta(x^i))\}, \quad i=1, \cdots, m. \tag{8.11}$$

ここに i は属性 x のある一定の値を示す．$\bar{u}$ はファジィ数として表現されるファジィ効用の「平均値」，u^α および u^β はそれぞれその左方および右方の拡が

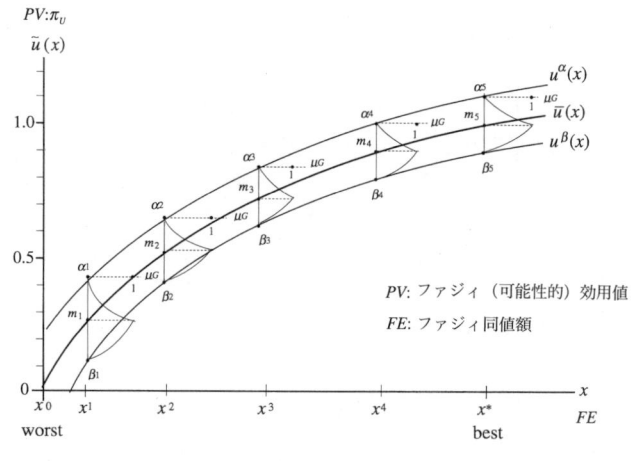

図8.6 ファジィ効用関数（FUF）の導出

りを示す。

図8.6は，ファジィ効用関数の導出の結果を例示している。そこでは各可能性分布の表現における帰属度関数に L-R 型のファジィ数の表現が用いられている。

8.5 集団的意思決定におけるファジィ効用評価

8.5.1 ファジィ効用関数のファジィ化

ファジィ情報が二重に存在する状況においては，DMによるファジィ効用関数（FUF）の評価はさらにあいまいなものとなるであろう。ここでは集団的意志決定の状況におけるファジィ効用関数の拡張について考察する。

一般には，単独のDMによる効用評価がクリスプな価値をもって行なわれると仮定する場合，集団的な決定環境の下での効用評価の多様性は，ファジィ効用関数を用いて表現することができる。すなわち，ある属性値に対する多数のDMの存在による効用評価の散らばりは，多数決原理などを用いた適当な

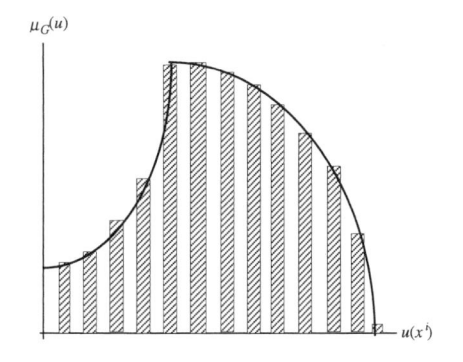

図8.7 集団意志決定における帰属度関数の構築

重みづけのルールの下で，度数分布などに基づいて導出された，それぞれの効用値に関する帰属度関数によって表現される（図8.7）。この場合には，集団的効用関数の評価は単にファジィ効用関数の導出に帰着する。

しかし，個別的な DM の選好評価があいまいである場合には，集団的な効用関数の導出はこのような方法で行なうことはできない。ここでは，集団的な効用関数をファジィ効用関数のファジィ化によって導出する方法について考察する。すなわち，ある集団を構成するそれぞれの DM の選好があいまいである場合の，顕示された集団的な選好の多様性，すなわち2重のあいまいさを取り扱う。ファジィ効用関数のファジィ化によって構築される集団的な効用関数を，以下ではファジィ集団的効用関数 (Fuzzy Group Utility Function, FGUF) と呼ぶ。

ここではまず今後の議論に必要な諸概念について定義しておく。

定義 5.1（タイプ2の帰属度関数 (Zadeh 1975)）：タイプ2の帰属度関数とは，その値がタイプ1の，すなわち $[0, 1]$ 上のクリスプな値をとるような帰属度関数である。

定義 5.2（ファジィ帰属度関数）：タイプ2の帰属度関数を用いて拡張された帰属度関数は，ファジィ帰属度関数と呼ばれる。ファジィ帰属度関数は，帰属度関数のある値と，それに対するタイプ2の帰属度関数とのペアによって定義される。

定義 5.3（タイプ2のファジィ集合）：ファジィ帰属度関数を持つファジィ集合

を，タイプ2のファジィ集合と呼ぶ。

定義 5.4（ファジィ集団決定）：ある集団を構成するそれぞれの DM の選好がファジィ効用を持つ場合には，この集団の意志決定をファジィ集団決定という。

いま x をある属性とし，x^i, $i=1, \cdots, m$, をその非ファジィな価値とする。$u_j(x^i)$ をある属性値 x^i に対するある DM（すなわちある集団のメンバー）j, $j=1, \cdots, n$, による個人的なファジィ効用の評価値であるとする。属性値 x^i, $i=1, 2, \cdots, m$, に対する集団的なファジィ効用評価に関するタイプ2のファジィ集合は，次のように表現される。

$$\tilde{G}(u(x^i)) \triangleq \{\tilde{G}(u_j(x^i), \ j=1, \cdots, n\}$$
$$\triangleq \{(u_j(x^i), \ \mu_{\tilde{G}}(\mu_j)), \ j=1, \cdots, n\} \quad (8.12)$$

ここに $\mu_{\tilde{G}}(u_j(x^i)) \triangleq (\mu_j, \ \nu_{\mu_j}(u_j(x^i))$ は，ファジィ集団決定におけるファジィ帰属度関数である。μ_j は $u_j(x^i)$ に関するタイプ1の帰属度関数であり，メンバー j の選好評価がファジィ集団決定における効用評価集合 $\tilde{G}_u$ に帰属する程度を示す。$\nu_{\mu_j}(u_j(x^i))$ はタイプ2の帰属度関数であり，メンバー j の x^i に対する個人的な効用評価 $u_j(x^i)$ が，彼自身の真の選好集合 $\mathbf{u}_j$ に帰属する度合を表現する。

タイプ2の帰属度関数によって拡張されたファジィ帰属度関数は，図8.8に

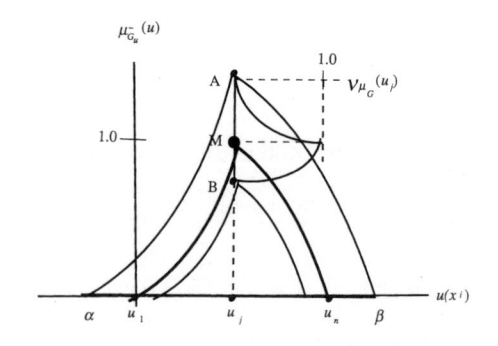

[α, β]：ファジィ効用集合の定義域

$\nu_{\mu_G}(u_j)$：$u(x^i)$ に関するタイプ2の帰属度関数

図8.8 タイプ2帰属度関数によって拡張されたファジィ帰属度関数

図解されている。

定義 5.5（ファジィ効用集合）：タイプ 2 の帰属度関数によって拡張された，ある属性値に対するファジィ効用値の集合は，ファジィ効用集合と呼ばれる。

8.5.2 ファジィ集団的効用関数の構築

ファジィ集団的効用関数の構築には，タイプ 2 のファジィ集合によって定義されるファジィ効用集合の概念を用いる。

集団的効用関数の構築には，メンバーである複数の DM による帰属度関数の評価が必要であるから，そのための集計法（単純集計か，加重集計か，またウエイトはどうするか，など）に関する合意形成がなされねばならない。

仮定 4.1：集団的決定における個人的な効用評価の「集計」に関して，重みづけのための決定ルールが確立されていること。

仮定 4.2：メンバーである DM の（ファジィ）効用値に対する（ファジィ）帰属度関数の構築に際して，参加者の間で，集団的決定に対する「譲歩」ないしシナジー（協調による効果）の創出への意識が存在すること。

これらの仮定が保持されるとき，ファジィ集団的効用関数は，ファジィ可能性分布の概念を用いて構築される。

定義 5.6（タイプ 2 の可能性分布）：タイプ 2 の可能性分布は，タイプ 2 の帰属度関数を用いて定義された可能性分布である。

定義 5.7（ファジィ可能性分布）：タイプ 2 の可能性分布をもって拡張された可能性分布を，ファジィ可能性分布と呼ぶ。

命題 5.1（ファジィ集団的効用関数（FGUF）の構築）：ある集団のメンバーである DM の決定行動が公理 4.1-4.4 を満たし，また集団的決定行動において仮定 5.1-5.2 が満たされるとする。属性 x に対する DM のファジィ選好評価を表現するファジィ集団的効用関数（FGUF）を $\tilde{G}_u(x)$ で示す。ファジィ集団的効用関数は，DM j の効用値 u_j, $j=1, \cdots, n$, に関するファジィ可能性分布の集合の上に構築される。すなわち

$$\tilde{G}_u(x) \underline{\underline{\Delta}} \{\tilde{G}_u(x^i)\}$$

$$\underline{\underline{\triangleq}} \{ (\mu_{\widetilde{G}_u}(u_1)/u_1(x^i) + \mu_{\widetilde{G}_u}(u_2)/u_2(x^i) + \cdots + \mu_{\widetilde{G}_u}(u_n)/u_n(x^i)) \},$$
$$i=1, 2, \cdots, m. \quad (8.13)$$

ここに $\mu_{\widetilde{G}_u}(u(x^i))$ は，属性 x のある値 x^i に対する DM j，$j=1, 2, \cdots, n$，の効用評価のファジィ集団決定に関する帰属度，すなわちファジィ帰属度関数を示す．

ファジィ集団的効用関数を定義するファジィ帰属度関数 $\mu_{\widetilde{G}_u}(u(x^i))$ においては，集団的決定における効用評価の散らばりを表わす帰属度関数が，それぞれの DM の効用評価のあいまいさを表わすタイプ 2 の帰属度関数をもって拡張されている．すなわち，ファジィ集団決定においてファジィ帰属度関数を構成するタイプ 2 の帰属度関数は，タイプ 2 の可能性分布を生成する．すなわち

$$\Pi_{\mu_{\widetilde{G}}}(u_j) \underline{\underline{\triangleq}} (\nu_{\mu_{G_1}}(u_j)/\mu_{G_1}(u_j) + \nu_{\mu_{G_2}}(u_j)/\mu_{G_2}(u_j) + \cdots + \nu_{\mu_{G_n}}(u_j)/\mu_{G_n}(u_j)),$$
$$j=1, \cdots, n. \quad (8.14)$$

ここでタイプ 2 の可能性分布 (8.14) は，ファジィ集団決定において各効用値 u_j を顕示する DM の選好のあいまいさをタイプ 2 の帰属度関数のタームで表現するものである．

個々の DM の評価のあいまいさ表現するものとしてのタイプ 2 の可能性分布の評価を含む，ファジィ可能性分布の導出は，図 8.8 に例示されている．

ファジィ可能性分布の評価は，実践的にはファジィ数の評価として行なわれることができる．

命題 5.2（ファジィ集団的効用関数のファジィ数表現）： $\widetilde{G}_u(x)$ をタイプ 2 のファジィ集合をもって拡張されたファジィ効用集合とする．ファジィ集団的効用関数は L-R 型のファジィ数の集合として表現される．すなわち

$$\widetilde{G}_u(x) \underline{\underline{\triangleq}} \{ (\overline{G}_u, G_u^{\alpha'}, G_u^{\beta'}) \}$$
$$\underline{\underline{\triangleq}} \{ (\overline{G}_u(x^i), G_u^{\alpha'}(x^i), G_u^{\beta'}(x^i)) \}, \quad i=1, \cdots, m. \quad (8.15)$$

ここに $\overline{G}_u$，$G_u^{\alpha'}$ および $G_u^{\beta'}$ は，それぞれタイプ 2 のファジィ集合として拡張された実数直線上のファジィ効用集合の「平均」，および左と右へのそれぞれの拡がりを示す．

L-R 型のファジィ数として評価されるファジィ集団的効用関数の要素は，タイプ 2 の帰属度関数 $\nu_{\mu_G}(u_j)$ をもって拡張された間隔を持った実数値をとる

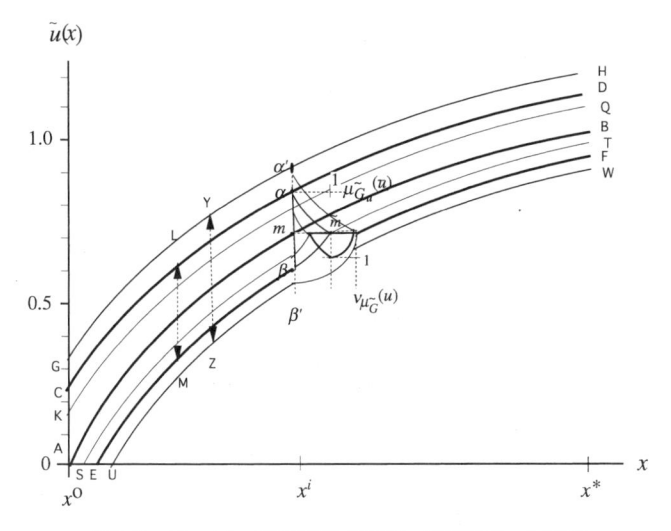

図8.9 ファジィ集団的効用関数（FGUF）の導出

関数として構築される。ファジィ集団的効用関数はこうしてファジィ効用関数の拡張型である。図8.8のファジィ帰属度関数は，ファジィ数の拡張表現を用いてをり，その上に導出されたファジィ集団的効用関数の形状は，図8.9に例示されている。

例5.1：集団的意志決定において，ある投票ルールをもって，参加者（DM）のそれぞれの選好評価の顕示の上に，帰属度関数が図8.7のように構築されたとする。タイプ2の帰属度関数は，ある属性値に対して自己の効用値を顕示する際のDMの認知のあいまいさを表現する。

例5.2：投票者（DM）のあいまいさは，顕示された選好の強度，ないし固執の程度を [0-1] に正規化して表現することができる。例えは「非常に強い」「強い」「中位」「弱い」「非常に弱い」などを1次元のスケール上にプロットし，同じ効用値を顕示した評価者について集計する。これがタイプ2の帰属度関数の縦座標（図8.8のA-M-B）（図8.9では横座標で示されている）の数値（帰属度）となる。

8.6 結語に代えて

　本章では，DM の主観的な判断が含むあいまいさを，意志決定分析の方法の一般化によって考察した．特に不確実性下の決定分析の拡張としてのファジィ決定分析の立場から，DM が自己のファジィ効用関数（FUF）を顕示的に構築する方法について考察した．DM が自己のファジィ効用関数を発見的に構成するために提起された「ファジィくじ」法は，自己の効用に関する可能性分布の評価に基礎をおくものであり，それは確率分布の評価に基礎をおく確率的な「基準くじ」法による2値的な効用関数の評価の，多値的な効用の可能性分布の評価への拡張である．ここでは，発生する事象の不確実性の問題は考慮されていない．すでに論じたように，確率的な「基準くじ」法における期待効用原理の利用は，確率測度を用いた効用関数の評価のための手段（art）であるから，このことは，われわれの方法に対して何らの制約を与えるものではない．すなわち，不確実性下の意志決定分析における効用関数の構築においては，期待効用原理は，DM が自己の効用関数の発見的な構成に導くための公準として利用されるものであり，そこでは「確率」は数値的な効用評価のための代理変数として利用される．いったん DM の効用関数の数値的な評価が得られた後においては，このような効用関数の値が，「世界」(states of the world) における事象の発生に関しての確率の評価と結合して，現実の決定問題の評価基準としての期待効用原理がふたたび用いられることになる（瀬尾 1994 図 2.3 など）．われわれは「基準くじ」において利用される確率の評価を可能性関数ないし帰属度関数の評価をもって置き換えることによって，DM の効用の評価に含まれるあいまいさの数値的な表現とした．しかしながら，われわれのモデルを，発生する事象の不確実性の問題を含むように拡張することが依然として期待されうる．しかしその最も単純なモデルは，本章の議論の単なる応用領域にあると思われる．

　なお本章で論じた不確実性下の意志決定分析における効用関数は，その数値

自体には分布を仮定しない，確定値として付与される代数的な効用関数である。これに対して，効用の評価自体に確率的な分布を想定する確率的効用理論についても，そのファジィ化の方向が考えられている (Seo 1999)。しかしこの点に関する議論は，筆者によるその他の確率的な集団意志決定への拡張への試み (Seo 2000) とともに，ここでは取り扱われていない。

参考文献

Allais, P.H. and O. Hagen (1979). *Expected Utility Hypothesis and the Allais Paradox.* D. Reidel. (Allais のオリジナルな論文はフランス語で *Econometrica* **21** (1953) 503 -546).

Bell, D.E., Raiffa, H. and A. Tversky (1988). Descriptive, normative and prescriptive interactions in decision making, in D.E. Bell, H. Raiffa, and A. Tversky (eds.), *Decision Makming, Descriptive, Normative, and Prescriptive Interactions.* Cambridge University Press, Cambridg, pp. 9-30.

Bellman, R.E. and L.A. Zadeh (1970). Decision making in a fuzzy environment. *Management Sciences*, **17** : 141-164.

Debreu, G. (1958). Stochastic choice and cardinal utility, *Econometrica* **26** 440-444.

Debreu, G. (1959a). Cardinal utility for even-chance mixtures of pairs of sure prospects. *Review of Economic Studies*, **26** : 174-177.

Debreu, G. (1959b) Topological methods min cardinal utility theory. in K. J. Arrow, S. Karlmin and P. Suppes (ed.), *Mathematical Methods in Social Sciences.* Stanford University Press, pp. 16-26.

Dubois, D. and H. Prade (1978). Operations on fuzzy number. *International Journal of Systems Science*, **9** : 613-626.

Dubois, D. and H. Prade (1980). *Fuzzy Sets and Systems, Theory and Applications.* Academic Press.

Grabisch, M. (1995). Fuzzy integral in multicriteria decision making. *Fuzzy Sets and Systems*, **69** : 279-298.

Kahneman, D. and A. Tversky (1977). Prospect theory : an analysis of decision under risk. *Journal of Political Economy*, **85** : 97-122.

Krantz, D.H., R.D. Luce, P. Suppes and A. Tversky (1971). *Foundations and Measurement* **I**. Academic Press. Luce, R.D. (1958). A probabilistic theory of utility. *Econometrica*, **26** : 193-224.

Luce, R.D. and H. Raiffa (1957). *Games and Decision.* Wiley.

Luce, R.D. and J. W. Tukey (1964). Simultaneous conjoint measurement : a new type of fundamental measurement. *Journal of Mathematical Psychology*, **1** : 1-27.

von Neumann, J. and O. Morgenstern (1944). *Theory and Games and Economic Behavior*. Princeton University Press. (2nd 1947).

Raiffa, H. and R. Schlaifer (1961). *Applied Statistical Decision Theory*, Division of Research, Graduate School of Business Administration, Harvard University, Boston.

Pratt, J., Raiffa H. and R.O. Schlaifer (1964). The foundations of decision under uncertainty: an elementary exposition. *Journal of American Statistical Association*, **59**: 353-375.

Pratt, J., H. Raiffa and R.O. Schlaifer (1965). *Introduction to Statistical Decision Theory* (Preliminary edition, McGraw-Hill, 1965 ; MIT Press 1995).

Raiffa, H. (1968). *Decision Analysis*, Addition Wesley, Mass. (Reprinted by Random House, New York).

Savage, L.J. (1954). *The Foundation of Statistics*. Wiley.

Schlaifer, R. (1959). *Probability and Statistics for Business Decisions*, McGraw-Hill, New York.

Schlaifer, R. (1969). *Analysis of Decisions under Uncertainty*. McGraw-Hill. (Reprinted by Robert E. Krieger 1978).

Schlaifer, R. (1971). *Computer Program for Elementary Decision Analysis*, Division of Research, Graduate School of Business Administration, Harvard University.

Schmeidler, D. (1989). Subjective probability and expected utility without additivity. Econometrica, **57**: 571-587.

Seo, F. (1992). Fundamentals of intelligent support systems for fuzzy multiobjective decision analysis, in G.H. Tzeng, H.A. Wang, U.P. Wenn and P.L. Yu (ed.), *Multiple Criteria Decision Making*. Springer-Verlag, New York, pp. 208-218.

Seo, F. (1997). Construction of fuzzy utility functions in group decision making. in J. Kacprzyk, H. Nurmi and M. Fedrizzi (eds.), *Consensus under Fuzziness*. Kluwer Academic.

Seo, F. (1999). Multiple risk assessment with possibilistic utility models in incomplete information structure, in *Proceedmings of the 8th International Fuzzy Systems Association World Congress*, Vol. 2, Taipei, pp. 576-580

Seo, F. (2000). Multiple risk assessment with random utility models in probabilistic group decision making, in Y. Y. Haimes and R. E. Steuer (eds.), *Research and Practice min Multiple Criteria Decision Making*. Sprminger-Verlag, pp. 161-172.

瀬尾芙巳子（1994）.『思考の技術——あいまい環境下の経営意志決定』有斐閣.

Seo, F. and I. Nishizaki (1997). On development of Interactive Decision Analysis Support Systems (IDASS), Presented paper at IIASA Workshop on Advances in Methodology and Software for Decision Support Systems, IIASA, Laxenburg, Austria. (Electronically available from IIASA.)

Simon, H.A. (1983). *Reason in Human Affairs*. Stanford University Press.

Zadeh, L.A. (1965). Fuzzy sets. *Information and Control*, **8**: 338-353.

Zadeh, L.A. (1975). The concepts of a linguistic variable and its application to approximate reasoning-I. *Information Sciences*, 8 : 199-259.
Zadeh, L.A. (1978). Fuzzy sets as a base for a theory of possibility. *International Journal of Fuzzy Sets and Systems*, **I** : 3-28.

第 9 章

意志決定分析のための
対話型コンピュータ支援プログラム

瀬尾芙巳子・西﨑一郎

> 不確実性下の意志決定分析は，複雑な決定環境において，意思決定者が期待効用原理に基づく合理的な意志決定を行なうための処方箋的な接近方法を提供するものとして開発されてきたが，その実践的な利用には，さらなる支援システムの構築が有用である．本章では，公理的な基礎に基づく知的意志決定支援のためのシステムの構築(IDSS)について論じるとともに，こうした意志決定分析を支援するためのコンピュータ・プログラムの発展とその多目的分析への拡張について展望し，それぞれの事例について紹介する．

9.1 はじめに

　本章では，不確実性下の意志決定分析を支援するための最近の情報技術を活用した知的意志決定支援システムの開発について考察する。

　すでに見たとおり，近代的な意志決定分析(1) (Decision Analysis) は，フォン・ノイマン＝モルゲンシュテルン＝サベージ型の期待効用原理に基づいて，意志決定者（the Decision Maker, DM —— かれらはときに「ビジネスマン」とも呼ばれている）が現実的な経営意志決定を行なうための合理的な手続きを提供するものである。しかし期待効用原理に対しては，早くから「アレの反例」などで知られるような多くの反対意見が提起されてきた（Allais 1953；Elsberg 1961；Fellner 1961)。それらはその後の一連の論文（Handa 1977；Kahneman and Tversky 1979 など多数）においても明らかにされているように，主として実験的に試行される「くじ」に関する人々の行動の観察に基づいて，人間の行動が期待効用原理に反することを示し，DM の行動基準としての期待効用原理の不成立を帰結しようとするものである。しかしながら一般に実際的な問題に当面するときには，「実験的なくじ」，すなわちいわば遊戯において決定者が示すリスク態度と，われわれが「シアリアス・リスク」と呼ぶ組織経営において決定者が直面する環境下でのリスク態度とは，相違するものと見るのが自然である。特にすでに見たように，意志決定分析の依って立つ諸公理は，DM のより良き，すなわち矛盾のない決定のための処方的（prescriptive）なガイドとして利用されるべきものであって，それは現実の人間の行為を叙述しようとするものではなく，また単純に規範的なものでもない。期待効用原理を公準とする意志決定分析は，DM が複雑な現実の意志決定問題に直面して"決定の落とし穴（decision trap)"に落ちることを避けたいと願うときにとり得る，一つの技法 (art) と見なされるべきものである。

　しかしながら，現実の複雑な決定問題に直面する DM が矛盾のない決定に到達することは，実際には必ずしも容易ではない。このために意志決定分析は

そのための支援システム，すなわち意志決定支援システム (Decision Support Systems, DSS) と結合して利用されることが必要である。このことを自覚した意志決定分析の初期の開発者達は，決定分析を支援するためのコンピュータ・プログラムの開発に多大の努力を傾注してきた。

この間にはまた，コンピュータを利用する情報技術も独立に飛躍的な発展を遂げてきた。中間的管理者による意志決定のためのコンピュータによる支援システムとしてのDSSは，その一分野として1970年代頃から形成されてきた。しかしながら情報技術 (IT) の世界における，ハードウエアとソフトウエアとの両面における急速なコンピュータ・サイエンスの発達とともに開発されてきたDSSは，統計的なシミュレーション技法などとの結合のほかには，決定問題の分析のための理論的な基礎を持たず，特に人間的な意志決定支援のための公理的な基礎づけを軽視してきたように思われる。われわれはDSSにおける知識ベースの利用を，単なる経験の集積やデータ解析（いわゆる「データ・マイニング」の技法）の上にのみではなく，論理的・公理的な基礎上で行なうことを提唱する。われわれはこの意味で知的意志決定支援システム (Intelligent Decision Support Systems. IDSS) を定義し，提唱してきた (Seo and Nishizaki 1993)。本章では特にIDSSを不確実性下の意志決定分析の支援システムとして構築するために，その基礎的な諸概念などについての考察を行なう。

以下では，まず9.2において，従来の意志決定分析の分野におけるコンピュータ利用についてのレビューを行なった後に，9.3において，われわれの提唱するIDSS環境の構成の特質について述べる。ついで9.4において不確実性下の意志決定分析を対話的に支援するためのコンピュータ・プログラムとしての必要な概念構成を考察し，その一例として，われわれによるIDASSの開発とその主要な機能について述べる。さらに9.5では，IDASSの多目的拡張のために必要な概念構成について吟味し，これをMIDASSと名づけてその概要を述べる。最後に9.6では今後の展望について考察する。

9.2 不確実性下の意志決定分析のためのコンピュータ支援システム

　意志決定分析は，その開発の早い時期からケース・スタディを重視する中で，コンピュータの利用と結合されてきた。ハーバード大学ビジネス・スクールの研究部門では早くから決定分析のための入門的なコンピュータ・プログラムを開発しており，このことが決定分析の現実的な諸問題への応用可能性を大いに高めてきたといえる。それらはシュレイファー（R. Schlaifer）らによって改訂，集大成され，1971年に MANECON Collection として公表された（Schlaifer 1971）。MANECON Collection は，FORTRAN 言語で書かれ，12の主プログラムと多くのサブルーチンおよび関数サブプログラムから構成されている。全プログラムは，当時のコンピュータシステムの中でメインフレームに格納され，TSS（Time Sharing System）上での稼働が想定されている。

　MANECON の機能は，三つの主要な構成部分から成り立っている。それらは期待効用原理における期待効用関数の構成要素に対応して，（1）不確実事象に関する DM の判断的な確率分布の評価とテスト，（2）行為の結果に付与される DM の選好関数（効用関数）の評価とテスト，および（3）ベイズ統計問題の解の導出，すなわち不確実事象に関する DM の確率の事前分布の評価と標本情報を用いたその改訂による DM の事後分布の評価，である。これらの機能を用いて，"ギャンブル"（「くじ」），すなわち不確実性下の決定問題に関する DM の選好の期待効用原理に基づく評価が行なわれる。

　MANECON プログラムの優れた特徴は，DM の評価過程，すなわち不確実事象の生起に関する DM の確率の付与と，行為の結果に関する DM の選好の付与の過程において，対話型の論理的な思考の展開過程を導入したことである。この意味で MANECON プログラムは，真の意味での対話型コンピュータ・プログラムの嚆矢であり，単にマン-マシンの間の機械的な対話型の操作性のみを考慮した他の多くの DSS 関連の「対話型」コンピュータ・プログラムと

はまったくその発想を異にしている。このプログラムの一部は，瀬尾・坂和らによって，区分的2次関数型で評価された確率分布のドット式のグラフ表示機能を付加した上で，石油代替エネルギー開発のための適合技術の評価問題に応用され，技術的代替案の期待効用値による数値的な比較検討に利用された (Seo and Sakawa 1979 a, b)。

　意志決定分析は1970年代に，多目的意志決定分析として新たな展開をもたらした (Fishburn 1970 ; Keeney 1974 ; Keeney and Raiffa 1978, etc.)。その中で多属性効用関数の評価と計算――これは多属性効用分析 (Multiattribute Utility Analysis) といわれる――のためのコンピュータ・プログラム MUFCAP (Multiattribute Utility Function Calculation and Assessment Program) が開発された (Sicherman 1975)。MUFCAP は構造型のプログラム言語 PL/1 を用いて記述されたもので，TSS上で作動されるマン-マシンの意味での「対話型」のプログラムである。

　MUFCAP の改訂は，まず坂和・瀬尾らによって ICOPSS (Interactive Computer Program for Subjective Systems) として発表された。ICOPSS は，MUFCAP のプログラムをより一般的な FORTRAN 言語によって書き直したもので，多目的システムにおける諸属性の階層的な構造化とその視覚的な表示・改訂機能，単一属性効用関数のドット式のグラフ表示機能，評価過程において作成されたパラメータを含むすべてのデータ・ベースの一覧表示形式での出力，作業の途中におけるファイルの保存機能などを付加し，ユーザにとっての利便性を格段に高めている。さらに単一属性効用関数の評価に関しては，MUFCAP が指数型の効用関数の評価のみをサポートしていたのに対して，ICOPSS には MANECON Collection の中の逓減的リスク回避型効用関数の評価機能が導入・付加されている。ICOPSS は，大阪府下の地域政策の影響の多目的評価に応用され (Sakawa and Seo 1980, 1982)，また北陸新幹線建設の地域（北陸3県）への影響評価の多目的分析にも用いられた（瀬尾・坂和 1985）。後者では合計269個の属性が9層に構造化して評価されている。

　その後1990年代のコンピュータ・サイエンスの急速な発展，特にダウンサイジングと GUI (Graphical User Interface) 環境の発展は，コンピュータ・プ

ログラムにも新たな可能性に途を開いた。MAP (Multiattribute Utility Analysis Program)（瀬尾・西崎・熊本ほか1993）は，MUFCAPを直接のベースとしつつ，オブジェクト指向型のプログラミング言語C^{++}を用いて，これを全面的に改訂したものである。MAPは，オブジェクト指向型の構造型言語としてのC^{++}の特性が多属性効用関数の評価手法の構造特性によく対応しているという利点を生かし，またGUIの進展による全面的な視覚化と相俟って，利用者にとっての理解の容易さと操作性の格段の向上が達成されている。MAPは，ワークステーション上での稼働を前提とし，韓国南部の地域開発政策の評価に応用された（朴・瀬尾・西崎1993）。そこでは139個の属性が9層に構造化され，多属性効用関数の評価の2期間の比較と，感度分析に基づくいくつかの政策的代替案の提案が行なわれている。

　これら一連のMUFCAP系統のプログラムの改訂においては，意思決定分析の多目的問題への拡張，すなわち多属性効用関数の評価への拡張を実現したものであるとはいえ，MANECON Collectionに存在する確率分布の評価のための機能を備えていないので，不確実性下の決定問題に対処するための支援システムとしては不十分である。またMANECONプログラムの特徴であるDMの論理的評価過程における対話型の思考展開の支援機能も有していない。

　不確実性下の意思決定分析を支援するための対話型コンピュータ・プログラムは，1997年に対話型意志決定分析支援システム (Interactive Decision Analysis Support Systems, IDASS) として発表された（Seo and Nisizaki 1997）。IDASSは，対話型の論理的思考過程の支援プログラムとしてのMANECONプログラムの持つ特徴を全面的に受け継ぎながら，MAPと同様に，われわれの定義する知的意志決定支援システム (IDSS) の環境下での運用を想定して開発されたものである。IDASSは，MAPと同じく，オブジェクト指向型言語C^{++}を用い，ワークステーション上の標準的なWindow SystemであるMotifを採用することによってGUIの持つ視覚化の能力を駆使することを可能にしたもので，不確実性下の意志決定分析のための対話型の機能とユーザ・フレンドリな性能を大きく向上させている。

　以下では，まずIDSS環境の概念構成について考察する。

9.3 知的意志決定支援システム (IDSS) の概念構成

知的意志決定支援システム (IDSS) とは，あいまい環境下の状況変化に迅速に対応しうるために，従来からの意志決定支援システム (DSS) の概念を拡張したもので，特にその理論的な基礎を重視ししつつ，その実践的な応用との結合（橋渡し）をはかるために構築された概念である。

意志決定支援システム (DSS) は，1970年代頃から急速に発展してきた，コンピュータ支援による経営管理の技法に関する概念である。ここで経営管理 (Management) とは，企業経営のみではなく，公共的意志決定をも含めた，広く目的を持って協働する組織体におけるマネジメントに関わるものであることを指摘しておきたい。DSS はその後の発展過程において，複雑な決定環境に関する人々の認識が深化する中で，その概念に対する根本的な修正が迫られることになった。その最も重要なものは，あいまいさに対処しうる能力開発の必要性である (Sowa 1984; Brodie et al. 1984; Mitra 1988)。

われわれの意志決定分析の立場から見た，あいまいさに対する知覚能力の開発には次のことが考えられる。

(1) まず，知識ベースの理論や概念に基づいた公理的・学理的 (disciplinary) な基礎を重視しようとすることであり，分析の基礎をそれぞれの分野の特性を認識しうる理論的な背景の中におこうとすることである。これは，複雑な決定問題の構造化に直面して，集積されてきた知識ベースの理論的な活用により，DMにおける無駄な思考の空回りを回避し，満足的な戦略の選択への効果的な接近をはかろうとするものである。

(2) 想定し得る可能な事象の発生を考えるに際して，その意味論的 (semantic) な理解の能力を有することが必要である。すなわち単に計数的なデータベースの観察と定型的な処理にのみ依存するのではなく，その解釈的 (interpretative) な理解の能力を高めることが不可欠である。決定分析の立場で言え

ば，たとえば不確実な事象の発生のチャンスに関して，統計的推定値を単純に用いることとは区別された，DM の評価値を構成することが重要になる。

（3） 上述の意味論的な理解においては，選択的（preferential）ないし判断的（judgmental）な思考の重要性が増大する。すなわち決定分析における問題の解決は，単に数学的な最適化過程のみではなく，また判断的な過程からなるものであるから，そこにおける選択的な決定の重要性が認識されなければならない。しかしまたそこでは，何らかの最終決定の選択に関するあいまいさの余地が排除され得ないから，一般的な決定基準としては，従来の「最適化原理」に代わる「満足化原理」が提起されることになる。これはまた「結果の合理性」ないし「実体上の合理性」に対して，ある決定に到達する「過程の合理性」ないし「手続き上の合理性」を重視することにほかならない（Simon 1955, 1956）。

（4） このような意味論的な理解に必然的にともなうものは，あいまいな知識情報の処理に際して，不精確で非決定的な推論を排除しないことである。すなわち直感（intuition）や，蓋然的推論（abduction）ないし「ひらめき」の行使が許容されなければならない。これは形式的な推論を越えた思考の非線形性，いわゆる＜しなやかな＞思考の融通性ないし可変性（versatility）を保証するものである。

　以上を要約すると，不確実性下の決定分析は，あいまいさの処理に関するひとつのよく整理された識別の形態にほかならない。マーチやサイモンはかれらの限定合理性（bounded rationality）に関する議論を，不確実性下の決定分析が依拠する期待効用原理に対する批判に用いているが，われわれの立場はそれとは異なり，期待効用原理の持つ公理性を，単なる規範としてではなく，DSS と結合することによってその発見的な探索への途を提供することである。すなわち決定分析における公理の利用とは，DM の直感の整頓された活用への途を開くものにほかならない。したがって意志決定における DM の評価過程の明示的・論理的な導入が，DSS における決定的に重要な要素とならざるを得ないことになる。

（5） 他方，DSS は客観的な情報の効果的な利用を重視する。すなわち，DM の判断的な過程を支援するのための認識のベースには，集積されたデー

タ・ベースの量と質がきわめて重要な役割を持つ。われわれはすでに錯綜する情報の氾濫の中での「情報のパラドクス」について論じ、「情報のスクリーニング」すなわち獲得された情報の判別と選択的な利用こそが、優れて意志決定の対象となることを指摘したが（瀬尾1994），このような，たとえば決定分析の立場からの，適切なデータベースの独自の構築は，DSSにおけるきわめて重要なステップとなる。すなわち決定分析の効果的な利用のためには，DSSに独立の効率的なデータベース管理システム（DBMS）の機能を結合することが必要である。これは絶えず変化する外的な事象に直面する不確実性下の決定環境において，データベースの独立性を保持し，新たに発生する変化へのDMの迅速な対処を可能にするのために不可欠な機能である。

われわれは，「インテリジェント（intelligent）」という用語をこのような限定された意味で定義する。IDSSは，これらの諸機能を有機的に結合し，かつ対話的に運用し得る意志決定支援システムとして，筆者らによって提案されたものである（図9.1）。

IDSSは，概念的に三つの主要なコア・システム，即ちシェルから構成される。その1はデータ・ベース管理システムとしてのデータ・ベース・シェルであり，その2は公理的な知識ベースの処理のためのエキスパート・システム・シェルであり，その3は評価者の判断機能の合理的な，すなわち矛盾のない行使のための意志決定シェルである。この三つのシェルはそれぞれ原初的なStage 1の初発段階から，Stage 2の彫琢段階，Stage 3の啓発段階を経て，DMの認識が進化・向上するように構成される。さらにそれぞれのシェルの間には各段階毎のインターフェイスが構築される。このようなシステムの仕上げとして，意志決定における状況管理が，Stage 4として実行される。この段階では，DMの問題発見的，問題解決的な機能の遂行が想定されている。こうしたシステムにおいては，全体の中核的なサブシステムとしての意志決定シェルとその他の支援的シェルとの間に，情報と決定との対話型のフィードバック機能が形成されていることは言うまでもない。具体的には，特定の分析システムのために開発されたコンピュータ・プログラムが，こうしたIDSS環境下で自覚的に運用されることによって，それぞれの固有の支援システムが構築され

第9章 意思決定分析のための対話型コンピュータ支援プログラム　*345*

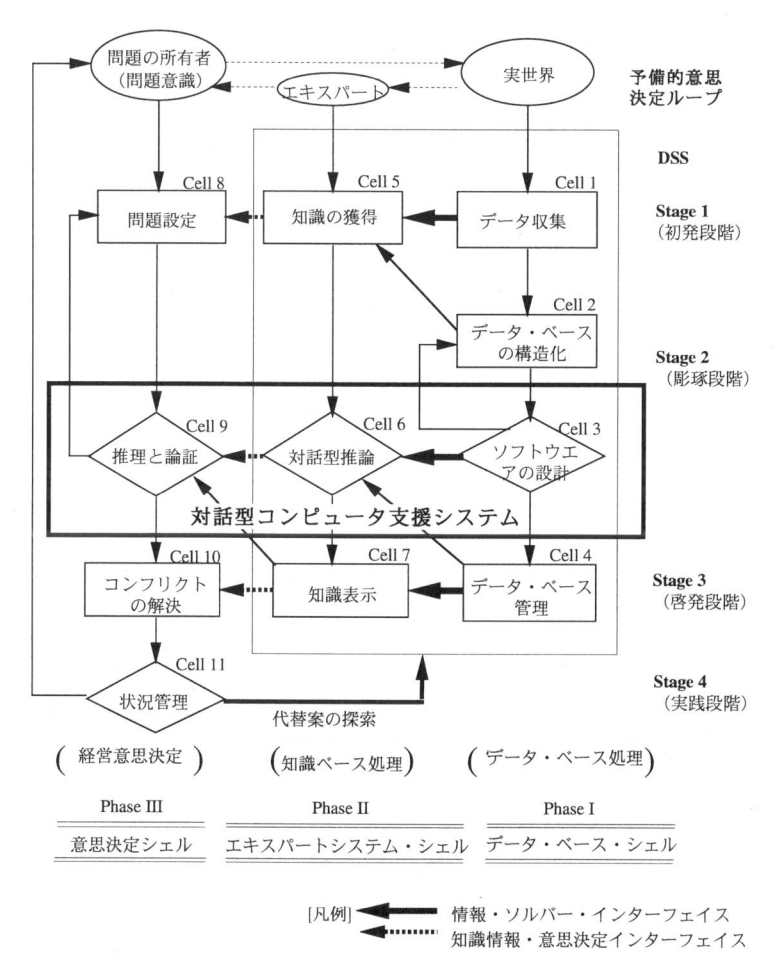

図9.1　知的意思決定支援システム（IDSS）の概念的構成

ることになる。既述の多属性効用分析のための MAP はその一例である。

　以下では，IDASS 環境下での利用を想定した不確実性下の対話型意思決定分析支援のためのコンピュータ・プログラムとして，IDASS を例として，その構成と主要な機能について概観する。IDASS においては，エキスパート・システム・シェルとして，期待効用原理に基づく意思決定分析の論理が段階的に，かつユーザに対して対話的に構成されていく。この過程には，DM ないし評価者の判断的な過程が，意思決定シェルとして独立な機能をもって結合され

る。IDASS は，意志決定シェルにおいて，確率および効用評価の双方に関して評価者自身の論理的なコンシステンシイを確保するために対話型のチェックが行なわれる。

9.4　IDASSのプログラム構成と機能

9.4.1　プログラムのシステム構成

IDASS の概念構成は図 9.2 に示されている。プログラムのシステム設計は図 9.3 に図解したとおりである。すなわち 7 個の主プログラムの下に，確率分

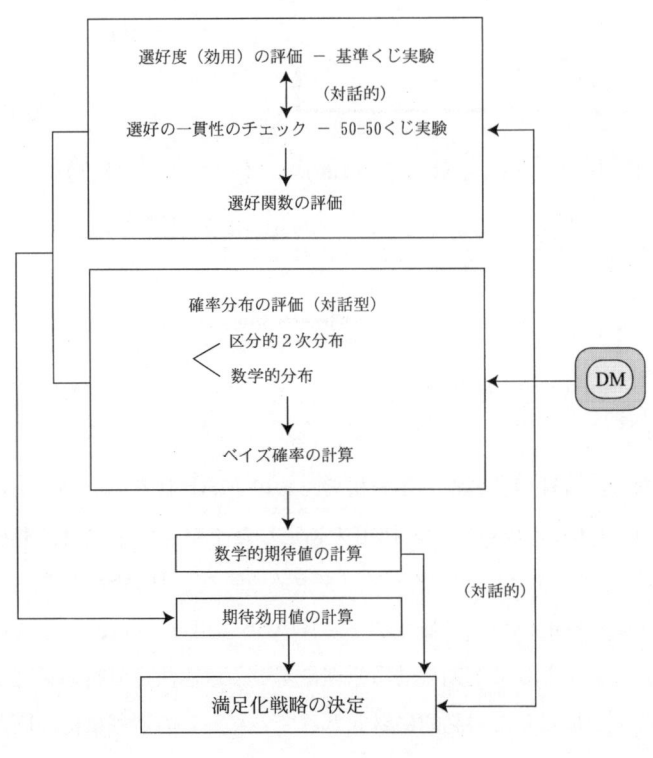

図9.2　IDASS の構成

第9章 意志決定分析のための対話型コンピュータ支援プログラム

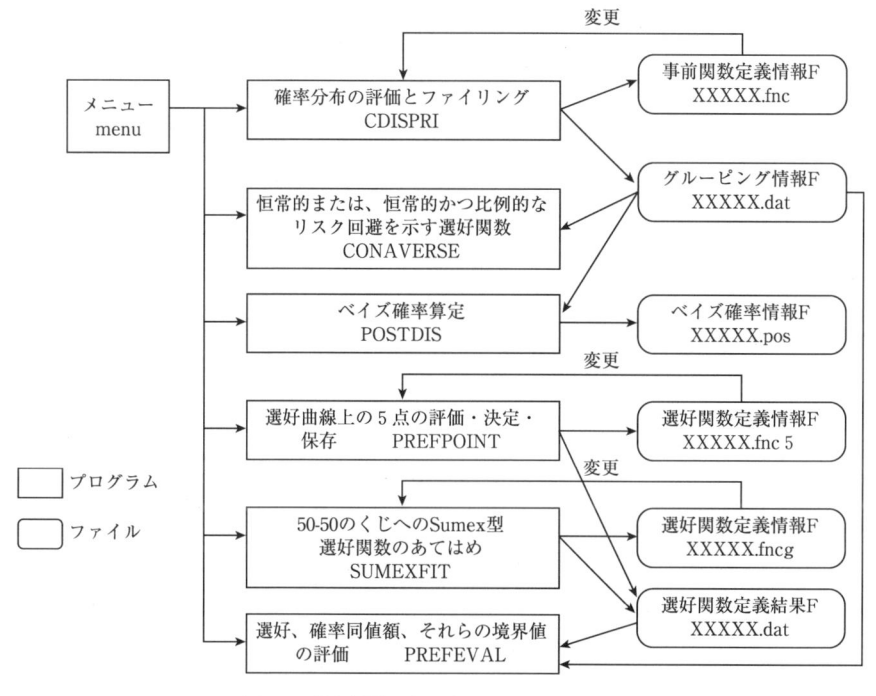

```
                          変更
        ┌──────────────────────────┐
        │                          ↓
┌─────┐    ┌──────────────────┐    ┌──────────────────┐
│メニュー│ → │確率分布の評価とファイリング│ → │事前関数定義情報F │
│ menu │    │     CDISPRI      │    │   XXXXX.fnc      │
└─────┘    └──────────────────┘    └──────────────────┘
    │
    │      ┌──────────────────┐    ┌──────────────────┐
    ├────→ │恒常的または、恒常的かつ比例的な│ → │グルーピング情報F │
    │      │リスク回避を示す選好関数    │    │   XXXXX.dat      │
    │      │    CONAVERSE     │    └──────────────────┘
    │      └──────────────────┘
    │                                
    │      ┌──────────────────┐    ┌──────────────────┐
    ├────→ │   ベイズ確率算定    │ → │ベイズ確率情報F   │
    │      │    POSTDIS       │    │   XXXXX.pos      │
    │      └──────────────────┘    └──────────────────┘
    │                          変更
    │      ┌──────────────────┐    ┌──────────────────┐
    ├────→ │選好曲線上の5点の評価・決定・│ → │選好関数定義情報F │
    │      │ 保存    PREFPOINT │    │   XXXXX.fnc 5    │
    │      └──────────────────┘    └──────────────────┘
    │                          変更
    │      ┌──────────────────┐    ┌──────────────────┐
    ├────→ │50-50のくじへのSumex型│ → │選好関数定義情報F │
    │      │ 選好関数のあてはめ  │    │   XXXXX.fncg     │
    │      │   SUMEXFIT       │    └──────────────────┘
    │      └──────────────────┘    ┌──────────────────┐
    │                              │選好関数定義結果F │
    │      ┌──────────────────┐    │   XXXXX.dat      │
    └────→ │選好、確率同値額、それらの境界値│ → └──────────────────┘
           │ の評価   PREFEVAL │
           └──────────────────┘
```

□ プログラム
□ ファイル

図9.3　IDASS プログラムのフロー構造

布と選好関数の評価，およびそれらを用いた"ギャンブル"すなわち不確実性下の決定問題の評価が遂行される．確率分布の評価には，1個のプログラムの下に以下に述べる9個の型の分布が定義される．これらの分布はグループ化して格納され，ベイズ確率の算定や，"ギャンブル"の選好評価に利用される．IDASSでは，連続的な確率分布の評価について，GUIの機能がサポートされており，離散的ないし混合型の分布の評価に関しては，画面上の文字出力型の対話的評価機能が利用される．選好関数の評価に関しては，4個のプログラムによって3種類の効用関数が識別される．これらのサブシステムは，最上位の階層をなすメニュー画面から選択的に随時起動させることができる．

　IDASSは起動後に，図9.4に示したようなメニュー画面が現れ，ボタン選択によって任意の意図する作業内容を個別に指定することができる．

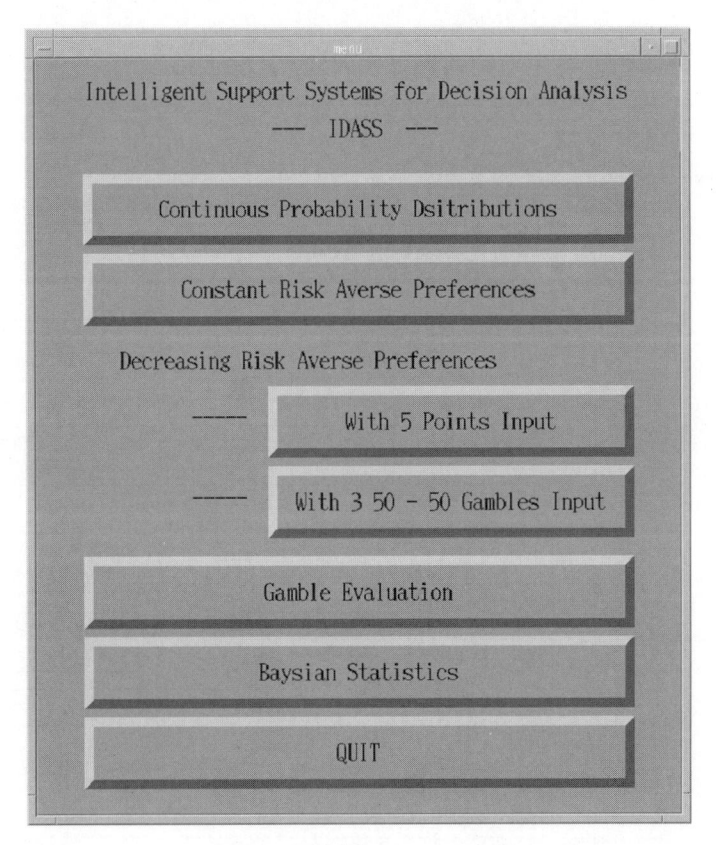

図9.4 IDASS メニュー画面

9.4.2. IDASS の機能

9.4.2.1 判断的確率分布の評価

IDASS による判断的確率分布の評価においては，次のことがなされる。

（1） 累積分布上の分位点の評価，またはパラメータの指定による入力。
（2） 異なった分布族のいずれかのあてはめ。
（3） あてはめられた密度関数ないし累積関数のグラフの妥当性の検証。これは導出された分布の含意をもとにして，入力された数値指定の妥当性を検証し，修正することである。

（4） DM の判断と一致する分布族の選択。
（5） 評価された分布の出力。これには以下の機能がある。
　（i） 分布上に指定された任意の価値，分布の特性値，分位点の価値の出力。
　（ii） 密度関数と累積関数のグラフ表示。
　（iii） 等幅もしくは等確率のいずれかによる分布のグループ化。
　（iv） グループ化された分布のファイルへの格納。

　IDASS は，メニュー画面から "Continuous Probability Distributions" を選択することによって現れる画面上で，すでに格納された分布を "OLD" によって呼び出すことができる。"NEW" を選択すると，新しい分布の評価のための入力画面に移行する前に，分布の選択のための新たなメニュー画面があらわれる。"NEW" で新規の分布を評価する場合には，この段階でおなじ画面上にある "HELP" を開いておくことにより，DM による分布の選択を助けることができる（図 9.5）。

　判断的確率分布の導出には，二つの方法がある。それは，[I] DM にとって妥当と見られる累積関数のグラフを描き，このグラフ上の点に対して区分的 2 次関数をあてはめる方法と，[II] 分布上に少数の数値を指定して，それらと内在的に一致する数学的な累積関数を解析的にあてはめる方法である。

I． 区分的 2 次関数の発見的構成（"Piecewise Quadratic"）
　（i） DM の分布を構成するために 3 ないし 25 点の入力を行なう。等間隔の 10 ないし 12 点を指定することが推奨される。
　（ii） 次の三つの中のいずれかの単調で滑らかな型を指定する。(a) 全体的に下に凸で右上の部分が直線，(b) 全体的に下に凹で左下の部分が直線，(c) 凸，直線，および凹の三つの部分から成る型。これらにおいて直線部分は最も確率が急上昇する部分（modal interval）を示す。また，(a) (c) の曲線部分の下限ないし (b) (c) の上限は座標軸に対する接線となっている。
　（iii） 入力点としては 0 および 1 の分位点を必ず含んでいなければならない。また(c)の型を選ぶ場合には，モード（最頻値）を投入点としてはならず，その代わりに直線部分の端点を示す 2 点を入力する。

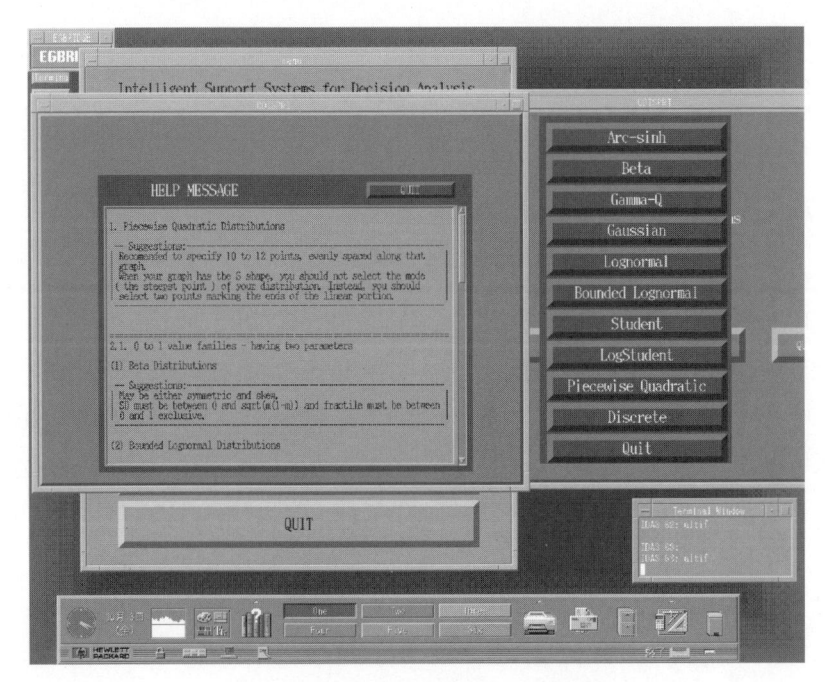

図9.5 確率分布の選択とヘルプ画面

　IDASSは，入力された点が区分的2次関数に適合するかどうか，また分布の密度関数が合理的な型を持つかどうかをチェックして，必要な警告メッセージを出力する。DMはここで，手書きの累積関数は一般に過度に鋭いモードと過度に平坦なtail（分布の端の部分）を持つ傾向があることに留意して，必要な修正を行なわなければならない。

II．数学的累積分布関数のあてはめ

　DMは，データの特性を考慮して，少数の分位点の数値を指定することによって数学的累積関数をあてはめ，それらの分布の持つtailの型を観察しながら分位点の価値に関する判断を修正していくことによって，適切な分布族を選定する。これらの分布族は，大別して三つのグループに分かれる。

A．0-1の間の価値を持つ不確実量にあてはめることが適切な分布族のグループ

（1） ベータ分布（"Beta"）

ベータ累積関数は，パラメータ B, C を持つ次の関数である．

$$k(p,\ B,\ C) = \int_0^p \frac{\Gamma(C)}{\Gamma(B)\Gamma(C-B)} t^{B-1}(1-t)^{C-B-1} \quad (9.1)$$

ここに t は不確実量であり，$0 \leq t \leq 1$, $B>0$, $C>B$ 。p はある関数値に対応する t の価値（引数）である．ある整数のパラメータ r に関して $\Gamma(r) \underline{\underline{\Delta}}$ $(r-1)!$ は（完全）ガンマ関数であり，一般化された階乗を定義する．

入力は，（i）分布上の 0.25 および 0.75 分位点の価値，または（ii）パラメータとして平均 $m = [0,\ 1]$ と標準偏差 $s = [0,\ \sqrt{m(1-m)}\ ]$ を指定する．図 9.6 は，ベータ分布をあてはめるための作業画面である．

（2） 有界対数正規分布（"Bounded Lognormal"）

有界対数正規分布は，$x = \log[t/(1-t)]$ がパラメータ μ と σ を有する正規分布を持つ分布である．ここで t は不確実量であり，

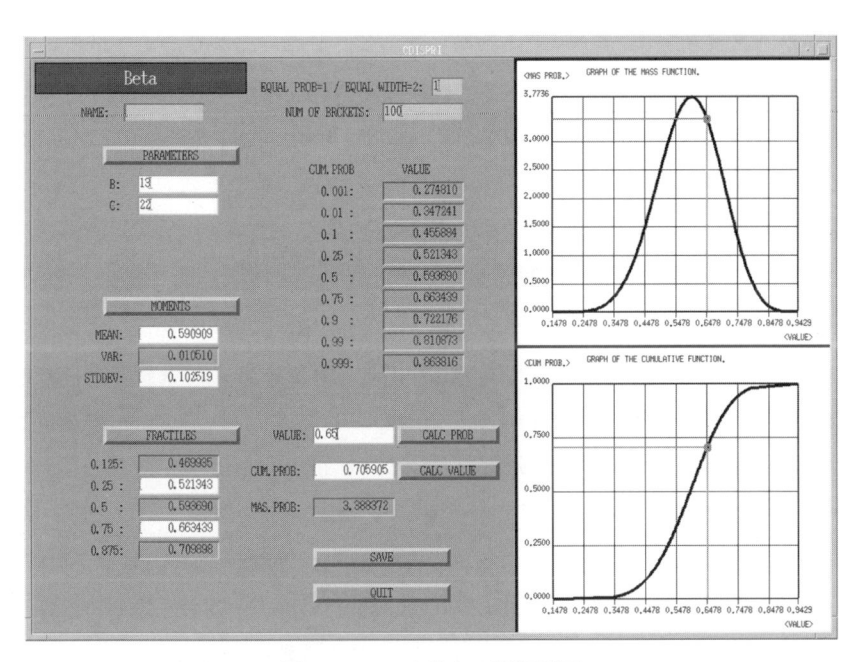

図9.6 ベータ分布の評価画面

$$0 \leq t \leq 1, \quad -\infty < \mu < \infty, \quad \sigma > 0.$$

入力として 0.25 および 0.75 分位点が指定される。

　(1)と(2)とはいずれも flexible な分布で形状は似ている。両者の特性の比較は，下表に示されている。

ベータ分布	有界対数正規分布
ほとんど uniform →	おなじ .25, .75 分位点で bimodal
0か1に近い確率が付与されている場合：→ J型かU型	0か1の近くで高くて狭いピークをもち急激に低下

B．非負の価値を持つ不確実量に適切な分布族のグループ

(1) 対数正規分布（"Lognormal"）

　対数正規分布は，$y = \log x$ がパラメータ μ，σ を持つ正規分布となる不確実量 x の分布である。分布の形状は常に skew であり，右に長い tail を持つ。原点からメディアン（中央値）の距離に比して，分布の拡がり，すなわち 0.25 と 0.75 分位点の価値の間隔が大きい程，分布はより偏っている。

　入力は，(i) 分布のパラメー μ，σ，または (ii) 0.25 および 0.75 分位点の価値を指定する。

(2) 対数スチューデント分布（"LogStudent"）

　パラメータとして平均 μ，標準偏差 σ，自由度 ν を持つ分布である。x を不確実量として，$y = \log x$ がスチューデント分布 (μ, σ, ν) を持つ。ここに $x \geq 0, -\infty < \mu < \infty, \sigma > 0, \nu > 0$。この分布は，0.25 および 0.75 分位点における一定の価値の下で，tail の長さを一方向のみについてコントロールできるという特性を持っている。また分布の tail は対数正規分布よりも長くてもよいが，短くてはいけない。

　入力は，(i) パラメータ μ，σ，ν，または (ii) 0.25，0.75，および 0.875 分位点を指定する。もし 0.25 および 0.75 分位点の両者が対数正規分布に等しい場合には対数正規型よりも大きい 0.875 分位点を指定しなければならない。

（3）ガンマ-q分布（"Gamma-Q"）(Raiffa & Schlaifer 1961)

ガンマ-q分布は，パラメータq, r, sを持ち，$y=(x/s)^q$がパラメータqを持つ標準的ガンマ分布である。ここにxは不確実量であり，$x \geq 0, q \neq 0, r>0, s>0$。

標準的ガンマ分布の正規化された密度関数は，パラメータrを持ち，

$$f(x;r) = \frac{e^{-x}x^{r-1}}{(r-1)!}, \quad x \geq 0, \ r>0. \tag{9.2}$$

$y=tx$がパラメータrを持つ標準的ガンマ分布を持つとき，xは，パラメータt, rを持つガンマ-1分布を持つといわれる。ガンマ-1分布の正規化された密度関数は，

$$f(x;r,y) = \frac{e^{-yx}(yx)^{r-1}}{(r-1)!}y, \quad x \geq 0, \ r, \ y>0. \tag{9.3}$$

ガンマ-q分布の特徴は，（i）対数正規型に比べて，tailの一方が長く，他方が短い。（ii）$q>0$のときにはtailは左により長く，右により短い。$q<0$のときは逆である。（iii）qがゼロに近づくにつれて，分布の形状は対数正規型に近づく。

入力は，（i）パラメータqの直接入力，および（ii）(a) 他の二つのパラメータr, sの入力，または (b) 0.25と0.75分位点の価値の指定を行なう。

（4）分布間の選択方法

このように非負の価値を持つ不確実量の分布に関しては三つの選択肢があるが，それらの間の選択には次のようなステップを進むことが示唆されている(Schlaifer 1971)。

Step 1 まず0.25および0.75分位点を評価して，対数正規分布をあてはめてみる。

Step 2 分布のtailを吟味して，必要ならば修正を行なう。

（i）両端のtailを伸ばしたいときには，0.875分位点を評価して対数スチューデント分布をあてはめる。

（ii）一方のtailを伸ばし，他方を縮めたいときには，ガンマ-q分布をあてはめる。このときパラメータqを動かして分布の形状を吟味する。(a)

まず分布の tail を左に伸ばしたいときには $q=1$ に，右に伸ばしたいときには，$q=-1$ にセットする。(b) q の価値を 2 倍にしたり，半分にしたりしながら分布の型を変化させていく。

***Step* 3**　Ok ならば確定し，保存する。

　IDASS のプログラムによって計算される対数スチューデント分布の平均と標準偏差はつねに infinite となり，またガンマ-q 分布も平均や標準偏差が infinite になる場合があるが，分布の入力データはグループ化された形で保存されるので実際には有限の価値をとる。

C．無制限な価値を持つ不確実量に適切な分布族のグループ

（1）　ガウス（正規）分布（"Gaussian"）

　$z=(x-m)/s$ が標準正規分布を持つ分布であり，パラメータとして，平均 m と標準偏差 s を持つ。ここに x は不確実量であり，$-\infty<x<\infty, -\infty<m<\infty, s>0$。

　標準正規密度関数は，パラメータ $m=0, s=1$ を持ち，関数型は

$$f(z)=(2\pi)^{-1/2}e^{-z^2/2}, \quad -\infty<z<\infty. \tag{9.4}$$

　ガウス分布は，対称分布で inflexible である。

入力としては，（i）パラメータ m と s，もしくは（ii）0.25 および 0.75 分位点を指定する。

（2）　Arcsinh-Normal 分布（"Arc-sinh"）

　$y=\mathrm{arcsinh}[(x-m)/s]$ が正規分布（μ, σ）である分布であり，パラメータ μ, σ, m, s を持つ。x は不確実量であり，

$$-\infty<x<\infty, \quad -\infty<\mu<\infty, \quad \sigma>0, \quad -\infty<m<\infty, \quad s>0.$$

　この分布の特徴は，右か左に長い tail を持つことである。

　入力としては，（i）(a) パラメータ μ, σ, m, s, または (b) median を含む三つの 4 分位点，すなわち 0.25, 0.5 および 0.75 分位点の指定，および（ii）長い方の tail の端の 8 分位点，すなわち 0.125 または 0.875 分位点を指定する。

　DM は以上の分布族の中から，テストを繰り返すことによって自己の判断に合致する分布族を見出して確定し，保存する。

9.4.2.2　DM の事後分布の評価 —— ベイズ統計問題

IDASS は，ある標本情報 E が与えられた場合の母集団の可能な事象 θ に関する DM の事後確率 $p(\theta|E)$ を，ベイズ統計問題として評価する．それは，ある不確実事象の発生のチャンスに対して DM が付与する事前確率 $P(\theta)$ と，母集団のある可能な事象 θ の下で生起するであろうある標本情報 E に関する条件確率 $p(E|\theta)$ を用いて，ベイズの公式

$$p(\theta_j|E_i) = \frac{p(\theta_j)p(E_i|\theta_j)}{\sum_{j=1}^{n} p(\theta_j)p(E_i|\theta_j)} \tag{9.5}$$

に依って計算される．

以下では，＜置き換えを持つ等確率のサンプリング＞が仮定されているが，それらの結果は，ベルヌーイ過程のサンプリング，および標本サイズに比べて母集団のサイズが十分に大きい場合にも近似的に適用しうることが知られている．

ベイズの公式の実際の計算は次の手順によって行なわれる．

A．2値母集団の場合

(i)　母集団の不確実事象の可能な価値 s に関して DM の事前確率 $p(s)$ を付与する．

(ii)　母集団の不確実量 s の価値を所与として，標本事象 $(n \to r)$，すなわち標本観察数 n 個の中で r 個の "success" がえられるという標本結果に関する DM の条件付き確率 $p(n \to r|s)$ を付与する．

(iii)　結合確率 $p(s) \cdot p(n \to r|s)$ を計算する．

(iv)　標本事象 $(n \to r)$ に関する無条件確率 $p(n \to r)$ で結合確率のそれぞれの価値を除する．

(v)　ベイズの公式によって，DM の事後確率 $p(s|n \to r)$ を計算する．

(vi)　標本結果 $(n \to r)$ が実際に得られたとき，(v)の結果を DM の事後的な無条件確率として利用する．

ベイズ統計理論は，基本的には DM の判断確率を利用するが，必ずしも特異ではないある諸条件の下で，"非ベイズ" 的な統計理論の結果と整合的なも

のであることが明らかにされている。

(1) 置き換えを持ちかつ等確率のサンプリングの場合には，ある母集団事象 s を所与とする標本事象 ($n \to r$) に関する DM の条件付確率 $p(n \to r | s)$ は，数学的に定義された 2 項密度関数 $b^*(n, r, s)$ と論理的な整合性を持つ。ここに

$$b^*(n, r, s) = \binom{n}{r} s^r (1-s)^{n-r}$$
$$= \frac{n!}{r!(n-r)!} s^r (1-s)^{n-r} \quad (9.6)$$

(2) さらに，(i) ある母集団事象 s に関する DM の事前分布が"一様 (uniform)"であるとき，すなわち (a) 不確実量 s に関する論理的に可能な価値が等間隔で付与され，かつ (b) それらの価値に対して等しい確率が付与されるときに，(ii) 標本データの数 n よりもかなり大きい母集団の数 N が存在する場合には，(iii) 置き換えを持つ等確率のサンプリングにおいて，次の命題が成り立つことが知られている。すなわち，標本情報に対して事後的に，不確実量 s に対して DM が付与するべき累積分布関数は，パラメータ $B = r + 1$，および $C = n + 2$ を有するベータ累積関数と同等である。ここにベータ累積関数は，

$$k(s ; B, C) = \int_0^s \frac{\Gamma(C)}{\Gamma(B)\Gamma(C-B)} t^{B-1}(1-t)^{C-B-1} dt, \quad t \leq s. \quad (9.7)$$

で表現される。この分布の平均値は，ほぼ正確に B/C に等しく，母集団サイズが 10,000 以上のときはほとんど正確に等しくなることが知られている。モードはほぼ $(B-1)/(C-2) = r/n$ である。

(3) DM の事後分布のベータ累積関数による近似は，DM の事前分布が厳密に一様ではなく，"ほとんど一様 (nearly uniform)"である場合にも準用されうる。いま標本尤度関数 $p(n \to r | s)$ のグラフにおいて，不確実量 s の累積確率が 0.001 と 0.999 との間にあるような s の価値の範囲を $I_{n,r}$ によって示す。このとき次の条件を満たすとする。

(i) 標本尤度関数 $p(n \to r | s)$ のある範囲 $I_{n,r}$ の外側にある不確実量 s のいかなる価値に対しても，極端に高い事前確率を付与しない。

(ⅱ) $I_{n,r}$ の内部の不確実量 s のすべての価値に対してほぼ等しい事前確率を付与する。ここで"ほぼ等しい (roughly equal)"確率とは，DM の確率の max が min の 4 倍以上でないことを指している。

このとき，母集団不確実量 s に割り当てられる DM の事後分布 $(s|n \to r)$ は，厳密に一様な事前分布からもたらされる分布とほとんど同じであり，パラメータ B, C を持つベータ累積関数によって密接に近似されうる。

B．多値母集団の場合

多値母集団の場合には，置き換えを持つ等確率のサンプリングにおいて，大標本理論の適用が可能である。

大標本理論の利用可能条件は，次のとおりである。

(ⅰ) 標本数 n が十分に大きいこと。すなわち，少なくとも 25 以上で，一般には 100 程度であること。

(ⅱ) 母集団の個々のメンバーの拡がりについての事前情報が，標本データの拡がりに関する情報に比して無視しうる程度に小さいこと。

この場合には大標本理論の公式が適用される。すなわち，標本尤度関数によって表現される条件付分布は，ガウス密度関数 $g^*(u)$ を用いて評価されうる。

このような大標本理論を用いて，母集団の不確実量 A に関する DM の事後分布へのガウス近似が可能である。

ある母集団から置き換えのある等確率のサンプリングによって，統計量 n, a, ν を持つ標本が得られたとする。もし，(ⅰ) 不確実量 A の可能な価値に関する DM の事前分布が一様であり，(ⅱ) A の可能な価値が互いに非常に接近しており，また (ⅲ) 標本尤度関数に対して大標本理論が適用可能ならば，DM が標本情報に対して事後的に A に付与するべき累積確率 $p(A|n \to a, \nu)$ は，パラメータ $M=a$, $S=\sqrt{\nu/n}$ を持つガウス累積関数とほとんど同一である。すなわち，

$$p(A|n \to a, \nu) = kg^*(u) \qquad (9.8)$$

ここに $u=(a-A)\sqrt{n/\nu}$。パラメータ k は計算の過程で相殺されるので，事実上無視してもよい。

この方法は，ほとんど一様な事前分布の場合にも適用されうる。もし（ⅰ）$A=a-3\sqrt{\nu/n}$ から $A=a+3\sqrt{\nu/n}$ にわたるある区間の外側において，A のいかなる価値に対しても極端に高い確率を付与することがなく，また（ⅱ）この区間の内部において，A のすべての価値にほぼ等しい確率を付与することができるならば，その場合には，不確実量 A に対して DM が割り当てるべき事後分布は，厳密に一様な事前分布からもたらされるであろうものとほとんど同じであることが知られている。すなわち DM の事後的分布は，上記のパラメータを持つガウス累積関数によって密接に近似されうる。このことは，多くの場合において，点推定値として標本平均と標準偏差を利用することの適法性を示唆するものである。

　Schlaifer (1969) はまた置き換えのないサンプリングの場合にも，（ⅰ）標本情報が，n, a, ν によって伝達され，また（ⅱ）大標本理論の適用可能条件が充足されている場合には，実質的に同じルールが利用されうることを指摘している。

C．IDASS によるベイズ統計量の評価

（1）ベイズ統計問題を解くためにはまず最初のメニュー画面から，"Bayesian Statistics" を指定する。

（2）次の入力画面でまず（ⅰ）不確実量に関する DM の事前分布の既存のファイル名を指定する。これらの分布はあらかじめグループ化して保存されてをり，区間の数は通常 100 以下と想定されている。次に（ⅱ）不確実量の母集団の種類について，(a) 2 値母集団，すなわち不確実量がある母集団の中のある変量（"*success*"）の比率であるか（"UQ FRACTION"），または (b) 多値母集団，すなわち不確実量がある母集団の中の個々のメンバーの属性の価値の平均であるか（"AVERAGE"），を指定する。

（3）次の画面において，標本データの入力を行う。すなわち，(a) 2 値母集団においては，標本統計量として，標本データの数 n と，標本中の "*success*" の数 r を指定する。(b) 多値母集団においては，標本統計量として，標本データの数 n と，標本平均 a および標本分散 ν を指定する。

（4） ベイズ公式による計算結果の出力は，（ⅰ）ワークシート形式による画面上の出力，または（ⅱ）ファイル出力が行なわれる。グループ化された分布のすべての価値とともに，事後分布に関する統計量すなわち平均と標準偏差および分散に加えて，各標本事象の無条件確率も出力される。多値母集団の場合には，画面上で "SAMPLE VALUES" を指定することによって，キイ入力された任意の数の標本データの価値から事後分布の統計量を算出することができる。

図9.7は，2値母集団におけるベイズ統計問題の評価の例を示している。

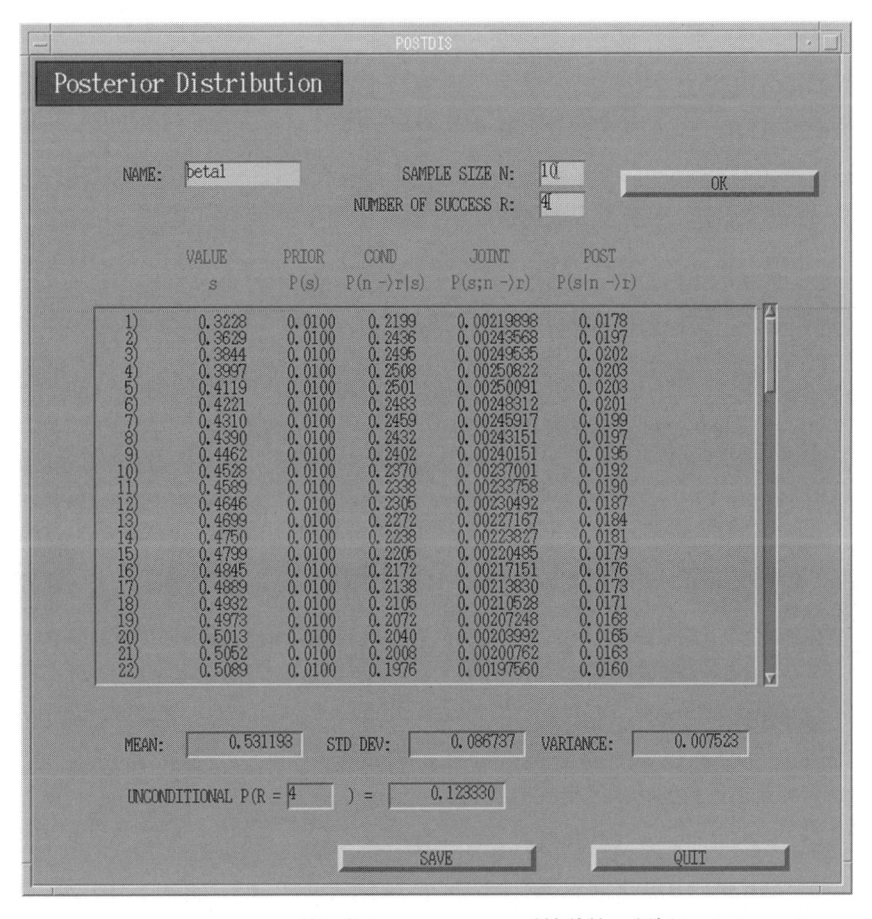

図9.7　2値母集団におけるベイズ統計値の評価

9.4.2.3 選好関数の評価

IDASS は，DM の選好関数の評価において，定常的リスク回避型，および逓減的な正のリスク回避型の効用関数 $u(x)$ をサポートしている。いずれの場合にも（1）入力として数値の指定を行なった後，（2）DM のリスク態度と整合的な選好関数型をあてはめることを試み，（3）数学的関数の適合性のテストを行なった後に確定する。（4）この過程で，リスク回避の測定として，リスク関数の計算が行なわれる。u の局所的絶対的リスク回避を表現する関数として，$r(x) = -u''(x)/u'(x)$ が定義され，u の局所的比例的リスク関数は $r^*(x) = xr(x)$ で定義される。これらは正，ゼロ，もしくは負の価値をとる。選好関数は，確率の評価とあわせて，"ギャンブル"における期待効用値の評価のために用いられる。

A．定常的リスク回避型選好関数（Pratt 1964）："Constant Risk Averse Preferences"

（1）定常的絶対的リスク回避型選好関数

この型の選好関数は，DM の資産の変化が，かれのリスク態度，すなわち確実同値額の評価に影響しないことを表現している。関数型は

$$u(x, r) = -\frac{1}{r}(e^{-rx} - 1), \quad -\infty < x < \infty, \; -\infty < r < \infty \quad (9.9)$$

局所的絶対的リスク回避関数は，ある定数 $r(x) = r$ である。

（2）定常的比例的リスク回避型選好関数

これは，DM の資産の変化が DM の評価する確実同値額の資産に対する比率に影響しないという意味で，定常的と見なされるリスク態度を表わす。関数型は，

$$w(x, r) = u(\log x, r)$$
$$= -\frac{1}{r}(e^{-r\log x} - 1). \quad 0 \leq x < \infty, \; -\infty < r < \infty. \quad (9.10)$$

w の局所的絶対的リスク回避関数は

$$r(x) = -w''(x)/w'(x) = (r+1)/x. \quad (9.11)$$

局所的比例的リスク回避関数は，$r^*(x) = xr(x) = r+1$ であり，IDASS で

はDMの資産Vで除された平均として出力される。

　定常的リスク回避型選好関数は，あるギャンブルに関する確実同値額の評価によって決定することができる。選好関数を評価するための入力には，（ⅰ）ある2-肢のギャンブルおよび確実同値額と，（ⅱ）選好関数のタイプを指定する。この時，指定された選好関数の含意する局所的リスク回避関数の価値（定数）が出力される。指定された定常的リスク回避型選好関数のグラフ表示やパラメータの計算機能は当面サポートされていない。しかし画面上のボタンによる入力や選択の機能は，MANECONの持つ性能を大きく向上させている。

　あてはめられた関数による決定問題の評価には，決定問題を"ギャンブル"として記述しなければならない。その際の確率分布の入力には（ⅰ）キイ入力，（ⅱ）ファイル入力，または（ⅲ）定常的絶対的リスク回避型選好関数の場合にはガウス型，定常的比例的リスク回避型選好関数の場合には，リスク関数が1/Vである場合を除いて，対数正規型，またはパラメータ$q=1$を持つガンマ$-q$型，のいずれかの分布を指定する。（ⅲ）はいずれも，平均と標準偏差を入力するだけでよい。定常的比例的リスク回避型選好関数の場合には，ギャンブルの記述において，非負のpayoffが指定されなければならない。出力としては，指定されたギャンブルの確実同値額"CE"とリスクプレミアム"RP"：$RP=x-CE$ が表示される。

B．逓減的な正のリスク回避型選好関数："Decreasing Risk Averse Preferences"

　IDASSは，逓減的な正のリスク回避型選好関数を評価し，これらの関数を用いて，DMの直面するギャンブルを評価する。逓減的な正のリスク回避型選好関数としては，区分的指数-平均（"Piecex-average"）型と，集計指数（"Sumexfit"）型の二つの選好関数が評価される。

　それぞれの選好関数の数学的な関数型とその性質は次のとおりである。
（1）区分的指数-平均型選好関数 (Meyer and Pratt 1967)
　区分的指数-平均型選好関数の一般的な表現型は，

$$P_k(x) = k u_1(x) + (1-k) u_2(x) \qquad 0<k<1, \ x_0 \leq x < \infty. \qquad (9.12)$$

関数 u_1 と u_2 のリスク回避は非負かつ非逓増であるが，区分的に定常で段階的

に減少する．ここに，

基礎関数：

$$u_1(x) = \begin{cases} f_2(x) & x \leq y_3 \\ f_4(x) & x \geq y_3 \end{cases}$$

$$u_2(x) = \begin{cases} -\infty & x < x_0 \\ 0 & x = x_0 \\ f_3(x) & x_0 < x \leq y_4 \\ f_5(x) & x \geq y_4 \end{cases} \quad (9.13)$$

および初期関数：

$$f_i(x) = \begin{cases} a_i - b_i(e^{-r_i x} - 1) & i = 2, 3, 4 \\ a_i - b_i(x) & i = 5 \end{cases} \quad (9.14)$$

が定義される．連結点 y_3, y_4 は，$x_{.25} < y_3 < x_{.75}$, $x_{.5} < y_4 < x_{1.0}$, $y_3 < y_4$ を満たす点である．ここに $x_{.25}$ などは，0.25 などの効用値で評価される資産（属性）x の額を示す．関数型の適切なあてはめのためには，（i）リスク関数について $r_2 > r_3 > r_4 > 0$ の条件（プログラム上では "$R_1 > R_2 > R_3 > 0$"），（ii）初期関数については，$[x_{.5}, x_{.75}]$ の区間におけるすべての x について，$f_2(x) < f_5(x)$ となる条件が充足されねばならない．図 9.8 は，区分的指数-平均型選好関数を図示している．

(2) 集計指数型選好関数

集計指数型選好関数の関数型は，

$$\begin{aligned} t(x) &= -(e^{-ax} - 1) - c(e^{-bx} - 1) \\ &= -e^{-ax} - ce^{-bx} + (c+1) \end{aligned} \quad a > 0, \ bc > 0 \quad (9.15)$$

で示される．リスク関数は，

$$r(x) = -t''(x)/t'(x) = \frac{a^2 e^{-ax} + cb^2 e^{-bx}}{ae^{-ax} + cbe^{-bx}}, \quad (9.16)$$

ここに，

$$\begin{aligned} &b, c > 0 \Rightarrow r(x) > 0 \\ &b, c < 0 \Rightarrow r(x) > 0 \quad \text{to the left of } x^* \end{aligned} \quad (9.17)$$

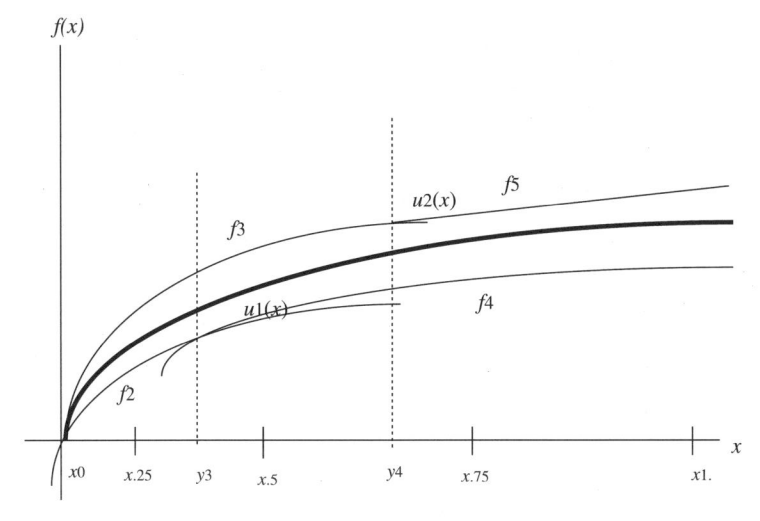

図9.8　区分指数-平均（Piecex）型選好関数

$$\Rightarrow r(x) < 0 \quad \text{to the right of } x^*$$

変曲点は，

$$x^* = \frac{1}{a-b} \log(-a^2/[b^2 c]). \tag{9.18}$$

正規化された選好関数は，

$$u(x) = \frac{t(x) - t(x_0)}{t(x_1) - t(x_0)} \tag{9.19}$$

で表現される。

　これらの選好関数の評価のための入力には，（ⅰ）選好関数上の5点を入力すること，（ⅱ）任意のpayoffを持つ3個の50-50のギャンブルとそれらの確実同値額を指定すること（"Sumexfit"型のみ），の二つの方法がある。

I. 5点入力の方法

　（ⅰ）まず最初のメニュー画面において，"With 5 Points Input"を選択する。次の画面上で，選好値が0.0と1.0を持つ端点の属性値および三つの4分位点，0.25，0.5，0.75の価値を評価して入力する。以下ではこれらを，V_0，$V_{1.0}$，$V_{0.25}$，$V_{0.5}$，$V_{0.75}$などと表記する。IDASSはまず，入力された価値を

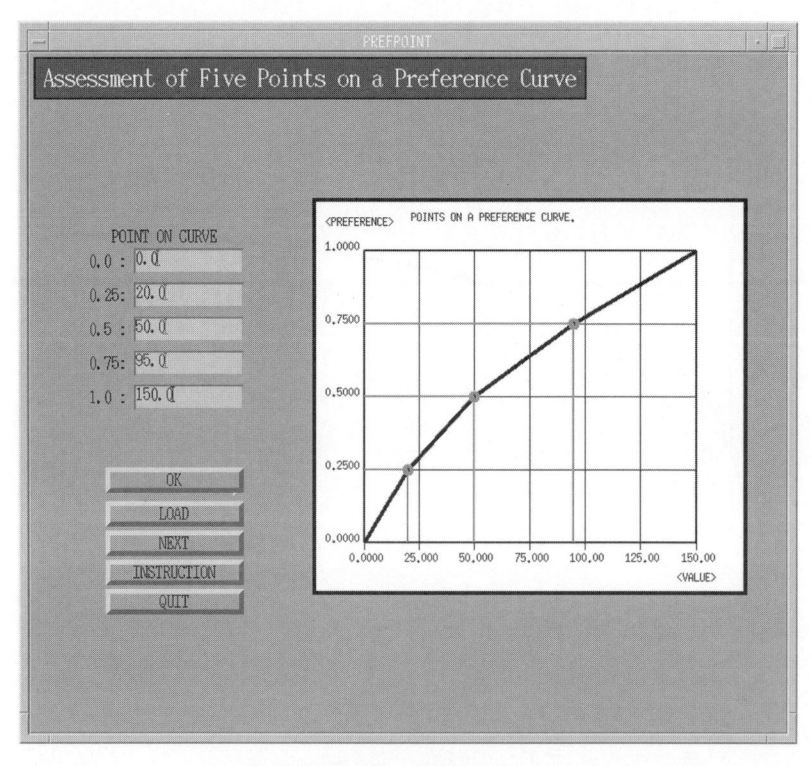

図9.9 選好関数の評価：5点入力

直線で結んだ選好関数のグラフを予備的な観察のために表示する．ここで必要ならば次の作業に関する"INSTRUCTION"を画面上に表示させることができる（図9.9）．

（ⅱ）DMは，予備的な選好関数のグラフ画面を観察して，あてはめたい関数型との一貫性チェックのために次の画面（"NEXT"）へ進む（図9.10）．ここでは，三つの50-50のギャンブル$<V_0, V_{1.0}>$，$<V_0, V_{0.5}>$，$<V_{0.5}, V_{1.0}>$に関するそれぞれの確実同値額（CE），$V_{0.5}$，$V_{0.25}$，$V_{0.75}$を評価して入力し，関数型を指定する．IDASSはそれらに対するリスク関数，R_2，R_1，R_3を計算し，一貫性のためのの必要条件 (a) $R_1>R_2>R_3>0$，(b) $R_1>>R_2$ に照らして，関数型との整合性に関するメッセージを出力する．DMは，この一貫性のテストによって評価の内的な不一致を修正するために，追加点を入力す

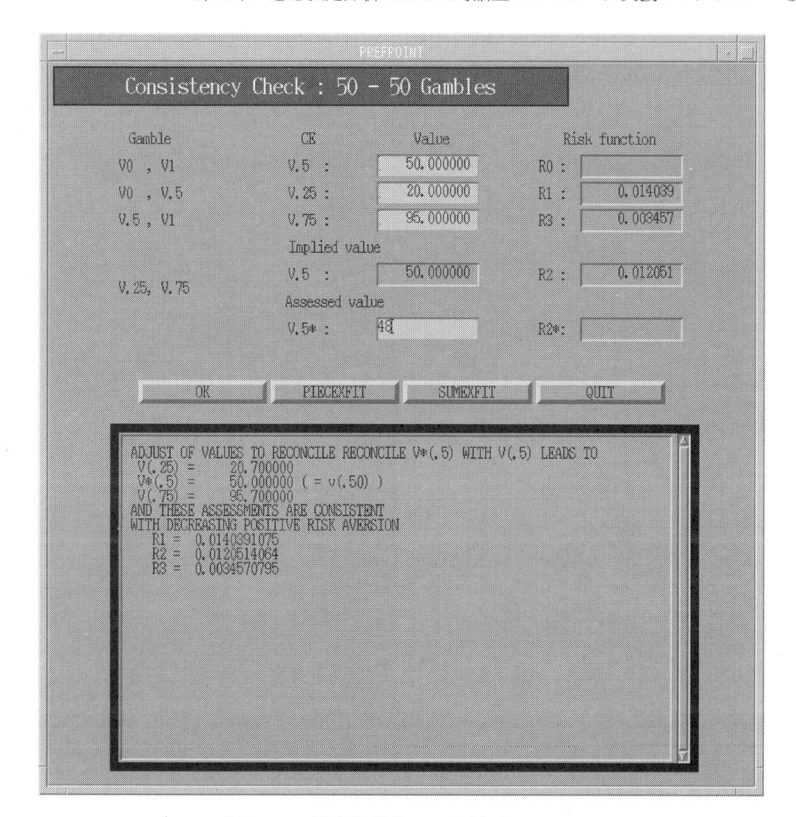

図9.10 選好評価の一貫性チェック

る.すなわち1個の追加的な50-50のギャンブル$<V_{0.25}, V_{0.75}>$に対する確実同値額$V_{0.5}{}^*$を評価し,$V_{0.5}=V_{0.5}{}^*$であるかどうかをチェックする.修正された評価による一貫性のテストは,$V_{0.5}{}^*$に対応して修正されたリスク関数$R_2{}^*$を用いて,一貫性の条件が充足されるかどうかを調べることによってなされる.

ここで,$V_{0.5}$の価値を修正するための方針として次の事実が用いられる(Schlaifer 1971).すなわち一般に狭い範囲のギャンブルに関しては,過剰なリスク回避傾向が顕示されることが多い.すなわち$V_{0.5}>V_{0.5}{}^*$となる傾向がある.これはこの部分で凸型の,すなわちよりリスク追求型の選好が表現されていたことを意味する.この偏りによる不一致を避けるためには,(a) $V_{0.5}$を低

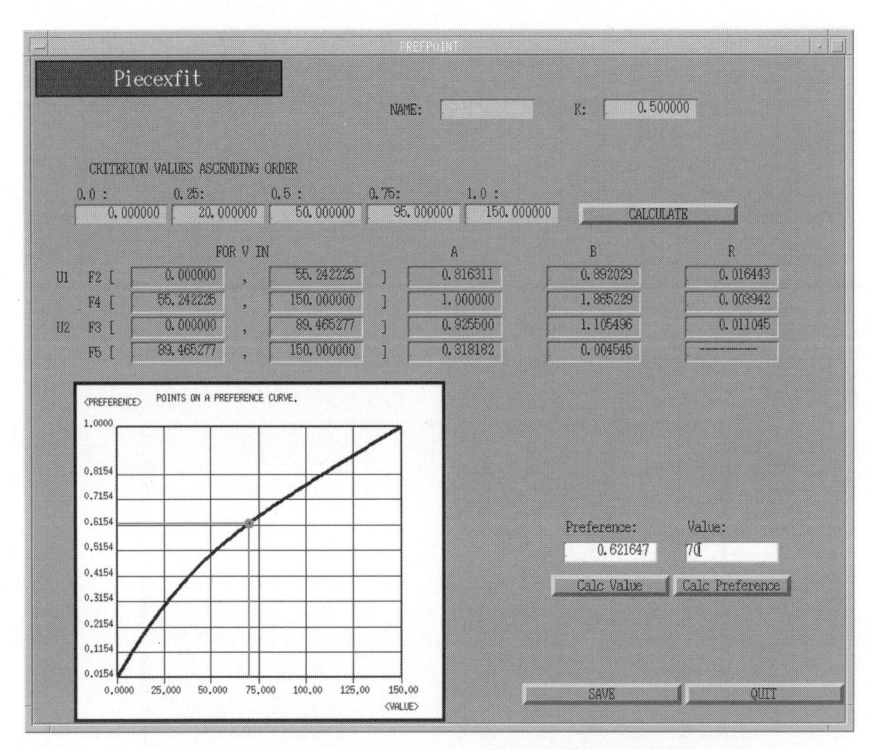

図9.11 区分的指数平均（Piecex）型選好関数の評価

めることが一般的であるが，しかし (b) 狭い範囲のギャンブルの CE を高めること，すなわち $V_{0.5}^{*}$ を高めることが適切な場合もある。

（iii） 最後にあてはめられる選好関数型を確定し，次の出力画面に進む。

"Piecexfit" の画面では，指定された5点の属性値，またはファイル名を入力することにより，あてはめられた区分的選好関数のパラメータと，境界値，および関数のグラフを出力する。画面上で任意の価値を指定することにより，対応するグラフ上の価値を計算し，数値と画面上の点との双方で出力することができる（図 9.11）。

"Sumexfit" 画面においては，指定された5点に対応する属性値，またはファイル名を入力することにより，選好関数のパラメータと，各ギャンブルに対応する局所的リスク関数の価値，および関数のグラフを出力する。関数型の完

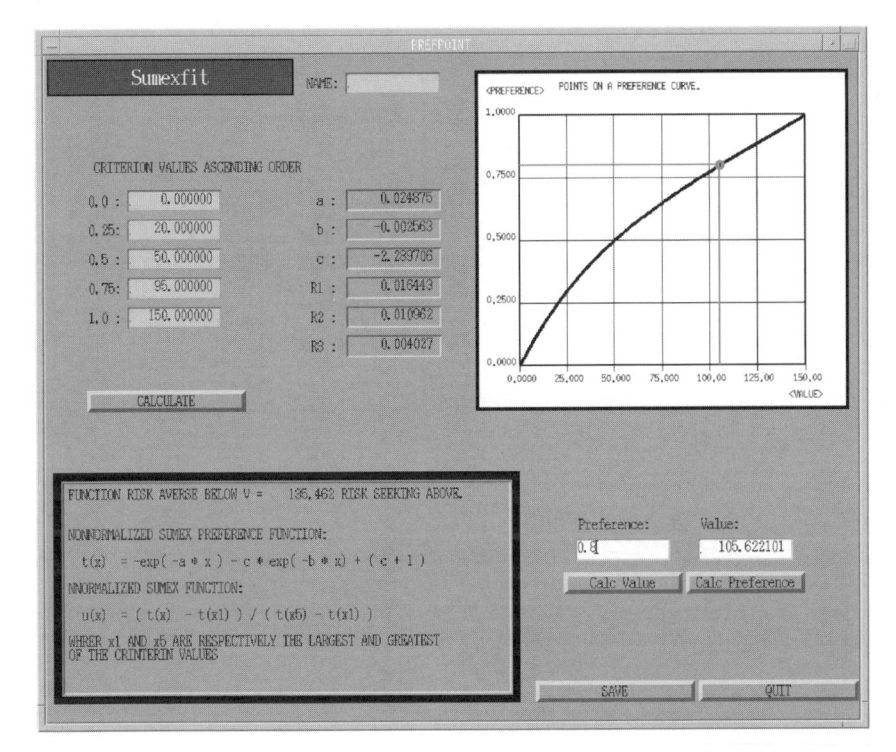

図9.12 集計的指数（Sumex）型選好関数の評価：5点入力の場合

全な形式とその性質，および変曲点に関する情報も出力される。構築された選好関数の任意の点を指定することにより，対応する価値を，数値およびグラフ上の点として出力することができる（図9.12）。

II．ギャンブルの評価による入力の場合

"Sumexfit"型選好関数の評価に際しては，5点入力とともに，ギャンブルの評価による入力も可能である。ギャンブルの評価による場合には，最初のメニュー画上で，"With 3 50-50 Gambles Input"を選択し，次の画面で3個の50-50のギャンブルとそれらに対する確実同値額を入力する。既存のファイルからの入力も可能である。出力は，5点入力の場合と同じである（図9.13）。

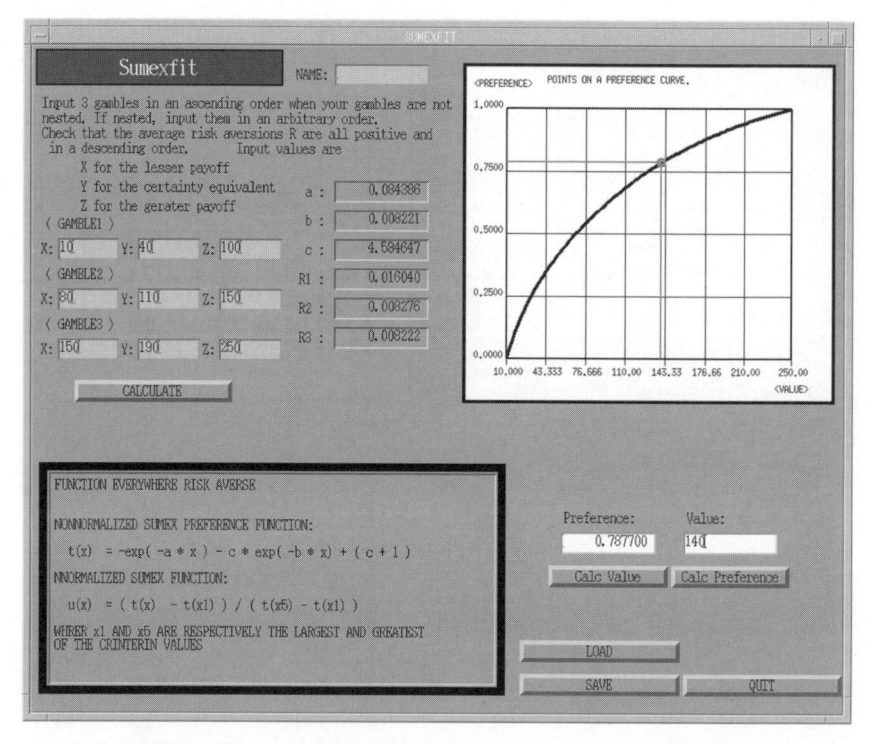

図9.13 集計的指数(Sumex)型選好関数の評価：ギャンブルの確実同値額の入力の場合

9.4.2.4 ギャンブルの選好評価

ギャンブルの選好評価は，不確実性下における最適戦略の決定のための公準として，期待効用値の計算を行うものであり，これまでのIDASSの機能がすべてこのために動員される。

まず最初のメニュー画面で "Gamble Evaluation" を選択した後，次の画面において，DMの選好関数が区分的指数-平均（"PIECEX"）型か，集計的指数型（"SUMEX"）型かのいずれであるかを指定し，既存の選好関数を格納するファイルを "LOAD" する。また選好評価か，ギャンブルの評価かの作業内容を指定する。

（1）選好評価（"PREFERENCE EVALUATION"）においては，(a) 既存の選好関数を用いた選好値の計算のために，属性値の初期値と最終値，およびステ

ップ間隔を指定する．これにより各関数型による属性値と選好値とのペアが境界値とともに表形式で出力される．また任意の選好値を指定することにより，"Payoff Calculation"によって対応する属性値を計算し，出力する．

選好関数の評価は，実際には，$[V_0, V_1]$ の区間ではなく，区分的指数-平均型では $[V_0, \infty]$，集計的指数型では $[-\infty, \infty]$ の区間においてなされる．このために，関数の外挿が行なわれる．ある場合には以下のコードが出力される．

　　-7.777：選好値が数学的に定義されない場合

　　-8.888：有限ではあるが，-8.888 以下の選好値

　　-9.999：マイナス無限大を持つ選好値

実際上は V_0 以下への外挿に基づく選好値の評価は，無意味なものと見なされるであろう．

(2) ギャンブルの評価 ("GAMBLE EVALUATION") においては，まず入力として，(i) キイ入力によって，ギャンブルの価値（属性値 payoff）と確率のペアを指定する，(ii) ファイルからの確率分布の入力，(iii) 属性値 (payoff) の平均値 ($m > V_0$) と標準偏差 (s) を入力して，ガンマ-q 分布 ($q=1$) を指定する，の三つの入力方法がある．(iii) においては，(a) $s < (m - V_0)$ のとき，ガンマ分布の型はほとんど正規分布になる．(b) 一定の $(m - V_0)$ に関しては，s が大きくなるほど，分布は右により長い tail を持つ．(c) $s \geq (m - V_0)$ のときには，分布は J 型になる，という特性を持っている．

出力としては，指定されたギャンブルに関する，区分的指数-平均 ("PCX AVG") 型，および集計的指数 ("SUMEX") 型の選好関数を用いた選好 ("PREF") すなわち期待効用値と，確実同値額 ("CE")，および区分的指数-平均型に関する上下の境界値 ("BOUND") が表示される．区分的指数-平均型において，数学的に定義されない確実同値額があらわれたときには，-7777777.77 というコードが出力される．選好関数が線形である場合には，ギャンブルに対する確実同値額は，数学的期待値と一致する．画面には比較のために，ギャンブルに対する数学的期待値 ("LINEAR") も，線形選好の場合として表示されている（図9.14）．

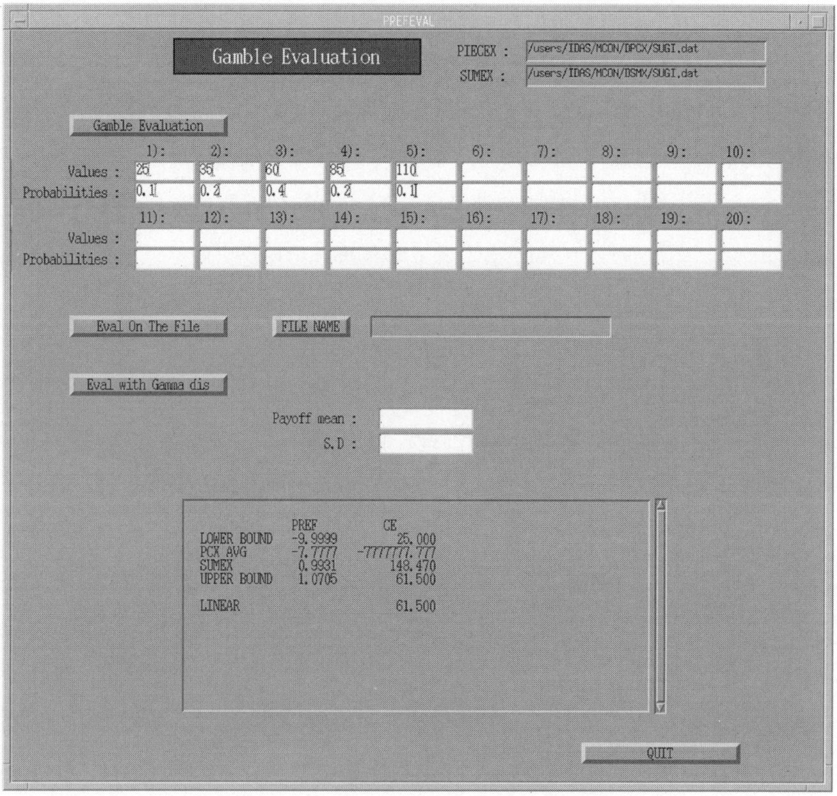

図9.14 ギャンブルの選好評価：期待効用値の算出

IDASS は，ワークステーション HP9000 model 710 のシステム上で稼働されたが，結果は良好であった。GUI は X-Wmindow 11 の下で，OSF/Motif が用いられた。

9.5 不確実性下の多目的意志決定分析支援プログラムの概念構成 — MIDASS

IDSS 環境下のコンピュータ・プログラムとして開発された IDASS は，あいまい環境下の意志決定を確率的な意志決定分析として捉える MANECON

プログラムをその基礎としている。しかし既述のとおり，意志決定分析においては，すでに多目的意志決定分析が開発されてをり，多属性効用分析のためのコンピュータ・プログラム MUFCAP の流れの中で，MAP が発表されているので，IDASS は機能的にこれとの結合が可能である。すなわち多属性効用分析を，不確実性下の決定分析として拡張し，両者の統合によって，確率的な多属性効用関数の評価と分析，およびそれによる多目的を持つギャンブルの期待効用値の算出のための支援システムとして構築することができる。ここではこのシステムを多目的対話型意志決定分析支援システム (Multiobjective Interactive Decision Analysis Support Systems, MIDASS) と呼び，そのコンピュータ・プログラムの概念構成について略述する。その論理的な構造の概要は，図9.15 に示されている。

MIDASS プログラムの主要な特性は以下のとおりである。
(1) 属性のデータ・ファイルが，個別的なプログラムの利用からは独立のデータセットとして構成されている。それによって個々のユーザの個別的なジョブには依存しないデータの独立性が維持され，各ジョブにおいて必要な属性データの共有ができるとともに，またデータベース自体の独立の管理と保守・更新が可能であり，データの冗長化を避けるとともに陳腐化を防ぎ，データの保全性をも高めることができる。
(2) MIDASS は，既存の MAP と IDASS の持つ機能を統合し，個々の属性に関する選好評価（単一属性効用関数の評価）および多属性選好構造の評価（多属性効用関数の評価）と確率分布の評価の機能を持ち，最終的には"ギャンブル"として構成された不確実性下の意志決定問題の多属性期待効用値の評価を可能にするものである。これらの MIDASS 内部の個々の機能はそれぞれ独立に利用することもできる（図 9.15 参照）。
(3) IDASS までのプログラムは，いずれもワークステーション上で稼働し，パソコン上での使用を想定していない。このことは，ダウンサウジングとシステムの分散化の環境の下では大きな制約となっていた。MIDASS プログラムは，基本的にパソコン，特に Windows 上での作動が前提とされている。

図 9.16 は，図 9.15 の論理構造に則した MIDASS プログラム上の総括的な

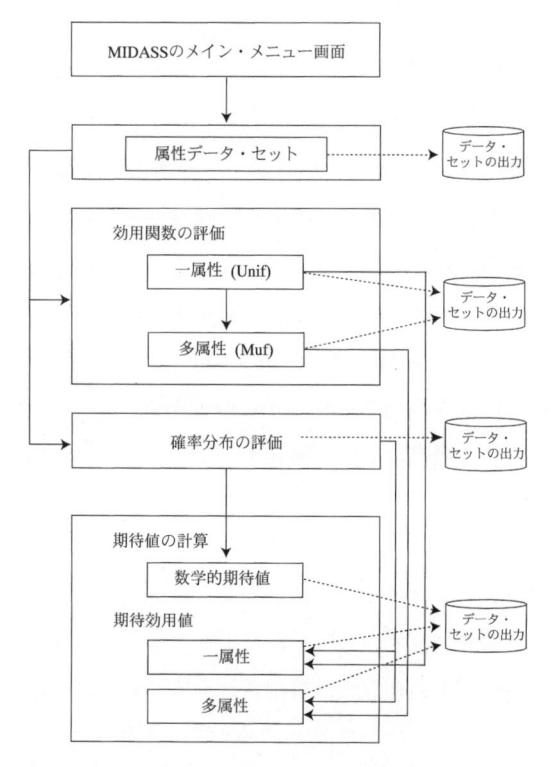

```
          ┌─────────────────────────┐
          │ MIDASSのメイン・メニュー画面 │
          └─────────────────────────┘
                       │
                       ▼
          ┌─────────────────┐      ┌──────────┐
     ┌───▶│ 属性データ・セット │┄┄┄┄▶│ データ・   │
     │    └─────────────────┘      │ セットの出力│
     │                             └──────────┘
     │    ┌───────────────────────┐
     │    │ 効用関数の評価          │
     │    │  ┌──────────────┐    │    ┌──────────┐
     │    │  │ 一属性 (Unif) │┄┄┄┄┼┄┄▶│ データ・   │
     │    │  └──────────────┘    │    │ セットの出力│
     │    │  ┌──────────────┐    │    └──────────┘
     │    │  │ 多属性 (Muf)  │┄┄┄┄┤
     │    │  └──────────────┘    │
     │    └───────────────────────┘
     │
     │    ┌─────────────────┐      ┌──────────┐
     └───▶│ 確率分布の評価    │┄┄┄┄▶│ データ・   │
          └─────────────────┘      │ セットの出力│
                                   └──────────┘
          ┌───────────────────────┐
          │ 期待値の計算            │
          │  ┌──────────────┐    │
          │  │ 数学的期待値   │    │    ┌──────────┐
          │  └──────────────┘    │┄┄┄▶│ データ・   │
          │ 期待効用値              │    │ セットの出力│
          │  ┌──────────────┐    │    └──────────┘
          │  │ 一属性        │◀───┤
          │  └──────────────┘    │
          │  ┌──────────────┐    │
          │  │ 多属性        │◀───┤
          │  └──────────────┘    │
          └───────────────────────┘
```

図9.15　MDASS の論理構造

メニュー画面である。ユーザはまず，属性データベース管理システム ("Attribute Database Management") を画面上から立ち上げ，データベースの中の属性群から特定のジョブに必要な属性を選択して固有のデータセットを構成する。これによって，MIDASS のこれ以降の機能が利用可能になる。すなわちメニュー画面から選択的に必要なボタンを押すことによって，それぞれのジョブに関する諸機能を利用することができる。選好評価の中で，単一属性の選好評価 ("Singleattribute Preference") に関しては，IDASS の持つ選好評価機能をすべて利用できる。多属性選好評価 ("Multiattribute Preference") の機能は，MAP に含まれている多属性効用関数の評価を所定の方法にしたがって遂行していくものである。図 9.17 は，その最初に現れる多属性選好評価のためのメニュー画面である。ここでまず必要なステップは，選択された多数

第9章 意志決定分析のための対話型コンピュータ支援プログラム　373

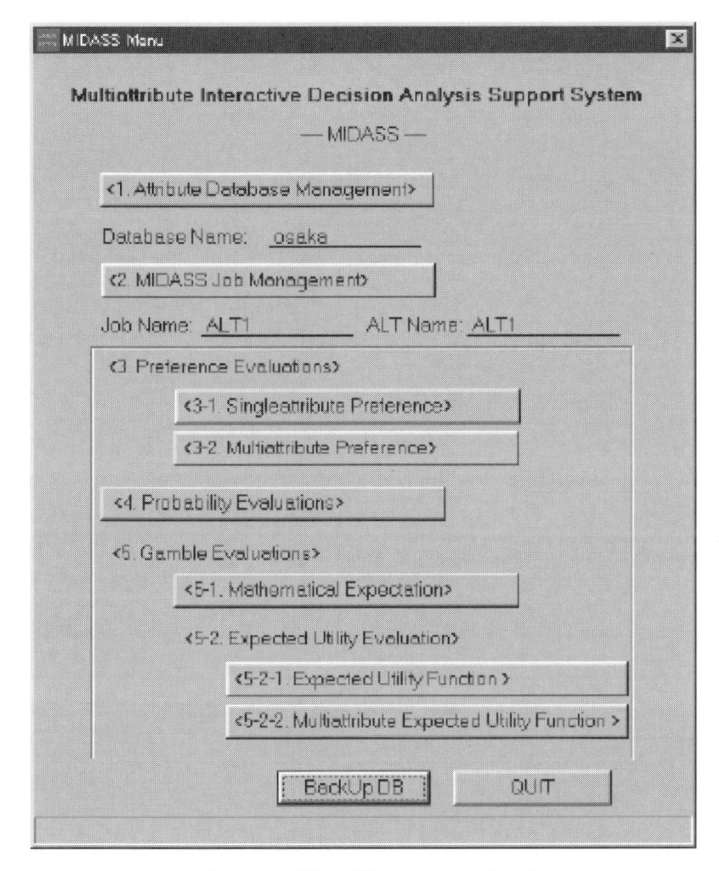

図9.16　MIDASS のメニュー画面

個の属性の多目的システムとしての構造化，すなわち属性の階層構造の生成である。この作業は，多属性選好評価のメニュー画面（図9.17）から"Structure"ボタンを押すことによって対話的に行なうことができる。図9.18は属性の階層構造の生成画面を例示したものである。システム属性の個数と階層数には制約はない。MAP には，多属性効用関数の導出過程において重要な属性間の価値のトレードオフの対話的な評価機能を有している。MIDASS では，所定のステップを踏んだうえで，多属性選好評価のためのメニュー画面から属性間の無差別実験（"Indifference Experiments Between Attributes"）ボタンを押すことによって，この作業に入ることができる。

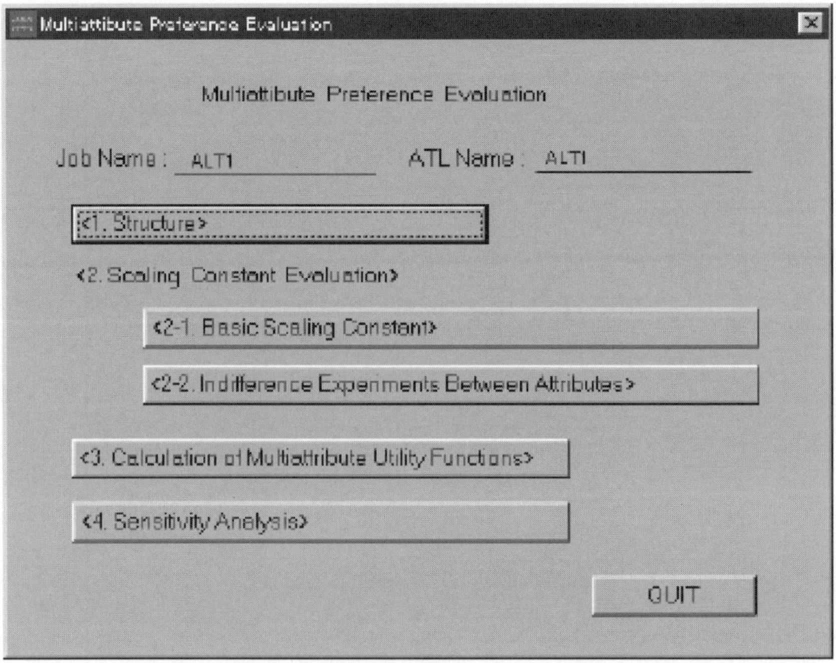

図9.17 属性選好評価のメニュー画面

　MIDASSは意志決定分析の流れに沿って，すべての機能を順次利用することによって，1属性ならびに多属性の期待効用値を算出する。すなわちまず"ギャンブル"として構成された1属性の期待効用値を算出し，それらに属性間の無差別実験によって評価されたスケール定数を乗じることによって，この値を階層的な多属性の構造に取り込み，多属性効用関数の表現型を用いた計算によって，確率的な多属性効用関数の値，すなわち多属性期待効用関数（"Multiattribute Expected Utility Functions"）の値が算出される。この結果はたとえば次のように用いることができる。

（1）ある多目的決定問題の一つの構造化に対して，一つの多属性期待効用関数の数値が得られるので，例えばDMの経営的決定問題の代替的な構造化を行なうことにより，それぞれの期待効用値が算出され，それらを相互に比較することによって，最も満足的な結果を与える構造を持った代替案を選択することができる。

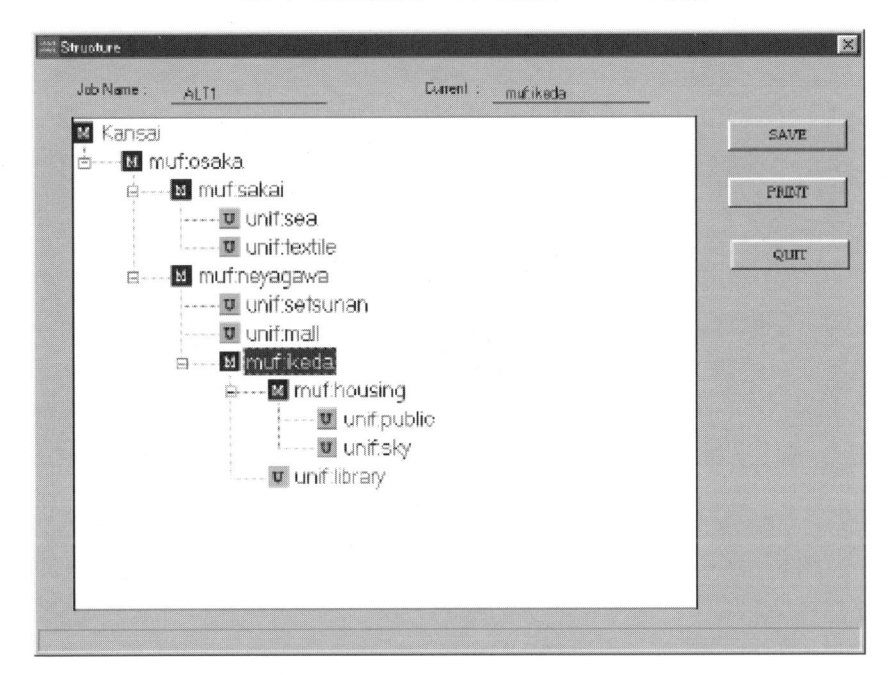

図9.18 属性の階層構造の生成画面

（2） 構成されたシステムに対して感度分析を行なうことにより，その結果に基づいて政策的な代替案を作成することができる。すなわち，階層化された属性構造の中から感度分析の結果に基づいて，効率的な改善が見込まれるいくつかの属性を政策的に選択し，その数値を変更することによって，DMの選好値ベースでの改善効果の数値的な明示をともなった，政策的な代替案を作成することができる。多属性選好構造に対して行なわれる感度分析の機能は，すでにMUFCAPやMAPの中に存在するものであり，既述の筆者らによる応用事例の諸研究の中で利用されているが，同様に経営的決定問題のための効果的な戦略的代替案の作成に利用できる。MIDASSでは，さらに属性値の変化の期待効用値に関する感度分析を遂行することで，不確実性下の政策的代替案の作成に利用できるという利点を有することになる。

9.6 今後の展望

　本章では，もっぱら不確実性下の意志決定分析支援のためのコンピュータ・プログラムの主な概念構成とその特性について吟味してきた。しかしすでに他の章でも考察されているように，あいまいな意志決定環境は確率的なものばかりではなく，より一般的には，非確率的なあいまい性をも含むものとして考えられる。このための接近方法としては，近年ザデーらによるファジィ理論の開発が行なわれてをり，本書でもその流れの中で，確率的な意志決定分析の一般化としてのファジィ意志決定分析についての概念的な考察を行なっている。本書では論じられていないが，それに関連して多目的意志決定分析のファジィ化，すなわちファジィ多属性効用関数の構築が考えられるであろう。またそれに関連するコンピュータ・プログラムによる支援方法の開発が期待される。筆者らはこのような方向性の一部として，ファジィ多属性効用関数の導出において不可欠なステップであるファジィ無差別実験によるファジィ無差別曲線の評価に関する方法とそのためのコンピュータ・プログラムの利用を提案している。(Seo and Nishizaki 1993；Nishizaki and Seo 1992, 1994)。しかしこれらはなおきわめて部分的なものにとどまってをり，総合的なファジィ意志決定分析の支援システムを構成するための具体的な展望に結合されたものにはなっていない。これらは本章で提起されたプログラム開発，特に MIDASS プログラムの流れの中に現存するいくつかの問題解決とともに，すべて今後の発展に俟つべきものとして残されている。

注

（1）　われわれの定義する「意志決定分析（Decision Analysis）」は，政策的な有目的システムとしての経営行動の決定問題に関わる分析方法を提供するものであるから，DM の行為の持つ目的志向性がその本質的な特徴となっている。したがって，字義的にも「意志決定分析」の訳語をあてるのが正しいと考えられる（各種の国語・漢和辞

典等を参照)。もともと「意思決定」という用語は，法律的に（民法などにおいて）人としての権利能力（「意思能力」）の行使に関わる用語として導入されたものであり，天賦の「自然人」もしくは制度的に「法人」に付与された一般的な意思表示の能力と見なされるものを含むのであるから，本書の領域とは守備範囲が異なる。

参考文献

Allais, P.M. (1953). Le comportement de l'homme rationnel devant le risque: critique des postulats et maxiomes de l'Ecole Americamine. *Econometrica*, **21**: 503-546. Translated min P.M. Allais and O. Hagen, Expected Utility Hypotheses and Allais Paradox, D. Reidel, Dordrecht, 1979.

Brodie, M.L., J. Mylopoulos, and J. W. Schmidt (1984). *On Conceptual Modeling*. Springer-Verlag.

Elsberg, D. (1961). Risk, ambiguity and the Savage axiom. *Quarterly Journal of Economics*, **75**: 643-669.

Fellner, W. (1961). Distortion of subjective probability as a reaction to uncertainty. *Quarterly Journal of Economics*, **75**: 670-689.

Fishburn, P.C. (1965). Independence in utility theory with whole product set. *Operations Research*, **13**: 28-45.

Handa, J. (1977). Risk, probability, and a new theory of cardinal utility. *Journal of Political Economy*, **85**(1): 97-122.

Kahneman, D. and A. Tversky (1979). Prospect theory: an analysis of decision under risk. *Econometrica*, **47**(2): 263-291.

Keeney, R.L. (1974). Multiattribute utility functions. *Operations Research*, **22**: 22-34.

Keeney, R.L. and H. Raiffa (1976). *Decisions with Multiple Objectives, Preferences and Value Tradeoffs*. John Wiley & Sons.

March, J. (1978). Bounded rationality, ambiguity and engineering of choice. *Bell Journal of Economics*, **9**: 587-608.

Meyer, F. and J.W. Pratt (1968). The consistent assessment and fairing of preference functions. *IEEE Transactions on Systems Science and Cybernetics*: 270-278.

Mitra, G. (1988). Models for decision making: an overview of problems, tools and major issues, in G. Mitra (ed.), *Mathematical Models for Decision Support*. Springer-Verlag.

von Neumann, J. and O. Morgenstern (1944). *Theory of Game and Economic Behavior*. John Wiley. (2nd ed.1947)

Nishizaki, I. and F. Seo (1992). On Construction of fuzzy membership functions in group decision making under the IDSS environment, in R. Trappl (ed.), *Cybernetics and Systems Research*, Vol. 1. World Scientific, pp. 455-462.

Nishizaki, I. and F. Seo (1994). Interactive support for fuzzy trade-off evaluation in group decision making. *Fuzzy Set and Systems*, **68**: 309-325.

パク ジ ヒョン・瀬尾芙巳子・西崎一郎 (1993) 「オブジェクト指向型プログラミング MAP による地域開発政策の評価——韓国全南地域の事例研究」KIER, 9209. 京都大学経済研究所。

Raiffa, H. and R. Schlaifer (1961). *Applied Statistical Decision Theory*, Division of Research, Graduate School of Busminess Admministration, Harvard University, Boston MIT Press 1968.

Sakawa, M. and F. Seo (1980). An Interactive Computer Program for Subjective Systems and Its Application, WP-80-64, IIASA, Laxenburg, Austria.

Sakawa, M. and F. Seo. (1982). Integrated methodology for computer-aided decision analysis, in R. Trappl, F. de Hanika and R. Tomlinson (eds.), *Progress In Cybernetics and Systems Research*. Hemisphere Publishing, New York, pp. 333-341.

Schlaifer, R. (1959). *Probability and Statistics for Business Decisions*. McGraw-Hill, New York.

Schlaifer, R. (1969). *Analysis of Decisions under Uncertainty*. McGraw-Hill.

Schlaifer, R. (1971). *Computer Programs for Elementary Decision Analysis*, Division of Research, Graduate School of Business Administration, Boston.

Seo, F. and I. Nishizaki (1993). A Configuration of intelligent decision support systems for strategic use, in J. Wessels and A.P. Wierzbicki (eds.), *User-Oriented Methodology and Techniques of Decision Analysis and Support*. Springer-Verlag, Berlin, pp. 35-47.

Seo, F. and I. Nisizaki (1997). On development of interactive decision analysis support Systems, presented at the IIASA Workshop on Advances in Methodology and Software for Decision Support Systems, IIASA, Laxenburg, Austria. (Available from IIASA as Electronic version).

Seo, F. and M. Sakawa (1979a). Technology Assessment and Decision-Aid Utility Analysis in Fossil Fuel to Fuel Conversion, WP-79-35, IIASA Laxenburg, Austria. (データ付き)

Seo, F. and M. Sakawa (1979b). Technology assessment and decision-aid utility analysis in fossil fuel to fuel conversion, in A. De Giorgio and C. Roveda (eds.), *Proceedings of the IFAC Symposium on Criteria for Selecting Appropriate Technologies under Different Cultural, Technical and Social Conditions*. Pergamon Press, Oxford, pp. 205-213.

瀬尾芙巳子 (1994),『思考の技術——あいまい環境下の経営意志決定』有斐閣。

瀬尾芙巳子・坂和正敏 (1985)。「北陸新幹線による地域経済影響評価調査」, 北陸経済調査会『北陸新幹線地域経済影響調査報告書』第4章, pp. 64-146。

瀬尾芙巳子・西崎一郎・熊本吉弘・杉崎作治・長谷川英生・瀬尾保次郎 (1993),「オブジェクト指向型プログラミングによる多属性効用分析—MAP」KIER 9208 京都大学経済研究所。

Sicherman, A. (1975). An interactive Computer Program for Assessing and Using

Multiattribute Utility Functions, Technical Report, No. 111. Operations Research Center, MIT.

Simon, H.A. (1955). A Behavioral model of rational choice. *Quarterly Journal of Economics*, **69**: 99-118.

Simon, H.A. (1956). Rational choice and the structure of the environment. *Psychological Review*, **63** : 129-138.

Sowa, J.F. (1984). *Conceptual Structure : Information Processing in Mind and Machine*, Addison-Wesley.

あとがき

「経済学にも流行がある」とはよく言われることであるが，経済成長理論やゲーム理論のようにある時期に隆盛を極めた分野が，しばらくすると誰も顧みない期間を迎え，何十年か後に傑出した研究者の画期的業績を契機として再びブームを迎えるという「循環的変動」がしばしば観察される。そのようなブームは，もちろん時として経済学自身のパラダイムを変えてしまう場合もあるが，境界領域を通して他の諸科学へも多くの影響を与え，肥沃な学際的研究分野を育むことも稀ではない。

たとえば，数学者の協力も得た上での線形計画法をはじめとする最適化手法の発展やゲーム理論の彫琢は第二次大戦後の経済学を大きく変えたが，いわゆる自動制御理論までを視野に置く幅広い領域において，経営学，地域科学，社会工学，数理工学など多くの分野の骨格を構成する基本的接近法を提供したといえよう。

なかんづく，意志決定論はそれら多くの数理経済学的果実を吸収しながら，通常の費用便益分析に代表されるような，厳密ではあるがそれ故に適用範囲の限定される経済学的手法を凌駕する，より総合的，包括的，政策的，操作的な社会的評価手法の開発を指向してきた。Decision Analysis の巨星であった Howard Raiffa が Duncan Luce と著した「*Games and Decisions*」が 1957 年に出版された書物であるにもかかわらず，Thomas Schelling の「*The Strategy of Conflict*」(1960 年) と並んで，近年脚光を浴びたゲーム理論の新展開に際して，極めて多くのアイディアを提供していることは示唆的である。

H. Raiffa や本書への寄稿を快諾された John Pratt 教授をはじめ，Robert Schlaifer, Robert Dorfman などが築いた意志決定論的アプローチの研究拠点の一つがハーバードであり，現在でもその伝統はチャールズ川河畔のビジネススクールに受け継がれている。1973 年のハーバード大学への留学を契機として，本書の編者の一人である瀬尾芙巳子先生は，それまで一貫して研究してこられた国際経済学から意志決定論へと，ご自身の研究対象の舵を大きくきられた。そこでの出会いが，先生の関心を当時興隆期であった意志決定論へと向

かわせたことは想像に難くない。

　本書の執筆者は，近年の先生の研究活動における関連分野の研究者を中心としているが，それぞれの専門分野が幅広いスペクトラムを示しているにもかかわらず，そこに意志決定論に対する先生の熱意の一貫した反映を読みとって頂ければ，微力ながら，編集幹事・西﨑一郎教授とともに企画をお手伝いした者の一人としてこれに優る喜びはない。

　　2002年文月

　　　　　　　　　　　　　　　　　　　　　　編集幹事　黒田達朗

索　引

HARA 型効用関数　278
HLP（High-Low Pricing）　115, 116, 125, 132, 136-141, 152-154
ICOPSS　340
IDASS　341
kth best 法　250
MANECON Collection　339
MAP　341
MIDASS　371
MUFCAP　340
negative duration dependence　133, 151, 154
positive duration dependence　115, 133, 152, 154
POS 情報　115, 116, 152
POS データ　116, 117, 152
specification　75

あ

アジア通貨危機　39
アダム・スミス　6
アローの可能性定理　22
意思決定　305
　——の二局面　9
意思決定支援システム（DSS）　11, 342
意思決定支援情報　76, 106
意思決定分析　20, 337
意思決定要因　74
因果序列図　83
ウイーン学派　8

か

改革開放政策　80
外生変数　76
外的要因　76
下位レベルの意志決定者　215
価格（の）集中度　120, 124, 125
格差是正　105
確実同値額　311
確率　7
確率測度　307
確率の加法性　307
確率分布の評価　347
価値関数　259
家庭内在庫仮説　134, 135, 145, 151, 152
家庭内在庫モデル　151
可能性関数　316
可能性測度　316
可能性分布　316
カバー無しの裁定　46
観察期間　93
感度分析　375
基準くじ　311
基準くじ法　21, 312
基準メンバシップ値　204, 221
帰属価格　18
基礎条件類似的伝染　39
基礎的均衡モデル　47
期待効用関数　310
期待効用原理　8, 310
逆流現象　33

競合関係　106
区分的2次関数　349
クリスモン（Krismon）　66 →経済危機
クーン・タッカー条件　252
経済格差　105
経済危機（Krismon）　40, 41 →クリスモン
計量経済学　15
計量経済学モデル　73
結合制約関数　187
ゲーム理論　159
限定合理性　343
効果分析　76
公共財の中立命題　161
構造方程式　83
高度成長国　38
購買力平価　46
効用関数　310
効用曲線　312
効用同値性　282
効用の自己相似性　288
効用の相似性　287
交絡効果　79
顧客資本仮説　132
国際化　159
国際公共財　161
国際ハブ空港　162
誤差率　95

さ
最終テスト　74
最適応答集合　243
政策評価　76
時間距離短縮　77
資源割当行列　191, 211, 231
事後的シミュレーション　79
市場の双対性　17
市場の模索過程　17
市場理論　16

実行可能手法　191
資本流　78
社会的効用関数　17
上海・長江交易促進プロジェクト　77
囚人のジレンマ　160
主観確率学派　7
主分解手法　191
上位レベルの意志決定者　215
条件付きシミュレーション　74
情報のパラドクス　344
情報流　78
所得効果　99
所得ポテンシャル　78
真の伝染　39
人流　78
数学的累積関数　350
数値的効用関数の順序保存性　310
数理計画法　18
　——の双対問題　18
スケーリング定数　259
スタッケルベルグ解　241, 249, 254, 260, 262
スタッケルベルク問題　216
制御変数　76
政策手段　76
政策変数　76
政治変数　34
セールス仮説　132, 134
先決内生変数　95
選好関数
　——の評価　360, 363
　　逓減的リスク回避型——　361
　　定常的リスク回避型——　360
選好評価
　——の一貫性チェック　364
　　ギャンブルの——　368
　　多属性——　372
全体テスト　74
全体問題　190, 192, 201, 207, 212, 224, 231

双対分解手法 188
双対問題 188, 200, 206
相補条件 253

た
大規模計画問題 187
大規模多目的計画問題 196
大規模 2-レベル多目的計画問題 216
対話型ファジィ意志決定手法 203, 220
対話型手法 203
多属性効用分析 340
ただ乗り 167
多目的計画問題 195
多目的 2-レベル線形計画問題 245
短期効果 79
探索方向行列 193, 213
知恵の統合 6
逐次モデル 79
知的意志決定支援システム（IDSS） 11, 342
中期効果 79
長期効果 79
長期的総合効果 105
長江・神戸計量経済パイロットモデル 79
長江・神戸計量経済モデル 83
直接効果 78
デュレーション 145
　価格の—— 127
トレードオフ比 208, 226

な
内生変数 75-76
ナッシュ均衡 161
2 段階ゲーム 168
2-レベル型 M-パレート最適解 219
2-レベル線形計画問題 241
人間行動の合理性 21

は
配分ルール
　線形—— 281
　同調的—— 281
波及効果 79, 87
バランスの指標 226, 234
パレート最適 17
パレート最適応答集合 247
パレート最適解 196
　M-—— 197
　Λ-—— 260
パレート最適性 251
判断的確率分布 348
　——の導出 349
バンドワゴン変数 46
悲観的な予想 249
ピグー補助金 167
非実行可能手法 191
評価手法 76
費用効果分析 76
費用分析 76
費用便益分析 76
ファジィ
　——意志決定手法 198, 210
　——可能性分布 327
　——帰属度関数 325
　——くじ 319
　——決定 198
　——効用関数 321
　——効用曲線 322
　——効用集合 327
　——効用関数の構築 323
　——目標 197
　——弱順序 317
　——集団決定 326
ファジィ集団的効用関数（FGUF） 325, 327
　——のファジィ数表現 328

ファジィ数　317, 323
ファジィ選好
　——順序　317
　——の還元則　319
ファジィ測度　314
　——の非加法性　314
ファジィ大規模多目的計画問題　197
ファジィ大規模 2-レベル多目的計画問題
　　218
ファジィ多属性効用関数　376
ファジィ同値額　319
ファジィ無差別実験　320
フォン・ノイマン　8, 159
不確実性　36
　制度的——　36
物流　78
部分決定変数ベクトル　187
部分的な情報　259
部分テスト　74
部分問題　189, 192, 201, 207, 212, 224, 231
プリンシパル-エージェント問題　277
分解手法　187
分枝限定法　253
ベイズの公式　355
便益分析　76
方向導関数　213, 232
方向発見問題　194, 214, 233

ま
満足解　195
満足化原理　343
満足度レベル　219
無差別実験　311
メニューコスト　116, 132, 133, 136, 140-
　　142, 144
目的変数　75
モルゲンシュテルン　8, 159

や
有効フロンティア　277
誘導領域　243
要素還元主義　3, 6
予測シミュレーション　77

ら
ラグランジュ関数　188, 200, 205
ラグランジュ乗数　188
楽観的な予想　249
リスク関数　360
リスク配分　275
　(LSE)——　283
留保価格　136-138, 140-142, 154
レイファ　244

わ
和オペレータ　211, 228

執筆者紹介

瀬尾芙巳子（せお ふみこ）
広島国際大学医療福祉学部講師，京都大学名誉教授．1957年，東京大学経済学部大学院（旧制）修了．経済学博士．
主著 『思考の技術：あいまい環境下の意志決定』有斐閣，1994年．

福地崇生（ふくち たかお）
朝日大学大学院経営学研究科教授，京都大学名誉教授，筑波大学名誉教授．1960年，東京大学大学院経済学研究科博士課程修了．経済学博士．
主著 『マクロ経済学』東洋経済新報社，1980年．

山根敬三（やまね けいぞう）
摂南大学経営情報学部教授．1979年，筑波大学大学院博士課程社会科学研究科単位取得満期退学．行政学修士．
主著 『地域政策の計画と適用』（共著）勁草書房，1974年．

有賀　健（ありが けん）
京都大学経済学研究所教授．1981年，イェール大学大学院修了．経済学博士，Ph.D.
主著 『日本的流通の経済学』日本経済新聞社，1993年．

松井建二（まつい けんじ）
横浜国立大学経営学部専任講師．2001年，京都大学大学院経済学研究科博士課程学修退学．経済学修士．
論文 「普通社債の引受競争と発行利回り」『現代ファイナンス』，No.8，2000年．

渡辺　誠（わたなべ まこと）
エセックス大学大学院博士課程．1999年，京都大学大学院経済学研究科博士前期課程修了．経済学修士．

黒田達朗（くろだ たつあき）
名古屋大学大学院環境学研究科教授．1989年，ペンシルベニア大学芸術・科学大学院修了．Ph.D.
主論文 Advertising and City Formation with Local Public Goods, *Annals of Regional Science*, 29, pp. 389-407, 1995.

矢野　均（やの ひとし）
名古屋市立大学人文社会学部助教授．1982年，神戸大学大学院工学研究科修了．工学博士．
主著 『情報科学入門』（共著）朝倉書店，1995年．

西崎一郎（にしざき いちろう）
広島大学大学院工学研究科教授．1984年，神戸大学大学院工学研究科修士課程修了．博士（工学）．
主著 *Fuzzy and Multiobjective Games for Conflict Resolution* （共著），Physica-Verlag, Heidelberg, 2001.

坂和正敏（さかわ まさとし）
広島大学大学院工学研究科教授．1975年，京都大学大学院工学研究科博士課程修了．工学博士．
主著 *Genetic Algorithms and Fuzzy Multiobjective Optimization*, Kluwer Academic Publisher, 2001.

ジョン・W・プラット（John W. Pratt）
ハーバード大学ビジネス・スクール名誉教授．1956年，スタンフォード大学大学院修了．Ph.D.
主著 *Introduction to Statistical Decision Theory*（共著），MIT Press, 1995 (Preliminary edition, McGraw-Hill, 1965).

あいまい環境下のモデリングと意志決定

2002（平成14）年8月30日　初版第一刷発行

編著者	瀬尾 芙巳子	
	福地 崇生	
発行者	阪上　孝	
発行所	京都大学学術出版会	
	京都市左京区吉田河原町15-9	
	京大会館内　（606-8305）	
	電話　　075 - 716 - 6182	
	FAX　　075 - 716 - 6190	
	振替　　01000 - 8 - 64677	
印刷・製本	株式会社 太洋社	

ISBN4-87698-601-0　　定価はカバーに表示してあります
Printed in Japan　　　　© F.Seo, T.Fukuchi 2002